Petrônio Garcia Martins
Paulo Renato Campos Alt

Administração de Materiais e Recursos Patrimoniais

3ª edição

saraiva uni

ISBN 978-85-02-08023-2

CIP-BRASIL. CATALOGAÇÃO NA FONTE
SINDICATO NACIONAL DOS EDITORES DE LIVROS, RJ.

M345a
3.ed.
Martins, Petrônio G. (Petrônio Garcia)
Administração de materiais e recursos patrimoniais / Petrônio Garcia Martins e Paulo Renato Campos Alt. - 3.ed. rev. e
atualizada. - São Paulo : Saraiva, 2009.

Inclui bibliografia
ISBN 978-85-02-08023-2

1. Administração de material. I. Alt, Paulo Renato Campos.
II. Título.

09-0668   CDD-658.7
                                                 CDU-658.7

Av. das Nações Unidas, 7221, 1º Andar, Setor B
Pinheiros – São Paulo – SP – CEP: 05425-902

SAC | **0800-0117875**
De 2ª a 6ª, das 8h às 18h
www.editorasaraiva.com.br/contato

Vice-presidente	Claudio Lensing
Diretora editorial	Flávia Alves Bravin
Planejamento editorial	Rita de Cássia S. Puoço
Aquisições	Fernando Alves
	Julia D'Allevo
Editores	Ana Laura Valerio
	Thiago Fraga
Produtoras editoriais	Alline Garcia Bullara
	Amanda M. Loyola
	Daniela Nogueira Secondo
Suporte editorial	Juliana Bojczuk Fermino

Arte e produção	ERJ Composição Editorial
Capa	ERJ Composição Editorial
Atualização da 9ª tiragem	Daniela Nogueira Secondo
Impressão e acabamento	Edições Loyola

ERP | 350.591.003.009

3ª Edição
1ª tiragem: 2009
2ª tiragem: 2009
3ª tiragem: 2010
4ª tiragem: 2011
5ª tiragem: 2012
6ª tiragem: 2012
7ª tiragem: 2013
8ª tiragem: 2014
9ª tiragem: 2017

EDITAR | 5571   CL | 650305   CAE | 567852

Sobre os Autores

Petrônio Garcia Martins

Engenheiro de Produção – EPUSP, mestre em Engenharia de Produção – EPUSP, professor do Centro Universitário da FEI e UniFMU

Paulo Renato Campos Alt

Engenheiro de Produção – EPUSP, mestre em Engenharia de Produção – EPUSP, professor do Centro Universitário da FEI

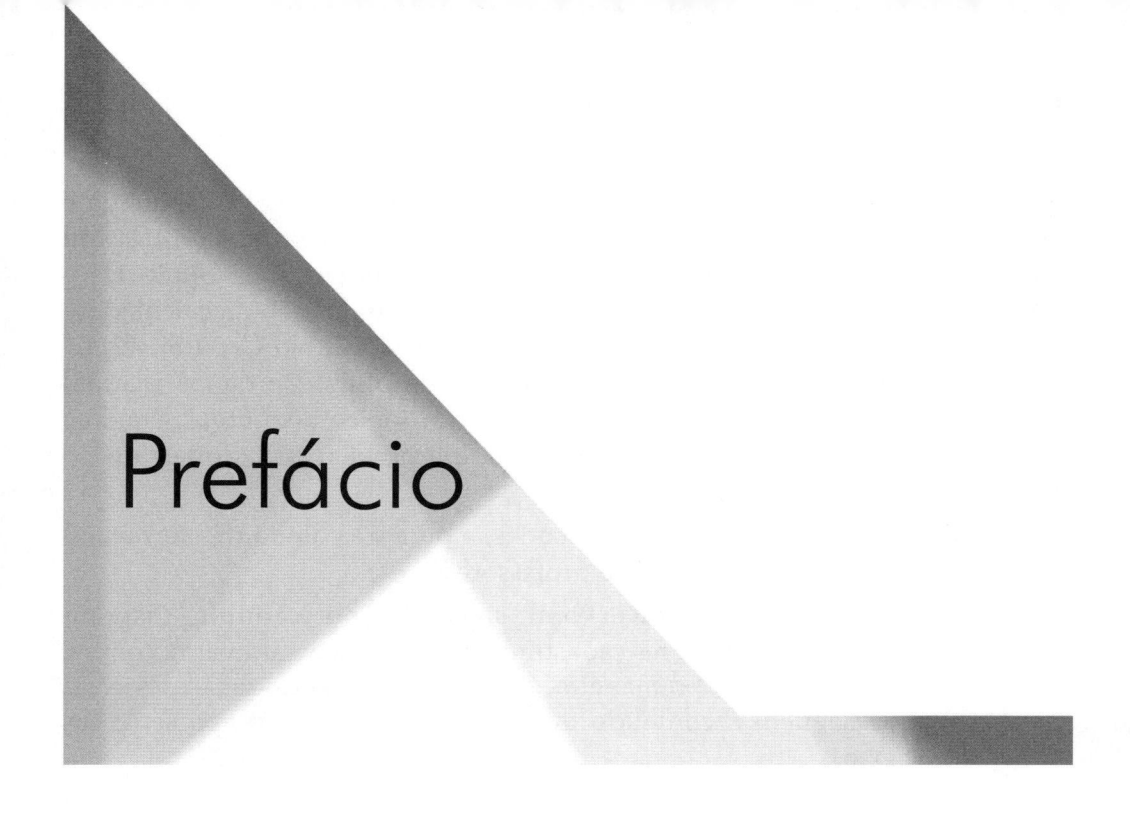

Prefácio

Esta terceira edição foi norteada pelos mesmos princípios da primeira, no sentido de atender aos estudantes da disciplina Administração de Materiais e Recursos Patrimoniais, presente na grade curricular de praticamente todos os cursos de Administração de Empresas. Ela mantém a estrutura da 2ª edição, atualizando dados e complementando conceitos.

A fim de deixarmos o texto atualizado, praticamente todos os capítulos foram revistos e complementados, mantendo-se, porém, a estrutura básica em cinco partes. Foram acrescidos novos exercícios *resolvidos* e *propostos*, como também a atualização dos *estudos de casos*.

No Capítulo 2 o destaque é o texto sobre Análise de Valor, tema tratado até então somente nos compêndios específicos sobre o assunto. Procurou-se dar ao leitor uma visão ampla do tema no que se refere às suas aplicações no desenvolvimento tecnológico das empresas. Foi também apresentada na Seção 2.6.9 uma bibliografia específica sobre o assunto, para os interessados em melhor conhecer a matéria. No Capítulo 3, o tópico referente a Enfoque da Administração de Materiais ressalta a introdução de citações sobre novas técnicas, como o 6-sigma. O Capítulo 4 tem vários exercícios e explicações sobre como utilizar a calculadora HP 12C nas suas soluções. No Capítulo 5, o item sobre MRP traz exercícios e aplicação do EXCEL. Atualizou-se o Capítulo 7 quanto à apresentação e exercícios, inclusive com aplicação do EXCEL. O Capítulo 8 apresenta tópicos modernos que abrangem a diferenciação entre demanda e consumo e aplicações dos modelos com *backlog* e com *demanda perdida* (ou *reprimida*), no cálculo do giro e da cobertura dos estoques. O Capítulo 11 — Estoques de Segurança — destaca explicações sobre utilização da calculadora HP 12C na solução de exercícios, assim como o EXCEL. No Capítulo 12, há um grande número de exercícios e explicações da utilização da calculadora HP 12C na solução. O Capítulo 14 apresenta um tópico bem atual referente aos Novos Desafios do Século XXI, analisando a problemática do terrorismo nos vários modais de transporte.

Paralelamente às atualizações efetuadas, a obra traz ainda três ferramentas de grande valia aos estudantes e professores:

- Transparências em PowerPoint, separadas por capítulo, disponibilizadas aos professores cadastrados no site www.saraivauni.com.br, o que facilitará, sobremaneira, o acompanhamento das exposições, já que seguem o conteúdo dos capítulos, tais como apresentados no texto.

- Coletânea de exercícios propostos, além daqueles do texto, à disposição dos estudantes e professores, periodicamente ampliada.

- Solução de todos os exercícios propostos para os professores que utilizarem a obra como livro-texto. Sempre que adequado, a resolução se dá com o apoio do EXCEL, na forma de modelos genéricos, permitindo aos professores propor uma infinidade de exercícios com dados diferentes, além de simulações simples, para mostrar aos alunos os efeitos na solução com alterações nos dados de entrada.

Petrônio G. Martins e Paulo Renato Campos Alt

Sumário

PARTE 1

Recursos materiais e patrimoniais

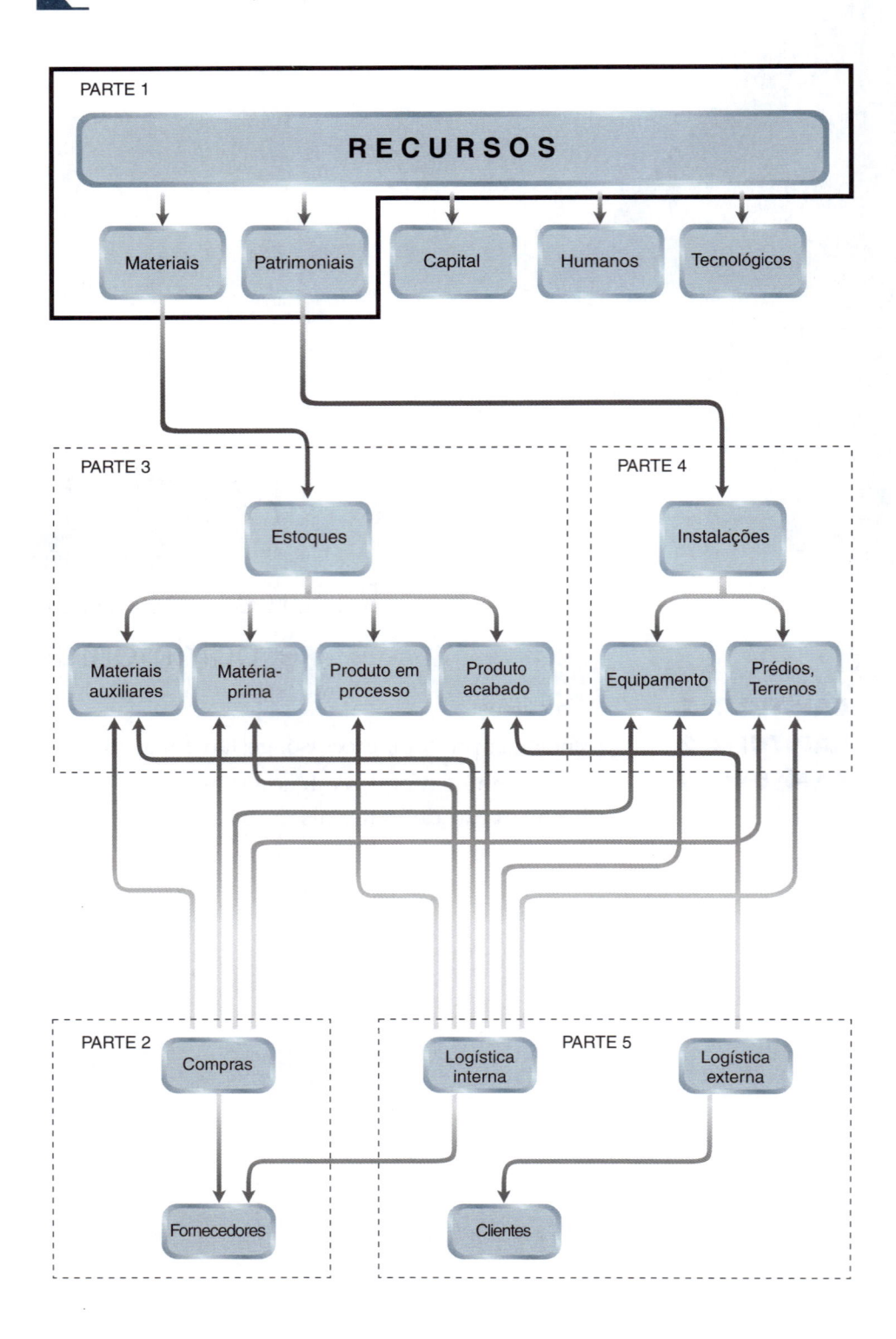

Capítulo 1

Os recursos

1.1 Introdução

Antes de começarmos o estudo da administração de recursos materiais, veja estes dados[1]:

- 16% do programa de produção não pode ser executado em virtude de falta de ferramentas destinadas à produção;

- 30% a 60% do estoque de ferramentas está espalhado pelo chão da fábrica, perdido, deteriorando-se ou não disponível (dentro de caixas de ferramentas pessoais);

- 20% do tempo dos operadores é desperdiçado procurando por ferramentas. Se somarmos meia hora por turno, chegaremos em mais de três semanas de trabalho perdidas por ano;

- 40% a 80% do tempo do encarregado é perdido procurando e expedindo materiais e ferramentas;

---

[1] CHUNG, C. H. Planning Tool Requirements for Flexible Manufacturing Systems. *Journal of Manufacturing Systems*, v. 10, n. 6, p. 476-83, 1991. MELNYK, S. A. ; LYMAN, S. B. Tool Management and Control: Developing an Integrated Top-Down Control Process. *International Conference of American Production and Inventory Control Society*, 36. San Antonio, 1993. Proceedings. Fall Church, VA, APICS, 1993, p. 510-13.

- o orçamento anual para ferramentas, gabaritos, acessórios gastos com fornecedores e ferramentas de reservas numa empresa metalúrgica é 7 a 12 vezes maior que o orçamento do equipamento total.

Do exposto se depreende a importância de bem gerir os materiais, ferramentas manuais e ferramental no processo produtivo, que são recursos usualmente escassos em todas as empresas. A gestão de tais recursos com o objetivo de minimizar desperdícios é parte essencial da Administração de Recursos.

1.2 Administração de Recursos

Administrar recursos escassos tem sido a preocupação dos gerentes, engenheiros, administradores e praticamente todas as pessoas direta ou indiretamente ligadas às atividades produtivas, tanto na produção de bens tangíveis quanto na prestação de serviços.

O espectro de recursos administráveis é bem amplo, podendo desdobrar-se em uma infinidade de disciplinas, cada uma delas com características peculiares, necessitando profissionais especialmente formados e treinados para tal.

Como mostra a Figura 1.1, as empresas precisam e têm a sua disposição cinco tipos de recursos: materiais, patrimoniais, de capital ou financeiros, humanos e tecnológicos. Entretanto, neste livro, nosso objetivo será apenas analisar os recursos materiais e patrimoniais. Os demais constituem objeto de outras disciplinas. Por exemplo, os recursos humanos são estudados na disciplina administração de recursos humanos; os recursos financeiros, na disciplina Administração Financeira; e os recursos tecnológicos, em disciplinas como Sistema de Informações Gerenciais, Informática ou Administração da Tecnologia. Todas essas disciplinas são normalmente cobertas nos currículos dos cursos de Administração de Empresas, Economia, Ciências Contábeis e Engenharia.

Figura 1.1   Recursos à Disposição das Empresas

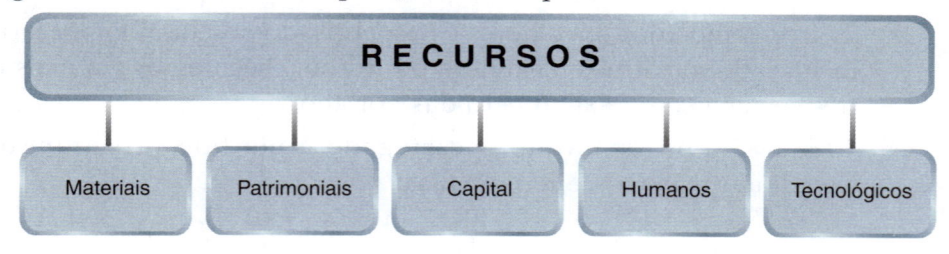

A **administração dos recursos materiais** engloba a seqüência de operações que tem seu início na identificação do fornecedor, na compra do bem, em seu recebimento, transporte interno e acondicionamento, em seu transporte durante o processo produtivo, em sua armazenagem como produto acabado e, finalmente, em sua distribuição ao consumidor final. A Figura 1.2 ilustra esse ciclo.

Figura 1.2   Ciclo da Administração de Materiais

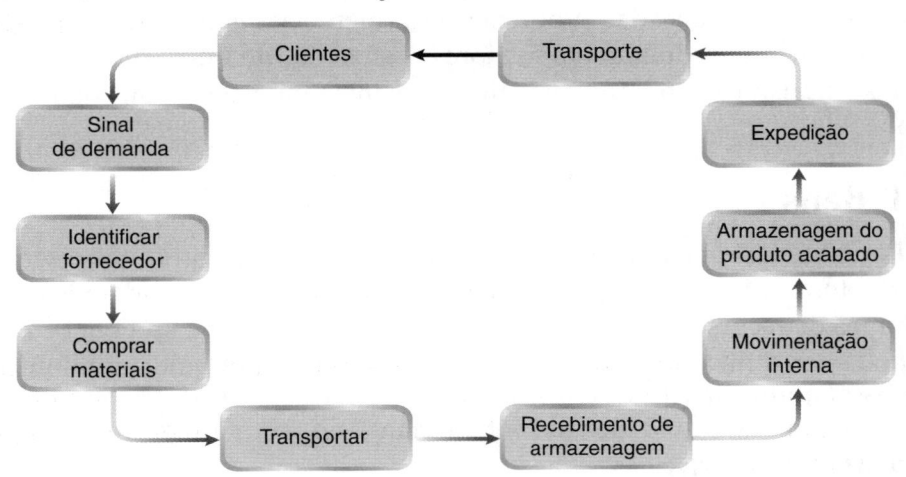

A **administração de recursos patrimoniais** trata da seqüência de operações que, assim como a administração dos recursos materiais, tem início na identificação do fornecedor, passando pela compra e recebimento do bem, para depois lidar com sua conservação, manutenção ou, quando for o caso, alienação.

1.3   Fatores de Produção

É importantíssimo que desde já definamos o que vem a ser recursos. Neste livro utilizaremos a conceituação que entende por **recurso** tudo aquilo que gera ou tem a capacidade de gerar riqueza, no sentido econômico do termo. Dessa forma, os clássicos **fatores de produção** — capital, terra (ou natureza) e trabalho — são recursos e, como tal, devem ser administrados.

Assim, um item de estoque é um recurso, pois, agregado a um produto em processo, irá constituir-se em um produto acabado, que deverá ser vendido por um preço superior ao somatório de todos os custos incorridos em sua fabricação. De modo análogo, um edifício que abriga as instalações de uma empresa é um recurso, já que é essencial a seu funcionamento.

As pessoas que trabalham na empresa também constituem recursos, pois com seu conhecimento geram novas idéias, que são transformadas em novos produtos, novos métodos de trabalho, serviços cada vez mais adequados ao uso dos consumidores.

O **capital**, sob a forma de numerário, é o recurso mais facilmente reconhecido, por sua característica de liquidez, que faz com que ele possa ser utilizado inclusive na aquisição de outros recursos.

A **tecnologia** é um recurso que ganha importância a cada dia. Assim, tecnologias mais avançadas produzem um diferencial em relação às anteriores, normalmente traduzido em menores custos, ou um outro diferencial que possa ser transformado em algum tipo de vantagem econômica, como maior lucro.

1.3.1 Bens

Por transmitirem a idéia de que são capazes de gerar produtos e serviços e, portanto, produzir riquezas, os **bens** são muitas vezes considerados como sinônimos de recursos. Assim, um automóvel, considerado como um bem móvel, pode ser utilizado na prestação de um serviço com valor econômico, e como tal é um recurso.

1.3.2 Patrimônio

Patrimônio pode ser conceituado como o conjunto de bens, valores, direitos e obrigações de uma pessoa física ou jurídica que possa ser avaliado monetariamente e que seja utilizado na realização de seus objetivos sociais.

Administrar o patrimônio significa gerir os direitos e obrigações, ou, de outro modo, os ativos e passivos da empresa. Muitas vezes o passivo é maior que o ativo, gerando o que se denomina **patrimônio líquido negativo**.

$$\text{Patrimônio líquido} = \text{Ativo} - \text{Passivo}$$

O foco de nosso trabalho será o estudo dos **bens patrimoniais**, que podem ser entendidos como as instalações, prédios, terrenos, equipamentos e veículos da empresa. Abordagens mais completas sobre o assunto são objeto de estudo da Administração Financeira e da Economia.

1.4 Recursos Tecnológicos

Praticamente todos os teóricos da área de administração de materiais são unânimes em considerar a tecnologia como um fator de produção, ao lado dos **recursos clássicos: natureza, trabalho e capital**. Dessa forma, nada mais oportuno que uma análise um pouco mais detalhada dos recursos tecnológicos.

Ao ouvirmos a palavra tecnologia, em geral a associamos com algo intangível incorporado a entidades concretas, a bens físicos, como máquinas, ferramentas e produtos químicos. Na realidade, a **tecnologia** abrange bem mais do que isso — ela é o corpo de conhecimentos com o qual a empresa conta para produzir produtos ou serviços. Então, da mesma forma que temos de gerenciar materiais, patrimônio, recursos humanos e de capital, temos de gerir o conhecimento dentro das empresas. Isso significa saber como ele é adquirido, como se aprimora e como é transmitido, aplicado e preservado.

O conhecimento é parte da cultura da empresa, e os fatos têm demonstrado que ele não é de nenhuma forma ilimitado, isto é, cada empresa tem competências básicas que lhe permitem ser líder em determinados campos, mas não em todos. O **negócio essencial** — também conhecido como **core business**, ou *foco* da atividade — é fundamental para a competitividade. Isso precisa ser bem entendido, já que não significa uma atitude drástica: não é necessária nem a superespecialização — que restringe o campo de atuação —, nem a extrema diversificação — que enfraquece a realização dos objetivos. Fala-se cada vez mais na **organização que aprende**, ou em inglês, *learning organization*, isto é, que dedica uma parcela considerável de seus esforços no sentido de utilizar as experiências do cotidiano como fonte de *feedback*[2] de seu conhecimento acumulado, possibilitando acertos de rumo em função de novos conhecimentos adquiridos.

O **ciclo PDCA**[3] de Edward Deming, um dos principais gurus da qualidade, mostrado na Figura 1.3, é uma forma de agir que resume de maneira simples o ciclo de renovação e acumulação. Ele serve tanto para a implementação de novas idéias como para a resolução de problemas.

Os recursos tecnológicos da empresa devem ser planejados (P), desenvolvidos ou adquiridos (D), controlados (C) e ter ações (A) sobre eles tomadas de acordo com informações geradas interna ou externamente à empresa. O ciclo é encerrado ao atingir os objetivos.

Figura 1.3   O Ciclo PDCA

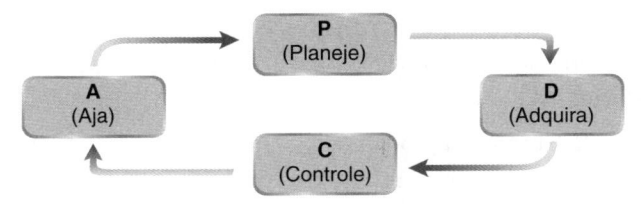

---

[2]   Neste caso as experiências do cotidiano alimentam o conhecimento. Quando este conhecimento for aplicado novamente, as experiências positivas e negativas de sua aplicação são somadas ao conhecimento anterior. Essa retroalimentação é denominada em inglês de *feedback*.

[3]   PDCA é a sigla em inglês de Plan, Do, Control and Act, ou traduzindo, Planejar, Fazer, Verificar e Agir. Veja mais sobre isso no livro *Administração da produção*. São Paulo: Saraiva. Cap. 18.

Os principais recursos tecnológicos que analisaremos neste livro serão os que mais de perto afetarão o dia-a-dia das organizações, pois eles interferem direta ou indiretamente no produto, no serviço, nos processos, na própria gestão e informação. A Figura 1.4 apresenta um esquema dos recursos tecnológicos.

Figura 1.4   Recursos Tecnológicos

Conclusão

A administração de materiais tem uma preocupação constante em procurar medidas de seu desempenho. Neste livro tentaremos apontar as tendências futuras mais importantes, pois, com a globalização crescente, estamos no limiar de uma troca de paradigmas, já que o modelo de produção do século XXI deverá ser muito diferente do modelo do século XX, quer em relação às estruturas empresariais, ao relacionamento de emprego, à gestão de informações, à gestão de produção e à organização do trabalho. O Brasil está diante de um grande desafio — passar para um modelo baseado na inovação mesmo antes de termos dominado o modelo baseado no custo, qualidade, flexibilidade e confiabilidade.

A Figura 1.5 esquematiza as principais áreas dentro da administração de recursos materiais e patrimoniais. Agrupamos essas áreas nas cinco grandes partes que compõem este livro: recursos (Parte 1), compras (Parte 2), estoques (Parte 3), instalações (Parte 4) e logística (Parte 5).

Figura 1.5　Visão Geral da Administração de Recursos Materiais e Patrimoniais

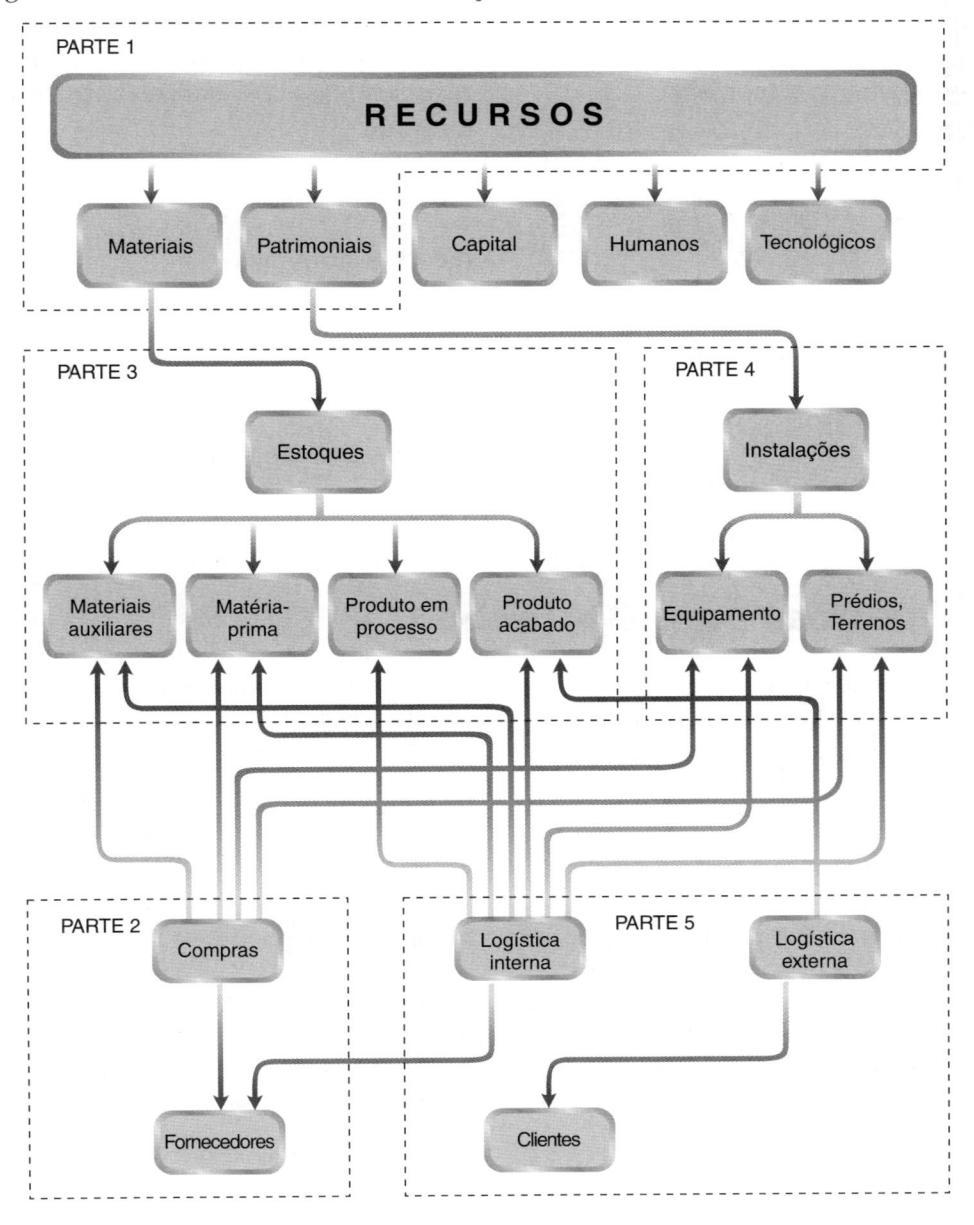

Termos-Chave

bens intangíveis

bens patrimoniais

bens tangíveis

ciclo PDCA

feedback

learning organization

organização que aprende

patrimônio líquido

patrimônio líquido negativo

recursos clássicos: natureza, trabalho e capital

recursos de capital

recursos humanos

recursos materiais

recursos patrimoniais

recursos tecnológicos

Questões para Discussão

1. Como o domínio da tecnologia pode tornar-se importante fator de produção?
2. Os clientes constituem um recurso para a empresa? Explique.
3. O que são bens de capital?
4. A tecnologia de gestão é um recurso? Por quê? Cite algum exemplo para explicar sua resposta.
5. O que são recursos patrimoniais?
6. A vantagem competitiva que uma empresa tem em relação a um concorrente é um recurso? Por quê? Dê exemplos para corroborar sua resposta.

Estudo de Caso

O grupo Tramontina investiu cerca de $ 25 milhões na duplicação de seu centro de distribuição (CD) em São Paulo "para melhorar o atendimento das redes varejistas e dos grandes compradores nacionais", segundo o presidente da empresa. O CD paulista foi mais um reforço na distribuição dos produtos da Tramontina, que somam 14 mil itens diferentes e vêm de 10 fábricas, com 5 mil trabalhadores, localizadas nos Estados do Rio Grande do Sul (oito), Pará e Pernambuco.

A área construída das fábricas ultrapassa os 500 mil m², onde se produzem 42 milhões de peças por mês. "Por todo esse volume, a logística de distribuição é vital para o nosso sucesso", destaca o diretor comercial da unidade de Farroupilha (RS). No mercado nacional, a Tramontina tem CDs nos Estados do Rio Grande do Sul, São Paulo, Goiás, Bahia, Pernambuco e Pará. Eles atendem suas respectivas regiões e, em alguns casos, compradores de países sul-americanos.

Os estoques garantem, em média, a demanda de dois meses e meio. "Mantemos esses estoques para que nossos clientes não tenham estoques". Boa parte dos clientes têm a segurança de atendimento de suas necessidades de produtos em, no máximo, 48 horas.

Os 14 mil itens produzidos dividem-se em linhas de utilidade doméstica, ferramentas, materiais elétricos, móveis de madeira ou plástico e peças especiais sob encomenda para o segmentos agrícola, elétrico e industrial.

Ao diversificar tanto a sua produção, o grupo Tramontina cresceu sem um foco específico de atuação. "Isso acabou acontecendo pela nossa política de administração descentralizada, que valoriza, em primeiro lugar, nossos talentos e suas idéias. Todos os produtos têm a nossa marca. Por isso, precisam, todos, ter ótima qualidade. Uma idéia, seja de quem for na empresa, é recebida pela direção de determinada unidade fabril e levada, depois de passar por uma triagem, para a reunião de conselho de administração, da qual participam os acionistas do grupo e os executivos de cada fábrica. Se a idéia receber aprovação, é executada prontamente."

Os produtos da empresa são negociados no Brasil por cerca de 600 vendedores especializados em linhas de produtos.

Os negócios do grupo vão muito além das fronteiras brasileiras. A Tramontina também mantém CDs na Colômbia, Chile, México, Estados Unidos e Alemanha.

A exportação representa $ 30 milhões/mês do faturamento do segmento de cutelaria da Tramontina. As vendas externas de panelas, baixelas e colheres em aço inox são responsáveis por $ 18 milhões/mês do faturamento da divisão.

Fonte: PAZ, V. Grupo Tramontina investe $ 25 milhões. *Gazeta Mercantil*, São Paulo 19 mar. 2003. Caderno A14. Disponível em: <www.gazetamercantil.com.br>.

Questões para Discussão

1. Qual é a importância da administração de materiais para uma empresa como a Tramontina?

2. Identifique no texto dois recursos que são mencionados. Como eles geram valor para a empresa?

3. A política de novos produtos, ou a criatividade da Tramontina, conforme a descrição de um funcionário da empresa, é um recurso? Ele é administrado, conforme o ciclo PDCA? Por quê?

Capítulo 2

Tecnologia
Produto, processo, gestão e informação

2.1 Introdução

Quando falamos em produtos, pensamos imediatamente em bens materiais, físicos e tangíveis utilizados para consumo ou reprodução de outros bens. Quando o assunto são serviços, no entanto, imaginamos algo difícil de mensurar, algo intangível. As diferenças entre produtos e serviços são um pouco mais complexas, envolvendo, por exemplo, o grau de uniformização e de mecanização, bem como os insumos utilizados. Hoje, entretanto, muitos produtos já trazem incluídos em seu conceito uma grande quantidade de serviços.

Descontada a materialidade, as mesmas considerações feitas para a geração de um bem material também podem ser usadas para um serviço. Assim, utilizaremos neste livro a palavra produto em um sentido amplo, isto é, abrangendo tanto o produto propriamente dito como o serviço. Depois dessas explicações, podemos definir o que vem a ser um **produto**[1]: resultado de um processo de transformação; algo a que se agrega valor e que está sendo manipulado para posterior oferta ao mercado ou como resposta a uma solicitação do mercado.

---

[1]   Veja mais sobre a QS9000 no *site* http://qs9000.asq.org/.

2.2 Tecnologia do Produto

No Capítulo 1, definimos tecnologia. Mas podemos pensá-la também como a comercialização da ciência; a evolução científica que é colocada em cada produto ou serviço[2].

O desenvolvimento de uma tecnologia, ou o aprimoramento de uma já existente, só se dá quando *necessário*. Alguns *problemas* enfrentados no manejo dos materiais — por exemplo, excesso de produtos e falta de espaço para armazená-los — levaram à criação das atuais tecnologias de administração de materiais. Além disso, é preciso que a tecnologia seja *viável* e que haja algum *conhecimento, ou em inglês know how,* para lhe dar continuidade. Tempo, dinheiro e mão-de-obra são também fatores imprescindíveis para que haja inovação tecnológica.

2.2.1 Metodologia PRP (*Product Realization Process*)[3]

O fluxo de uma empresa pode ser representado como um conjunto de entradas, que são então processadas gerando um conjunto de saídas, ligado por uma realimentação, ou *feedback* (veja a Figura 2.1).

Figura 2.1   O Fluxo de uma Empresa

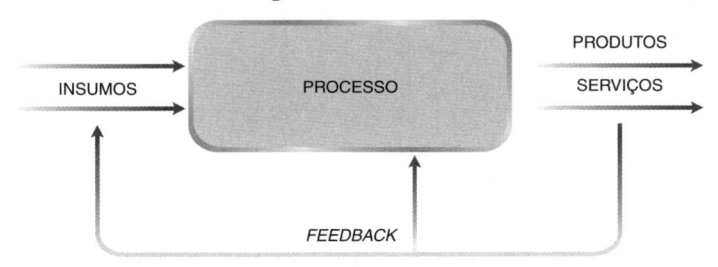

A saída representa o produto; as entradas, ou insumos, os materiais, o capital e os recursos humanos; e o processamento representa os recursos tecnológicos de produção, edifícios, equipamentos, métodos de gestão e organização do trabalho.

O produto é, pois, o resultado final do esforço produtivo. É a materialização do desejo do consumidor, a razão da existência da empresa. Por outro lado, o produto é também o gerador de toda a atividade empresarial. A ele,

---

[2]   SNOW, C. ; OTTENSMEYER, E. *Managing Strategies and Tecnologies.* Greenwich: JAI Press, 1990.

[3]   ©Product Realization Consortium, 1996. Traduzindo PRP significa Processo de Realização do Produto.

com base em sua definição, ficam condicionados todos os outros recursos utilizados pela empresa. (Veja a Figura 2.2.)

Figura 2.2   Metodologia PRP

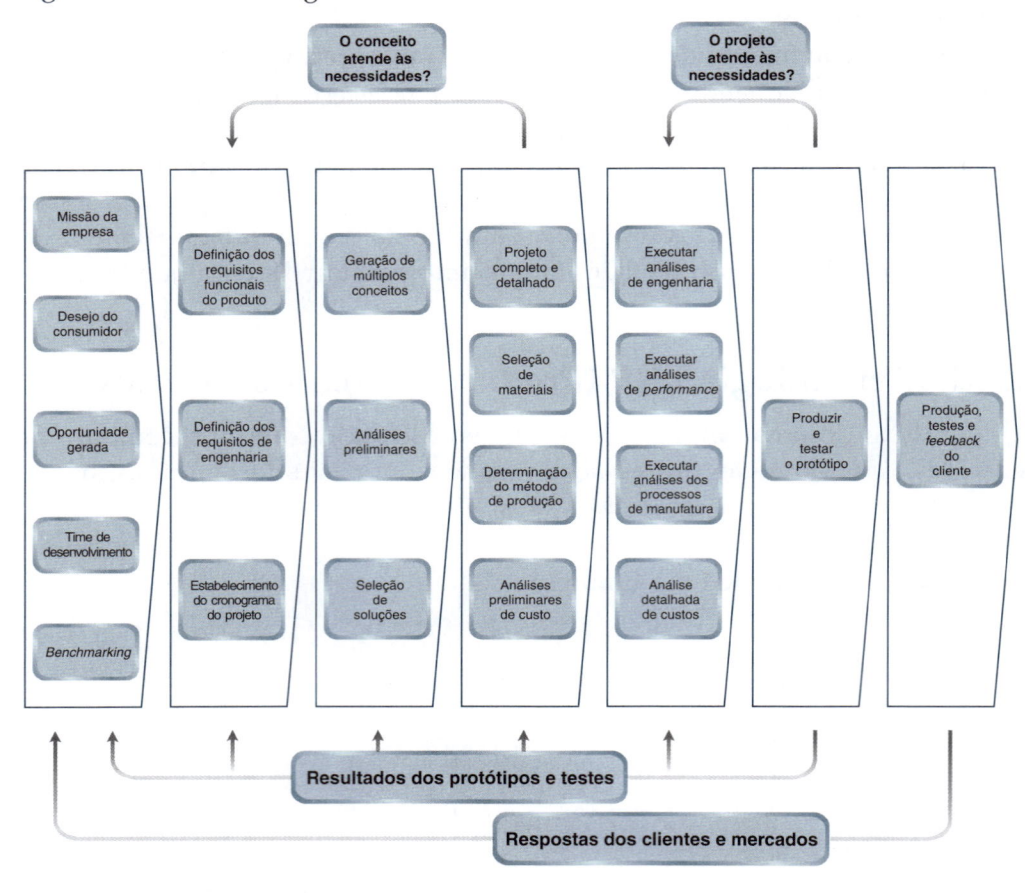

Na Figura 2.2 vemos toda a organização fazendo um desejo próprio ou condicionado do cliente ser transformado em realidade. No início e no fim do processo está o cliente.

O comportamento e o processo de compra do cliente são objetos de estudo de disciplinas como marketing e comportamento do consumidor. No curso de administração de materiais estudaremos detalhadamente o lado da empresa, detendo-nos em cada bloco da Figura 2.2. Veja a seguir como isso é importante.

As grandes indústrias automotivas como Ford, GM, Volvo, entre outras, criaram suas próprias metodologias de PRP. Essas metodologias foram escritas em normas que devem ser seguidas também por seus fornecedores. Um exemplo de norma é o Manual do APQP, que significa Advanced Product Quality Planning, da norma de qualidade QS9000[4] do setor automotivo. Nesse Manual do APQP são descritas todas as etapas de desenvolvimento de um produto, abrangendo praticamente todos os departamentos da empresa. O objetivo é garantir que seja fornecido um produto de qualidade, no prazo desejado e conforme as expectativas do mercado.

2.2.2 Primeira Fase do PRP — por Onde Começar?

A **missão da empresa** é o que ela se propõe ser dentro da estratégia de atuação que gerou sua formação. Uma missão pode ser, por exemplo: "líder ou no mínimo segunda colocada no ramo de controles industriais nos mercados onde atue". A missão define o propósito da existência da empresa e condiciona sua estrutura para que ela atinja o que deseja.

O **desejo do consumidor** pode ser explicado como aquilo que o cliente deseja receber como resultado de uma transação com a empresa: produto, serviço ou uma combinação de ambos. Esse desejo pode não estar suficientemente claro, o que exige o uso de técnicas — como, por exemplo, o *desdobramento da função qualidade*, também conhecido como *quality function deployment* (QFD)[5] — para estabelecer de forma clara os requisitos do produto.

Com relação à questão da *oportunidade gerada*, a empresa deve se perguntar se valerá a pena se esforçar para satisfazer o desejo do consumidor. Outras perguntas que ela também deve se fazer são: Está dentro do escopo de nosso negócio? Os recursos tecnológicos são suficientes? Gera uma oportunidade de aumento de competitividade?

Quanto ao **time de desenvolvimento**, a empresa deve pensar como irá formar internamente uma equipe para gerir o desenvolvimento do novo produto e como as técnicas de **engenharia simultânea** serão gerenciadas. A engenharia simultânea[6] corresponde a métodos que permitem acelerar o processo de lançamento de produtos por meio da realização de várias fases de um projeto interativamente. É necessário compartilhar informações. Como as fases são paralelas, elas são retroalimentadas continuamente, reduzindo-se os problemas típicos dos modelos seqüenciais de desenvolvimento de produtos.

---

[4] Veja mais sobre a QS9000 no *site* http://qs9000.asq.org/.

[5] Desdobramento da Função Qualidade (QFD): metodologia utilizada para assegurar que as principais exigências dos consumidores sejam identificadas e posteriormente atendidas ou até mesmo superadas.

[6] Conceito que se refere a participação de todas as áreas funcionais da empresa no projeto do produto.

A técnica do *benchmarking* consiste em não se partir do zero para solucionar um problema da empresa, mas, antes, estudar as soluções de problemas similares em empresas de sucesso em sua categoria/classe. Nessa fase a empresa fará perguntas do tipo: Qual será nossa referência para tomar decisões sobre o novo produto? Algum produto já existente em nossa empresa? Um produto da concorrência que seja líder de mercado? Algum produto similar que nos traga inspiração? Ou o referencial que buscamos não está ligado diretamente ao produto, mas, por exemplo, ao processo produtivo? Ou estará ligado ao processo de comercialização e a seu financiamento?

2.2.3 Segunda Fase do PRP e o Desenvolvimento Conceitual do Produto

Desse primeiro bloco sairão respostas que embasarão a segunda, a terceira e a quarta fase, chamadas no conjunto de **desenvolvimento conceitual do produto.**

No início da segunda fase, temos a definição dos **requisitos funcionais do produto**. Nela saberemos exatamente para que serve o produto, qual sua função principal e secundária. Várias outras perguntas — por exemplo, quais as funções de troca e de estima — também serão feitas, mas sempre segundo os conceitos de engenharia de valor. **Engenharia de valor**[7] é uma técnica que, por meio da análise funcional e da criatividade, consegue o aumento do valor percebido pelo cliente, considerando a relação entre função e custo:

$$\text{tg a} = \frac{\text{variação no estoque}}{\text{variação no tempo}}$$

Peguemos um carro como exemplo. A função principal do carro pode ser transportar pessoas. Nesse caso, tanto um Rolls-Royce quanto um Fusca estão cumprindo sua função. Só que, juntamente com a função principal, no caso do Rolls Royce, existe também a função de *status* agregada. Se a função desejada pelo cliente for somente o transporte, haverá uma grande diferença entre um Rolls-Royce e um Fusca, quanto ao valor percebido.

Uma vez definidas as funções do produto e de seus componentes, chega-se à definição dos **requisitos de engenharia**. A pergunta mais freqüente nessa etapa

---

[7] Uma abordagem disciplinada para a eliminação de desperdícios de produtos e/ou processos por meio de investigação focada nas funções a serem desempenhadas, como também se tais funções adicionam valor ao produto e/ou serviço. (Veja a Seção 2.2.)

é: Quais os projetos mais indicados para atender às funções do produto sem perder de vista os problemas de manufatura? Entram aí todas as novas técnicas de projeto, como *design for manufacturing* (DFM), *design for assembling* (DFA), *computer aided design* e *computer aided manufacturing* (CAD-CAM).

No **estabelecimento do cronograma,** são definidas a equipe que participará do projeto, as atividades envolvidas, as expectativas do mercado quanto à entrega e a necessidade competitiva em termos de prazo. Estabelece-se um cronograma de projeto, que será acompanhado por meio de *softwares* específicos ou, conforme o porte da empresa, por programas de uso geral como o MS Project, da Microsoft.

2.2.4 Terceira Fase do PRP e Sua Integração à Metodologia

Finda a segunda fase, surge uma terceira, que, embora esteja, por aspectos didáticos, separada da anterior, é completamente integrada a ela.

No desenvolvimento de um produto, é necessário desenvolver hipóteses alternativas; é preciso que haja a **geração de múltiplos conceitos**. Se não envidarmos um grande esforço criativo, corremos o risco de ficar presos a soluções estereotipadas e convencionais. Essa fase também é conhecida pelo grande número de recursos que utiliza para que as idéias surjam, como a técnica de grupos nominais e o **brainstorming**. A técnica do *brainstorming* foi desenvolvida por Osborn para que, por meio da geração livre de idéias em grupo, sejam obtidas soluções de problemas que não estejam presas aos paradigmas vigentes. Mesmo que possa parecer que há redundância na utilização desses recursos, eles nunca representam desperdícios, pois geram novos conhecimentos que, se não usados para o produto em particular, contribuem para a ampliação da base tecnológica da empresa e de sua cultura geral.

As **análises preliminares**, assim como os grupos de desenvolvimento de produtos, são multifuncionais. Ao longo do processo de desenvolvimento são efetuadas análises de viabilidade sob vários aspectos: técnico, de mercado, financeiro e de recursos humanos, entre outros. Essas análises permitem decisões intermediárias, mas muito importantes, pois são responsáveis por descartar ou aceitar alternativas.

Na seleção de soluções, são definidas as alternativas mais viáveis sob todos os aspectos vistos nas fases anteriores.

2.2.5 Quarta Fase do PRP — Aprimorando o Conceito do Produto

Chegamos à quarta fase da metodologia PRP. Para a primeira atividade desta fase, precisaremos de um projeto *completo* e *detalhado*. Tecnicamente, ou em termos de engenharia, o projeto já se encontra definido — mas modificações menores poderão advir sem que seja afetada sua essência.

Os materiais já se encontram definidos na **seleção de materiais**, o que permite o **suprimento**, isto é, a localização das fontes de fornecimento e as negociações de compra, bem como o desenvolvimento das regras de relacionamento no que se refere à qualidade, prazos e formas de fazer a provisão (como, por exemplo, *just-in-time* e entrega periódica).

A determinação do **método de produção** não se restringe apenas à escolha do processo interno de transformação, mas engloba também o projeto do sistema de produção: qual a capacidade necessária e sua gestão, qual o sistema de planejamento e controle da produção (PCP), qual a política de estoques e o grau de verticalização da produção, quais os recursos humanos necessários e qual o sistema de informações que permitirá o controle da produção por meio do ciclo de vida do produto.

Antes de vermos as **análises preliminares de custo**, cabe ressaltar que não devemos tirar conclusões precipitadas com base na palavra "preliminares". Essa atividade deve ser entendida não como algo provisório, mas sim como a consolidação inicial do custo do produto, o qual pode variar, mas não significativamente, até o início da produção. É o custo que, aliado aos demais parâmetros de análise financeira, permitirá o cálculo do retorno do investimento (*return on investment*, ROI) —, que, comparado aos padrões da empresa ou do mercado, levará à decisão de lançar ou não o produto.

Ao fim desta fase deveremos ser capazes de responder se o conceito desenvolvido atende às necessidades do cliente. Se a resposta for sim, passaremos à quinta fase.

2.2.6 Quinta Fase do PRP — a Fase das Análises

Para executar **análises de engenharia**, devem ser utilizadas as mais modernas e melhores práticas[8]. Elas incluem, por exemplo, novas formas de encarar um projeto: o projeto deve ser pensado desde a manufatura de componentes até a montagem final, desde o desempenho durante todo o seu ciclo de vida nas mãos do consumidor até os problemas que surgirão quando houver a

---

[8] Em inglês, *best practices*.

necessidade de seu descarte final. É preciso se levar em conta os problemas que o produto descartado apresenta, e esse assunto ganha cada vez mais importância nos dias atuais, englobando temas como a facilidade de desmonte para o reaproveitamento de matérias-primas e as conseqüências ao meio ambiente de subprodutos hostis ou não biodegradáveis.

Já para executar **análises de desempenho** deve-se sempre trabalhar em função dos parâmetros de engenharia e fazer testes e análises dos componentes à medida que eles se tornam disponíveis. Outras possibilidades são a confecção de protótipos ou o uso de modelos computacionais que simulem a realidade.

Nas **análises dos processos de manufatura** atuais utilizam-se largamente simulações de sistemas produtivos. A maioria das simulações é feita com *softwares* que permitem a rápida escolha entre alternativas de produção, considerando as mais diferentes variáveis: variações estocásticas de demandas, de velocidade das máquinas, de entrega de suprimento, tempos "mortos" em virtude de manutenções, curva de treinamento de operadores. Assim, esses *softwares* permitem simular no computador anos seguidos de funcionamento do processo, escolhendo a melhor alternativa a longo prazo.

Na **análise detalhada de custos** é feita a preparação dos padrões de custo. Muito utilizada para essa análise é a técnica dos custos por atividades, também conhecida como **custo ABC**[9]. O custo ABC permite tanto uma postura proativa dos setores que irão influenciar nos custos diretos e principalmente indiretos (eles participam da confecção dos mapas de custo e sabem exatamente onde eles interferem), como o estabelecimento de metas de desempenho que poderão ser usadas como parâmetros de decisão durante a vida do produto.

2.2.7 Últimas Fases do PRP e *Feedback*

Partimos para as fases finais da metodologia do PRP.

Na **manufatura** e **teste dos protótipos**, pode-se descobrir um grande segredo das empresas líderes de mercado: elas fazem essa fase de pré-produção a mais curta possível. A transição projeto/produção é uma das maiores preocupações de alguns ramos industriais — principalmente da indústria automobilística — para poder enfrentar o clamor pela inovação e o desejo de individualização do produto final que vem caracterizando a sociedade de consumo atual.

---

[9] Sigla em inglês para *activity based costing*.

Quando terminamos a manufatura dos protótipos em condições de produção, devemos ser capazes de responder à seguinte pergunta para passar para a próxima fase:

"O projeto conseguiu atender às necessidades do cliente?".

A fase seguinte é a produção normal para o atendimento do mercado, em que o importante é a resposta do consumidor à pergunta final:

"O produto é aquilo que eu quero?".

Note-se o tempo do verbo. Muitas vezes, quando o produto chega ao mercado, ele é exatamente o que o consumidor "queria", não aquilo que ele "quer" agora. Daí a necessidade de todo o esquema de desenvolvimento, com atenção constante às oscilações de humor do mercado, e principalmente de reduzir o tempo de lançamento (o *lead time* do projeto) ao mínimo possível. Imagine um fabricante de carruagens que tivesse lançado um modelo "revolucionário" depois do Ford modelo T!

É por isso que no diagrama PRP existe a ligação constante "respostas dos clientes e mercado".

2.3 Tecnologia do Processo

Michael Hammer afirma que numa organização voltada para processos todos entendem os processos, pois eles são cuidadosamente projetados e mensurados. As pessoas dizem "veja o quadro maior e tenha um foco mais amplo". Os funcionários não devem apenas realizar uma tarefa sob o comando do chefe; eles trabalham com outras pessoas baseados em espírito de equipe para alcançar os objetivos definidos pelo cliente. As chefias são os responsáveis finais pelos processos: elas devem estimular os esforços e evitar a situação em que ninguém pode ser cobrado, pois ninguém é responsável por aquele processo. Hammer chama esse estilo de administração de propriedade de processos[10].

Processos são seqüências estruturadas de atividades que, por meio de ações físicas, comportamentais e/ou de informações, permitem a agregação de valor a uma ou mais entradas, transformando-as em uma ou mais saídas que representam um estado diferenciado do original. Ou, segundo Hammer, processo é simplesmente a reunião de tarefas ou atividades isoladas para alcançar certos resultados.

---

[10] *HSM Management*, n. 9, p.6-9, Jul./Ago. 1998.

Os processos podem ser classificados em diversas categorias, em função de seu objetivo final.

Os processos são chamados de **processos produtivos** quando deles resulta um produto final ou um componente dele.

Os **processos administrativos** são os processos cujo resultado final é a geração de informações ou de decisões que influenciam a gestão da empresa.

Os **processos comerciais** são aqueles cujo resultado é uma ação do consumidor, possibilitando-lhe acesso a um bem ou serviço.

Como os processos são sistemas ou subsistemas de um sistema mais amplo, para que possamos estudar suas características e exercer influência sobre elas é necessário revisar alguns tópicos da teoria geral dos sistemas.

Para explicar a importância dos processos, Hammer cita o exemplo do processo de preenchimento de um pedido. Para que um pedido seja feito, supondo uma organização bem simples, três pessoas poderiam estar envolvidas: uma primeira pessoa gerenciará o estoque, a segunda cuidará da expedição do pedido e a terceira estará envolvida no contato com o cliente para obter o pedido. Numa organização tradicional essas três pessoas desempenham seu papel isoladamente. Se aplicarmos a tecnologia de processo, poderemos desenvolver um processo pensando em como essas partes interagem, como uma pode facilitar o trabalho da outra e como poderemos melhorar o trabalho em si para que o cliente fique mais satisfeito.

2.3.1   Noções da Teoria Geral de Sistemas

Os métodos científicos aos quais nos acostumamos nos últimos 400 anos concentravam-se no estudo de fatores isolados. Fenômenos complexos eram divididos em suas partes constituintes, e suas propriedades eram então examinadas. É a abordagem reducionista.

Durante as décadas que sucederam a Segunda Grande Guerra, percebeu-se que esse enfoque deixa de levar em conta um aspecto essencial do mundo em que vivemos, isto é, que a maioria das coisas não existe isoladamente, mas como parte integrante de complexos sistemas organizados, e que os elementos componentes desses sistemas interagem de tal modo que o todo adquire características que não estão presentes em suas partes constituintes separadamente: a unidade passa a ser mais do que uma acumulação das partes. Há um efeito sinergético[11], positivo ou negativo.

---

[11]   Efeito sinergético ocorre quando a soma das partes é maior (ou menor) que o todo. Quando é maior, a sinergia é positiva; quando é menor, a sinergia é negativa.

Como o mecanicismo ignorava isso, foi necessário o surgimento de uma disciplina científica com profundas implicações teóricas e diversas aplicações práticas, conhecida como **teoria geral dos sistemas** (TGS).

Seus conceitos básicos são similares aos da teoria da gestalt desenvolvida por Frederick S. Perls, psiquiatra alemão nascido em 1893.

A Teoria de Gestalt

Perls, em 1926, trabalhando com soldados portadores de lesões cerebrais, compreendeu a necessidade de considerar o organismo humano como um todo, em vez de vê-lo como um aglomerado de partes trabalhando desordenadamente. Baseado nisso, desenvolveu a teoria da gestalt, palavra alemã que, sem tradução equivalente em português, significa uma disposição ou configuração — uma organização específica de partes que constitui um todo particular. O princípio mais importante da gestalt é o de propor que uma análise das partes nunca pode proporcionar uma compreensão do todo, uma vez que o todo é definido pelas interações e interdependências das partes. As partes de uma gestalt não mantêm sua identidade quando estão separadas de sua função e lugar no todo.

O conceito geral do relacionamento entre o todo e as partes não é novo — existe desde a era clássica grega, mas só a partir de 1940 foi reconhecido, estudado e largamente aplicado.

Não é exagero dizer que a teoria geral dos sistemas provocou uma revolução científica. Thomas Kuhn[12] definiu esse fenômeno como a quebra de um paradigma cujo conceito é a idéia de que cada disciplina científica resolve os próprios problemas dentro de uma estrutura preestabelecida por pressupostos metodológicos, convenções lingüísticas e experimentos exemplares. Em seu desenvolvimento, a "ciência normal" assim constituída se choca com situações de crise, ou seja, confronta-se com a impossibilidade de resolver um número sempre maior de problemas na base do paradigma vigente. Daí deve nascer um novo paradigma.

Não houve uma rejeição dos métodos tradicionais (reducionistas), mas o acréscimo de uma nova dimensão a nosso pensamento. Ambas as abordagens são necessárias.

A teoria dos sistemas penetrou em todos os campos da ciência, da tecnologia, dos serviços, da defesa, da indústria, e na esfera socioeconômica, tendo sido tema de livros e conferências durante os últimos anos, estando presente cada vez mais na literatura ligada à administração.

---

[12] KHUN, Thomas. *A estrutura das revoluções científicas*. São Paulo: Perspectiva, 1978.

Um aspecto fundamental na TGS é que, tendo tantos campos de aplicação, ela propicia um tema unificante e um terreno de bases comuns para as pessoas que operam em campos completamente díspares. O conceito unificador, de interesse universal, é o da *organização*.

Os princípios gerais da TGS são simples, de fácil compreensão e de uso geral. Assim, pode-se obter um melhor entendimento e principalmente *gerar idéias* em seus campos de aplicação. No entanto, o cálculo de suas aplicações com maior profundidade normalmente requer a aplicação de modelos de pesquisa operacional ou de ferramentas de simulação matemática ou gráfica. Por sua vez, essas ferramentas exigem o uso dos instrumentos da computação, quer sejam eles *softwares* dedicados ou programas comerciais. Isso significa que o profissional ligado à área de sistemas deve ter um conhecimento conceitual aprofundado da matemática ligada à pesquisa operacional, bem como acompanhar constantemente seu estado da arte.

Uma definição mais antiga dizia que sistema é um conjunto de elementos de tal forma relacionados que uma mudança no estado de cada elemento provoca mudanças no estado dos demais elementos. Essa definição mostra a interdependência dos componentes que formam uma rede, mas não fala de uma característica essencial: a de que o todo é maior que a soma das partes e que alguma coisa nova apareceu quando o sistema foi construído pela natureza ou pelo homem. Por exemplo: um computador com CPU, teclado, *drives* (unidades de disco), *modem*, impressora, *scanner*, alto-falantes, transformador e filtro de linha é um sistema. Isoladamente, cada componente não é um sistema. Porém, como veremos, ele só será um sistema de comunicação pela Internet quando alguém sentar diante dele, acessar um provedor e, utilizando um *browser*, começar a navegar e conseguir a informação ou estabelecer uma comunicação com outro internauta.

Isso significa que o sistema necessita de pelo menos três elementos para funcionar: uma entrada (*input*), um processamento e uma saída (*output*). No sistema de operações industriais, as entradas podem ser as pessoas (operários e gerência), os equipamentos, as instalações (fábricas, terrenos) e os materiais. Tudo isso é usado para que, com um *feedback* contínuo do ambiente externo (clientes e fornecedores) e interno (por exemplo, com informações sobre a produção e seu desempenho), seja produzida a saída, o produto final, que tanto pode ser um serviço como um bem.

Figura 2.3 O Sistema de Operações Industriais

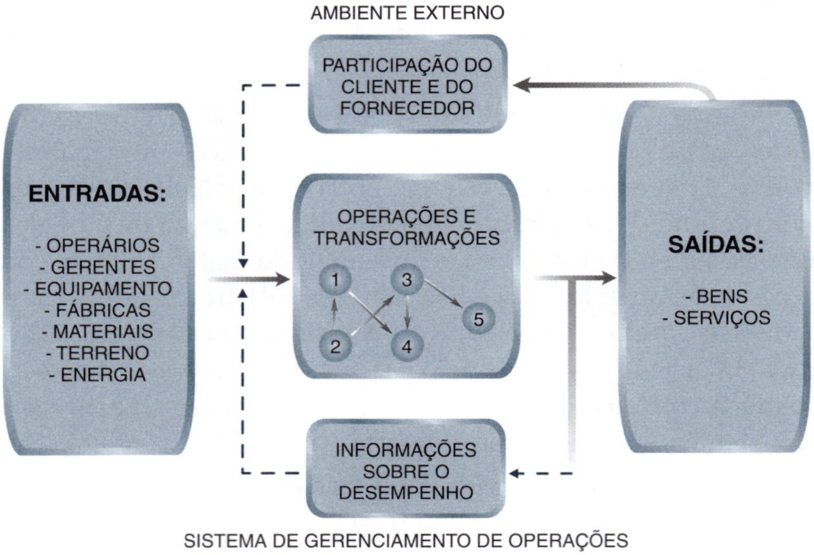

2.3.2 **Classificações e Características dos Sistemas**

Os sistemas que se relacionam com outros sistemas são chamados de **sistemas abertos**. Eles dependem dos outros sistemas quanto à energia de que necessitam (comida, energia elétrica, gasolina, entrada de dados) e sua saída afeta outros sistemas (TV, poluição, buraco na camada de ozônio, tomada de decisão). Se refletirmos um pouco, todos os sistemas são parte de sistemas cada vez maiores (cujo limite é o universo), e seus componentes são subsistemas cada vez menores (até chegar à partícula mais elementar a ser descoberta).

Os **sistemas fechados** são sistemas independentes: não consomem entradas nem geram saídas. No sentido estrito, os sistemas fechados não existem, mas, às vezes, para fins de análise teórica, algumas máquinas, grupos sociais ou organismos são entendidos como tal.

Os sistemas também podem ser classificados por seus resultados.

Um **sistema de resultados diretos** é o sistema em que o produto/serviço gerado por si só já garante o resultado, como o automóvel que deixa uma linha de produção, ou o *download* que se fez da Internet.

O **sistema de resultados indiretos** é aquele em que o produto deve ser projetado para ser o mais adequado a fim de atingir um resultado, mas esse resultado só será conhecido depois de algum tempo. Um caso clássico desse tipo de sistema acontece com os alunos que deixam uma universidade: o resultado do estudo universitário não pode ser mensurado no mês seguinte à formatura — muitos passarão um tempo no exterior, outros demorarão a escolher uma área, e outros ainda não encontrarão emprego.

O **sistema de resultado desconhecido** ocorre quando eventualmente se pode aquilatar o resultado, mas a comprovação prática desse resultado é extremamente improvável. Um sistema de evacuação de uma cidade no caso de um ataque nuclear é um exemplo: por mais que se treinem as pessoas, a prática do sistema é imprevisível e pode ser completamente diferente do planejado.

Todos os sistemas, sejam eles físicos, químicos, sociais, biológicos, psíquicos, políticos, organizacionais, têm características em comum.

Primeiro, os componentes interagem harmoniosamente entre si, formando uma rede de elementos interdependentes constituindo um todo. Todos os elementos estão integrados; se houver um elemento presente que não interaja, ele não faz parte do sistema. Quando um ser humano morre ou um automóvel é destruído, eles deixam de ser sistemas, porque suas partes não mais interagem de forma que assegurem as funções originais do sistema. O sistema deixa de aceitar entradas e, portanto, não há mais saídas.

Segundo, um sistema é mais que a simples soma de suas partes. Ele tem "caráter" e propriedades próprias, que lhe são conferidos por sua organização. Um monte de eixos, engrenagens e carcaças não formam uma caixa de câmbio. Porém o conjunto montado e calibrado é uma caixa de câmbio. Partes soltas não formam um sistema, mas, quando organizadas, o todo assume uma nova capacidade, um sistema é formado.

Terceiro, um componente defeituoso afeta o sistema inteiro. Assim, se um dos componentes é deficiente, incapaz de interagir corretamente com os outros, não preenchendo sua função específica, o sistema todo é prejudicado. Todas as partes têm um papel a desempenhar. Mesmo alterar apenas um dos componentes pode ter conseqüências inesperadas. É o caso de nosso corpo: um órgão que não esteja funcionando direito afeta todo o resto. Nosso desempenho quando estamos doentes é sempre menor do que quando todas as partes estão desempenhando corretamente sua função.

Quarto, *os sistemas funcionam em relação a seu ambiente*, do qual eles dependem para sua manutenção e ao qual eles afetam com o que produzem.

E, quinto, a maioria dos sistemas está sujeita a **coerções externas**, impostas pelo ambiente, e a **coerções internas**, decorrentes de limitações que lhes são inerentes.

Muitos sistemas, especialmente na biologia, na sociologia e na indústria, tendem a alcançar e manter um **equilíbrio dinâmico**. Por exemplo, nosso corpo mantém uma temperatura constante, que pode ser perturbada ocasionalmente, mas que mecanismos internos de controle levam de volta aos níveis normais. Isso se chama mecanismo de auto-regulação, ou seja, a retroalimentação de dados possibilita uma correção para retorno ao equilíbrio. Um exemplo é o sistema de regulagem de temperatura por meio de um termostato.

Algumas vezes a mudança no ambiente acarreta uma mudança permanente na regulagem do sistema. As mudanças podem, pois, ser pequenas ou grandes, imediatas ou graduais, por pequeno ou longo prazo. Existem ainda os chamados **sistemas progressivos**, que estão constantemente mudando, tais como cidades em expansão e populações em crescimento ou extinção.

Sistemas

Nos grandes sistemas, nem todos os componentes são igualmente importantes; alguns são essenciais, mas outros podem perder-se sem perturbações significativas. Nessa característica baseiam-se algumas das intervenções da administração, como a *análise de valor*, em que, por meio da análise funcional, elementos de um sistema são redimensionados, combinados ou até eliminados sem prejuízo da função principal; e a *reengenharia de processos*, que, com auxílio da análise de custos ABC, pode fazer simplificações dos processos atuais, sem perder a perspectiva de demandas diferentes do ambiente a médio prazo.

Em relação à possível deficiência de componentes de um sistema, pode-se atenuar suas conseqüências por meio do estabelecimento de comutação automática em caso de falha (componentes em paralelo), ou recursos de autocorreção tipo Poke-Yoke, que param o processo ou rejeitam a peça quando um defeito ou não-conformidade é detectado.

Com base na afirmação de que todo sistema tem uma função ou propósito em relação a seu ambiente ou entorno e no que vimos até aqui, podemos formular uma nova definição do que vem a ser um sistema:

Sistema é um quadro de elementos inter-relacionados para desempenhar funções ou atingir objetivos

2.3.3 Administração de Sistemas

A aplicação da teoria dos sistemas na administração é conhecida como **administração de sistemas** (AS). Nesse caso particular, *administração de sistemas* é a aplicação dos conhecimentos administrativos ao projeto e à criação integral de um sistema complexo.

Também se entende como administração de sistemas o *foco* no funcionamento de um sistema total, incluindo o pessoal envolvido, em vez de funcionamento de suas partes. De certa forma, a AS não é muito distinta da atuação normal do administrador. Qualquer profissional age como um administrador de sistemas quando é responsável pelo projeto e implantação de um sistema completo.

A administração de sistemas tem como premissas a definição de metas, a geração criativa de soluções alternativas e a coordenação e o controle das diversas tarefas necessárias para criar-se um sistema complexo.

Os conceitos básicos da AS são usados de forma empírica há séculos. Sem eles não teriam sido construídas as pirâmides do Egito, nem os sistemas de esgotos, aquedutos e estradas do Império Romano. O termo AS, porém, só começou a ser usado após a Segunda Guerra, como conseqüência da complexidade cada vez maior da indústria moderna. Um míssil requer não só o projeto dele em si, mas a integração dos muitos sistemas que o compõem: o sistema de propulsão, navegação, cabeça explosiva, escape à detecção, transporte ao local de lançamento (como submarinos), manutenção, treinamento de operadores, modelos matemáticos para simulação de desempenho e *softwares* especializados.

A AS necessita do suporte de várias outras áreas e técnicas. Os principais recursos que ela utiliza provêm da pesquisa operacional, da modelagem por computadores, do CAD-CAM, da logística integrada e da engenharia simultânea.

As *performances* das alternativas devem ser analisadas com base nos objetivos identificados nas primeiras fases do processo. Nesse estágio, os administradores devem evitar cuidadosamente a chamada subotimização. Isso ocorre se cada componente do sistema é otimizado ou melhorado individualmente, sem levar em conta sua interação com as outras partes. A otimização separada pode não levar à otimização total, ou, pior, a otimização de um subsistema pode piorar o desempenho do sistema total. O segredo da AS é definir e analisar o sistema total com detalhe suficiente (sem exageros para mais ou menos) para poder providenciar instruções para sua construção, e estabelecer um sistema de gerenciamento para assegurar que todas as atividades necessárias estão coordenadas e de acordo com os cronogramas.

Finalmente, o sistema deve ser instalado e operado. Alguns administradores de sistemas devem continuar a trabalhar com o sistema durante sua vida útil, providenciando modificações e, às vezes, expansões para atender demandas do meio ambiente.

2.3.4 Administração de Processos

Sendo um processo um conjunto de atividades muitas vezes não pertencentes a uma só área funcional da empresa, a melhor forma de analisá-lo e conseguir melhorias é por meio de grupos multifuncionais de trabalho, com representantes de todas as áreas envolvidas.

Para ajudar a classificar os processos e facilitar sua análise, a International Benchmarking Clearinghouse (APQC)[13] desenvolveu uma estrutura de classificação de processos cujo objetivo é criar um modelo que encoraje as organizações a ver suas atividades de um ponto de vista de processos, e não de um ponto de vista funcional e estreito. Essa estrutura pode ser usada de uma forma prática visando entender melhor os processos de uma empresa, comunicar e partilhar informações internamente, e classificar informações em suas várias formas.

Os processos são, em geral, divididos em dois grandes grupos: o operacional e o gerencial de suporte.

Os **processos operacionais** podem corresponder, por exemplo, a entender mercados e clientes, desenvolver visão e estratégia, projetar produtos e serviços, marketing e vendas, produção e entregas para a organização de produção, faturamento e serviço ao consumidor, entre outros.

Exemplificando, um processo de produção e distribuição para **empresas de manufatura** pode incluir o planejamento e aquisição de recursos necessários, conversão dos recursos ou entradas em produtos, entrega dos produtos e a administração dos processos de produção e entrega. Já para **organizações de serviços** a estrutura do processo de produção e distribuição pode incluir o planejamento e aquisição dos recursos necessários, desenvolvimento da competência dos recursos humanos, prestação de serviço ao cliente e garantia da qualidade do serviço.

A segunda classificação de processos, os **processos gerenciais e suporte**, envolve geralmente o desenvolvimento e gerenciamento de recursos humanos, a administração da informação, o gerenciamento de recursos físicos e financeiros, a execução do programa de administração ambiental, o gerenciamento de relações externas, a administração de melhorias e mudanças, entre outros.

Um exemplo de processo de suporte é a administração de recursos físicos e financeiros. Esse processo é dividido em processos menores, como recursos,

---

[13] Veja mais sobre a APQC no *site* http://www.apqc.org.

transcrições contábeis, relatórios, auditorias internas, administração fiscal e dos recursos físicos.

Para administrar as finanças da empresa (ou mesmo a sua particular), primeiro são preparados orçamentos, em que são previstos os principais gastos que cada área terá durante um determinado período de tempo. Depois é necessário gerenciar alocação de recursos e projetar a estrutura de capital. A próxima etapa é a administração do fluxo de caixa e do risco financeiro, envolvendo, por exemplo,

- *administração dos recursos financeiros:* preparar orçamentos; gerenciar alocação de recursos; projetar a estrutura de capital; gerenciar o fluxo de caixa e o risco financeiro;

- *processo financeiro e transcrições contábeis:* processamento de contas a pagar; folha de pagamento; processamento contábil de recebíveis, créditos e cobranças; fechamento dos livros; processamento de benefícios e planos de aposentadoria; e gerenciamento de despesas de viagens e entretenimento;

- *relatórios:* providenciar informações financeiras externas e internas;

- *condução de auditorias internas;*

- *administração fiscal:* assegurar o pagamento correto de impostos; planejamento estratégico de impostos; gerenciar controvérsias em alíquotas e comunicar problemas fiscais às gerências;

- *administração dos recursos físicos:* gerenciar o planejamento de capital; adquirir e remanejar ativo fixo; gerenciar instalações e gerenciar o risco físico.

2.3.5 Metodologia de Osborn

Outra forma de análise do processo pelos grupos de trabalho é a metodologia de **Osborn**[14]. Ela é dividida nas seguintes fases: orientação, preparação, análise, criação de alternativas, seleção e venda da solução.

A *orientação* é uma fase de direcionamento e início. Nela são definidos os objetivos da análise, fixados os principais parâmetros e delimitadas as fronteiras do estudo.

Na *preparação*, são levantados recursos e informações. Primeiro, os recursos necessários ao estudo, sejam eles humanos, físicos ou financeiros, são mobilizados. Depois, são levantados dados sobre o processo em si — atividade

---

[14] OSBORN, Alex F. *Applied imagination.* New York: Charles Scribiner's Sons, 1958.

por atividade, direta ou indireta —, seus inter-relacionamentos e como são as melhores práticas no setor.

Na fase de *análise* é revista atividade por atividade. Para isso, primeiro são criadas alternativas para cada atividade: elas podem ser combinadas, aumentadas, diminuídas ou mesmo eliminadas. Depois, usando o conceito de custo por atividades, são levantados os custos diretos e indiretos.

A *criação de alternativas* procura, sob um ponto de vista sistêmico, desenhar soluções que levem a uma máxima sinergia.

Na *seleção* é escolhida a solução mais econômica, desde que seja viável. Ela não deve representar a longo prazo uma perda de conhecimento para a empresa, em virtude da dispensa de capital humano ou tecnológico capacitado que possa ser útil em outras circunstâncias. (Esse foi o grande erro da reengenharia de Hammer[15], que cortando recursos, principalmente humanos, em nome do resultado a curto prazo, inviabilizou reações das empresas a mudanças do mercado a médio e longo prazo.)

Por último, na *venda da solução*, deve-se saber apresentar o resultado do estudo aos pares, subordinados e direção, sem causar traumas ou recusas em nome dos paradigmas culturais da empresa.

Pesquise mais _____

http://www.brint.com/OrgLmg.htm
http://www.brint.com/BPR.htm
http://www.brint.com/Business.htm
http://sol.brunel.ac.uk

2.4 Tecnologia de Gestão

A empresa moderna, por assim dizer, da era da informação, procura constantemente novas formas de se auto-administrar, pois sabe que aí está um dos caminhos para conseguir vantagens competitivas. Por meio de um breve histórico, como veremos nesta seção, pode-se depreender que as empresas estão passando hoje por uma verdadeira reorganização administrativa, repensando sua forma de agir, sob pena de ficarem de fora do cenário da competição.

---

[15] HAMMER, Michael; CHAMPY, J. *Reengenharia:* revolucionando a empresa em função dos clientes, da concorrência e das grandes mudanças da gerência. Rio de Janeiro: Campus, 1994.

Gestão ou **administração** é o processo de conseguir que as atividades sejam feitas de forma eficiente e eficaz com e por meio de outras pessoas. As funções clássicas da administração são planejamento, organização, direção (ou ativação) e controle[16].

Os gerentes desempenham papéis interpessoais, como chefes, líderes, elementos de interligação; papéis de agentes de informação, como monitores, disseminadores e porta-vozes; e papéis decisórios, como empreendedores, árbitros de disputas, alocadores de recursos e negociadores.

Os sistemas de gestão, dentro das empresas, tiveram uma grande evolução ao longo do século XX, como veremos a seguir.

2.4.1 A Evolução Histórica das Tecnologias de Gestão

A administração científica, desenvolvida a partir do fim do século XIX, centrava suas preocupações no trabalho nas fábricas, baseada nos princípios tayloristas e na eficiência da produção.

Taylor. Os quatro princípios da administração de Taylor[17] podem ser resumidos como: utilizar métodos científicos para determinar o melhor modo de executar cada tarefa; selecionar a pessoa mais adequada para cada trabalho; treinar o trabalhador para executar o trabalho corretamente; e monitorar o desempenho do trabalho para assegurar que os procedimentos sejam seguidos e os resultados adequados alcançados.

A melhora da *eficiência da produção* se deu por meio de estudo do trabalho, ferramentas apropriadas e incentivos econômicos.

Na prática as coisas não ocorreram segundo o desejo de Taylor, e o trabalho acabou de tal forma simplificado a atividades tão restritas, que o trabalhador jamais conseguiu ter voz no que fazia. A idéia da divisão do trabalho e das responsabilidades igualmente entre gerentes e trabalhadores acabou se transformando em uma dicotomia: a gerência determina como as coisas têm de ser feitas e o operador apenas as executa.

Fayol. Na administração das empresas prevaleceram os princípios de Fayol[18]. Eram 14 princípios, que ele julgava universais e que podiam ser ensinados a todos os administradores: divisão do trabalho, autoridade, disciplina, unidade de comando, unidade de direção, subordinação do indivíduo ao interesse da empresa, remuneração, centralização, linha de autoridade,

---

[16] Há uma grande divergência quanto ao número de funções da administração, mas este assunto foge ao escopo deste livro.

[17] TAYLOR, F. W. *The principles of scientific management*. New York: Norton, 1911. p. 34-40.

[18] FAYOL, Henri. *Administração geral e industrial*. São Paulo: Atlas, 1976.

ordem, eqüidade, estabilidade do pessoal, iniciativa e espírito de corpo. As funções de todos os gerentes eram cinco: planejar, organizar, comandar, coordenar e controlar.

Max Weber. Descreve a burocracia, teoria de administração baseada em sistemas racionais-legais de autoridade, divisão do trabalho, autoridade hierárquica, seleção formal, regras e regulamentos formais, impessoalidade e carreiras orientadas[19].

Durante a década de 1930, teve início o movimento de relações humanas, cujos principais teóricos foram:

Elton Mayo. Nos estudos de Hawthorne, mostrou a importância da organização informal: normas sociais, aceitação e sentimentos do grupo determinando o comportamento individual no trabalho[20].

Maslow[21], **McGregor**[22] e **Herzberg**[23]. Enfatizaram a importância do relacionamento social nas organizações, entendendo gerentes e operários como seres humanos, com necessidades sociais e emocionais.

2.4.2 A Tecnologia de Gestão Atual

Após a Segunda Guerra Mundial, viu-se o início da aplicação da pesquisa operacional — programação linear e programação dinâmica —, métodos quantitativos, matemáticos e estatísticos, e técnicas heurísticas como ferramentas para tomada de decisões gerenciais.

A **teoria dos sistemas** começa a se destacar, à medida que as empresas passam a ser vistas e estudadas como sistemas abertos que constantemente interagem com o meio ambiente: entradas, processamentos, saídas e constante *feedback*.

A **teoria contingencial** diz que a administração mais adequada é aquela que depende dos fatores situacionais de uma organização, de variáveis como: tamanho da organização, complexidade das atividades, incerteza ambiental e diferenças individuais.

---

[19] WEBER, Max. *The theory of social economic organization*. PARSONS, Talcott (Org.). New York: Oxford University Press, 1947. MAYO, Elton. Escola de relações humanas. In: CHIAVENATO, I. *Administração de empresas*. São Paulo: Makron, 1995.

[20] WAGNER III, John; HOLLENBECK, John. *Comportamento organizacional* – criando vantagem competitiva. São Paulo: Saraiva, 1999. p. 14-15.

[21] Maslow, A. *Motivation and personality*. New York: Harper and Row, 1970.

[22] MONTANA, Patrick; CHARNOV, B. *Administração*. São Paulo: Saraiva, 1999. O lado humano da empresa. In: HAMPTON, D. *Conceitos de comportamento na administração*. São Paulo: EPU, 1973.

[23] HERZBERG, F. *Work and nature of man*. London: Staple Press, 1968.

Durante três décadas a atenção do mundo voltou-se para a chamada **tecnologia japonesa de gestão**, iniciada pela Toyota na década de 1950. Apesar de revolucionária em relação à administração predominantemente taylorista e fordista praticada na época nas fábricas do Ocidente, ela é uma síntese de descobertas de origem ocidental. Nela estão presentes o conceito de linhas de montagem da Ford, os princípios de motivação pelo trabalho em grupo de Mayo, o aprovisionamento automático dos supermercados, as técnicas de qualidade de Deming e Juran, e a teoria sistêmica entrada-processamento-saída. Há entretanto conceitos marcantes por serem óbvios, simples e eficazes, mas que nunca haviam sido usados juntos e com tanta intensidade:

- concentrar o esforço em administração do fluxo dentro das fábricas. Buscar o fluxo ótimo, e não operações otimizadas como no taylorismo. O *taylorismo* transforma as tarefas em pequenas partes facilmente aprendidas e repetidas, adaptando-se bem à mão-de-obra desqualificada;

- acabar ou minimizar com o que não agrega valor ao produto via transformação de estado, ou seja, transportes, armazenagem, demoras e inspeções;

- fazer do operário um co-responsável pela produção, tornando-o polivalente, multifuncional e participante das melhorias introduzidas nos processos, por meio, primeiro, dos círculos de controle de qualidade e depois do Kaizen, processo participativo criado pelos japoneses para obtenção de melhoria contínua. O Kaizen torna a empresa uma eterna fonte de descobertas e melhoramentos. Para ele, nada está bom, apenas ficou melhor — talvez um dos motivos do sucesso japonês;

- diminuir os lotes de produção para ganhar flexibilidade perante a demanda, introduzindo o conceito de "lote unitário", isto é, o ideal seria o lote de uma só peça. Como conseguir isso? Diminuindo os tempos de paradas para troca de produtos nas linhas, usando conceitos como troca rápida de ferramentas (TRF), *Poka-Yoke* e *Jidoka*. A troca rápida de ferramentas é um sistema em que, em poucos segundos e com apenas uma operação, um dispositivo prepara a máquina (troca de ferramentas e regulagem). Esse dispositivo não interrompe a produção, pois é preparado fora da máquina. O **Poka-Yoke** é um dispositivo à prova de erros colocado no equipamento. Quando aparece algum defeito, ele imediatamente pára a produção e dispara um alarme. O Jidoka é um termo criado pela Toyota que corresponde à separação automática das eventuais peças defeituosas — a máquina é projetada de forma que pare sempre que apareça algum defeito;

- diminuir a burocracia interna, substituindo a produção "empurrada" por ordens de produção por produção "puxada", por meio de cartões *kanban*. Com esses cartões, as necessidades e prioridades de produção podem ser controladas pelos próprios operadores;
- eliminar o tradicional departamento de compras, substituindo-o por uma cadeia de fornecedores associados por interesses comuns — uma antecipação do conceito atual de cadeia de fornecimento.

2.4.3 Tecnologia de Gestão

A célula de produção, que em seus mínimos detalhes é projetada para o trabalho em grupo, antecipa um conceito que vem cada vez mais se firmando como um dos paradigmas do século XXI: o trabalho em grupos autônomos ou semi-autônomos, com os trabalhadores se autoplanejando e se responsabilizando pelo cumprimento das metas da empresa.

O momento atual parece ser o da chamada **era do conhecimento** em razão da complexidade e diversidade que a globalização exige das empresas. Até bem pouco tempo, encontrávamos empresas estruturadas ou em moldes funcionais ou em moldes matriciais, com uma tendência à concentração na forma matricial.

Hoje, porém, parece que a tendência é as empresas se organizarem em "módulos" interagindo entre si para conseguir atender a um mercado que procura a customização em massa, isto é, uma variedade enorme de produtos para atender necessidades e gostos individuais.

As empresas da era do conhecimento terão uma estrutura organizacional influenciada pela competição global, mudanças na dinâmica da força de trabalho, mudanças rápidas e descontínuas, ou seja, muito diferentes da chamada "era industrial".

Elas não poderão trabalhar, como fazem as empresas de hoje, dentro de uma hierarquia de conhecimento. **Estrategistas** são especialistas que comandam as chefias operacionais, que por sua vez dão ordens aos que fazem, e os que fazem são aprendizes.

Cada nível na organização da era do conhecimento possui diferentes tipos de conhecimento. Estrategistas têm de aprender com chefias operacionais, e ambos têm de aprender com os que fazem. Comunicações rápidas, multidirecionais e acuradas são críticas para essas organizações.

O trabalho será predominantemente não rotineiro, auto-organizado e colaborativo, muitas vezes em ambiente de redes. É cada vez maior o número de empresas que estão implantando os chamados *softwares* de gestão integrada (a exemplo do SAP, BAAN, MAGNUS etc.), que vêm exigindo a identificação e a análise crítica de seus processos, para que a implantação possa ocorrer com sucesso. Isso tem exigido, como já dito, verdadeiras mudanças na cultura organizacional, passando do funcional para o foco nos processos de negócios.

Um dos modelos que estão sendo propostos para essas organizações é o da **administração baseada em projetos**, o *project based management* (PBM). O uso de projetos deve-se a uma perspectiva sistêmica que vê a organização como uma rede de centros de conhecimento interligados e interdependentes. A literatura sugere três áreas a serem estudadas: administração de problemas multidisciplinares, gerenciamento de times em um ambiente de redes e solução cooperativa de problemas.

Os problemas de hoje não são bem definidos e raramente podem ser resolvidos com o uso de uma só disciplina, ou forma de conhecimento, necessitando de uma administração multidisciplinar. Gerentes não são "confrontados com problemas separados, mas com situações que consistem em sistemas complexos de problemas fortemente ligados entre si[24]. O efeito de classificar problemas por disciplinas é que eles tendem a ser atacados sob o ponto de vista desta disciplina".

Isso leva à necessidade de gerenciar times dentro de um ambiente de redes. E como os problemas estão continuamente mudando, esses times têm de ser constituídos e desfeitos com certa rapidez, o que leva à necessidade de pessoas que se autogerenciem e possam usar o acesso otimizado às informações requeridas por seu trabalho. A tecnologia da informação é crítica para os membros de times poderem interpretar informação e tomar decisões sem análises exaustivas.

Os problemas devem ser solucionados cooperativamente. É preciso estudar qual o melhor modo de atacá-los e gerenciar relacionamentos. O poder, nessas organizações, virá da habilidade de os membros de grupos focarem rapidamente sua tenção e efetivamente definir e analisar problemas por meio dos recursos e conhecimentos de toda a rede. Times eficazes trocam informações, negociam com foco em um objetivo e criam opções para ganho mútuo.

Troca de informações e sua interpretação são fatores críticos de sucesso, mas essa troca pode ser complicada por diferenças entre paradigmas profissionais, interesses e valores.

---

[24] ACKOF, Russel. *Redesigning the future*. New York: John Wiley, 1976.

Em suma, os novos modelos organizacionais serão diferentes dos funcionais e matriciais, que não estão preparados para mudanças extremamente rápidas.

No caso de "chão da fábrica" uma conseqüência dessa nova postura é a necessidade de estabelecer uma manufatura ágil, isto é, que responda rapidamente à customização e às inovações tecnológicas, principalmente de produtos.

Uma primeira tentativa, dentro da indústria mecânica, principalmente, foram os *flexible manufacturing systems* (FMS), ou **sistemas flexíveis de manufatura**, baseados principalmente na robotização. O FMS é um sistema de produção em que a mudança de operação é fácil e rápida com pouco tempo de *setup*, ou preparação de máquina. Esse caminho, no entanto, não tem tido uma resposta tão rápida como se esperava, por causa da complexidade tecnológica que apresenta, principalmente no caso de modelos matemáticos e *softwares*, pois nenhuma máquina possui a flexibilidade de um ser humano e fica extremamente difícil programar uma linha de robôs para operar lotes muito reduzidos.

Outro problema complexo é a flexibilidade do **planejamento e controle da produção** (PCP) exigida pela customização em massa. Examinando os capítulos a ele referentes neste livro e na literatura corrente, vemos que os problemas de PCP durante um período relativamente extenso estão perfeitamente equacionados: há modelos em abundância, *softwares* poderosos de **MRPI**[25] e **MRP II**[26], capacidade de gerenciamento amplamente disponível. O grande problema, no entanto, já na "era industrial", é o seqüenciamento das ordens de produção, isto é, como distribuí-las pelas máquinas para evitar atrasos, formação de estoque em processo e sobrecarga ou ociosidade de equipamentos. Essa é uma tarefa que na maioria das vezes fica na mão do nível operacional sem capacitação técnica ou ferramentas de trabalho suficientes para decisões acertadas. Isso num esquema de lotes de produção elevados em relação às necessidades de flexibilidade do futuro.

Somente com o aperfeiçoamento dos modelos e *softwares* para simulação de operações e a capacitação do nível operacional a seu uso, conseguiremos uma solução para esse problema.

---

[25] MRP I (*material requiriment planning*) é o desmembramento de um produto final em seus componentes, por níveis de importância, formando uma árvore que permite determinar a quantidade necessária de cada componente em função da quantidade do produto final.

[26] MRPII (*manufacturing resources planning*) é uma sofisticação do MRP I que, além das necessidades de matéria-prima, determina quais recursos em termos de máquinas e mão-de-obra são necessários para produzir determinada quantidade de um produto final.

2.5 Tecnologia da Informação

O que mais se lê e comenta, quer nos meios acadêmicos quer nos empresariais, é que vivemos na era da informação. A evolução dos computadores, decorrente do desenvolvimento de microprocessadores cada vez mais potentes, colocou-nos numa fase em que a gestão do fluxo de informações — de bens intangíveis — passa a ser mais importante que a gestão dos bens tangíveis, como estoques e instalações.

A **gestão do fluxo de informações** passa a ter um caráter estratégico na obtenção da vantagem competitiva, objetivo final de qualquer empresa. A melhoria da eficácia da utilização da informação passa a ser preocupação de todos os colaboradores e não somente da alta gerência ou do pessoal da informática.

Os recursos de informação incluem mais do que a informação em si, que é ao mesmo tempo entrada (*input*) e saída (*output*) do sistema. Para uma boa gestão do processo, devemos considerar também *hardware*, *software*, dados, especialistas e usuários da informação.

2.5.1 *Hardware*

Hardware é todo equipamento utilizado na coleta, processamento e distribuição da informação. Assim, são *hardwares*, por exemplo, as unidades centrais de processamento (CPU), os teclados, discos rígidos, monitores e *modems*.

Há concordância entre os especialistas que o rápido desenvolvimento de novas tecnologias de microprocessadores tem produzido o desenvolvimento de *softwares* cada vez mais sofisticados. Essa combinação adequada de *hardware* e *software* tem levado a aplicações em praticamente todos os campos do conhecimento humano. Na medicina, por exemplo, os diagnósticos são em grande parte obtidos por meios computacionais, analógicos ou digitais. O mesmo pode-se dizer da meteorologia e outras áreas do conhecimento humano.

2.5.2 *Software*

São chamados de **software** os programas, em linguagens específicas, sem os quais os computadores nada fazem. O desenvolvimento de *softwares* ditos amigáveis tem permitido que mais e mais usuários tenham acesso aos computadores, mesmo quando não entendem quase nada de informática.

Esses programas estão mudando totalmente nosso cotidiano. Hoje nossa dependência do computador é quase total. Praticamente nada no mundo moderno funciona sem o computador. É comum chegarmos ao banco e não podermos efetuar uma operação porque o sistema "está fora do ar" ou perdermos um trabalho inteiro que era para entregar no dia seguinte porque determinado programa deu problema.

O desenvolvimento de *softwares* já é uma função das mais importantes, empregando vários tipos de profissionais, entre os quais os analistas de sistemas e programadores. No campo da gestão dos recursos materiais já existem *softwares* altamente sofisticados de simulação de estoques, demanda e distribuição, como veremos na Parte 3.

TABELA 2.1
Exemplos de *Softwares* Usados para a Administração de Materiais

	Descrição	Vantagens
Compras	O *software* administra toda a área de suprimentos, controlando desde o momento da requisição de compra até a disponibilização do material para o consumo. Controla também os contratos de fornecimento, gerando programações de entrega para os fornecedores.	Diminuição dos níveis de estoque e custos, e maior eficiência quanto às compras e seleção de fornecedores.
Recebimento	Integração do recebimento com os setores que dependem das informações geradas por ele (atualização global e simultânea).	Consistência e confiabilidade das informações.
Controle da Qualidade	Por meio de parâmetros da qualidade preestabelecidos pela empresa, analisa a qualidade de fornecedores e dos produtos fabricados internamente.	Qualidade, rastreabilidade e levantamento dos custos das não-conformidades.
Estoque	Controle físico, contábil e financeiro dos estoques de materiais, produtos semi-acabados e acabados, estabelecimentos em poder de terceiros, e emissão de informações gerenciais e estatísticas.	Assume atividades rotineiras e faz o planejamento independente de compras dos itens de demanda.

2.5.3 Dados

Com o aumento constante de sua capacidade de processamento, os computadores passaram a usar base de dados (ou banco de dados) cada vez maiores. A quantidade de dados disponíveis cresce exponencialmente.

A tendência é as empresas disporem de uma única base de dados, trabalhando com *softwares* de gestão integrada, isto é, todas as áreas da empresa, seja financeira, *marketing* ou produção, acessam a mesma base. É fácil perceber que isso nos levará a bases de dados extremamente grandes, de elevada capacidade de armazenamento e processamento. A exemplo dos almoxarifados de peças e componentes, que às vezes passam anos sem ser movimentados, o mesmo poderá acontecer com os dados de uma certa base. Como o armazenamento de dados, assim como o armazenamento de materiais, custa dinheiro, muitas empresas já começam a se questionar sobre as vantagens e desvantagens de armazenar um número excessivo de dados, que podem passar anos sem ser acessados ou modificados.

A **gestão das bases de dados** (*datawarehouse management*) é um dos campos da administração moderna que mais têm crescido nos últimos anos.

Uma das aplicações das bases de dados é o **gerenciamento eletrônico de documentos** (GED) ou, ainda, o **armazenamento eletrônico de imagens de documentos** (AEID), que usa a tecnologia da informática para captar, armazenar, localizar e gerenciar versões digitais dos documentos em papel. O armazenamento eletrônico de imagens de documentos permite que grandes quantidades de massas documentais, que ocupam caros espaços, sejam armazenadas em diversos tipos de meios eletrônicos. Rapidez e precisão na gestão dos dados são, sem dúvida, fatores de vantagem competitiva para qualquer empresa, e como tal devem ser exploradas.

2.5.4 Especialistas de Informações

O aparecimento de uma tecnologia traz sempre consigo o surgimento de especialistas que ou são seus criadores, ou foram treinados e desenvolvidos para fazê-la funcionar. Não foi diferente no caso da tecnologia de informações. Hoje temos os especialistas em *hardware*, pessoal que projeta, constrói, monta e desmonta equipamentos de processamento de dados. Assim como os afinadores de piano, que normalmente não são músicos nem tocam o próprio instrumento que afinam, os especialistas em *hardware* geralmente não são programadores ou mesmo analistas de sistemas. É tal a diversidade de assuntos e técnicas que seria praticamente impossível dedicar-se às duas coisas.

Os **especialistas em software** são os que definem os modelos matemáticos que serão transformados em linguagem que o computador possa entender. Por que modelos matemáticos? Porque é a única linguagem que os computadores entendem — a linguagem binária. Por mais simples que seja o problema, deve-se desenvolver um modelo, um fluxograma de processo, a ser devidamente codificado em linguagem adequada ao computador.

Como já mencionado, os modelos que permitem o desenvolvimento do *software* ficam cada vez mais complexos, com milhares de variáveis e restrições, a exemplo do *software* que registra as operações de uma bolsa de valores, com usuários em todo o mundo.

2.5.5 Usuários da Informação

O verdadeiro impacto da revolução da informação é medido pela extensão que esta ocupa na vida do cidadão comum, que passa cada vez mais a ser, ele próprio, um usuário da informática. Já se tornou corriqueiro vermos nos caixas eletrônicos dos bancos os próprios clientes efetuando seus pagamentos, não mais necessitando dos funcionários que trabalham nas agências. Praticamente todos os documentos já vêm com códigos de barras e praticamente todos os caixas já têm leitoras de códigos, permitindo que transferências de numerário sejam instantaneamente efetuadas. Assim, o controle de estoque pode ser totalmente informatizado: quando as mercadorias chegam, o leitor ótico registra no sistema. Quando elas são vendidas, o leitor também manda esse dado para o controle de mercadorias vendidas e de estoque, analisando as vendas do mês, comparando-as com outros setores e períodos, e fazendo novos pedidos quando o estoque atinge o nível mínimo estipulado.

Mesmo em áreas em que se achava difícil substituir pessoas por máquinas, os computadores modernos estão provando sua eficiência. Por exemplo, cada vez mais os atendimentos ao público são eletrônicos: o computador, por meio de um sintetizador de voz, orienta o usuário como proceder.

Nas empresas surge o **colaborador do conhecimento** (*knowledge worker*), com domínio sobre as novas formas de obtenção dos objetivos organizacionais, principalmente a partir da tecnologia de informação e de todos os recursos que ela disponibiliza, como os *softwares* atuais, com cada vez mais recursos, de um lado, e mais fáceis de usar (amigáveis), de outro. Esse novo tipo de trabalhador, que concentra grande parte do conhecimento de uma empresa, ganha um valor estratégico, sendo, portanto, cobiçado pelos concorrentes, e revoluciona totalmente o relacionamento tradicional entre capital e trabalho.

2.6 Análise de Valor

Na indústria, são utilizadas várias técnicas cujo objetivo primário é a redução de custos, tais como:

- Análises Comprar ou fazer.
- Reengenharia de processos.

Ambos, isoladamente, podem atingir seus objetivos, mas só um sistema integrado, multifuncional, pode garantir que a redução de custos não seja fictícia, temporária ou acompanhada de redução de qualidade do produto final.

Um exemplo disso é a **Análise de Valor** (**Value Analysis**, **Value Engineering**), que começou a ser desenvolvida por volta de 1947, na GE dos EUA, por Lawrence D. Miles que, ao ser incumbido de realizar um programa clássico de redução de custos, percebeu a possibilidade de, simplesmente integrando técnicas já conhecidas de engenharia de produção e de engenharia de projetos, combinadas com bom senso e criatividade, chegar a reduções de custo de 10%, 20%, 50% ou até 100%, sem prejuízo da qualidade do produto final.

Mudando materiais, processos, métodos, projeto e conceitos, chega-se até a eliminação total de componentes do produto final (100% de redução de custo).

O material constante deste item, deve ser encarado apenas como uma introdução à leitura de uma obra especializada no assunto, mas julgamos importante incluí-lo, pois um dos autores o vem aplicando com sucesso desde a década de 70, em empresas de diversos setores.

O importante é a correta assimilação do potencial da técnica, da possibilidade de seu uso no dia-a-dia, e a leitura do material indicado na bibliografia para os que queiram utilizá-la. Uma vez nos acostumando a basear decisões na análise da função do objeto de estudo (produto, processo), e não no objeto em si, podemos economizar quantias enormes para a empresa e/ou melhorar substancialmente o desempenho do mesmo.

A Análise de Valor é usada desde a fase de desenvolvimento do produto até o fim de sua permanência na linha de fabricação da empresa, na melhoria dos processos internos de fabricação e administrativos e até na geração de idéias de gestão.

2.6.1 Definições de Análise de Valor

MILES[27]: Análise de Valor é um sistema para solucionar problemas por meio do uso de um conjunto específico de técnicas, um corpo de conhecimen-

---

[27]   Veja a seção 2.6.9.

tos e um grupo de pessoas especializadas. É um enfoque criativo e organizado que tem como propósito a eficaz identificação de custos desnecessários, isto é, custos que não contribuem para a qualidade, uso, vida, aparência ou atratividade para o consumidor.

SOCIETY OF AMERICAN VALUE ENGINEERS: Análise de Valor é a aplicação sistemática de técnicas reconhecidas que identificam a função de um produto ou serviço, estabelecem um valor monetário para ele e providenciam sua confiabilidade a um mínimo custo total.

2.6.2 Propósito da Análise de Valor

Conseguir meios de isolar o que é realmente necessário daquilo que é supérfluo em matéria de custos, sem prejudicar a performance do produto.

Consideramos custos totais a soma de todos os esforços e despesas feitas no desenvolvimento, produção e aplicação do produto.

Chamamos custos supérfluos os que, não contribuindo significativamente para a performance, oneram o produto.

2.6.3 Causas de Custos Supérfluos

A. Condicionamento Mental

Os principais fatores condicionantes do raciocínio são:

A.1 Falta de informação:

consideramos como tal, especificações malfeitas ou incompletas, erros de interpretação ou ainda má definição do problema.

A.2 Falta de idéias:

uso insuficiente do conhecimento básico e experiência acumulados, falta de conhecimento específico do setor industrial analisado, falta de criatividade, falta de especialistas disponíveis.

A.3 Honestas crenças erradas:

resultado da fácil aceitação de opiniões genéricas, meias-verdades, especulações e teorias sem procurar verificá-las, analisá-las e justificá-las

A.4 Circunstâncias temporárias:

continuar "ad aeternum" a aplicação de atitudes que têm origem e justificam-se apenas em épocas de exceção (início de um processo ou crises periódicas).

A.5. Hábitos e atitudes:

tendência em resolver problemas similares só usando caminhos similares e tradicionais. Resistência à inovação e mudança.

B. Obstrução Mental

É a chamada fixação em uma só solução ou tipo de solução, conseqüência do condicionamento social do indivíduo, levando-o à perda ou limitação da criatividade inata e/ou poder de percepção da existência de alternativas. Trata-se de um tema clássico de discussão em aulas de Psicologia, em que tradicionalmente se usam figuras como as abaixo para efeito de exemplificação.

Moça/ velha   Coelho/pato - Jastrow

C. Comunicações Falhas

Se formos analisar a vida diária de qualquer empresa, verificaremos que a maior parte do tempo é gasta em comunicações, as quais, infelizmente, são raramente eficazes, devido principalmente a:

C.1 Falta de comunicação a quem de direito, no momento devido:

Só se soluciona este problema por meio do estudo dos canais de comunicação disponíveis, conhecimento do sociograma da organização (estrutura formal × informal) e treinamento de pessoal no contato com terceiros.

São bons exemplos de métodos de treinamento: o *Team Building* e a *Análise Transacional de Eric Berne*, bem como *simulações dramatizadas* do funcionamento de empresas, que vimos muito bem aplicadas em Wattona, Minnesota.

C.2 Comunicações malfeitas:

O mais comum é o uso de linguagem inadequada ao nível cultural ou técnico de quem deve receber e processar a informação.

Nem sempre um mestre de produção entende linguagem rebuscada ou um diretor Comercial entende gíria de fábrica; nem sempre expressões consagradas em um ramo industrial são inteligíveis para pessoas de outro setor; nem sempre traduções feitas por quem não tem conhecimento específico do assunto conservam o sentido do original. (Lembrem-se do economês dos anos 1970 ou do atual "idioma" da Internet.)

2.6.4   Termos Básicos

Valor

É o menor custo para se conseguir, confiavelmente, a função do produto ou serviço requerido, no tempo e lugar desejado e com a qualidade essencial.

Grosso modo podemos dizer que:

$$Valor = Desempenho/Custo$$

Tipos de Valor

Valor de uso = propriedades que possibilitam uso, trabalho, serviço.

Valor de estima = propriedades que produzem o desejo de posse.

Valor de custo = propriedades que representam a soma do material, trabalho, GIF e outros custos incorridos para produzir algo.

Valor de troca = propriedades que garantem a revenda ou a troca.

Função

É o atributo que faz um produto, subconjunto, peça, serviço, material funcionar e/ou ser vendável.

Existem funções **principais**, funções **secundárias** e **combinações** de funções.

No fundo, **função** é todo atributo do objeto de estudo que pode ser definido com apenas duas palavras, um verbo e um substantivo.

Exemplos:

Função do relógio = marcar tempo

Função do metrô = tranportar massas

Função da indústria = dar lucro

Função do professor = transmitir conhecimento

Função do aluno = adquirir conhecimento

Função do profissional = vender conhecimento

2.6.5 Objetivos da Análise de Valor

Minimizar o custo mantendo o desempenho e sempre chegar a soluções múltiplas melhoradas para o produto ou processo.

Para conseguir o objetivo descrito, e mantê-lo pela existência do produto ou processo, através de épocas de euforia e/ou de crise, é primordial que se criem alternativas múltiplas pois só assim é possível:

- Selecionar a melhor alternativa para cada momento
- Ter menos medo de mudar.
- Ter flexibilidade para aproveitar oportunidades ou enfrentar crises.

Pois, se há uma ocasião em que, indiscutivelmente, a quantidade é a causa da qualidade: É NA CRIAÇÃO DE ALTERNATIVAS.

Quanto mais idéias tivermos em "carteira", mais ágeis e competitivos seremos. Nosso objetivo é um *descontentamento construtivo* e nossos melhores amigos, assessores e executivos para conseguir este objetivo são: QUÊ? POR QUÊ? QUANDO? COMO? ONDE? QUEM?

2.6.6 Filosofia da Análise de Valor

1. Ter sempre abordagem positiva.

   Qualquer ser humano, seja você ou o seu grupo, é capaz de fazer praticamente qualquer coisa, desde que esteja suficientemente motivado.

2. Valorizar o trabalho em equipe.

   Encará-lo sempre como um trabalho criativo e produtivo, em que todos subordinam a proeminência pessoal à eficácia do todo.

3. Fazer o melhor trabalho aqui e agora.

   Ter a honestidade de reconhecer que, por maior esforço que se tenha despendido, nunca se faz o melhor trabalho. (No máximo fizemos o melhor que podíamos ter feito naquele momento, logo a melhoria contínua é imprescindível, os que acreditam no *kaizen* sabem disto.)

   Aceitar a impossibilidade de evolução leva à fossilização mental.

2.6.7 Testes de Valor

Segundo Mudge (*Value engineering — a systematic approach*), são os seguintes os testes de valor aos quais devemos submeter qualquer produto ou serviço:

1. **Isto contribui para o valor?**

   Se ao deslocarmos uma máquina no piso da fábrica utilizarmos roletes de aço cromado em vez de roletes comuns, será que isso contribui para o valor?

2. **O custo disto é proporcional à utilidade?**

   Se a alça de um um balde de água for banhada a ouro, o custo é proporcional à utilidade do banho, isto é, evitar oxidação?

3. **Isto necessita ter todas as características atuais?**

   Se o projeto de um carro veio do exterior e inclui resistências elétricas para degelo do pára-brisa, isto deverá ser conservado no Brasil?

4. **Há algo melhor para o mesmo uso?**

   Ao se projetar um subconjunto de peças plásticas não seria melhor e mais barato soldá-las por ultra-som ou alta freqüência do que usar solventes químicos?

5. **Há alguem comprando (ou fazendo) isto por menos?**

   Em empresas, positivamente, não existem milagres. Se a resposta à questão acima é afirmativa, ou *nós* estamos errados ou *alguém* está.

   (*Benchmarking* já era importante antes de ter este nome entre nós, só que no passado era confundido com espionagem industrial, apesar de amplamente usado sem ser mencionado.)

6. **Pode alguma peça semelhante ser feita por um método de menor custo?**

   Exagerando, é só lembrar que um bloco de motor tanto pode ser fundido e usinado como teoricamente pode ser feito por meio de um bloco de aço retangular adquirido no comércio.

7. **Um fornecedor idôneo pode fazer por menos?**

   A fábrica verticalizada já é conceito do passado, mas muita gente ainda tem na cabeça o modelo fordiano. O conceito da fábrica de caminhões da Volkswagen ainda é heresia para muitos ("mas López de Arriortúa já dirigiu o primeiro caminhão montado em Resende" — *Folha de São Paulo*, p 2-8 , 02 nov. 1995), bem como a terceirização de serviços, o escritório virtual, o funcionário a distância, a prestação de serviços em treinamento específico etc.

8. **O ferramental e o processo é adequado às quantidades fabricadas?**

   Parafusos idênticos podem ser feitos às dezenas por um torno comum ou aos milhões por uma máquina dedicada.

9. Pode ser usado um produto normalizado (padrão)?

Se afirmativo, o controle de estoques, o setor financeiro e a manutenção de quem vai usar o seu produto lhe agradecerão eternamente, apesar da mágoa do seu projetista.

Depois de 30 anos em fábricas e como consumidor normal, acho que todo o projetista deveria passar uma parte de sua vida tentando ele mesmo fabricar, montar e principalmente fazer a manutenção do que projeta.

2.6.8 Sistemática de Trabalho da Engenharia de Valor

Iniciamos aqui a parte principal do nosso estudo. É a seqüência de etapas usadas na Análise de Valor. Cada uma delas será chamada de fase.

As fases de (2) a (7) são seqüenciais; a fase (1) é um conjunto de técnicas utilizadas ao longo das outras seis. O conjunto das sete, mais a escolha do objeto da análise, constitui um todo chamado de **Análise de Valor**.

Segundo **Mudge**:

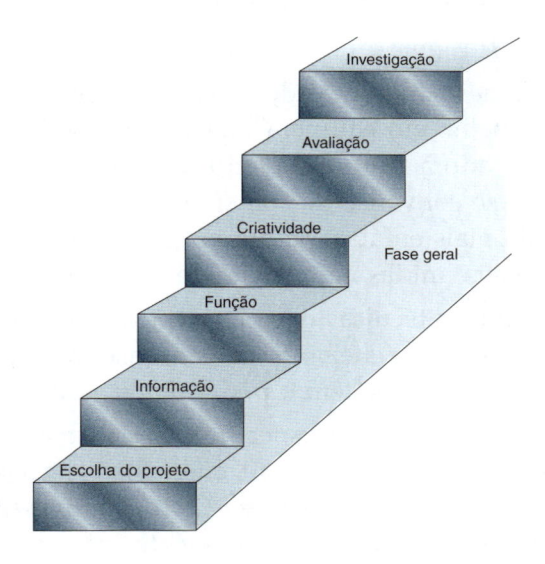

Plano de Trabalho:

1. Fase Geral
2. Fase de Informação
3. Fase de Função
4. Fase de Criação
5. Fase de Avaliação

6. Fase de Investigação

7. Fase de Recomendação

1. Fase geral

1.1 Use técnicas corretas de relações humanas

a) Seja um bom ouvinte.

b) Descubra o que motiva os outros.

c) Use empatia.

d) Discuta com a mente aberta.

e) Explique os seus objetivos.

f) Baseie decisões em fatos.

g) Não haja como juiz infalível.

h) Aprenda com a experiência dos outros.

i) Trabalhe trocando favores.

j) Distribua os elogios e recompensas com toda a sua equipe.

1.2 Inspire trabalho de equipe

Todas as sistemáticas modernas de Produtividade e Qualidade enfatizam a necessidade do trabalho em equipe. Cada vez que se introduz um conceito que não está incorporado à cultura da empresa, ele só se torna operacional à medida que o grupo se convence de sua efetividade e se "alista". Na Análise de Valor isso é ainda mais enfático, já que no cerne do conceito está o uso de equipes multifuncionais unidas na geração de novas idéias.

É necessário dominar técnicas de comunicação efetiva, condução de reuniões produtivas, talento para chegar a um consenso, dinâmica de grupos e de como vender uma idéia aos que têm o poder de decisão.

Existem muitos livros e cursos específicos nessa área, destacando-se algumas publicações recentes na área de TCQ, como *Times da qualidade*, de Peter R. Scholtes (Qualitymark) e *CCQ* de Romeu C. L. Abreu editados, entre **1991/ 1992**, bem como obras clássicas como *O gerente eficaz* de Peter Drucker, da década de **1970**.

É importante, ler e *adaptar* ao nosso meio cultural tudo que já foi estudado a respeito, pois, como disse Stephen Kanitz (em artigo na revista *Exame*, em 19/7/95): *"Santo de casa não faz milagre", diz um ditado brasileiro, mas soluções de fora também não. Problemas brasileiros requerem soluções brasileiras. Essa afirmação gera calafrios porque nos coloca cara a cara com a pobreza criativa. Copiar, porém, não é a saída, embora muitos acreditem que seja uma perda de tempo reinventar a roda se Peter Drucker, Michael Porter e Philip Kotler já acharam a solução. Porém, quem reinventa a roda tem mais chances de descobrir uma inovação tecnológica na construção desta roda do que quem simplesmente a copia.*

1.3   Trabalhe nos Detalhes

Muitas vezes você terá preguiça de aprofundar-se no estudo ou na consulta a especialistas sobre detalhes aparentemente insignificantes. Lembre-se apenas de que economizando 1kg de aço em uma máquina de 1kg, após fabricar 100 mil unidades, você terá economizado 100 toneladas.

1.4   Supere Bloqueios

Há, no dia-a-dia da indústria, bloqueios à sua ação, vindos de todas as direções, de dentro e de fora da empresa.

Como gerente de um programa de Análise de Valor, cabe a você superá-los.

Vamos enumerar alguns deles, provavelmente seus velhos conhecidos:

a) Já tentamos antes.

b) Isto vai sair muito caro.

c) Isto não é minha função.

d) Nosso setor está sobrecarregado no momento.

e) É uma mudança muito radical.

f) Por que mudar, se funciona?

g) Só aceito por escrito.

h) Vamos nomear uma comissão.

i) O consumidor não vai gostar.

j) Isso não funciona no nosso ramo.

k) O fornecedor (A) é mais barato.

l) O homem não vai gostar! etc. etc. etc.

Lembre-se sempre de uma coisa: os clássicos versos que passamos a citar, sobre a organização formal, exprimem uma realidade não necessariamente imutável:

"Neste organograma, Da base à Direção, Sobem as idéias, E desce um: NÃO!"

2.   Fase de informação

2.1   Assegure-se a respeito dos fatos

Nem sempre o problema real é tal como lhe foi apresentado.

Procure sempre as fontes apropriadas para lhe fornecer a informação correta. Um regulador de máquinas lhe responde melhor sobre o funcionamento de um equipamento do que o superintendente, mas este informa melhor por que o equipamento foi instalado.

Em princípio, todos os fatos lhe chegam por meio de informações de pessoas que já os submeteram a um juízo próprio, transmitiram-nos da forma deles, para você, que os captou da sua própria forma.

Procure isolar a realidade das interpretações.

2.2 Determine os custos

Raciocine sempre quantitativamente nesta fase. Procure a melhor fonte de informações. E, acima de tudo, desconfie do custo tradicional, baseado em rateios de despesas indiretas, para efeito de análise, prefira sempre o custeio direto ou o sistema de custeio ABC.

Procure ler o que vem sendo tentado no exterior para conseguir custos mais realistas. (Por exemplo: "How the new math of productivity adds up" — *Business Weeek*/June 6, 1988, p. 49; "Accounting bores you? Wake up" — *Fortune*/ October 12, 1987 p. 44; DEVELIN, Nick. *ABCM — gerenciamento de custo baseado em atividades* — IMAM, 1995)

2.3 Relacione os custos com as especificações e necessidades

1ª Regra: nem sempre as especificações refletem as necessidades.

2ª Regra: nem sempre a conformação com as especificações precisa ter o custo atual.

Use sempre o que você aprendeu na administração da qualidade: QFD e *benchmarking*.

3. Fase funcional

3.1 Regras de definição de função

Regra 1: Toda a função deve poder ser explicada com duas palavras, um verbo seguido de um substantivo.

Regra 2: A explicação de funções de trabalho e funções de venda usam diferentes famílias de verbos e de substantivos.

2.1 Funções de trabalho: são explicadas com verbos que significam ação física e substantivos que definem grandezas mensuráveis. Estabelecem objetivos quantitativos.

2.2 Funções de venda: são explicadas com verbos que significam ações comparativas e substantivos que definem grandezas não mensuráveis. Estabelecem objetivos qualitativos.

Regra 3: Todas as funções podem ser divididas em níveis de importância: básico e secundário.

3.1 Função básica: o principal propósito do produto ou serviço.

3.2 Funções secundárias: outros propósitos que, não realizando o objetivo principal, completam-no ou são resultado de uma abordagem específica do projeto,

FUNÇÕES DE TRABALHO

Verbos		Substantivos	
Suportar	Amplificar	Peso	Oxidação
Transmitir	Retificar	Luz	Isolação
Criar	Aplicar	Calor	Energia
Segurar	Mudar	Radiação	Densidade
Conter	Interromper	Atrito	etc.
Recolher	Estabelecer	Voltagem	
Conduzir	Modular	Corrente	
Isolar	Controlar	Força	
Proteger	Transmitir	Dano	
Prevenir	Filtrar	Proteção	
Reduzir	etc.	Fluido	

FUNÇÕES DE VENDA

Verbos	Substantivos
Aumentar	Beleza
Decrescer	Aparência
Melhorar	Conveniência
Manter	Estilo
etc.	Prestígio

3.2 *Avalie o relacionamento entre funções*

Existem métodos de estabelecer o relacionamento e o grau de importância relativa das diversas funções de um produto ou serviço (Veja a seção 2.6.9).

4. Fase de criação (desligar o superego)

O estudo da criatividade é uma das atividades mais fascinantes que podem existir. É uma espécie de psicoterapia, pois todos nós nascemos criativos e assim permanecemos até sermos condicionados pelos pais, pela escola, pela sociedade.

Mas, lá no fundo, todos permanecemos com esse embrião criativo dentro de nós.

À medida que, por exercícios, nos livramos de algumas amarras adquiridas, temos preciosos momentos de geração de idéias. Uma das principais intenções deste curso é conseguirmos estimular os nossos hemisférios cerebrais direitos a funcionar em conjunto com os esquerdos (racionais) e com a porção central do cérebro, que conduz à ação.

Há, básicamente, três tipos de raciocínio: o **indutivo**, o **dedutivo** e o **associativo**.

Todas as técnicas de liberação da criatividade se baseiam no raciocínio associativo, que funciona por meio da combinação de idéias (associações), por **similaridade**, **contraste**, **contigüidade**.

Por exemplo:

Similaridade ⇒ cigarro lembra cachimbo

Contraste ⇒ luxo lembra miséria

Contigüidade ⇒ bebida lembra ressaca

Os fatores inibidores da criatividade são:

a) A pressão para se conformar com o *status quo*.
b) Atitudes e meios excessivamente autoritários.
c) Medo do ridículo.
d) Intolerância para com atitudes joviais.
e) Excesso de ênfase em recompensa por sucesso imediato.
f) Busca excessiva da certeza. (Zen, por exemplo, é ambíguo por natureza.)
g) Hostilidade para com a personalidade divergente. (O diferente !)
h) Falta de tempo para divagar.
i) Rigidez da organização.

As técnicas mais comuns para desenvolvimento da criatividade (ou melhor reencontro com ela) são:

Métodos heurísticos (Osborn)

Heurística: significa tentar uma solução por um método que, *a priori*, pode ou não dar resultado, isto é, usar o clássico método de tentativa e erro.

Heuristicamente, para gerar soluções de um problema, usa-se a combinação de duas séries de perguntas com descrições de funções.

1ª série de perguntas	2ª série de perguntas	Funções	
Que	Destinar a outros fins	Conduzir	Corrente
Quem	Adaptar	Contar	Fluxo
Por que	Modificar	Isolar	Tensão
Quando	Ampliar	Isolar	Calor
Onde	Reduzir	Criar	Harmonia
Como	Substituir	etc.	
	Recompor		
	Inverter		

Por exemplo:

a) Onde adaptar isolar tensão?

b) Como substituir conduzir corrente?

c) Como ampliar criar harmonia?

Conhecemos duas aplicações fabulosas deste método:

No Brasil, a régua heurística criada por Roberto Dualibi e Harry Smonsen Jr. no livro *Criatividade e marketing*, editado em 1971, e que se tornou um clássico sobre criatividade, tendo merecido uma edição especial da revista *Exame*, em outubro de 1990, em que se dizia da disponibilidade da régua em disquete para PC.

Nos Estados Unidos, a Total Quality Wheel (Honeywell, 1998), usada por todos os membros da corporação para gerar idéias de melhoria de qualidade.

Técnica de grupo de Gordon

Reunião de pessoas que se preocupam em gerar novas soluções para o **conceito** em que o problema está envolvido, mais do que para o próprio problema específico.

Por exemplo, sendo o problema específico sobre modificações em um abridor de latas, o tema é abertura; se é sobre um método de aula, o assunto é ensino etc.

Brainstorming (Osborn)

Este método é muito aplicado seja puro ou em uma de suas inúmeras variações: *Brainstorming* Individual, Técnica de Grupos Nominais etc.

Basicamente, ele consiste em se reunir um grupo de pessoas, com o objetivo de levantar o maior número possível de soluções para um problema, sejam elas exequíveis ou não, ridículas ou não. Só uma coisa é totalmente proibida:

QUALQUER TIPO DE CENSURA QUE POSSA INIBIR UM PARTICIPANTE

Para tanto, é preciso que o facilitador consiga:

a) Definir muito bem o problema a ser estudado.

b) Motivar o pessoal para não se inibir nem provocar inibição nos outros.

c) Fazer com que todos saibam que o objetivo não é sair da sala com uma solução, mas gerar idéias que, por associação, levem a resultados aproveitáveis.

d) Fazer com que todos saibam que, quanto mais loucas forem as idéias apresentadas, mais o grupo vai se liberando para criar efetivamente.

Brainstorming individual

Faça o descrito sozinho. Anote o que lhe vier à cabeça. Procure associações. Ria de si mesmo. Talvez você chegue à iluminação!

> *O sublime e o ridículo acham-se, às vezes, tão intimamente ligados, que se torna difícil classificá-los separadamente. Um passo acima, e o sublime se torna ridículo; um passo acima do ridículo, ele volta a ser sublime.*
>
> Thomas Paine

5. Fase de avaliação (religar o superego urgente)

5.1 Refine e combine idéias

Uma maneira simples de fazer isto é listar as vantagens e desvantagens de cada uma. Daí para a frente é uma questão de minimizar as desvantagens.

(Se só conseguir listar vantagens, você é um gênio e não deveria estar perdendo tempo com Análise de Valor.)

5.2 Estabeleça o custo de cada idéia

Nossa decisão vai ser baseada em fatos quantitativamente demonstráveis, e não em opiniões.

5.3 Desenvolva alternativas de funções

De posse do que obteve nos itens 5.1 e 5.2, combine, junte, elimine. Tendo as alternativas de criação e a dura realidade dos custos, tente compor a alternativa final.

Uma boa técnica neste ponto é a incubação. Se as coisas se tornarem irritantemente confusas na sua cabeça, abandone o trabalho por algum tempo (dias, horas, semanas). Seu subconsciente irá continuar a trabalhar no assunto. Pode ser que um dia, quando menos esperar, surja a solução.

5.4 Avalie por comparação

Se no fim ainda lhe restam várias alternativas, crie um método de ponderação, atribua pontos a cada uma e decida.

6. Fase de investigação

6.1 Use produtos ou sistemas normalizados (standards gerais, do ramo, da empresa)

Nesta fase, idéias estão sendo transformadas em produtos ou serviços. Sempre que possível, use peças ou sistemas *standard*, evitando a tentação de fazer projetos especiais. (Estes só se justificam no caso que será examinado no item 6.3.)

As vantagens deste procedimento são a ausência de custos de desenvolvimento, de ferramental, qualidade já testada, inventários resultantes menores. O pessoal que irá trabalhar com o produto já estará acostumado com as peças, processos ou procedimentos de rotina, havendo menos traumas na implantação.

Apenas evite cair na armadilha:

Standard $\Rightarrow$ *Fire!* (padrão $\Rightarrow$ Use!)

Cada caso deve ser analisado cuidadosamente.

6.2 Consulte especialistas e use fornecedores

Quando você compra um produto ou peça, está pagando, use ou não, conhecimento especializado à disposição do fornecedor. Por que, então, não usá-lo? Sempre que necessário, peça a visita de um técnico ou visite o seu fornecedor para discutir detalhes que estejam obscuros. O mesmo se aplica em relação a aspectos técnicos que você não domina, nem estão à disposição em sua empresa. Consulte um especialista externo, peça auxílio à uma instituição de ensino, identifique órgãos de pesquisa públicos ou privados.

Cada centavo gasto dessa forma poderá retornar multiplicado muitas vezes. Tenha sempre em mente que o resultado da economia resultante em milhares ou milhões de peças torna muitos serviços de consultoria "exorbitantes" em investimento desprezível perante os resultados.

6.3 Use produtos, processos, métodos, procedimentos dedicados (especiais para o produto ou serviço)

Somente quando as séries forem suficientemente grandes ou o retorno esperado tão espetacular, que justifique investir em procedimentos dedicados, que muitas vezes só se adaptam àquele caso e não contribuem para a flexibilidade da sua fábrica.

7. Fase de recomendação

Chegou a hora de apresentar a quem de direito o resultado do seu trabalho para aprovação. Para ser bem-sucedido:

7.1 Apresente fatos e custos

Normalmente, quem vai julgar a modificação proposta está numa posição em que:

a) Só decide perante fatos concretos e convincentes.

b) Não tem tempo nem disposição para ler extensos relatórios técnicos ou econômicos.

c) Quer saber logo quanto e como investir, quanto e como vai economizar.

d) Quer saber qual o retorno do investimento (ROI), qual a influência no *cash flow*, que benefícios estratégicos resultam para o negócio.

Cada cultura empresarial espera determinado tipo de informação. Descubra qual é a da sua empresa antes de se expor a um fracasso, não só do ponto de vista pessoal, mas de uma boa idéia que pode ser jogada fora.

7.2 Crie ambiente para uma resposta positiva

Mesmo que sua proposta seja ótima, lembre-se de motivar quem vai aprová-la e quem será encarregado de executar a modificação, para que ela, mesmo aprovada, não se torne mais um item na fila de prioridades. Sua **FUNÇÃO** agora é: **VENDER IDÉIA.**

A folha de recomendação é documento básico na formação do seu acervo de "conhecimentos acumulados", tão útil nas primeiras fases do sistema. Uma última lembrança: tenha sempre na ponta da língua uma pergunta: "Se eu fosse o dono da firma agiria da forma que estou recomendando?".

Se você, no fundo, achar que nunca gastaria seu dinheiro desta forma, desista da idéia porque será muito difícil defendê-la.

2.6.9 Bibliografia de Análise de Valor

1. MUDGE, Arthur E. **Value engineering — a systematic approach**. New York: McGraw-Hill, 1971.

2. MILES, Lawrence D. **Techniques of value analysis and engineering.** New York: McGraw-Hill , 1972.

3. GAGE, W. L. **Value analysis.** London: McGraw-Hill, 1967.

4. CSILLAG, João Mário. **Análise do valor.** São Paulo: Atlas, 1985.

5. Na Internet visite inicialmente o site da SAVE: www.value-eng.org/. Depois procure *papers* de congressos sobre Value Engineering, que sempre são ricos em exemplos práticos.

6. No Brasil, visite o *site* da ABEAV: www.abeav.com.br/.

Conclusão

O principal da tecnologia de produto para o administrador é conhecer a dinâmica de seu lançamento e quanto é importante para a consecução dos objetivos estratégicos da empresa. Seu relacionamento com o produto já lançado será visto em detalhe no estudo da gestão da cadeia de suprimentos (*supply chain management*), na Parte 5 do livro.

As organizações que seguirem esses passos provavelmente estarão obtendo vantagem competitiva na comercialização de seus produtos. É bom lembrar que muitas empresas de sucesso — como a Sony, a 3M, a Pioneer e a Kodak — caracterizam-se por sempre terem produtos de tecnologia inovadora, que representam o estado da arte no segmento em que atuam.

É muito importante o pensamento sistêmico na vida do administrador de empresas, assim como a análise e a melhoria de processos, qualquer que seja sua natureza — gerencial, contábil, comercial ou de produção.

Essa revisão sobre tecnologias de gestão usadas tanto no passado como hoje, bem como a previsão do que será o futuro, serve para lembrar que não existe a melhor técnica de gestão da administração de materiais para todas as empresas. Cada uma deve desenvolver a que seja mais adequada ao momento que ela está vivendo, levando em conta o meio ambiente (clientes, situação econômica e política), a concorrência, a disponibilidade de recursos e de tecnologia de informação, o domínio da tecnologia pelos colaboradores da empresa, a rede de suprimentos, a rede interna de transformação e a rede de distribuição; e o uso correto do *benchmarking*, sabendo aproveitar os modelos de excelência de seu ramo sem os copiar *ipsis litteris*.

Um dos recursos-chave para qualquer empresa são seus recursos humanos, que cada vez mais necessitam de um grau de instrução elevado, não apenas no sentido técnico, mas com espírito de equipe, vontade de trabalhar em grupo e com um comportamento que permita a autogestão.

As empresas também devem sentir a necessidade de, na era do conhecimento, desenvolver, usar e transmitir conceitos, isto é, ter uma cultura não apenas empírica, pois resolver problemas estratégicos e táticos em cada área será imprescindível para obter êxito no operacional.

O desenvolvimento e a utilização de mensurações objetivas de produtividade que permitam ações rápidas quando a mudança se faz necessária são cada vez mais importantes. Eles devem ser baseados no sistema empresa e não em setores isolados, pois a otimização de partes de um sistema pode não significar um todo ótimo.

Vivemos na era da informação. A cada dia a informação se torna o mais precioso ativo das empresas. O colaborador do conhecimento passa a ser muito importante para a organização, pois seu *know-how* pertence a ele próprio e não ao local onde trabalha. O desafio da empresa moderna é compartilhar esse saber e, com isso, ganhar vantagem competitiva em relação à concorrência.

Outro aspecto importante relativo às tecnologias de informação é seu impacto em relação às "pessoas comuns" — é cada vez maior o número de usuários que operam, eles próprios, todo um conjunto de equipamentos amigáveis para os mais variados fins, como declaração de imposto de renda via Internet, *home banking*, pesquisa de informações e compra de produtos.

Essa corrida, entretanto, não tem um fim definido. Todos os dias são anunciados novos produtos e tecnologias, que incorporam mais facilidades, novos conhecimentos e, principalmente, mais velocidade nas operações. Será que um dia haverá uma saturação desses desenvolvimentos? Até que ponto eles são benéficos ao ser humano? Não estariam tornando o homem, na capacidade de trabalho, um ser supérfluo? Enfim, são várias as questões que se levantam. A procura de respostas adequadas a cada uma delas é objeto de estudo e reflexão das novas gerações...

Termos-Chave

administração
administração baseada em projetos
análise de valor
análises
análises preliminares de custo
armazenamento eletrônico de imagens de documentos
brainstorming
coerções externas
coerções internas
customização
empresas de manufatura
equilíbrio dinâmico
era do conhecimento
especialistas em software
estabelecimento do cronograma
Fayol
geração de múltiplos conceitos
gestão das bases de dados
Herzberg
Maslow
Mayo
McGregor
método de Osborn

método de produção
MRP I
MRP II
Mudge
organizações de serviços
planejamento e controle da produção
processos
processos administrativos
processos comerciais
processos produtivos
produtos
PRP
reengenharia de processos
requisitos de engenharia
requisitos funcionais do produto
seleção de materiais
serviços
sistema Toyota de produção
sistemas
sistemas flexíveis de manufatura
Taylor
teoria geral dos sistemas
Weber

Questões para Discussão

1. A gestão da informação tem-se tornado mais complexa nos últimos anos? Por quê?
2. Por que a gestão da informação assume um papel cada vez mais estratégico em todas as organizações?
3. Você concorda com a afirmação de que a gestão da informação é de responsabilidade exclusiva da alta administração da empresa? Justifique sua resposta.

4. Por que o desenvolvimento de modelos é fundamental para a implantação e utilização da tecnologia de informação?

5. O que é um sistema de gestão de informações? Como ele se relaciona com a globalização?

6. A automatização de processos fabris, também conhecida como robótica ou automação, é bastante popular em nossos dias. Como você imagina que essa automação poderá revolucionar os processos gerenciais? Cite exemplos e comente que possíveis impactos ela poderá causar no nível de empregos e no social.

7. Um aluno de uma faculdade é um produto (matéria-prima que sofreu transformação). Quem seria o cliente desse produto: a sociedade, o estabelecimento de ensino ou ambos? Que mudanças cada um dos enfoques possíveis provoca na atuação da faculdade?

8. Liste tecnologias que você sente serem necessárias, mas que no momento são indisponíveis. Verifique depois na Web se já existem pesquisas para viabilizá-las. Seriam elas boas oportunidades de negócios?

9. Considerando a Figura 2.1, descreva os insumos, saídas e *feedbacks* principais para: a) uma fábrica de móveis; b) um grande hospital, como o Hospital das Clínicas, em São Paulo, ou o Miguel Couto, no Rio de Janeiro; e c) um hipermercado.

10. Utilizando a metodologia PRP, procure descrever os passos que uma empresa tomaria para: a) o desenvolvimento de um eletrodoméstico; b) um serviço de entrega de pizzas; e c) um remédio contra o câncer.

11. Selecione um produto simples, como um grampeador de papéis, e tente descrever seus processos produtivos (quais as tecnologias envolvidas desde a matéria-prima retirada da natureza até o produto embalado para envio ao cliente) e processos comerciais e administrativos (como vendas, contabilidade, setor fiscal).

12. Procure exemplos simples para caracterizar: a) sistemas de resultados diretos; b) sistemas de resultados indiretos; e c) sistemas de resultados desconhecidos.

13. Considere as etapas de um processo de produção e distribuição para organizações de serviços e aplique-as: a) a uma instituição de ensino; b) a uma clínica médica; e c) a um jornal diário.

14. Procure estabelecer, por meio de pesquisas, como você gerenciaria: a) as relações externas de sua empresa; e b) melhorias e mudanças, caso lhe delegassem essas tarefas.

Pesquise mais

Entre na Web e, por meio de um instrumento de busca como o Google (htpp://www.google.com.br), procure: *change management* ou *business process reengineering*.

15. Seguindo a seqüência proposta na metodologia de Osborn, analise um problema existente em uma das concessionárias de serviços públicos de sua região e proponha uma solução.

16. Prepare um resumo de todas as formas de organização da produção e sua gestão, desde as corporações de artífices até o movimento sociotécnico, utilizando os grupos semi-autônomos de trabalho. A pesquisa pode ser feita na Web ou tomando como referência qualquer livro de administração da produção existente na biblioteca de sua escola.

17. Pesquise como os acadêmicos abordam as tecnologias de gestão e a reengenharia de processos.

Pesquise mais

No site http://www.eps.ufsc.br há várias teses de doutorado e dissertações de mestrado sobre o tema.

18. Por que o momento atual é chamado de era do conhecimento? Por que quem não souber lidar com a criação e manutenção do conhecimento não terá grandes chances na empresa do século XXI?

Pesquise mais

Consulte o livro *A 5ª disciplina*: *arte, teoria e prática da organização* da aprendizagem. Peter Senge. São Paulo: Best Seller, 1990.

19. Para você, como são as comunicações rápidas, acuradas e multidirecionais dentro de uma empresa? Ou como são as comunicações onde trabalha ou estagia? Explique para seus colegas e veja se eles concordam.

20. Pesquise as diferenças entre estratégia, tática e operações. Descreva, então, que setores de uma empresa são ligados a cada uma delas e em que grau de intensidade.

21. Através da Internet procure casos práticos de aplicação de Análise de Valor; usando este caso e o visto na seção 2.6, procure aplicar a metodologia de Mudge para melhorar um produto ou um processo, seja ele fabril ou administrativo da sua empresa.

Estudo de Caso

Leia e discuta com os colegas de classe o artigo que se segue, retirado de uma brochura comercial da 3M.

"A 3M inova pela mesma razão que faz a vaca comer grama: porque faz parte do nosso DNA fazer isto."

Dr. M. George Allen,
vice-presidente aposentado de R&D da 3M.

Inovação sempre foi um modo de vida na 3M. Em quase um século, a cultura da 3M promoveu a criatividade e deu a seus empregados a liberdade de assumir riscos e tentar novas idéias. Começando com a invenção da lixa de papel em 1904, a cultura especial da empresa produziu marcos da vida cotidiana tais como fita adesiva, fita de celofane, fita magnética e videoteipe. De seus laboratórios surgiram as tecnologias de não-tecidos, que foram usadas para produzir utilidades domésticas como a toalha de limpeza Scoth-Brite e materiais de isolamento; tecido Scothgard para proteção de móveis e Scoth-Brite para panos de limpeza de chão.

A lista de inovações da 3M é praticamente sem fim — mais de 50.000 produtos que fazem a vida melhor — servindo a uma gama extremamente diversificada de usuários e de indústrias, incluindo automotiva, comunicações, construção/manutenção, eletroeletrônica, saúde, produtos industriais, material de escritório, farmacêuticos, higiene e segurança, telecomunicações e transportes.

"Inovação guia o crescimento", diz L. D. de Simone, presidente da 3M. "Desde o nosso começo em 1902, o sucesso da 3M veio de produzir soluções inovadoras para os problemas de nossos clientes. Isto é ainda mais verdadeiro hoje do que no passado, porque os clientes são mais exigentes e a competição mais feroz."

Enquanto as lendas sobre a 3M — como as histórias por trás das invenções da lixa de papel, do Scotchgard e do Post-it — sugerem que as descobertas inesperadas (*serendipity*) são um fator no sucesso da companhia, a 3M inovou principalmente pelo poder da organização. A inovação é conseguida pela inserção de duas regras poderosas nos objetivos financeiros da 3M: gastar acima de 6,5% das vendas em pesquisa e desenvolvimento e gerar acima de 30% das vendas corporativas com produtos abaixo de quatro anos de existência.

O compartilhamento das melhores práticas é conseguido por meio do Fórum Técnico da 3M, estabelecido em 1951 para "encorajar a troca livre e ativa de informações e a fertilização cruzada de idéias". Todos os cientistas, engenheiros e técnicos da 3M pertencem ao Fórum, que providencia meios formais e informais de comunicação.

Nem toda a inovação na 3M provém de seus laboratórios de pesquisa. Em 1996 a companhia lançou por toda a empresa três iniciativas para acelerar o crescimento pela inovação de processos projetados para tornar a companhia mais centrada no mercado, permitindo às unidades de negócios serem mais ágeis na resposta às demandas do consumidor.

Uma das iniciativas — chamada Pacing Plus — é destinada a alavancar tecnologias ou capacidades que sejam exclusivas da 3M para criar novos produtos de rápido crescimento, lançá-los mais depressa e mudar a base de competição nos seus mercados.

Uma segunda iniciativa — *Supply Chain Excellence* — é um macroesforço para aumentar a velocidade e eficiência da cadeia de fornecimento (*supply chain*) da empresa, que inclui: o suprimento de matérias-primas, o processamento de ordens dos clientes, manufatura, distribuição e entrega dos produtos. A *Supply Chain Excellence* afeta a *performance* da companhia em 1,4 milhão de ordens anuais de 45.000 clientes nos Estados Unidos e em um número similar de ordens internacionais.

A terceira iniciativa — Ganhar a Lealdade do Cliente — é focada em "manter promessas" aos clientes, enviando ordens completas, em tempo; desenvolvendo novos produtos para resolver problemas específicos (customização); mantendo promessas de qualidade e *performance*; e fazendo todas as partes de uma unidade de negócios trabalharem juntas para reforçar e proteger a integridade da marca 3M.

"Todas as três iniciativas são dirigidas para os clientes e irão acelerar o crescimento nos ajudando a ser a empresa mais inovadora e o fornecedor preferencial", disse de Simone. "O objetivo central dessas iniciativas é criar uma força poderosa para um crescimento lucrativo e para construir uma 3M cada vez mais forte."

Capítulo 3

Desempenho, enfoques e tendências da administração de materiais

3.1 Introdução

Assim como os instrumentos na cabine de comando de um avião indicam ao piloto a velocidade, altitude, temperatura externa e pressão do óleo nos vários sistemas hidráulicos, o gerente também necessita de indicações de como a empresa que dirige está indo. Assim, comumente ele se pergunta "como vão os negócios?".

O primeiro impulso é responder a essa questão em termos de resultados econômicos. Mas será isso o bastante? O que, afinal, é uma medida de desempenho?

3.2 Medidas de Desempenho

Medida de desempenho é uma maneira de medir o desempenho em determinada área, e de agir sobre os desvios em relação aos objetivos traçados.

Assim, derivada do próprio conceito de medida de desempenho, a mensuração deve possibilitar uma tomada de ação. Além disso ela deve ainda ser compreendida por todos os membros da organização, aceita pelas pessoas envolvidas e reprodutível e orientada para resultados. Veja mais sobre medidas de desempenho em:

http://www.balancedscorecard.org/

http://www.fdg.org.br/gpd/

Algumas medidas úteis ao gerenciamento da empresa seriam, por exemplo, o desempenho da empresa em relação às exigências dos clientes, o tempo de ciclo e a confiabilidade das entregas do processo produtivo, nível de qualidade da entrega de fornecedores, rentabilidade da empresa ou de uma linha de produtos, número de horas de treinamento por funcionário, número de horas de absenteísmo por funcionário, entre outras.

Uma vez que uma delas tenha sido escolhida, devemos analisar sua eficácia. Isso pode ser feito com o auxílio das perguntas do Quadro 3.1.

QUADRO 3.1
Avaliando a Eficácia de uma Medida de Desempenho

A medida de desempenho:

1 — É coletada com base em dados precisos e completos?

2 — Realmente interessa à empresa ou é só "mais um número"?

3 — Não irá confundir as pessoas (será que já não temos tantas medidas que mais uma só vai causar confusão)?

4 — Será entendida por todos?

5 — É direta e específica?

Todas essas perguntas podem ser resumidas em uma só: Será que a medida de desempenho realmente está medindo o que queríamos?

Se para mensurar a satisfação do cliente usarmos o número de telefonemas com reclamações, poderemos não conseguir o resultado desejado. Muitos dos clientes podem não reclamar e simplesmente deixar de comprar nosso produto.

Há uma grande diversidade de índices usados para medir o desempenho dos recursos materiais. Por exemplo, para avaliarmos a administração dos materiais, podemos calcular o giro de estoque, o estoque em processo, o *lead time* (intervalo de tempo necessário para a execução de uma atividade), o produto acabado em estoque e a eficiência de entregas. O Quadro 3.2 mostra outros indicadores relativos às compras.

QUADRO 3.2
Indicadores da Área de Compras (*procurement*)

Erros em ordens de compras
Ordens de compras auditadas

Valor total comprado
Gastos totais do setor de compras

Gastos totais em compras
Número de ordens colocadas

Itens entregues no prazo
Total de itens entregues

Até o desempenho relativo às pessoas da organização pode ser medido. Por exemplo, para medir a eficácia de uma empresa em ter em seu quadro bons funcionários, pode-se analisar a relação candidato/vaga, o número de demissões ou a quantidade de treinamento por funcionário.

QUADRO 3.3
Medidas de Desempenho para os Recursos Humanos

Número de pessoas contratadas
Número de pessoas entrevistadas

Número de dispensas antes de um ano
Número de pessoas contratadas

Horas de treinamento
Horas trabalhadas

3.3   Enfoques da Administração de Materiais

Os principais enfoques dos administradores de materiais serão dirigidos à administração de recursos, sistemas de controle e de informações, e processos.

Veremos agora cada um deles, assim como introduziremos as principais técnicas e abordagens que os compõem — elas serão vistas mais profundamente nos capítulos a seguir.

3.3.1 Administração de Recursos

A administração de recursos é em grande parte baseada em técnicas que integram os elementos de tecnologia de manufatura e otimizam a utilização de pessoas, materiais e instalações ou equipamentos. As mais empregadas serão as ligadas a materiais, fábricas, equipamentos e pessoas. Vejamos cada uma.

3.3.1.1 Principais Técnicas de Administração de Materiais

Just-in-time (JIT)

Sistema em que os fornecedores devem mandar os suprimentos à medida que eles vão sendo necessários na produção. O **JIT** busca a eliminação de tudo o que não agrega valor ao produto ou serviço, utilizando-se de baixos inventários desde o fornecedor até o produto acabado posto no cliente. Para isso, pode-se trabalhar com entregas parceladas e diretas à linha de produção; linhas e células balanceadas e sem gargalos; inspeção e embalagem nas próprias linhas; e, sempre que possível, envio direto ao cliente, sem passar por um estoque final. Contempla a redução do inventário, melhora contínua da qualidade, redução de custo do produto e agilização do prazo de entrega. Veja um exemplo a seguir:

> Uma das maiores fabricantes de carrocerias para ônibus do planeta, a Marcopolo, exporta para mais de 40 países. Cerca de 28% das vendas totais vêm de fora.
>
> Parte do sucesso da Marcopolo deve-se à verticalização de sua produção. Nesse sentido, ela trafega na contramão da indústria, que tem hoje na terceirização um dos seus pilares de sustentação. A Marcopolo produz internamente aproximadamente 80% dos componentes e acessórios de que precisa para montar um ônibus. De poltronas a janelas, passando por painéis e bagageiros, quase tudo é feito em casa.
>
> As peças utilizadas nas três fábricas brasileiras da Marcopolo (duas na região serrana do Rio Grande do Sul e a terceira em Duque de Caxias, no Rio de Janeiro) estão sendo fabricadas ao lado de cada linha, conforme a necessidade. Não há estoques. "Não pode haver nada mais just-in-time". A implantação de técnicas japonesas, além de deixar as fábricas limpas e organizadas, não apenas fez encolher os custos com estoques como ajudou a reduzir o ciclo de produção dos ônibus. Até 1987, cada ônibus levava 20 dias, em média, para ficar pronto. Atualmente, o tempo necessário é de seis dias, no caso de ônibus rodoviário, e apenas quatro dias para os urbanos.

"Alguns concorrentes europeus chegam a levar um mês para montar um ônibus", diz o diretor-geral da Marcopolo.[1]

Fornecedor preferencial

Técnica que consiste em selecionar fornecedores e garantir qualidade, eliminando testes de recebimento e garantindo *feedback* e correção de defeitos na fábrica do fornecedor. O conceito de fornecedor preferencial com qualidade assegurada — assegurar que o produto final atenda às expectativas dos clientes — pode evoluir para parcerias e consórcio de fornecedores, como aconteceu na fábrica de caminhões da Volkswagen em Resende. O trabalho mais próximo entre as empresas e seus fornecedores pode ir desde o fornecimento de materiais exclusivos e com defeito zero até ambos trabalhando juntos nos projetos dos suprimentos e produtos.

Baseados numa forte relação de parceria, as empresas têm hoje poucos, mas bons fornecedores. Em 1996, a Gessy Lever tinha 180 fornecedores, apenas para a área de transporte. Em menos de três anos, esse número já era 58; e o índice de solicitações de clientes atendidas na quantidade certa e no prazo certo havia passado de 26% para mais de 80%[2].

Programação de fornecedores

Manter um esquema de alimentação contínua da programação e controle da produção (PCP) do fornecedor com as necessidades de entrega, via EDI[3], evitando o trânsito de papéis.

Figura 3.1   Comparação entre o Método Tradicional e o via EDI

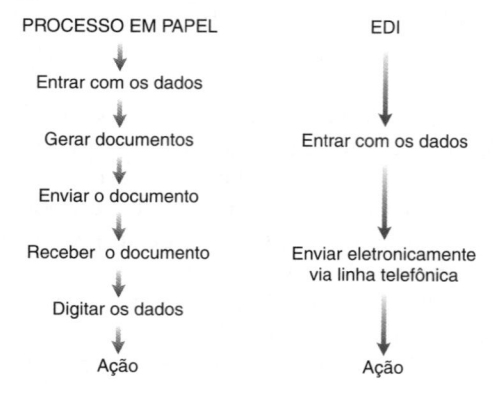

Fonte: EAN Brasil.

---

[1] NAIDITCH, S. Podem me chamar de Dona Flor: A gaúcha Marcopolo faz das alianças estratégicas o atalho para acelerar seu programa de internacionalização. *Portal Exame*, Edições Anteriores, n. 728, São Paulo, 29 nov. 2000. Disponível em: www.portalexame.abril.com.br.

[2] Ligação direta. *Exame*, p. 136, 21 abr. 1999.

[3] *Electronic data interchange*, (veja o capítulo 4, item 4.3.1).

O *efficient consumer response* (ECR) ou **resposta eficiente ao consumidor** é uma estratégia bastante utilizada no setor de supermercados na qual distribuidores e fornecedores trabalham em conjunto para proporcionar maior valor ao consumidor e minimização de custos. Os produtos são identificados com código de barras, há intenso uso de EDI, padronização dos transportes e, o mais importante, uma forte aliança entre fornecedor e distribuidor. Entre as vantagens do ECR estão o aumento das opções de produtos, a redução de itens em falta, a diminuição dos custos de estoque e o maior conhecimento do cliente da empresa. Um estudo da Price Waterhouse Coopers apontou que a economia trazida pelo ECR no Brasil é de quase 4,5 bilhões de dólares por ano (nos Estados Unidos este valor é de 30 bilhões de dólares).

Kanban

Tecnologia de controle de fábrica pela qual as necessidades de entregas determinam os níveis de estoque no decorrer do processo. O *kanban* não empurra a produção — ele a puxa.

O *kanban* (cartão, em português) repousa em medidas do trabalho adequadas, melhorias na flutuação dos volumes, seqüências corretas (o processo subseqüente deve retirar no processo precedente os produtos necessários nas quantidades e momento necessários), engenharia de métodos e *layout* (o processo precedente deve produzir seus produtos nas quantidades requisitadas pelo processo subseqüente), gerenciamento de capacidades, monitoramento (produtos com defeito não devem ser passados para a frente) e controle de programas. Há uma empresa japonesa que utilizava o *kanban* para produzir cerca de 20 mil tipos de carros[4].

Qualidade em tempo real e Seis Sigma

Usa o *controle estatístico de processos* (CEP) para detectar rapidamente variações perante o padrão, identificando causas assinaláveis de defeitos e estabelecendo diagnósticos para ações corretivas. O CEP utiliza-se da probabilidade para, por meio de uma amostra, extrair conclusões genéricas sobre os processos. Se o índice estipulado for 98%, e dentre 100 processos examinados 5 estiverem fora do padrão (demoraram mais que o previsto, houve retrabalho ou baixa qualidade), os processos terão de ser revistos. Para análises mais profundas, a técnica da qualidade em tempo real pode-se utilizar de outra ferramenta estatística, o *delineamento de experimentos* — DOE (*design of experiments*).

---

[4] AOKI, Masahiko. Toward an economic model of the Japanese firm. *Journal of Economic Literature*, v. 28, p.1-27, Dept. of Economics, Stanford University, mar. 1990.

Várias empresas otimizam a sua administração utilizando-se da filosofia Seis Sigma, que identifica nos processos fontes de desperdício e oportunidades de ganho pela análise de dados coletados em experimentos controlados.

3.3.1.2 Técnicas para a Gestão de Bens e Equipamentos

Justificativa de investimentos

A justificativa de investimentos ligados à automação da fábrica deverá ser feita considerando, além da simples análise de redução de custo do produto, sua qualidade total, redução do ciclo de fabricação, flexibilidade de programação, melhoria do ambiente de trabalho, respeito à ISO 14.000 e adequação dos prazos de entrega às necessidades do cliente.

Simulação

À medida que se desejam fábricas flexíveis com múltiplos produtos, é necessário um balanceamento muito acurado da operação. Novas técnicas de simulação, ferramentas poderosas de análise e decisão, já podem ser usadas até em computadores pessoais.

Configuração do fluxo

Além da redução do estoque de materiais em processo (*work in process* ou *work in progress*, WIP) pelo JIT e *kanban*, o *layout* da fábrica deverá ser projetado para tirar o máximo proveito das simplificações inerentes a um fluxo ótimo. É necessário desenvolver metodologia para se chegar ao melhor *layout* em função do tipo de fábrica e do *just-in-time*, bem como adequar o equipamento de movimentação interna de materiais à necessidade de redução do *lead time* de fabricação. O percentual do *lead time* de manufatura efetivamente gasto na preparação e na transformação do material é em média inferior a 10%, sendo que grande parte dos 90% restantes é constituído pelo tempo de fila ou *queue time* (tempo gasto aguardando o término de algum outro trabalho em processo).

Tecnologia de agrupamento de processos

A necessidade de combinar produtos diferentes de uma mesma família requer uma boa organização dos processos, maximizando a economia de escala e minimizando o número de equipamentos, custos de mão-de-obra e gastos indiretos. Deve-se usar sabiamente a nova geração de equipamentos para produção flexível, combinando-se fluxos e células de produção de uma forma antes impossível. Está chegando o *computer integrated manufacturing* (CIM), um sistema de computador que integra as variadas atividades automatizadas pelo controle das máquinas e fluxos de recursos pela fábrica. O uso de algoritmos de pesquisa operacional, conhecidos como tecnologia de grupo, está sendo ampliado, graças à facilidade de cálculo com o auxílio de *softwares* dedicados para programação linear inteira, como o Lingo e o Lindo[5].

Manufaturabilidade do produto

Técnicas que permitam, já na fase de projeto, otimizar fatores de produção, tais como qualidade, entrega, custo e flexibilidade. Deverá ser criada uma ciência de transição projeto/produção que permita conciliar altos investimentos em fábrica com ciclos cada vez mais curtos de vida do produto, por meio da redução do *lead time* de introdução de novos produtos e da minimização de *try-outs*. Isso envolve a coordenação das gerências, como a de marketing, vendas, serviços, projetos, produção e suprimentos, para lançamentos rápidos e sem problemas iniciais de fabricação.

3.3.1.3 Técnicas para a Administração de Pessoas

Envolvimento das pessoas

Pode-se estimular o envolvimento das pessoas com seu trabalho e com a empresa por meio da administração participativa, dos círculos de controle da qualidade (CCQ) e de esquemas de delegação de poder (*empowerment*[6]). Os círculos de controle da qualidade, também conhecidos simplesmente como círculos da qualidade, são unidades de trabalho relativamente autônomas formadas por um pequeno grupo de funcionários para melhorar a qualidade por meio de atividades como a redução de defeitos, aumento da motivação, sugestão de mudanças relativas a processos e melhoria das condições de trabalho.

Grupos de trabalho

Pequenos times na manufatura (minifábricas) ou no desenvolvimento de produtos. Os grupos de manufatura terão responsabilidade pelo produto do recebimento à expedição, incluindo controle do inventário, controle de produção, engenharia de produção, montagem, testes, embalagem e despacho.

Educação e treinamento contínuos

Em virtude da emergência contínua de novas tecnologias, será preciso a reciclagem constante. Serão necessários instrutores qualificados para treinamento em todos os níveis, da alta gerência até o chão da fábrica, e acompanhamento (*follow-up*). Esse treinamento deverá envolver aspectos dinâmicos de mudança cultural, produtos e processos.

---

[5] Softwares de programação linear da LINDO Systems Inc. Podem ser baixados via Internet, no endereço www.lindo.com/download.html.

[6] Enriquecimento do trabalho pela atribuição de maior responsabilidade e poder aos funcionários.

3.3.2   Sistemas de Controle e Informações

Os **sistemas de controle e informações** envolvem as operações de manufatura, definições de produtos e processos e integração de sistemas tecnológicos.

Nas operações de manufatura, as pessoas responsáveis pela administração de materiais lidam com previsões de demanda, ordens, compras, controle de produtividade, controle de inventários e sistemas de *feedback em loop fechado*[7]. Para isso, elas aplicam sistemas de informações especializados em gerência de manufatura, que exigem técnicas especiais, como tempo real, suporte para decisão no local e orientação e administração do uso da informação na fábrica.

A utilização de sistemas de controle e informações leva a uma melhoria de produtividade, controle mais rígido dos ativos realmente importantes, ambientes de fábrica flexíveis, responsabilidade maior para níveis mais baixos com a conseqüente demanda de pessoal com maior escolaridade.

Nas definições de produtos e processos ocorre a distribuição da informação do que é o produto e como é fabricado, de forma completa, acessível, em tempo real, diretamente ao ponto de uso. Os desenhos, especificações técnicas, são chamados em um vídeo. Isso leva a uma necessidade fundamental de normalização de componentes, processos e sistemas, e exige a melhoria de transição projeto *versus* produção, estimulando a evolução de times de produto (estruturas matriciais: engenharia *versus* manufatura *versus* mercado).

A *integração de sistemas tecnológicos* possibilita a efetiva integração de recursos de informação pela organização, por meio da integração de engenharia de manufatura e os sistemas de negócios, comunicação automática, uso em condomínio dos bancos de dados (*databases*), enfatizando o uso de *softwares* amigáveis, todos os sistemas integrados num planejamento global de informatização e possibilitando a geração de informações utilizáveis direto do chão da fábrica.

As fábricas globais vão constantemente trocar informação via EDI, agilizando resolução de problemas de qualidade e reduzindo custos, atualizando projetos, acionando fornecedores de outros países, começando a se tornar organizações que aprendem e retêm sua cultura.

3.3.3   Processos

A rápida mudança tecnológica levará a uma contínua atualização dos processos de fabricação. Deverá ser montado um sistema de coleta, organização e disseminação da informação tecnológica, com uma rede estabelecida

---

[7]   Retroalimentação de informações em circuito fechado.

para comunicar tecnologias recém-identificadas, algumas apenas em âmbito de pesquisa, contendo as informações mostradas no Quadro 3.4. Com isso, poderá ser implantada a administração estratégica da atualização tecnológica.

QUADRO 3.4
Esquema para a Administração Estratégica da Atualização Tecnológica

---

Classificação: produto, processo ou informação.

Categoria: por exemplo, produção ou teste.

Estágio: por exemplo, conceito em pesquisa ou sendo introduzido.

Descrição: apresentação sucinta do que é.

Objetivos: o que pode melhorar.

Benefícios: custo, qualidade.

Análise: posição da competição.

Recursos: o que precisamos para usar.

Programa: em quanto tempo podemos usá-la.

Desafios: barreiras à aplicação, riscos etc.

Comentários.

A presença constante dos administradores de produção no "chão da fábrica" levará à agilização das mudanças, à melhoria contínua e à democratização do conhecimento, melhorando o ambiente de trabalho na fábrica.

O suporte dado às decisões de melhorias de métodos e processos, *layout*, interface com projetos, aplicação de novas técnicas de manutenção preventiva e de TPM, identificação e remoção de gargalos, a agilização do fluxo, será a verdadeira reengenharia, função básica dos responsáveis pela moderna operação de manufatura.

3.4 Tendências

O rápido desenvolvimento da tecnologia no final do século XX, o remanejamento das estruturas econômicas da época da guerra fria e o extraordinário crescimento da disponibilidade de informação prenunciaram grandes mudanças na estrutura das empresas para o século XXI.

Num estudo feito pela Next Generation Manufacturing[8], foram considerados como vetores para a competitividade das empresas, no século XXI: a disponibilidade e distribuição onipresente da informação; o desenvolvimento cada vez mais rápido de novas tecnologias e do acesso a elas; a globalização de mercados e da competição por negócios; mudanças nos salários e competências disponíveis globalmente; responsabilidade ambiental e limitações dos recursos naturais; e um aumento ainda maior das expectativas dos consumidores.

Nesse cenário, as indústrias serão afetadas em diversos aspectos. Quanto a seus recursos humanos, elas terão de conviver com uma maior flexibilidade da força de trabalho e com cadeias de suprimento de conhecimentos cada vez mais diversificadas.

Seus processos também serão afetados. As empresas terão de acelerar o desenvolvimento de seus produtos (PRP e engenharia simultânea) e aprender a gerenciar a inovação e a mudança.

Em relação à tecnologia, a tendência que vemos hoje se acelerará ainda mais. Assim, as empresas usarão extensivamente modelagem, simulação e sistemas de informação adaptativos e de resposta rápida, tudo isso por meio de processos e equipamentos de última geração.

Assim, a integração entre as empresas aumentará: haverá mais colaboração entre empresas estendidas — cadeia formada pela empresa mais seus fornecedores, que pode chegar ao conceito de empresas virtuais —, visando objetivos específicos de interesse comum.

Em tudo o que acabamos de ver estão embutidos, entre muitos outros, três conceitos-chave. O primeiro é o uso cada vez maior de sistemas integrados, como engenharia simultânea e logística integrada (*supply chains*). O segundo é o desenvolvimento de grupos de trabalho semi-autônomos em qualquer nível dentro da empresa. E o último é a criação de redes (*networks*) de empresas integradas com diminuição de escala de unidades isoladas.

Conclusão

Na era da informação é imprescindível dispor-se de um sistema de medida e avaliação do desempenho já que a velocidade com que as coisas acontecem e mudam é muito maior do que há algum tempo. Nas empresas de serviços, essa necessidade é ainda maior devido a dependerem muito mais da informação do que as empresas manufatureiras.

---

[8] Esse estudo foi feito em 1997 e contou com o esforço conjunto de várias indústrias americanas e com o suporte dos departamentos de Defesa e de Energia dos Estados Unidos e do National Science Foundation.

A diminuição do ciclo de vida dos produtos, o que exige informações bem mais velozes, precisas e oportunas, faz com que qualquer falha na qualidade, quantidade ou velocidade do processamento da informação seja fatal para a empresa. Outro fator que faz com que os critérios de avaliação de desempenho fiquem cada dia mais complexos é que as empresas têm atualmente como seu maior e mais importante ativo o ser humano, conhecido na literatura atual como colaborador do conhecimento. Ele é muito mais difícil de avaliar do que um equipamento, do qual se conhece a capacidade produtiva horária — é só ver a quantidade de peças produzidas em um determinado período de tempo.

A simples medida, por mais precisa que seja, de nada adiantará se não for comparada, avaliada e criticada em face de outros indicadores, de outras unidades de negócios dentro da empresa, da concorrência e de empresas de sucesso em outros mercados. Os indicadores de desempenhos são a bússola para que os gerentes possam guiar corretamente sua "nave".

Termos-Chave

administração de recursos

desempenho

EDI

integração de sistemas

redes de empresas

tomada de ação

Questões para Discussão

1. Usando a definição de medidas de desempenho, como você avalia a qualidade das informações geradas por meio: a) do vestibular; b) do provão do MEC; e c) de pesquisas de boca-de-urna.
2. Qual a diferença entre *just-in-time* e *kanban*? Explique com detalhe.
3. Qual a relação entre o tempo de preparação de uma máquina ou de uma linha e o tamanho do lote a ser produzido?
4. Pesquise na Web o que significa *single minute exchange tools*, ou troca rápida de ferramentas, e qual sua influência no JIT.

5. Com o auxílio das perguntas do Quadro 3.1, crie uma série de medidas de desempenho para medir a satisfação de um cliente com: a) seu médico ou dentista; b) a montadora de seu carro; e c) a revendedora de seu carro.

6. Estabeleça dez critérios que você usaria para encontrar um fornecedor preferencial para sua empresa. Aplique-os aos fornecedores existentes e descubra em que eles deveriam melhorar para se qualificar para uma eventual parceria. Como você poderia ajudá-los a conseguir isso?

Estudo de Caso

A equipe na área de compras está sujeita a grandes mudanças. Em empresas com grau de integração vertical elevado, a obtenção de insumos é relativamente simples, limitando-se à aquisição de algumas matérias-primas, materiais de consumo e, ocasionalmente, bens de capital. Os demais componentes, produtos e serviços necessários para atender às demandas dos clientes são desenvolvidos dentro da própria empresa. Entretanto, a empresa integrada é coisa do passado. As companhias buscam foco. Outras atividades, fora do *core business* da empresa, são conduzidas por parceiros selecionados. Assim a área de suprimentos assume uma posição das mais relevantes. Ela deve ser responsável por definir e executar a estratégia de suprimentos e por estruturar e operar todo o abastecimento, desempenhando três funções fundamentais: administração dos suprimentos, relacionamento com fornecedores e gestão do abastecimento — sincronizar as demandas dos clientes com o fornecimento

A gestão do abastecimento será mais significativa em empresas que produzem grandes volumes para estoque — como a indústria de bens de consumo — do que em prestadoras de serviço, que utilizam quantidades limitadas de materiais.

O potencial dos resultados a serem gerados com a modernização da área de suprimentos é enorme. Mas o aproveitamento desse potencial depende de duas mudanças fundamentais. A primeira é uma reformulação interna — a tradicionalmente lenta e burocrática área de compras deve dar lugar a um time de gestão de suprimentos que executa processos com agilidade, com sofisticados sistemas de informação e ferramentas de análise. Dessa forma, instrumentos como comércio pela Internet, gerenciamento da relação com o fornecedor, bancos de dados de suprimentos, inteligência em negócios, entre outros, serão parte do cotidiano dessas equipes. A segunda mudança envolve seu posicionamento dentro da empresa — é ideal que esse time deixe de ser parte de grupos administrativos ou financeiros e seja incorporado ao grupo responsável pela operação da cadeia de suprimentos como um todo.

Fonte: COLANGÊLO FILHO, L. Gestão moderna de suprimentos. *Gazeta Mercantil Web*, Caderno A3, 8 maio 2003. Disponível em: <www.investnews.com.br>.

Questões para Discussão

1. Quais grandes desafios são esperados para a área de suprimentos? Utilize as informações do artigo e dos capítulos anteriores para a discussão.
2. A segunda mudança sugerida pelo autor está relacionada com qual tipo de administração? Por quê?
3. Na sua opinião, quais técnicas administrativas serão relevantes neste novo ambiente para a área de suprimentos?
   a. Ligação direta, *Exame*, p. 136, 21abr.1999.
   b. *Eletronic data interchange* (consulte o capítulo 4, Seção 4.3.1).

PARTE 2

Aquisição de recursos
materiais e patrimoniais

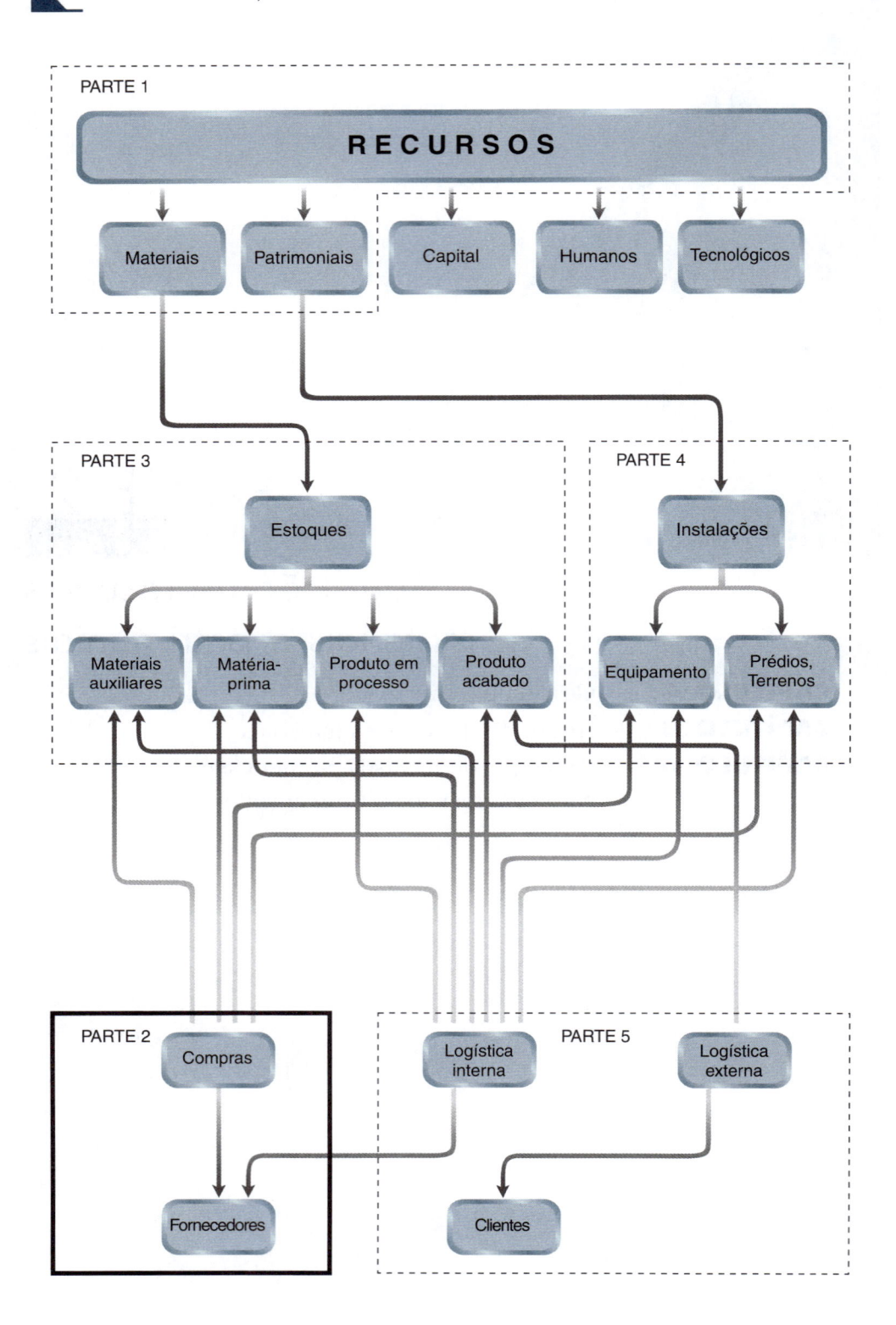

Capítulo 4

Gestão de compras

4.1 Introdução

A gestão da aquisição — a conhecida função de compras — assume papel verdadeiramente estratégico nos negócios de hoje em face do volume de recursos, principalmente financeiros, envolvidos, deixando cada vez mais para trás a visão preconceituosa de que era uma atividade burocrática e repetitiva, um centro de despesas e não um centro de lucros.

O valor total gasto nas compras de insumos para a produção, seja do produto ou do serviço final, varia de 50% a 80% do total das receitas brutas. No setor industrial, esse número alcança a casa dos 57%[1]. É fácil perceber que mesmo pequenos ganhos decorrentes de melhor produtividade na função têm grande repercussão no lucro. Por isso e por outros fatores, como a reestruturação pela qual passaram as empresas nos últimos anos, evolução da tecnologia e novos relacionamentos com os fornecedores, cresce cada vez mais a importância de as pessoas que trabalham nesta área — área que é conhecida por vários nomes, como *suprimentos*, *compras* ou *aquisições* — estarem muito bem informadas e atualizadas, terem habilidades interpessoais e dinamismo. Veja a seguir um exemplo disso:

---

[1] LAMBERT, Douglas M. et al *Fundamentals of logistics mangement*. New York: Irwin/McGraw-Hill, 1998. p. 346.

A Sun Microsystems Inc. e a Andersen Consulting criaram uma *joint venture* para criar soluções na área de compras utilizando a Internet. A *joint venture* terá foco no mercado de *e-procurement*, que significa, sistemas de compra por meio da Internet que pesquisam os fornecedores com melhores preços.

O objetivo da nova companhia é atender empresas que devem movimentar US$ 200 bilhões até 2004 na compra de suprimentos apenas pela rede mundial de computadores.

De acordo com um comunicado das empresas, a associação pretende reunir a experiência da Andersen Consulting no desenvolvimento de ferramentas de *e-procurement*, dentro dos sistemas de gestão que instala em várias empresas, com a tecnologia da Sun e da iPlanet. Entre elas estão os softwares BuyerXpert e iPlanet ECXpert, de pesquisas de preços e fornecedores.[2]

Pretendemos apresentar uma visão abrangente, mesmo que às vezes um pouco simplificada, da função aquisição, proporcionando um primeiro passo para trilhar, de acordo com suas necessidades e interesse, os caminhos que levam ao detalhe.

4.2 A Função Compras

O posicionamento atual da função aquisição é bem diferente do modo tradicional como era tratada antigamente. Antes da Primeira Guerra Mundial, tinha papel essencialmente burocrático. Depois, já na década de 1970, devido principalmente à crise do petróleo, a oferta de várias matérias-primas começou a diminuir enquanto seus preços aumentavam vertiginosamente. Nesse cenário, saber o que, quanto, quando e como comprar começa a assumir condição de sobrevivência, e, assim, o departamento de compras ganha mais visibilidade dentro da organização.

Hoje a função compras é vista como parte do processo de logística das empresas, ou seja, como parte integrante da cadeia de suprimentos (*supply chain*). Por isso, muitas empresas passaram a usar a denominação gerenciamento da cadeia de suprimentos ou simplesmente gerenciamento de suprimentos, um conceito voltado para o processo, em vez do tradicional compras, voltado para as transações em si, e não para o todo. Voltaremos a enfatizar esses aspectos na Parte 5 do livro.

---

[2] PRADO, M. Sun Microsystems firma parceria com a Andersen Consulting. *O Estado de São Paulo*, 2 maio 2000, Caderno de Economia. Disponível em: <www.estadao.com.br>.

Veremos, de maneira esquemática, como mudaram os sistemas de informações ligados à área de suprimentos. No sistema tradicional o que havia era uma função de compras, isto é, uma negociação baseada em preço, prazo e qualidade. A burocracia resultante seguia um procedimento que datava do início do século XX, integrando apenas o uso mais recente de recursos de computação.

Os *inputs* internos chegavam via PCP, que os geravam por meio do *materials requirement planning* (MRP) tradicional; iniciava-se uma série de cotações, geralmente via telefone, em função de um cadastro de fornecedores. Escolhia-se um deles em função do critério preço-prazo-qualidade. Emitia-se um pedido de compras que alimentava o MRP com as datas e quantidades previstas para entrega; o Controle da Qualidade (CQ) era alertado para preparar o roteiro de inspeção de recebimento; contas a pagar, por sua vez, preparava sua previsão de necessidade de fundos; a Tesouraria incluía essa previsão no fluxo de caixa; o material ao chegar, se aprovado, era colocado no almoxarifado, caso reprovado, emitia-se uma nota fiscal de devolução, e o processo reiniciava-se com o mesmo ou com outro fornecedor. Simples, mas fonte permanente de situações irreconciliáveis na empresa.

À área de compras também compete o cuidado com os níveis de estoque da empresa, pois embora altos níveis de estoque possam significar poucos problemas com a produção, acarretam um custo exagerado para sua manutenção. Esses altos custos para mantê-los são resultantes de despesas com o espaço ocupado, custo do capital, pessoal de almoxarifado e controles (veja custos de estoques na Parte 3).

Baixos níveis de estoque, por outro lado, podem fazer com que a empresa trabalhe num limiar arriscado, em que qualquer detalhe, por menor que seja, acabe prejudicando ou parando a produção. A empresa poderá enfrentar, por exemplo, reclamações de clientes, altos níveis de estoque intermediários gerados por interrupções no processo produtivo. A Figura 4.1 mostra a base desse esquema de compras.

A necessidade de adequação aos sistemas *just-in-time* (JIT) de muitas das empresas levou a modificações importantes, entre elas a criação da nova função de suprimentos.

Figura 4.1 Sistema de Informações Tradicional em Suprimentos

O chamado ***procurement*** envolve, além do relacionamento puramente comercial com os fornecedores, também a pesquisa e o desenvolvimento desses relacionamentos, sua qualificação e o suporte técnico durante o relacionamento entre as partes, e que leva à necessidade de um aperfeiçoamento dos sistemas de informação. Hoje, há uma integração total entre todos os setores internos da empresa, clientes e fornecedores, como no caso ilustrado na Figura 4.2.

Além de tudo o que já foi visto, o departamento de compras também pode assumir vários outros papéis. Um deles está relacionado com a *negociação de preços com os fornecedores*. Essa negociação determinará o preço final dos produtos e, portanto, a competitividade da empresa. Mas ela pode ir mais longe, já que o comportamento do comprador pode mexer com vários aspectos da economia, como o nível de preços, o poder de compra do consumidor e o relacionamento entre os setores.

Figura 4.2   Sistema de Informação moderno

MATRIZ

O escritório central acessa todos os sistemas de dados da matriz utilizando serviços de telecomunicações, como os oferecidos pela Embratel.

LIGAÇÕES A DISTÂNCIA (rede WAN)

Servidores RISC mantêm a empresa ligada on-line às filiais, fábricas, transportadoras, vendedores e fornecedores, via Renpac ou Transpac.

FÁBRICAS

As várias unidades ligam-se à matriz para ter acesso a correio eletrônico e compartilhar dados gerenciais e financeiros, como resultados, pedidos e faturamento.

CLIENTES

Acessam as bases de dados da empresa para consultar informações sobre estoques, notas, pedidos, crédito e faturamento.

VENDEDORES

Munidos de notebooks equipados com modem, os vendedores conectam-se à empresa para tirar pedidos on-line, acessar o correio eletrônico e obter informações sobre estoque, faturamento, situação de crédito e carteira de clientes.

FORNECEDORES

Estão todos ligados à empresa. Utilizando o padrão EDI, têm acesso a várias informações, como os pedidos de compras.

TRANSPORTADORAS

A fim de agilizar a comunicação, a empresa está conectada, via modem, às transportadoras, controlando todo o romaneio de cargas e notas fiscais.

UNIDADES DE VENDAS E REPRESENTANTES

Acessam todo o sistema da matriz via Renpac.

Fonte: *Exame Informática*, ago. 1996.

Em 1999, com a desvalorização do real, as importações ficaram muito mais caras. Muitos fornecedores quiseram repassar esse custo, o que causaria um aumento geral dos preços, ou seja, inflação. Entretanto, o departamento de compras das grandes redes varejistas se recusaram a comprar de fornecedores que aumentaram abusivamente seus preços. Segundo eles próprios explicaram, a área de compras deve assumir o papel de controlador de preços e autorizador de aumentos. Um diretor do Pão de Açúcar comentou que a área de compras deve funcionar como um dique, deixando passar apenas um pouquinho de água e garantiu que não fez nenhuma encomenda, que só compraria de quem não aumentasse os preços abusivamente. Essa estratégia pode ser melhor compreendida pelo poder de barganha do comprador e a grande concorrência entre fornecedores, como ele mesmo explicou, "para cada cinco fornecedores em linha, há cinco querendo entrar". Ela decorre também da *influência que o departamento de compras tem com relação à imagem institucional da empresa*. Já o Carrefour simplesmente suspendeu a compra de duas das mais famosas marcas de café, trocando-as por outras mais baratas, porque elas tinham aumentado seus preços em até 45%. Os fabricantes criticaram essa estratégia dos varejistas de não aceitar os aumentos dos fornecedores, afirmando que ela era pura jogada de marketing. Como disse uma nota divulgada pela empresa dona das duas marcas de café recusadas pelo Carrefour devido ao reajuste dos preços, "eles estão se aproveitando desta situação crítica para passar a imagem de que são os guardiões dos preços"[3].

Os objetivos de compras devem estar alinhados aos objetivos estratégicos da empresa como um todo, visando o melhor atendimento ao cliente interno e externo. Essa preocupação tem tornado a função compras extremamente dinâmica, utilizando-se de tecnologias cada vez mais sofisticadas e atuais como o EDI, a Internet, cartões de crédito e leilões, que serão vistas na próxima seção.

A estratégia de gestão da aquisição dos recursos materiais e bens patrimoniais de uma empresa está diretamente ligada ao seu objeto social, isto é, aos seus objetivos estatutários. Assim, uma empresa comercial que compra e vende certa mercadoria deverá ter um enfoque diferente da empresa industrial manufatureira, que adquire matéria-prima, agrega mão-de-obra e tecnologia e posteriormente vende o produto acabado. Diferente também é o enfoque da empresa que adquire sistematicamente itens ou componentes que serão posteriormente vendidos, com ou sem modificações, do enfoque da empresa que adquire um bem patrimonial, como uma instalação fabril, um equipamento ou um edifício.

Como já visto na Parte 1, a conceituação de recursos, patrimônio e bens é bem ampla e com várias interpretações. Entretanto, para efeitos didáticos, dividiremos o processo de aquisição de recursos em dois grandes grupos, como pode ser visto na Figura 4.3.

---

3 Impasse nos preços causa risco de abastecimento. *O Estado de São Paulo*, 28 jan. 1999; Varejo rejeita produtos com aumento de preços. *O Estado de São Paulo*, 27 jan. 1999; e Carrefour vai denunciar alta abusiva de preços. *O Estado de São Paulo*, 25 jan. 1999.

Figura 4.3   Classificação das Compras

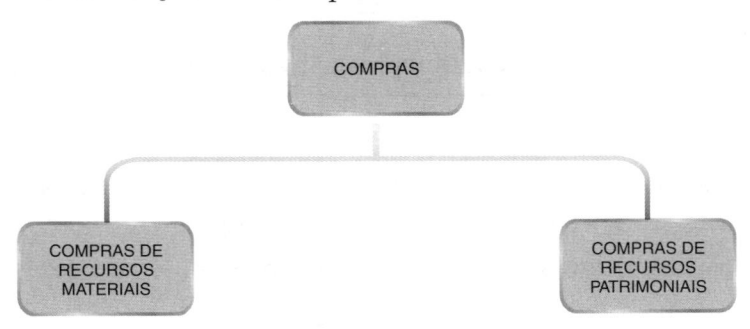

Toda empresa na execução de seus objetivos necessita de grande interação entre todos os seus departamentos ou processos, no caso de assim estar organizada. Essa interação deve dar-se da forma mais eficiente possível, a fim de que tais esforços se somem. A área de compras interage intensamente com todas as outras, recebendo e processando informações, como também alimentando outros departamentos de informações úteis às suas tomadas de decisão. O Quadro 4.1 apresenta uma relação das principais informações recebidas (entradas) e enviadas (saídas), pela área de suprimentos, aos vários outros departamentos normalmente encontrados nas empresas.

QUADRO 4.1
Interface do Departamento de Compras com as Outras Áreas da Empresa

---

Jurídico:

➠ **Entradas:** contratos assinados, pareceres sobre processos de compra, assessoria jurídica;

⬅ **Saídas:** solicitações de pareceres, informações de campo sobre fornecedores.

Informática:

➠ **Entradas:** informações sobre novas tecnologias, assessoria na utilização de EDI, *e-mail,* intranets, extranets, *softwares* de compras;

⬅ **Saídas:** informações sobre fornecedores, cópias de solicitações de compras e de pedidos de compra, cópias de contratos de fornecimento de serviços.

(continua)

(continuação)

QUADRO 4.1
Interface do Departamento de Compras com as Outras Áreas da Empresa

---

Marketing e Vendas:

➠ **Entrada:** condições do mercado de compradores, novos concorrentes, novos produtos, novas tecnologias de produtos e processos;

⬅ **Saídas:** custos de promoções, condições do mercado fornecedor.

Contabilidade e Finanças:

➠ **Entrada:** custos das compras, disponibilidade de caixa, assessoria nas negociações sobre condições de pagamento;

⬅ **Saídas:** orçamentos de compras, compromissos de pagamentos, custos dos itens comprados, informações para subsidiar estudos da relação benefícios sobre custos.

Qualidade:

➠ **Entrada:** informações sobre qualidade, especificações de produtos a serem comprados;

⬅ **Saídas:** histórico sobre a qualidade dos fornecimentos.

Engenharia de Produto e de Processos:

➠ **Entradas:** especificações de novos materiais, produtos a serem pesquisados e comprados, solicitações de levantamentos preliminares sobre fornecedores e preços;

⬅ **Saídas:** informações sobre fornecedores, preços e condições de fornecimento.

Fabricação ou Produção:

➠ **Entradas:** necessidades de materiais e/ou componentes do processo produtivo, informações sobre estoque disponíveis;

⬅ **Saídas:** prazos de entrega dos pedidos, recebimentos previstos.

4.3   Novas Formas de Comprar

O fenômeno da globalização, como não poderia deixar de ser, tem trazido grande impacto na forma como as compras são efetuadas. Hoje se fala em mercado global e, conseqüentemente, em **compras globalizadas** (*global sourcing*). Com o advento dos produtos mundiais, a exemplo do carro mundial, peças e componentes são comprados no mundo inteiro.

Na Gessy Lever, por exemplo, 20% da comunicação com fornecedores é feita eletronicamente. No Pão de Açúcar, graças a estas novas formas de compra, em dois anos, o índice de falta de produtos caiu de 25% para 4%, o tempo médio de armazenamento reduziu-se em um mês (passou de 40 para 10 dias) e o volume de cargas recebidas triplicou[4].

4.3.1 EDI

Uma das formas de compras que mais cresce atualmente é o *electronic data interchange* (**EDI**), tecnologia para transmissão de dados eletronicamente. Por meio da utilização de um computador, acoplado a um *modem* e a uma linha telefônica e com um *software* específico para comunicação e tradução dos documentos eletrônicos, o computador do cliente é ligado diretamente ao computador do fornecedor, independentemente dos *hardwares* e *softwares* em utilização. As ordens ou pedidos de compra, como também outros documentos padronizados, são enviados sem a utilização de papel. Os dados são compactados — para maior rapidez na transmissão e diminuição de custos —, criptografados e acessados somente por uma senha especial. A Figura 4.4 mostra um esquema de funcionamento do EDI.

Figura 4.4   Esquema de Funcionamento do EDI

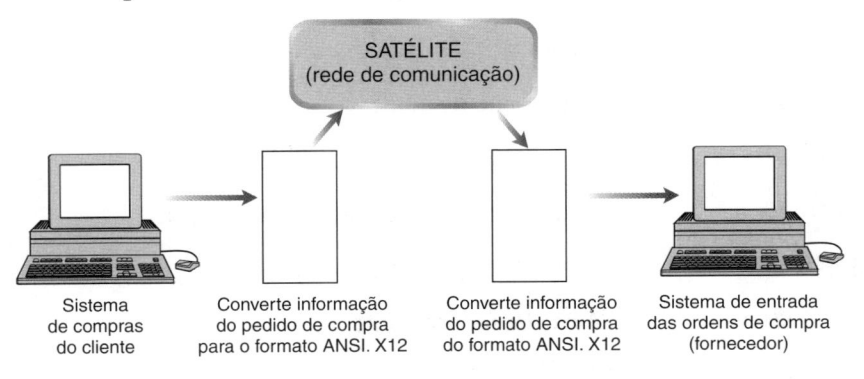

Essa forma de comunicação e de transação pode ligar a empresa a seus clientes, fornecedores, banco, transportadora ou seguradora. Ela já existe há bastante tempo e traz várias vantagens, como:

---

[4]   Ligação direta, *Exame*, p. 136, 21 abr. 1999.

- rapidez, segurança e precisão do fluxo de informações;
- redução significativa de custos;
- facilidade da colocação de pedidos, principalmente nos casos de contratos de fornecimento com entregas mediante liberação do cliente, como acontece nas transações entre montadoras e autopeças no Brasil e resto do mundo;
- sedimenta o conceito de parcerias entre cliente e fornecedor.

Na Blindex, devido ao EDI, as informações são atualizadas de meia em meia hora, sendo que "antes, em alguns casos, a demora chegava a passar de seis horas para a liberação de um caminhão cujo cliente estivesse com seu crédito bloqueado", exemplifica o responsável pelo CPD. Já para a Philips, a implantação do EDI em sua fábrica de Recife permitiu que, ao emitir uma nota fiscal, a informação vá direto para o cliente para que ele possa ir trabalhando imediatamente com esses dados[5].

A fim de facilitar e disseminar a forma EDI de transações, foram estabelecidos padrões às comunicações de dados. São mais usuais o padrão europeu — EDIFACT — e o americano — ANSI X12. O padrão americano transmite hoje mais de 200 tipos de documentos, como os mostrados no Quadro 4.2[6].

QUADRO 4.2 Recursos à Disposição das Empresas	
X12.1 850	Ordem de compra
X12.2 810	Fatura
X12.7 840	Solicitação de cotação
X12.8 843	Resposta a uma solicitação de cotação
X12.9 855	Reconhecimento de ordem de compra
X12.10 856	Pré-notificação de embarque
X12.12 861	Aviso de recebimento
X12.14 830	Programação
X12.15 860	Notificação de mudança de ordem de compra

---

[5] Exemplos extraídos do site http://www.sintel.com.br/cases.htm.

[6] MASKELL, Brian H. *Software and the agile manufacturer*. Portland: Productivity Press, 1994.

Com a difusão da Internet e conseqüentemente dos *e-mails*, uma forma bastante simples de comunicação eletrônica, está havendo uma tendência de unificar os padrões por meio da ANSI X400.

O EDI, quando comparado ao *e-commerce*, que pode ser considerado o uso das tecnologias de computação e de comunicações para a realização de negócios, apresenta algumas vantagens, entre as quais:

- maior segurança nas comunicações e parceiros;
- dispõe de formato padrão para as transações, com um completo conjunto de mensagens;
- as *value added networks* (VANs), básicas para o EDI, são muito seguras;
- maior rapidez quando se tem um alto volume de transações, processadas em servidores de grande porte ou mesmo em *mainframes*.

Além do EDI tradicional, muito usado pelas grandes empresas, está tomando força o EDI via Internet, como uma opção de menor custo, possibilitando acesso a mais empresas. Seus principais entraves são a questão da segurança dos dados e a resistência das empresas que investiram grandes somas no modelo tradicional.

O EDI proporcionou que o relacionamento entre cliente e fornecedor evoluísse de tal forma, que o processo de compra foi totalmente automatizado; varejistas e fornecedores conhecem muito mais dos hábitos de compra do consumidor — o fornecedor tem informações para decidir se produzirá sua cândida, por exemplo, em embalagens de um litro ou dois e o varejista sabe qual a melhor localização na prateleira para cada produto — e o supermercado pode ter o mínimo de estoque possível e estar sempre tranqüilo, pois sabe que, quando do seu estoque atingir o ponto mínimo estipulado, o fornecedor será acionado para novas entregas. A base do Efficient Consumer Relationship (ECR) é a informação e a relação de parceria entre as partes envolvidas.

Nos Estados Unidos, o ECR ajudou as empresas a reduzir seus estoques em 41%, deixando o produto final 10% mais barato[7].

Com o ECR, "a relação deixa de ser meramente de compra e venda e passa a ser de parceria". Assim, "muda o patamar da negociação. Em vez de fechar os negócios pedido a pedido, as empresas fecham grandes contratos", fazendo com que o vendedor "se torne um promotor de vendas, não precisando se preocupar em passar na loja toda semana ou a cada quinze dias".

---

[7] Dados da consultoria Kurt Salmon Associates publicados na reportagem na revista *Exame*, p. 34-36, 21 abr. 1999.

Quanto aos benefícios dos investimentos nessas novas tecnologias, por exemplo, "um distribuidor que levava, às vezes, dois dias para concretizar seu pedido, pode fazer isto automaticamente". Além disso, em apenas cinco anos da implantação do sistema, a Antarctica, por exemplo, já terá "recuperado de 30% a 40% dos custos da rede de satélite, graças à economia com ligações interurbanas"[8].

4.3.2 Internet

Torna-se cada vez mais difundido entre nós a utilização do *e-mail* como um veículo de transação comercial ou o ***e-commerce***. Basta estar ligado a um provedor e teremos toda a WWW (*World Wide Web*) ao nosso alcance, vinte e quatro horas por dia, sete dias por semana. Todo o mundo pode ser acessado e a comunicação bilateral estabelecida.

Um exemplo bastante conhecido é o da livraria virtual, em que podemos consultar e comprar livros, via Internet, sem sair de nossas casas. O supermercado virtual do Pão de Açúcar já é responsável por 20% das vendas da rede. Na Antarctica, um terço de todas as consultas recebidas são encaminhadas pelo *site*.

A Internet como veículo de comércio ganha a cada dia mais e mais adeptos, pois apresenta uma série de vantagens em relação ao EDI, entre as quais:

- investimento inicial em tecnologia é bem mais baixo, pois a Internet custa bem menos que uma VAN;
- atinge praticamente a todos na cadeia de suprimentos;
- pode ser operada praticamente em tempo real;
- permite tanto a transação máquina–máquina como também homem-máquina (o EDI só permite a transação máquina–máquina);
- maior flexibilidade nos tipos de transações.

4.3.3 Cartões de Crédito

Está-se tornando prática usual entre as empresas a compra de mercadorias, como matérias-primas e materiais auxiliares, por meio de **cartão de crédito**, também conhecido como *cartão-empresa* ou *cartão empresarial*. Os bancos e as administradoras de cartão de crédito, por meio de programas específicos, têm incentivado as organizações a efetuar suas compras por meio de cartões. Vários deles são bastante atualizados, oferecendo às empresas diversos tipos de bene-

---

[8] Exemplo retirado do *site* www.guiaautomacao.com.br/cases/antarctica.htm.

fícios, como acesso à movimentação do cartão *on-line*, relatórios gerenciais sobre as compras efetuadas e parcelamento do total gasto. As principais vantagens resultantes do uso de um cartão empresarial são a diminuição do número de transações e cheques, maior controle sobre as compras e, conseqüentemente, redução de custos.

4.3.4   Leilões

A empresa disponibiliza via Internet ou por meio de editais as suas necessidades de compras, informando que a seleção do fornecedor dar-se-á por leilão público, em que os pretensos fornecedores farão suas ofertas de preços e prazos de entrega. Cabe ao comprador escolher a melhor oferta.

São inúmeras as vantagens deste modo de agir: a transparência do processo de compras evita qualquer dúvida quanto à honestidade do sistema; permite a entrada de novos fornecedores, com novas metodologias produtivas e/ou novas tecnologias.

4.4   Estratégias de Aquisição de Recursos Materiais e Patrimoniais

A definição de uma estratégia correta de compras pode dar à empresa uma grande vantagem competitiva. Se por um lado ela decidir produzir mais internamente, ganha independência, mas perde flexibilidade. Por outro lado, se decidir comprar mais de terceiros em detrimento de fabricação própria, pode tornar-se dependente. Nesse caso, deve decidir também o grau de relacionamento que deseja com seus parceiros.

Componentes que são vitais para o produto final eram sempre fabricados internamente. Essa concepção está mudando com o desenvolvimento de parcerias estratégicas nos negócios. Outra situação praticamente determinante é aquela em que a fabricação de um componente exige altos investimentos, fora do alcance de eventuais fornecedores. Mesmo assim, são usuais as situações em que um grande fabricante financia as instalações de um futuro fornecedor, pois não interessa a ele produzir o referido componente.

Quando se tem uma demanda simultaneamente alta e estável, a fabricação dos materiais necessários internamente pode ser uma boa opção.

Basicamente podemos ter duas estratégias operacionais que irão definir as estratégias de aquisição dos bens materiais, a verticalização e a horizontalização. Ambas têm vantagens e desvantagens e, de um modo geral, o que é vantagem em uma passa a ser desvantagem na outra e vice-versa.

4.4.1 Verticalização

A **verticalização** é a estratégia que prevê que a empresa produzirá internamente tudo o que puder, ou pelo menos tentará produzir. Foi predominante no início do Século XX, quando as grandes empresas praticamente produziam tudo que usavam nos produtos finais ou detinham o controle acionário de outras empresas que produziam os seus insumos. O exemplo clássico é o da Ford, que produzia o aço, o vidro, centenas de componentes, pneus e até a borracha para a fabricação dos seus automóveis. A experiência da plantação de seringueiras no Brasil, na *Fordlândia* no Amazonas, até hoje é citada como exemplo.

As principais vantagens da verticalização são a independência de terceiros — a empresa tem maior liberdade na alteração de suas políticas, prazos e padrão de qualidade, além de poder priorizar um produto em detrimento de outro que naquele momento é menos importante, ficando com ela os lucros que seriam repassados aos fornecedores e mantendo o domínio sobre tecnologia própria; a tecnologia que o fornecedor desenvolveu, muitas vezes com a ajuda da empresa, não será utilizada também para os concorrentes.

A estratégia da verticalização apresenta também desvantagens. Ela exige maior investimento em instalações e equipamentos. Assim, já que a empresa está envolvendo mais recursos e imobilizando-os, ela acaba tendo menor flexibilidade para alterações nos processos produtivos, seja para incorporar novas tecnologias ou para alterar volumes de produção decorrentes de variações no mercado — quando se produz internamente, é difícil e custosa a decisão de parar a produção em demanda baixa e comprar novos equipamentos e contratar mais funcionários para um período incerto de alta procura.

QUADRO 4.3
Vantagens e Desvantagens da Verticalização

Vantagens	Desvantagens
Independência de terceiros	Maior investimento
Maiores lucros	Menor flexibilidade (perda de foco)
Maior autonomia	Aumento da estrutura da empresa
Domínio sobre tecnologia própria	

4.4.2   Horizontalização

A **horizontalização** consiste na estratégia de comprar de terceiros o máximo possível dos itens que compõem o produto final ou os serviços de que necessita. É tão grande a preferência da empresa moderna por ela que, hoje em dia, um dos setores de maior expansão é o de *terceirização* e *parcerias*. De um modo geral não se terceiriza os processos fundamentais, ou também denominados *core process*, por questões de detenção tecnológica, qualidade do produto e responsabilidade final sobre ele.

Entre as principais vantagens da horizontalização estão a redução de custos — a empresa não necessita de novos investimentos em instalações industriais —, maior flexibilidade para alterar volumes de produção decorrentes de variações no mercado — a empresa compra do fornecedor a quantidade que achar necessária, pode até não comprar nada num determinado mês —, e uso do *know how* dos fornecedores no desenvolvimento de novos produtos por meio da engenharia simultânea.

A estratégia de horizontalização apresenta desvantagens como a possível perda do controle tecnológico e deixar de auferir o lucro decorrente do serviço, ou fabricação que está sendo repassada.

QUADRO 4.4
Vantagens e Desvantagens da Horizontalização

Vantagens	Desvantagens
Redução de custos	Menor controle tecnológico
Maior flexibilidade e eficiência	Deixa de auferir o lucro do fornecedor
Incorporação de novas tecnologias	Maior exposição
Foco no negócio principal da empresa	

4.4.3   Comprar *versus* Fabricar

A questão comprar ou fabricar, também conhecida em inglês como *make or buy*, não vem de hoje, ela persegue os administradores e empresários faz muito tempo. Entretanto, seu escopo aumentou. Inclui agora decisões sobre terceirização ou não da prestação de serviços que não são o negócio principal da empresa, como limpeza, manutenção e até compras. Já há várias empresas que prestam serviços de compras, manutenção predial, mecânica ou elétrica.

A resposta a esta questão só pode ser obtida por meio de um estudo dos aspectos ligados à estratégia global da empresa, além, é claro, dos custos. Vejamos dois exemplos que poderão nos auxiliar nessa decisão. O primeiro trata da escolha entre comprar ou fabricar e o segundo, da terceirização de serviços[9].

Exemplo 4.1 Veloz é uma empresa de médio porte localizada no Rio de Janeiro que fabrica bombas para a indústria de petróleo. Ela acabou de desenvolver um novo modelo de bomba de alta pressão, com melhor desempenho. O gerente de projetos quer decidir se a Veloz deverá comprar ou fabricar o sistema de controle da nova bomba. Estão disponíveis os seguintes dados:

TABELA 4.1

	Fabricar		Comprar
	Processo A	Processo B	
Volume (unidade/ano)	10.000	10.000	10.000
Custo Fixo ($/ano)	100.000	300.000	–
Custo Variável ($/unidade)	75	70	80

a) A Veloz deve utilizar o processo A, o processo B ou comprar?

b) A que volume de produção anual deve a Veloz deixar de comprar e passar a fabricar utilizando o processo A?

c) A que volume de produção anual deve a Veloz mudar do processo A para o processo B?

Solução O custo total (CT) é dado em função do custo fixo (CF) e do custo variável (CV) multiplicado pela quantidade (q), ou seja, CT = CF + CV × q. Assim,

$$\text{Processo A} \rightarrow CT = 100.000 + 75 \times q$$
$$\text{Processo B} \rightarrow CT = 300.000 + 70 \times q$$
$$\text{Comprar} \rightarrow CT = 80 \times q$$

---

[9] GAITHER, Norman; FRAZIER, Greg. *Production and operations management*. Cincinatti: South-Western College Publishing, 1999. p. 555.

a) Fazendo-se q = 10.000 unidades, temos:

$$(CT)_A = \$\ 850.000/ano$$
$$(CT)_B = \$\ 1.000.000/ano$$
$$(CT)_{comprar} = \$\ 800.000/ano$$

Logo, comprar é a melhor decisão.

b) Deve-se procurar o ponto de equilíbrio entre produzir pelo processo A e comprar, ou seja:

$$(CT)_A = (CT)_{comprar}$$
$$100.000 + 75 \times q = 80 \times q$$

A solução é q = 20.000 unid./ano, isto é, a partir de uma demanda anual de 20.000 unidades, deve-se passar a produzir internamente por meio do processo A.

c) Deve-se procurar o ponto de equilíbrio entre produzir pelo processo A e produzir pelo processo B, ou seja:

$$(CT)_A = (CT)_B$$
$$100.000 + 75 \times q = 300.000 + 70 \times q$$

A solução é q = 40.000 unid./ano, isto é, a partir de uma demanda anual de 40.000 unidades, deve-se passar a produzir pelo processo B. A Figura 4.5 mostra o gráfico, de onde se conclui que:

- para demandas até 20.000 unid./ano → a melhor alternativa é comprar
- para demandas entre 20.000 e 40.000 unid./ano → produzir pelo processo A.
- para demandas acima de 40.000 unid./ano → produzir pelo processo B.

Figura 4.5

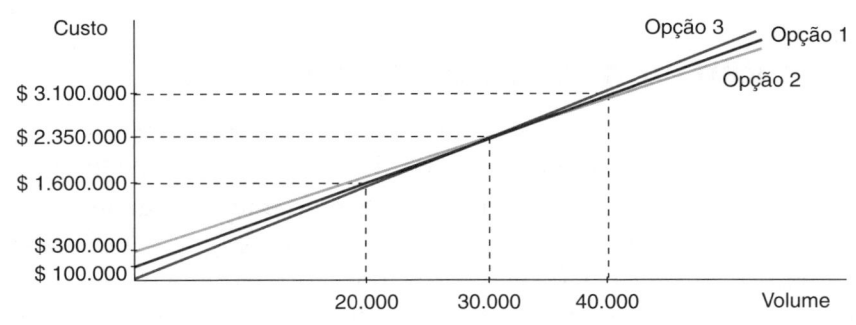

Exemplo 4.2   O chefe do setor de limpeza de uma cidade deseja saber se estende a coleta de lixo em um novo bairro com 300 casas ou se subcontrata o serviço com terceiros a um preço anual por casa de $ 150. Se decidir realizar o serviço, incorrerá em custos fixos anuais de $ 10.000. Os custos variáveis da coleta são estimados em $ 80/casa.ano. Qual a melhor solução para o chefe da limpeza?

Solução   As equações do custo total (CT) são:

$$CT = CF + CV \times \text{(número de casas N)}$$
$$(CT)_{\text{recursos próprios}} = 10.000 + 80 \times N$$
$$(CT)_{\text{terceiros}} = 150 \times N$$

Para N = 300 casas, teremos:

$$(CT)_{\text{recursos próprios}} = 10.000 + 80 \times 300 = \$ 34.000/\text{ano}$$
$$(CT)_{\text{terceiros}} = 150 \times 300 = \$ 45.000/\text{ano}$$

Dessa forma, o chefe da limpeza deve utilizar recursos próprios. A Figura 4.6 mostra o gráfico, que permite concluir que, até 142 casas, deve-se subcontratar. A partir de 143 casas a coleta do lixo deve ser feita com recursos próprios.

Figura 4.6

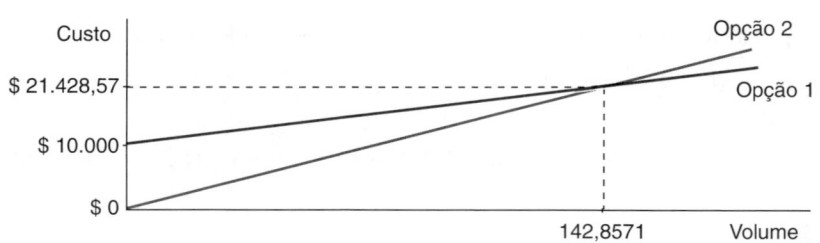

4.4.4 Locação ou Arrendamento Mercantil

Outro problema com que se depara o setor de compras é se deve comprar ou alugar um bem patrimonial, como um veículo, avião, edifício ou equipamento.

Para que a modalidade de *leasing* ou **arrendamento mercantil** ocorra, é necessária a interveniência de uma empresa de *leasing*, que é geralmente ligada a um Banco. Nesse caso, o cliente (arrendatário) escolhe o bem, a empresa de *leasing* (arrendador) adquire o bem escolhido do fornecedor e o aluga ao cliente. Dependendo do tipo de contrato, o cliente, ao encerramento do prazo contratual, poderá exercer o direito de compra do bem em pauta. De um modo geral são arrendáveis bens novos ou usados, nacionais ou importados, móveis ou imóveis.

Essa estratégia traz várias vantagens, como: (a) é mais fácil de obter o *leasing* do que um empréstimo para comprar o bem, pois esse será de propriedade do arrendador e, conseqüentemente, mais fácil de recuperar, no caso de inadimplência do arrendatário, (b) não exige grande desembolso inicial de capital, (c) o risco da obsolescência do bem é do arrendador, e (d) os pagamentos efetuados a título de aluguel são dedutíveis como despesas do exercício, com reflexos no lucro tributável.

O *leasing* apresenta como desvantagens os fatos de o arrendatário: (a) não poder depreciar o bem e, conseqüentemente, aproveitar os benefícios tributários, (b) ter de devolver o equipamento após o término do contrato, e se o arrendador decidir não renová-lo poderá deixar o arrendatário em difícil situação, (c) ter de submeter à aprovação prévia do arrendador qualquer alteração ou melhoria necessária no bem, e (d) não poder usar o valor residual que normalmente o bem terá ao término do contrato.

Um caso importante do arrendamento é o chamado **leaseback** ou **arrendamento de venda e retorno**. É quando uma empresa vende o seu bem para a companhia de *leasing* e imediatamente o aluga de volta. É uma forma de a empresa levantar capital de giro.

Uma análise de custos dará a resposta que se procura. No Exemplo 4.3 elucidamos esta questão.

Exemplo 4.3   Uma construtora ganhou uma concorrência em que deverá usar um certo equipamento por dois anos. O comprador encarregado de obter o equipamento está analisando duas propostas: comprar ou alugar. O prazo de entrega para qualquer alternativa é de 60 dias e o custo do capital é de 4,00% ao mês. Para comprar o equipamento, ele terá que pagar quatro parcelas de $ 50.000,00 — a primeira ao fazer o pedido, a segunda na entrega, a terceira 4 meses após o sinal inicial e a última após dois anos de uso. Se ele preferir alugar, seu custo será de 24 pagamentos iguais de $ 8.200,00, sendo o primeiro 30 dias após o recebimento do equipamento. Após os dois anos, o equipamento é devolvido à empresa de *leasing* sem custo algum. Sem considerar os impactos da depreciação no caso de compra e o da incidência do imposto de renda no caso do aluguel, qual a melhor opção para a empresa? Considerar valor residual nulo no caso da compra.

Solução

Figura 4.7

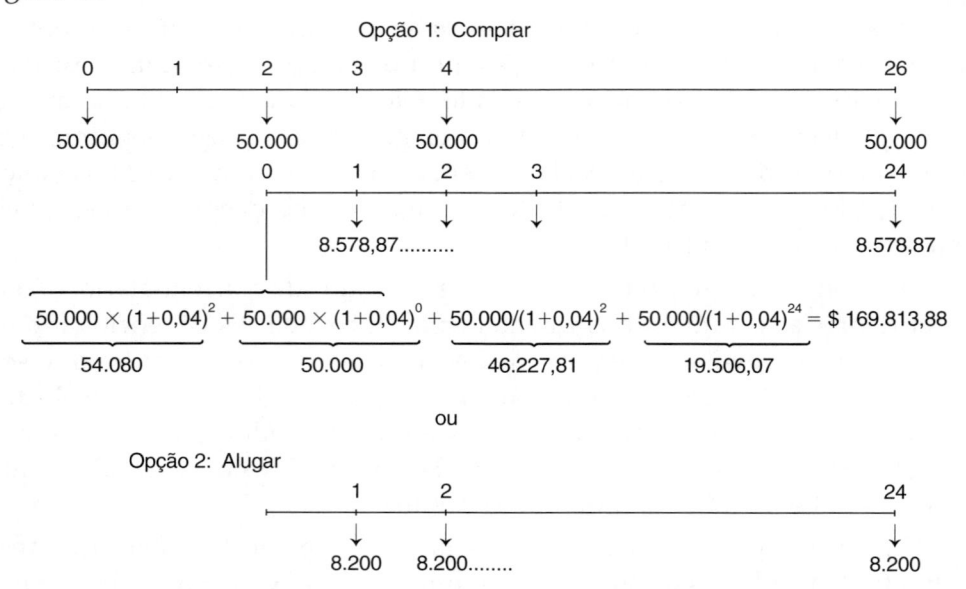

$$PV = \$\ 125.025,10 < \$\ 169.813,88$$

O valor presente do fluxo de pagamento e recebimentos, na data da entrega do equipamento (60 dias), é de $ 169.813,88. Esse valor distribuído em 24 parcelas iguais, que é seu custo mensal equivalente, fornece $ 11.137,55/mês, valor esse superior ao do aluguel. Logo, a opção alugar é melhor. Ou seja, o valor presente do fluxo de pagamentos do aluguel é de $ 125.025,10, valor esse inferior a $ 169.813,88.

A solução do Exemplo 4.3 com a utilização da calculadora HP-12C é:

Opção 1: Comprar

50000   CHS   PV

 2   n

 4   i → FV = 54.080 → STO 0   (armazena o resultado no registro 0)

(esse cálculo "leva" os $50.000 do instante 0 para o instante 2, base de referência do nosso cálculo)

50000   STO +   0 (adiciona os $ 50.000 aos $ 54.080. Como esses $ 50.000 ocorrem no instante 2, eles não se alteram)

50000 CHS FV → PV = 46.227,71 → STO + 0 (adiciona o resultado ao registro 0)

Obs.: não é necessário "inputar" o 2 para o n e o 4 para o i, pois já estão nos respectivos registros. Para verificar, basta pressionar a tecla RCL n, e o visor mostrará o número 2, e pressionar RCL i, e o visor mostrará o valor 4.

50000 CHS FV

24 n → PV = 19.506,07 → STO + 0 → RCL 0 → visor = 169.813,88

$ 169.813,88 é o valor presente, no instante 2, do fluxo de caixa.

Para continuar o cálculo e determinar o Custo Anual Equivalente (CAE — neste caso, mensal), basta:

fFIN 169.813,88 CHS PV
        4   i
24   n → PMT o visor mostrará 11.137,55

Exemplo 4.4   Uma máquina que será necessária por três anos pode ser comprada por $ 77.662 e vendida no fim do período por $ 25.000. Um equipamento equivalente pode ser alugado por $ 28.000 por ano. A empresa espera um retorno anual de 20% sobre os investimentos. Deve ser a máquina comprada ou alugada[10]?

Solução

Figura 4.8

$$VP = 77.662 - 25.000/(1 + 0,2)^3 \rightarrow VP = \$ 63.194,41$$

$$CAE = \$ 30.000/\text{ano}$$

a) alugar: $ 28.000 por ano;   b) comprar: $ 30.000 por ano

Se a máquina for comprada, o custo anual equivalente será de $ 30.000 por ano. Portanto, é melhor alugar.

---

[10] RIGGS, James L. *Engineering economics*. New York: McGraw-Hill, 1982. p. 106.

4.5 Ética em Compras

O problema da **conduta ética** é comum em todas as profissões, entretanto, em algumas delas, como a dos médicos, engenheiros e compradores, assume uma dimensão mais relevante. A abordagem mais profunda do assunto leva invariavelmente ao estudo do comportamento humano no seu ambiente profissional, que está fora do escopo do nosso trabalho.

Procuraremos abordar a questão mais na sua forma operacional, entendendo que o assunto deva ser resolvido pelo estabelecimento de regras de conduta devidamente estabelecidas, divulgadas, conhecidas e praticadas por todos os envolvidos, procurando fixar limites claros entre o "legal" e o "moral".

Assim, os aspectos legais e morais são extremamente importantes para aqueles que atuam em compras, fazendo com que muitas empresas estabeleçam um "código de conduta ética" para todos os seus colaboradores.

No setor de compras o problema aflora com maior intensidade devido aos altos valores monetários envolvidos, relacionados com critérios muitas vezes subjetivos de decisão. Saber até onde uma decisão de comprar seguiu rigorosamente um critério técnico, onde prevaleça os interesses da empresa, ou se a barreira ética foi quebrada, prevalecendo aí interesses outros, é extremamente difícil. O objetivo de um código de ética é estabelecer os limites de uma forma mais clara possível, e que tais limites sejam também de conhecimento dos fornecedores, pois, assim, poderão reclamar quando sentirem-se prejudicados.

Outro aspecto importante é que esse código de ética seja válido tanto para vendas quanto para compras. Não é correto uma empresa comportar-se de uma forma quando compra e de outra quando vende. Os critérios devem ser compatibilizados e de conhecimento de *todos* os colaboradores. É comum empresas incluírem nos documentos que o funcionário assina, ao ser admitido, um código de conduta (ou de ética) que deve ser seguido, sob pena de demissão por justa causa.

O problema ético de compras não se restringe aos compradores, mas também ao pessoal da área técnica que normalmente especifica o bem a ser comprado. É normal encontrarmos especificações tão detalhadas, e muitas vezes mandatórias, que praticamente restringem o fornecedor a uma única empresa. É isso eticamente correto? Mais uma vez o problema aflora. E o comprador, nesse caso, o que pode fazer? Cabe à gerência e à alta direção da empresa ficarem atentas a todos esses aspectos, questionando sempre a validade das especificações e a sua justificativa.

E quanto aos "presentes", "lembranças", "brindes" como agendas, canetas, malas e convites que normalmente são distribuídos, por exemplo, ao pessoal de compras, do controle da qualidade e da área técnica? Como abordar esse assunto? Deve ser permitido que recebam? A melhor maneira de abordar o assunto é definir, o mais claro possível, um código de conduta, do conhecimento de todos, pois não há dúvida de que aquele que dá presentes tem a expectativa de, de uma forma ou de outra, ser "lembrado". Quando o presente tem um maior valor, maior será a obrigação de retribuição.

Conduta Ética

Uma empresa do sul do Brasil, de médio porte, adotava o seguinte critério: todos os presentes recebidos pelo pessoal de compras, independentemente do valor, eram listados e catalogados. Na confraternização de fim de ano, que antecedia o Natal, todos os presentes e brindes eram sorteados entre os participantes da confraternização.

Deve também ficar claro para os compradores como agir no trato com empresas que sistematicamente, com política própria, oferecem uma "comissão". Devem tais empresas serem excluídas entre as licitantes? Tais comissões devem ser incorporadas como forma de *desconto* nos preços propostos? E os outros fornecedores, como ficam? Enfim, todos esses aspectos devem ser abordados no código de ética.

Toda esta questão fica mais grave quando a figura do suborno aparece. A intenção premeditada é a essência do suborno. Ninguém é subornado por acidente. Nesses casos, uma vez consumado o delito, o assunto já passa para a alçada judicial. Não é raro lermos nos jornais situações em que empresas demitem, de uma só vez, até mesmo todos os componentes de seu setor de compras. Por exemplo, já foi manchete da *Gazeta Mercantil* o fato de a Fiat brasileira ter demitido "oito funcionários da área de compras — alguns com cargo de gerência —, acusados de estar recebendo propinas e presentes de fornecedores", além de suspeitas de superfaturamento ou desvio de dinheiro[11].

No setor público, todo o processo de licitação é claramente definido por meio de legislação específica, cujo fim precípuo é resguardar os interesses do Estado. O Quadro 4.5 traz alguns exemplos de políticas empresariais referentes ao assunto[12].

---

[11] *Gazeta Mercantil*, p. 1, 15 mar. 1999.
[12] HARDING, Michael; HARDING, Mary L. *Purchasing*. New York: Barron's Educational Series, Inc., 1991.

QUADRO 4.5
Políticas Visando o Comportamento Ético na Área de Compras

Fornecedores não devem dar ou oferecer presentes ou brindes de qualquer natureza a empregados da empresa ou membros de suas famílias. Tais presentes ou brindes podem ser considerados como uma forma de o fornecedor tentar impropriamente influenciar o nosso relacionamento.

Nenhum empregado ou membro de sua família pode receber (ou aceitar) quaisquer presentes ou facilidades de quem quer que seja que o empregado faça negócios em nome da companhia e que venha a colocá-lo em uma posição difícil, embaraçosa ou interferir de qualquer forma na parcialidade de suas ações.

Não procure ou aceite qualquer presente, gratuidades ou outras formas de compensação, benefícios ou persuasão de fornecedores, clientes ou outros que façam, ou estejam procurando fazer, negócios com a companhia. Quem violar esta política estará sujeito a ações disciplinares, incluindo até mesmo a demissão.

Nenhum tipo de material promocional (como calendários, agendas, canetas, *note pads*, acessórios de mesas) de terceiros, é permitido.

Em linhas gerais, esses exemplos podem ser resumidos em quatro importantes diretrizes[13]:

- desencorajar o recebimento de presentes de fornecedores, mesmo material promocional de baixo valor e entretenimento patrocinado por eles;

- se o departamento de vendas oferece brindes, considerando-os uma parte valiosa da sua estratégia, procure compreender o porquê e o como de tal prática. Defina, então, um valor monetário adequado tanto para ser oferecido por vendas como para ser recebido por compras, sob a forma de presentes ou brindes, proibindo, para todos os empregados, presentes cujo valor seja mais alto que o limite estipulado;

- informar seus funcionários, principalmente o pessoal de compras e de departamentos sujeitos às influências de "agrados" (como o departamento técnico, que especifica o bem a ser comprado), o impacto dos materiais promocionais de valor mais elevado e o sentimento de obrigação que ele acaba criando;

- pagamento bilateral para os almoços de negócios.

---

[13] HARDING, Michael; HARDING, Mary L., 1991.

Outro aspecto concernente à ética em compras é o manuseio de informações, como o repasse dos critérios de julgamento e de dados contidos nas propostas já entregues a um outro fornecedor que ainda está elaborando a sua. Esse comportamento aético leva a situações em que fornecedores altamente qualificados se neguem a apresentar propostas a "clientes" não confiáveis. Estabelece-se assim uma relação de desconfiança que prejudica a todos, isto é, todos perdem.

A fim de evitar essas situações, mais uma vez o código de ética entra em cena. A empresa deve estabelecer políticas claras sobre como as informações devem ser manuseadas.

Pesquise mais

Várias organizações disponibilizam, via Internet, seu código de ética de compras, como a Spanish Association of Purchasing and Supply (www.aerce.org/ethics.htm), o MIT Procurement Department (www.mit.edu/purchasing/ethics.htm) e a National Association of Purchasing Management (www.napm.org).

A National Association of Purchasing Management (NAPM) estabelece os seguintes princípios para os seus associados: lealdade à sua organização; justiça àqueles com quem negocia e fé na sua profissão[14]. Desses princípios são derivados os 12 padrões de práticas de compras mostrados no Quadro 4.6.

QUADRO 4.6
Os 12 Padrões de Práticas de Compras da NAPM

---

1. Evite a intenção e aparência de prática aética ou comprometedora em relacionamentos, ações e comunicações.

2. Demonstre lealdade ao seu empregador pelo correto atendimento às suas instruções, utilizando-se dos cuidados necessários e somente da autoridade delegada.

3. Evite qualquer negócio particular ou atividade profissional que venha criar conflitos de interesses com o seu empregador.

(continua)

---

[14]   GREENE, James H. *Production & inventory control handbook*. 3rd. New York: McGraw-Hill, 1997.

(continuação)

QUADRO 4.6
Os 12 Padrões de Práticas de Compras da NAPM

---

4. Evite solicitar ou aceitar dinheiro, empréstimos, créditos ou descontos preferenciais, como também a aceitação de presentes, entretenimento, favores ou serviços de atuais ou futuros clientes, que possam influenciar, ou parecer que influenciam, as decisões de compras.

5. Manuseie informações proprietárias ou confidenciais, pertencentes a empregadores ou fornecedores com o devido cuidado e consideração apropriada, levando em conta suas ramificações éticas e legais, como também regulamentações governamentais.

6. Promova um relacionamento positivo com os fornecedores agindo com cortesia e imparcialidade, em todas as fases do ciclo de compras.

7. Evite acordos recíprocos que limitem a livre competição.

8. Conheça e obedeça a letra e o espírito das leis que governam a função de compras e permaneça alerta para as ramificações legais das decisões de compras.

9. Encoraje todos os segmentos da sociedade a participar pela demonstração de apoio às empresas pequenas, desfavorecidas e minoritárias.

10. Desencoraje o envolvimento da empresa em compras pessoais.

11. Melhore a proficiência e estatura da profissão de comprador pela aquisição e manutenção de técnicas e conhecimentos atuais, com a prática dos mais altos comportamentos éticos.

12. Conduza as compras internacionais de acordo com as leis aduaneiras e práticas dos países estrangeiros, consistentes com as leis nacionais, com as políticas da organização e esses padrões de comportamento ético.

Com o crescimento constante dos processos de parcerias entre cliente e fornecedor, parcela substancial do problema ético é resolvido, pois os contratos de fornecimento devem ser abertos, analisados e discutidos exaustivamente por ambas as partes.

Conclusão

É evidente que para algumas empresas o suprimento de materiais é mais importante que para outras, mas, em qualquer um desses casos, ele recebe grande atenção: uma empresa industrial média gasta mais da metade do seu faturamento em compras de materiais ou serviços.

A função compras é tão antiga quanto a própria administração e tem crescido de forma acentuada nos últimos tempos em decorrência da evolução nos meios de comunicação e da aplicação de computadores e transmissão eletrônica de dados. Assim, muitas empresas elegeram como fundamentais para seu processo de compra o *e-mail* e o EDI — consagrado não só como uma ferramenta eficaz de compra, como também de troca de informações entre empresas.

Na definição de um sistema de compras é essencial a caracterização das interfaces com as outras unidades organizacionais da empresa — como planejamento e controle da produção, recebimento, contas a pagar e qualidade —, para que o sistema não apresente pontos onde a responsabilidade pelas decisões não possam ser bem caracterizadas.

A definição de uma adequada estratégia quanto ao dilema de horizontalização *versus* verticalização trará certamente uma vantagem competitiva à empresa. Uma análise das vantagens e desvantagens de cada uma delas por si só já trará benefícios pois implica entender criticamente os atuais métodos de trabalho.

Não menos importante para a empresa é a definição de um código de ética a ser seguido por todos os colaboradores, que resulte em uma conduta homogênea em relação ao tratamento dado aos clientes quando da venda dos produtos da empresa e aos fornecedores quando da compra de insumos.

Termos-Chave

arrendamento de venda e retorno

arrendamento mercantil

cadeia de suprimentos (*supply chain*)

código de ética

comprar *versus* fabricar

e-commerce

electronic data interchange (EDI)

horizontalização

interfaces de comunicação

Internet

leaseback

make or buy

padrão ANSI.X12

padrão EDIFACT

verticalização

Questões para Discussão

1. Por que a função de compras assume papel tão importante no atual contexto das empresas?

2. No que difere a compra de um bem patrimonial da compra de uma matéria- prima do processo produtivo da empresa?

3. O que é EDI? No que ele difere do *e-mail*, como forma de comprar?

4. Como e por que os cartões de crédito têm-se tornado uma forma preferida pelas empresas para efetuar suas compras?

5. Como a função compras se situa na cadeia de suprimentos? Qual a sua importância diante das novas metodologias de distribuição?

6. Outra forma de comprar e de vender, com participação crescente nas transações comerciais entre empresas, é o denominado *e-commerce*. No que difere o *e-commerce* do EDI e da Internet, como forma de comprar? Explique.

7. Quanto à segurança de transmissão de dados, que meio — EDI ou Internet — é mais recomendável? Explique.

8. No sistema de compras *just-in-time* os meios eletrônicos de comunicação assumem papel cada dia mais importante. Por quê?

9. Por que a política de verticalização é importante para a área de compras? E a de horizontalização?

10. Quais as vantagens de estabelecer um código de ética na empresa?

Exercícios Propostos[15]

1. Uma companhia produz um produto que necessita sofrer tratamento térmico. Um comprador está estudando se ele deve contratar terceiros para realizarem o trabalho ou montar um sistema de tratamento térmico interno à empresa. As seguintes informações estão disponíveis:

	Tratamento interno	Tratamento com terceiros
Necessidades (unid./ano)	5.000	5.000
Custo fixo ($/ano)	25.000	-
Custo variável ($/unid.)	13,20	17,50

Se a qualidade do produto e a confiabilidade nas entregas são basicamente as mesmas, a empresa deve comprar de terceiros ou realizar internamente o serviço?

---

[15] Os exercícios 1, 3 e 4 foram adaptados de Gaither p. 572; o 5, de Monks, p. 378; e o 8 e 9, de Riggs, p. 106-107.

2. Márcio Souza, comprador da fábrica de componentes de computador Pontual, está analisando as propostas de fornecedores de um espaçador utilizado nas embalagens. Ele necessita de um pedido de 10.000 espaçadores, que poderão ser produzidos internamente ou comprados do fornecedor com a melhor proposta. Com base nos dados a seguir, o que Márcio deverá fazer?

Fonte	Custo fixo ($/pedido)	Custo variável ($/unid.)
Fabricar	2.000	0,89
Comprar pronto	1.500	1,05

3. Oscar Pereira, gerente de materiais da empresa CPC, fabricante de microcomputadores, está revisando os planos de suprimento para o próximo ano de um componente que é atualmente importado do Japão. O componente é a fonte PS100, usada em vários produtos da empresa. A CPC gasta mais de 7 milhões de reais por ano com essas unidades, e Oscar está-se questionando se não poderia economizar dinheiro desenvolvendo um outro fornecedor no Brasil ou mesmo fabricando internamente o componente PS100. O departamento de análises de negócios apresentou as seguintes estimativas:

Fonte de suprimento	Descrição do custo	Custo fixo ($/ano)	Custo variável ($/unid.)
Japão	Ferramental	50.000	
	Inspeção e retrabalho		0,16
	Transporte		0,95
	Preço de compra		11,88
Brasil	Ferramental	95.000	
	Inspeção e retrabalho		1,05
	Transporte		0,15
	Preço de compra		10,59
Produção própria	Ferramental	70.000	
	Inspeção e retrabalho		0,55
	Transporte		0,25
	Custo de produção	5.000	11,50

Sabendo-se que análises do departamento de compras estimaram a demanda do PS100 para o próximo ano em 550.000 unidades, determinar:
a) a melhor fonte de suprimentos;
b) quantas unidades de PS100 deveriam ser compradas no próximo ano de tal modo que torne cada uma das fontes a de menor custo.

4. O departamento de compras da Cia. Açobom está estudando três alternativas de suprimento de aço inoxidável: 1) contrato anual de fornecimento; 2) contrato trimestral; e 3) pedidos individuais. A empresa estima que utilizará, no próximo ano, 500 toneladas de aço. Os custos e probabilidades associados são estimados conforme a tabela a seguir.

	Probabilidade	Custo ($/t)
Contrato anual	0,50	0,50
	0,30	0,60
	0,20	0,70
Contrato trimestral	0,75	0,60
	0,25	0,50
Pedido individual	1,00	0,70

Que procedimento deverá a firma seguir? Qual será o custo do aço nestas condições?

5. A companhia Lucrativa recebeu propostas de três fornecedores em resposta a uma cotação efetuada. A empresa dispõe de um método de avaliação composto de um fator objetivo — preço — e três fatores subjetivos — qualidade, prazo de entrega e localização. A cada um desses quatro fatores são atribuídos os seguintes pesos (escala de 1 a 10): 8 para o preço, 3 para a qualidade, 5 para o prazo de entrega e 2 para a localização. Ele já realizou a avaliação dos fatores subjetivos, por meio de notas de 0,1 a 0,9, chegando ao quadro a seguir. Que fornecedor selecionar?

	Peso	Fornecedor A	Fornecedor B	Fornecedor C
Preço ($/unid.)	8	2,18	5,08	3,05
Qualidade	3	0,2	0,8	0,5
Prazo de entrega	5	0,5	0,4	0,4
Localização	2	0,1	0,7	0,6

6. Uma empresa industrial está analisando as propostas de três diferentes fornecedores de um equipamento especial. As informações disponíveis são as seguintes:

Condições	Fornecedor A	Fornecedor B	Fornecedor C
Sinal (no pedido)	$ 45.000	$ 60.000	$ 30.000
Na entrega	$ 45.000	$ 40.000	–
A 30 dias da entrega	$ 45.000	–	$ 70.000
A 60 dias da entrega	$ 45.000	$ 60.000	–
A 90 dias da entrega	$ 45.000	–	$ 70.000
A 120 dias da entrega	–	$ 80.000	–
A 150 dias da entrega	–	–	$ 70.000

O prazo de entrega do fornecedor A é de 60 dias, e tanto o fornecedor B como o C entregam em 30 dias. Se o custo do capital é de 3% ao mês e a instalação da máquina irá gerar um acréscimo mensal de $ 2.000 no lucro líquido da empresa, qual proposta deve ser escolhida?

7. Uma empresa foi contratada para executar um projeto cuja duração será de dois anos, mas, para isso, precisará de um sofisticado equipamento. Ela conta com duas alternativas para consegui-lo. A primeira delas é comprar o equipamento. Nesse caso, o pagamento deve ser feito em três parcelas de 50.000 reais: uma de sinal, outra na entrega (60 dias) e a última depois de 120 dias do sinal. Após dois anos de uso, o valor residual da máquina é de 50.000 reais. Na segunda alternativa, alugar o equipamento, ela terá de pagar 24 parcelas de $ 8.200 reais. O prazo de entrega também será de 60 dias e o primeiro pagamento deverá ser feito 30 dias após o recebimento do equipamento. Depois de dois anos, o equipamento pode ser devolvido à companhia de *leasing* sem custo algum. Se ambas as alternativas têm custo de capital semelhante (4% ao mês), qual delas você escolheria?

8. A Companhia Alvorada acaba de fechar um contrato de fornecimento, por um período de dois anos, do seu produto AP12. Na montagem do AP12 utiliza-se do componente estampado A (2 unidades de A para 1 unidade de AP12) que poderá ser fabricado internamente ou comprado de terceiros. Para fabricá-lo internamente, a Cia. Alvorada deverá comprar uma prensa especial a um custo de $ 5.000,00 e o custo unitário variável de fabricação é estimado em $ 2,15. Após os dois anos do contrato de fornecimento, a Cia. Alvorada poderá vender a prensa por $ 3.000,00. Caso decida comprar o estampo de terceiros, deverá pagar $ 2,30/unidade. Se o custo do capital é de 2% ao mês, analisar se a Cia. Alvorada deve fabricar ou comprar o estampo para as seguintes demandas do AP12:

a)   3.000 unid./ano

b)   6.000 unid./ano

c)   9.000 unid./ano

9. Dois modelos de máquinas podem ser comprados para desempenharem as mesmas funções. O Tipo I tem um custo inicial baixo ($ 3.300), mas um alto custo de operação ($ 900 por ano), com uma vida útil de 4 anos. O tipo II, mais caro ($ 9.100), tem um custo operacional anual de $ 400 e pode ser economicamente utilizado por 8 anos. O valor residual dos dois modelos é o suficiente para pagar a sua remoção. Que máquina comprar, se o custo do capital é de 8% ao ano?

Estudo de Caso

"Qualquer coisa que estejamos vendo hoje ainda é primária diante do que ainda está por vir", diz o vice-reitor da Sloan School of Management, do Instituto de Tecnologia de Massachusetts (MIT). O jogo vai começar de verdade quando as grandes corporações da Velha Economia, os tão desacreditados dinossauros, encontrarem o elo perdido digital e começarem a andar pelo mundo novo.

Para imaginar o que está por vir, basta lembrar o impacto que as antigas feiras da Idade Média provocaram na economia então regida pelos feudos.

Haverá um impacto profundo no modo como as cadeias de negócios e produção funcionam, quando a Internet estiver tão embrenhada na vida das empresas a ponto de ser tão imperceptível como é hoje o telefone. E isso, ao que tudo indica, já começa a acontecer.

Projeções apontam que o comércio eletrônico entre empresas americanas representou 175 bilhões de dólares em 2007 e deverá atingir 335 bilhões de dólares em 2012. No Brasil, há estimativas de que, em 2006, ele movimentou 114 bilhões de dólares.

No Brasil, há claros sinais de que as grandes empresas já começam a se mexer. "O passo no Brasil é mais lento, "mas há focos de excelência e progresso em várias companhias." Uma pesquisa com 400 empresas brasileiras feita pelo Edge Research Group avalia que, dentro de até três anos, 60% delas fecharão transações eletrônicas via Web.

Veja o que vem acontecendo na Volkswagen do Brasil. Na época do telefone para contatar fornecedores, era comum gastar 86 dias para decidir quanto pagar por uma única peça. O pedido ia acompanhado de um calhamaço com desenhos e dados técnicos. Hoje o comprador envia para o *site* da Web um pedido de preço a quantos fornecedores quiser. Há 500 cadastrados no Brasil e 180 na Argentina. Depois de pedir o preço, o comprador estabelece um prazo para a resposta, que é preenchido pelo fornecedor em um formulário na Web. Esgotado o período, o comprador abre simultaneamente todas as ofertas de preço. Escolhe as melhores e propõe uma contra-oferta para tentar barganhar um preço mais barato ou melhores condições. O comprador repete a rotina até chegar a um bom negócio para a Volks. Sem sair da Internet, o comprador pode adquirir, por exemplo, tintas para pintar a Kombi, tendo nas mãos as melhores ofertas do mercado. Tudo funciona como um leilão invertido, em que vence aquele que oferece o menor preço — ou o melhor negócio.

Há muito tempo a Volks fazia cotações eletrônicas de preço usando um sistema conhecido por *Electronic data interchange* (EDI), ou troca eletrônica de dados). Mas, graças à Web, a comunicação ganhou dinamismo. A maior transformação é uma melhor referência de preço, uma idéia mais clara de quanto deve custar cada produto. A Internet dá instrumentos mais poderosos para os participantes de uma negociação serem mais competitivos. Resultados? No caso da Volks, o novo jeito de negociar ajudou a baixar em 20% o preço dos modelos Audi A3 e Golf produzidos no Brasil. Ou seja: graças à Web, o mercado consegue refletir de modo real a oferta e a demanda, e o consumidor sai ganhando.

Na Web, da mesma forma que a exposição do fornecedor é aumentada, a concorrência é igualmente mais acirrada

Tudo isso parece compensar. De acordo com o Boston Consulting Group, as empresas que têm-se movido agressivamente em direção ao comércio eletrônico reduziram em 15% o custo de insumos diretos. Nas compras gerais, o corte pode chegar a 65%. Além disso, um típico comprador dificilmente é um bom pesquisador (na prática, 20% dos fornecedores acabam dominando 90% das vendas).

Portais verticais como o Mercador.com prometem fazer a ponte entre as empresas tradicionais e o novo mundo da Web. Mas o impacto da rede mundial nos negócios promete ser ainda mais profundo. A Internet não modifica só a forma como as empresas se comportam ou negociam. A rede exige, em última análise, que elas repensem o que são. Para Tom Siebel, fundador da empresa de software Siebel Systems, está surgindo um novo tipo de companhia, capaz de atender às demandas de modo mais ágil e mais específico. O ambiente de negócios tende a se tornar mais interdependente. Ao desempenhar um papel semelhante ao da antiga feira, a Internet exige uma mudança de postura por parte das empresas.

A empresa precisa também deixar suas informações mais expostas, o que implica maior transparência, uma novidade para a maioria das corporações. "Estamos quase chegando a um mercado de completa transparência", diz o vice-reitor do MIT.

Considere o caso da Tilibra. A empresa passou a comprar papel ondulado por meio do *site* da Klabin. Na Klabin, o pedido aciona automaticamente a produção em uma das sete fábricas. Antes da Web, ele levava dois dias só para chegar à produção. Hoje, esse é o tempo em que a mercadoria fica pronta para entrega. Só que, ao saber com mais precisão o nível de estoque do papel usado nas embalagens da Tilibra, a Klabin pode descobrir, em última instância, o ritmo de vendas do cliente. "O cliente fica ao mesmo tempo informado e preso, pois o sistema estreita ainda mais o vínculo", diz o gerente regional de vendas da Klabin.

Por que, então, uma empresa como a Tilibra abre informações sensíveis como seus níveis de estoque? Resposta: porque ganha agilidade e reduz gastos de armazenagem. Na economia de rede, a velocidade pode significar a diferença entre fechar ou não um negócio.

Quando todas as indústrias tradicionais completarem a transição para a economia de rede, um novo mercado deverá emergir. Mais eficiente, ágil e competitivo. Um mercado em que desaparecerá a distinção entre as revolucionárias empresas .com e as sisudas corporações tradicionais, entre quem está por dentro ou por fora da Internet. Porque ninguém mais estará do lado de fora.

Fonte: REBOUÇAS, L. Negócios em e-volução. *Exame*, ed. 707, São Paulo, 9 fev. 2000. Disponível em: <http://portalexame. abril.com.br/>.

FERRARI, Bruno. Comércio eletrônico bate US$ 114 bi no Brasil. Info, 5 jun. 2007.

Questões para Discussão

1. Na sua opinião a função da área de compras continuará importante após todas essas modificações?
2. Por que existe a tendência de as empresas utilizarem menos o EDI e mais a Internet?
3. Quais alterações poderão ocorrer nas políticas de compras das empresas? Na sua opinião haverá uma influência no grau de horizontalização da empresa?
4. Produtos altamente específicos podem ser comprados pelos leilões na Internet? O que você acha? Não seria mais apropriado para *commodities*? Discuta.
5. A entrada na Web da área de compras das empresas não poderia ser um fenômeno temporário? Após esta "corrida do ouro" será que continuarão as oportunidades de preços baixos e reduções de custos? Discuta.

Capítulo 5

Aquisição de recursos materiais

5.1 Introdução

Aquisição de recursos ou bens materiais, quer sejam produtivos[1], não produtivos[2] ou itens de revenda, é tratada pelas empresas de uma forma mais simples, por meio de seus departamentos (que também são chamados de diretorias, divisões ou setores) de compras ou de suprimentos. Por tratar-se da situação mais comum, encontrada em praticamente toda empresa, independentemente de seu porte, esse tema constitui o cerne desta parte do livro.

5.2 Recursos Materiais

Recursos materiais são os itens ou componentes que uma empresa utiliza nas suas operações do dia-a-dia, na elaboração do seu produto final ou na execução do seu objeto social. Como tal são adquiridos regularmente, constituindo os **estoques** da empresa. Eles podem ser classificados em materiais auxiliares, matéria-prima, produtos em processo e produtos acabados.

---

[1] Bens produtivos são aqueles que se incorporam ao produto final.

[2] Bens não-produtivos são aqueles que não se incorporam ao produto final.

Os **materiais auxiliares** são aqueles que não se incorporam ao produto final. Óleos de corte, materiais de escritório e manutenção são classificados como materiais auxiliares. São também chamados de *materiais indiretos* ou *não produtivos*.

Os materiais que se incorporam ao produto final, incluindo os de embalagem, são classificados como **matéria-prima**. São também chamados de *materiais diretos* ou *produtivos*.

Os **produtos em processo** são os materiais que estão em processo de fabricação. Muitas pessoas dizem corriqueiramente que eles são os produtos que estão "no meio" da fábrica.

Os **produtos acabados** são os materiais, agora já sob a forma de produto final, prontos para serem comercializados ou entregues, caso tenham sido feitos sob encomenda. Os produtos acabados são bem conhecidos por nós em nosso dia-a-dia, e itens como os de revenda enquadram-se nessa categoria.

5.3 Organização

A importância e, conseqüentemente, a **organização** da área de compras na empresa estão diretamente ligadas à participação no custo do produto ou serviço vendido, dos itens comprados. É usual tal participação chegar a 80% do custo final, como no caso das montadoras, em que normalmente o chefe da área de compras tem *status* de diretor.

No início do processo de industrialização, a participação dos itens comprados era muito baixa, da ordem de 10% a 20% do custo final. Com a diminuição da participação dos artesões no processo industrial, a compra de componentes passou a crescer de maneira contínua até os dias de hoje e, conseqüentemente, aumentando a importância das compras no processo como um todo.

A função de comprador era, até recentemente, atribuição do dono da empresa, que negociava desde as condições de pagamento até prazos de entrega. Conhecedor que era da importância das compras na formação dos custos e na obtenção do lucro, só recentemente abriu mão de tais funções, delegando-as a compradores profissionais. Foram então surgindo nas empresas as áreas de compra, organizadas das mais variadas formas.

Hoje em dia é tendência manifesta nas empresas a organização voltada por processos, em detrimento da organização voltada para as tarefas. Toda atenção deve ser dada às atividades que agregam valor ao produto, já que aquelas que não agregam valor somente são justificadas se existirem para atender exigências fiscais e/ou legais. Na identificação dos macro ou megaprocessos de uma empresa, é praticamente certa a existência do **processo de compras** ou *procurement*, independentemente do seu porte e objetivo.

Apresentamos nas figuras 5.1 e 5.2 algumas formas típicas de organização da função de compras, cada uma delas mais adequada para uma empresa do que para outra.

Figura 5.1   Compras na Pequena e Média Empresa

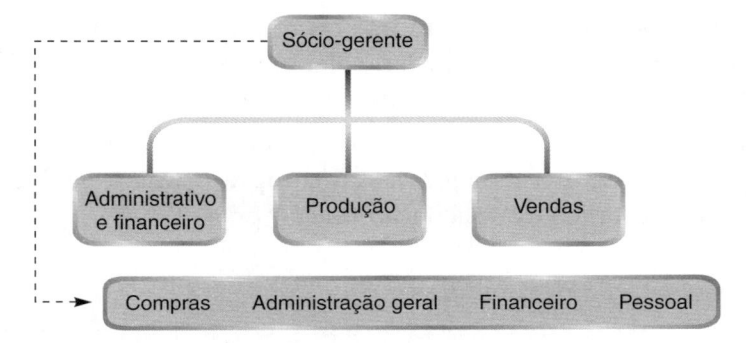

Figura 5.2   Compras na Empresa de Porte Médio

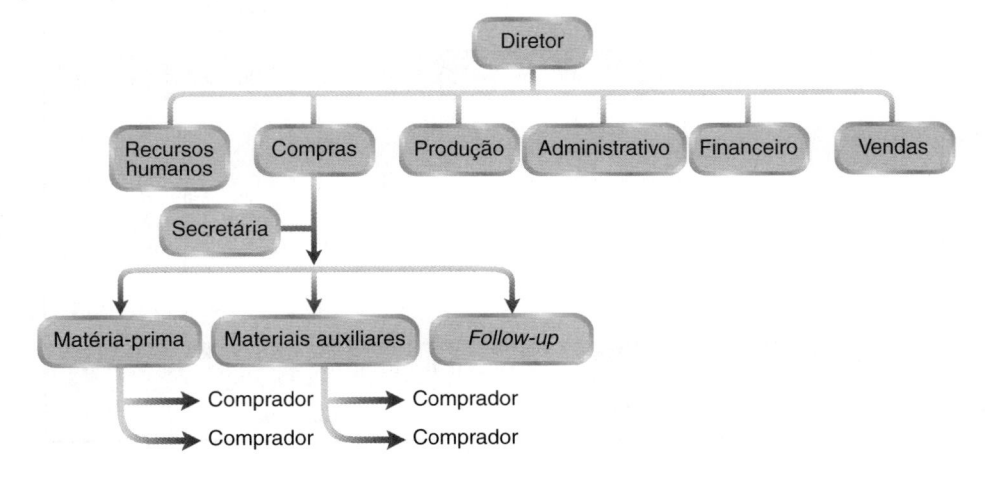

5.4 O Sinal da Demanda

O **sinal da demanda** é a forma sob a qual a informação chega à área de compras para desencadear o processo de aquisição de bem material ou patrimonial. No caso de bens patrimoniais, o sinal pode vir, por exemplo, de um estudo de viabilidade ou de uma necessidade de expansão. Já no caso de obras públicas, ele pode ser resultado, entre outros, de um estudo de mercado ou de necessidades sociais.

No caso de recursos materiais, as formas mais comuns são solicitação de compras, MRP, *just-in-time*, reposição periódica, ponto de pedido, caixeiro-viajante e contratos de fornecimento.

5.4.1 Solicitação de Compras

Por meio da solicitação de compras ou requisição de compras, qualquer unidade organizacional ou mesmo um colaborador qualquer manifesta a sua necessidade de comprar um item para uso em benefício da empresa.

A solicitação de compras é enviada à área de compras que providenciará, seguindo procedimentos estabelecidos, a compra do material. A Figura 5.3 mostra um modelo típico de solicitação de compras.

Figura 5.3   Solicitação de Compras

Nome/Logo da empresa	**Solicitação de compra**		Nº Data ___ / ___ / ___	
Unidade solicitante:			Material uso •interno ☐ •na O.S. Nº _____	
Item	Descrição		Código	Quantidade
Obs.:				
Solicitante:	Aprovação:		Compras:	

5.4.2 MRP[3]

O *materials requirement planning* (MRP) ou **planejamento das necessidades de materiais** é uma técnica que permite determinar as necessidades de compras dos materiais que serão utilizados na fabricação de um certo produto.

Com base na lista de materiais (*bill of material*), obtida por meio da estrutura analítica do produto, também conhecida por árvore do produto ou explo-

---

[3]   Veja mais sobre MRP e planejamento em: MARTINS, P. G.; LAUGENI, F. P. *Administração da produção*. São Paulo: Saraiva. cap.11.

são do produto, e em função de uma demanda dada, o computador calcula as necessidades de materiais que serão utilizados e verifica se há estoques disponíveis para o atendimento. Se não há material em estoque na quantidade necessária, ele emite uma solicitação de compra — para os itens comprados — ou uma ordem de fabricação — para os itens fabricados internamente. A Figura 5.4 mostra um esquema de funcionamento do MRP.

Figura 5.4   Esquema de um MRP

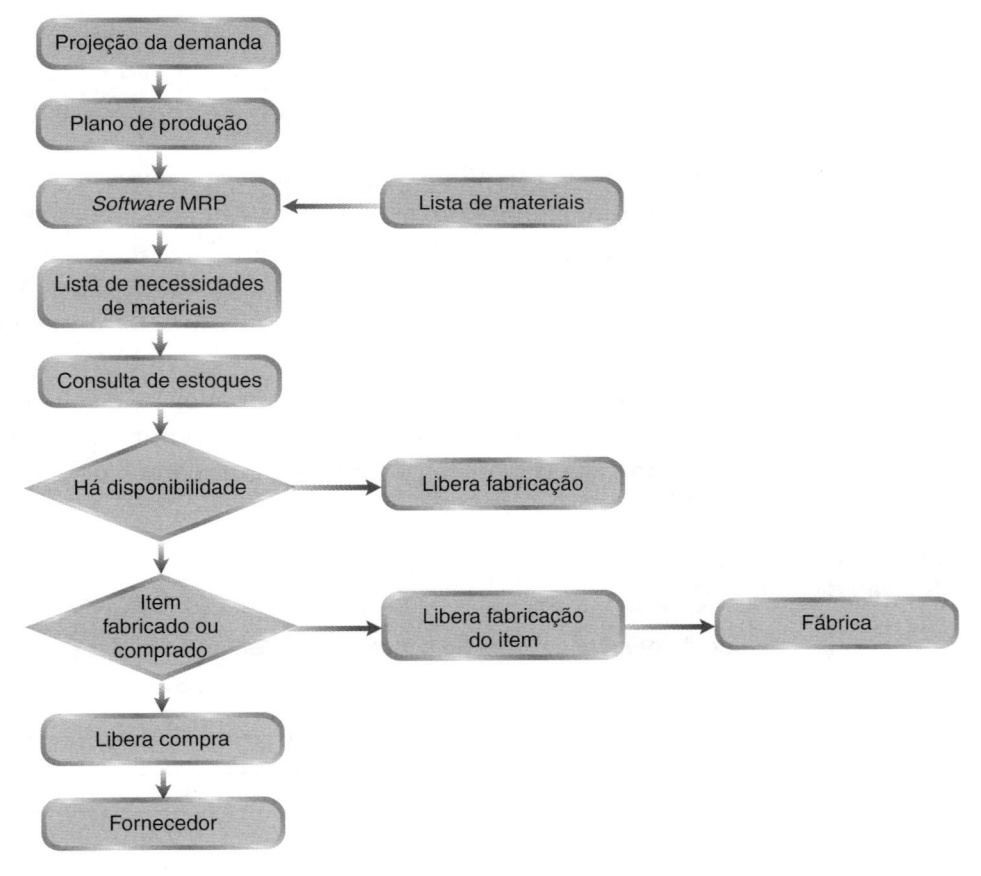

A fim de melhor elucidar o assunto, vejamos o Exemplo 5.1 que ilustra como o MRP é aplicado.

Exemplo 5.1   A empresa Condor recebeu um pedido de 1.500 unidades do seu produto A. A estrutura analítica do produto, uma forma de especificar a relação de material (*bill of material*) e da disponibilidade de estoques, é demonstrada na Figura 5.5.

Figura 5.5   Estrutura Analítica do Produto A

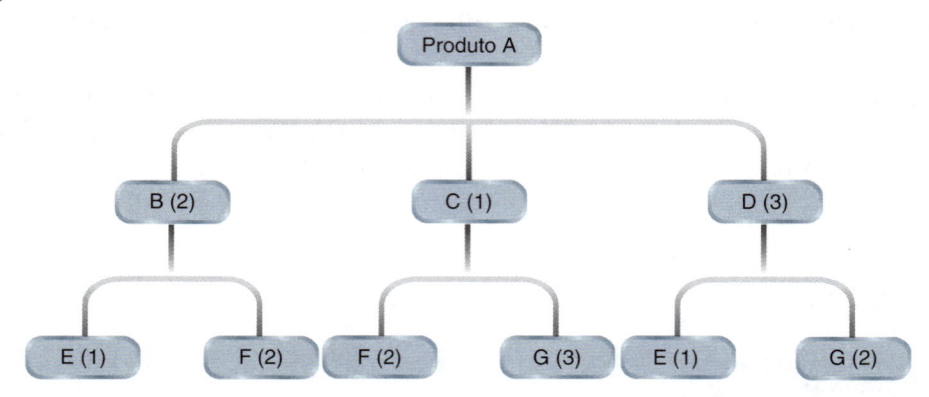

Na Figura 5.5, a simbologia é a seguinte: B(2) significa que necessitamos 2 submontagens B para compor uma unidade de A . O componente G, por exemplo, é usado tanto na montagem do C como do D. Assim G(3) significa que necessitamos de 3 unidades do componente para montar uma unidade de C e G(2) significa que necessitamos de 2 unidades do componente G para montar uma unidade de D.

A Tabela 5.1 mostra a posição dos estoques dos componentes e seus respectivos *lead times — tempos de atendimento* no caso de itens comprados e *tempo de fabricação/montagem* no caso dos itens produzidos internamente.

TABELA 5.1
Posição dos Estoques

Item	Tempo de Atendimento em Semanas	Estoque em Mãos
A	1 [1]	300
B	1 [2]	1.200
C	2 [3]	0
D	2 [4]	800
E	1	6.000
F	2	3.500
G	3	4.500

[1]   Tempo gasto para montar 1.500 unidades
[2]   Tempo gasto para montar lotes com mais de 1.000 unidades
[3]   Tempo gasto para montar lotes com mais de 1.000 unidades
[4]   Tempo gasto para montar lotes com mais de 500 unidades

Determinar as quantidades a serem compradas de cada item e quando os pedidos devem ser emitidos, para que não haja interrupção na fabricação.

Solução   Com base na demanda de 1.500 unidades para o produto A e da estrutura analítica do produto, podemos determinar as necessidades de cada um dos componentes ou peças, conforme a Tabela 5.2.

TABELA 5.2
Cálculo das Necessidades de Materiais

Componen-te/Peça	Demanda	Estoque	Necessidade
A	1.500	300	1.500 − 300 = 1.200
B	2 × 1.200 = 2.400	1.200	2.400 − 1.200 = 1.200
C	1 × 1.200 = 1.200	0	1.200 − 0 = 1.200
D	3 × 1.200 = 3.600	800	3.600 − 800 = 2.800
E	1 × 1.200 + 1 × 2.800 = 4.000	6.000	0
F	2 × 1.200 + 2 × 1.200 = 4.800	3.500	4.800 − 3.500 = 1.300
G	3 × 1.200 + 2 × 2.800 = 9.200	4.500	9.200 − 4.500 = 4.700

Assim, para atender o pedido, são necessárias as seguintes quantidades de componentes/peças:

A — 1.200 unidades

B — 1.200 unidades

C — 1.200 unidades

D — 2.800 unidades

E — 0

F — 1.300 unidades

G — 4.700 unidades

A solução através da utilização do Excel, está nas telas A, B, C e D a seguir.

Com a consideração dos prazos de atendimento, deveremos usar uma matriz de MRP a fim de determinarmos as datas para comprar, ou disparar o processo de montagem, para cada um dos itens que compõem o produto A.

O modelo a seguir foi preparado em Excel e está disponível no *site* do livro.

A

EXEMPLO 5.1 COM MRP

ITEM A

	ES=	0		LOTE=	1	TA=	0		
Comprometido=		0		Estoque em mãos =		300			

PERÍODO		1	2	3	4	5	6	7	8	9	10
NP-Nec. Produção Projetada.		0	0	0	0	0	0	0	0	0	1500
RP-Recebimentos Previstos		0	0	0	0	0	0	0	0	0	0
DM-Disponível à mão	300	300	300	300	300	300	300	300	300	300	0
NL-Nec. Líquida Produção		0	0	0	0	0	0	0	0	0	1200
PL-Produção (lotes)		0	0	0	0	0	0	0	0	0	1200
Liberação da ordem	0	0	0	0	0	0	0	0	0	0	1200

ITEM B

	ES=	0		LOTE=	1	TA=	0		
Comprometido=		0		Estoque em mãos =		1200			

PERÍODO		1	2	3	4	5	6	7	8	9	10
NP-Nec. Produção Projetada.		0	0	0	0	0	0	0	0	0	2400
RP-Recebimentos Previstos		0	0	0	0	0	0	0	0	0	0
DM-Disponível à mão	1200	1200	1200	1200	1200	1200	1200	1200	1200	1200	0
NL-Nec. Líquida Produção		0	0	0	0	0	0	0	0	0	1200
PL-Produção (lotes)		0	0	0	0	0	0	0	0	0	1200
Liberação da ordem	0	0	0	0	0	0	0	0	0	0	1200

ITEM C

	ES=	0		LOTE=	1	TA=	0		
Comprometido=		0		Estoque em mãos =		0			

B

ITEM C

	ES=	0		LOTE=	1	TA=	0		
Comprometido=		0		Estoque em mãos =		0			

PERÍODO		1	2	3	4	5	6	7	8	9	10
NP-Nec. Produção Projetada.		0	0	0	0	0	0	0	0	0	1200
RP-Recebimentos Previstos		0	0	0	0	0	0	0	0	0	0
DM-Disponível à mão	0	0	0	0	0	0	0	0	0	0	0
NL-Nec. Líquida Produção		0	0	0	0	0	0	0	0	0	1200
PL-Produção (lotes)		0	0	0	0	0	0	0	0	0	1200
Liberação da ordem	0	0	0	0	0	0	0	0	0	0	1200

ITEM D

	ES=	0		LOTE=	1	TA=	0		
Comprometido=		0		Estoque em mãos =		800			

PERÍODO		1	2	3	4	5	6	7	8	9	10
NP-Nec. Produção Projetada.		0	0	0	0	0	0	0	0	0	3600
RP-Recebimentos Previstos		0	0	0	0	0	0	0	0	0	0
DM-Disponível à mão	800	800	800	800	800	800	800	800	800	800	0
NL-Nec. Líquida Produção		0	0	0	0	0	0	0	0	0	2800
PL-Produção (lotes)		0	0	0	0	0	0	0	0	0	2800
Liberação da ordem	0	0	0	0	0	0	0	0	0	0	2800

ITEM E

	ES=	0		LOTE=	1	TA=	0		
Comprometido=		0		Estoque em mãos =		6000			

PERÍODO		1	2	3	4	5	6	7	8	9	10

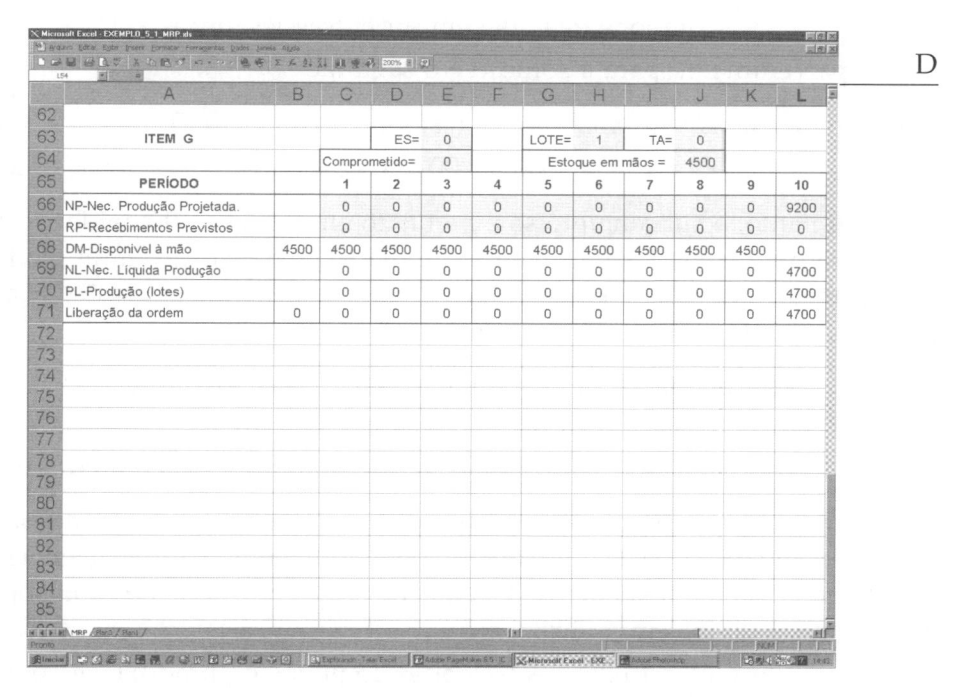

C

	A	B	C	D	E	F	G	H	I	J	K	L
43	ITEM E			ES=	0		LOTE=	1	TA=	0		
44			Comprometido=		0		Estoque em mãos =			6000		
45	PERÍODO		1	2	3	4	5	6	7	8	9	10
46	NP-Nec. Produção Projetada.		0	0	0	0	0	0	0	0	0	4000
47	RP-Recebimentos Previstos		0	0	0	0	0	0	0	0	0	0
48	DM-Disponível à mão	6000	6000	6000	6000	6000	6000	6000	6000	6000	6000	2000
49	NL-Nec. Líquida Produção		0	0	0	0	0	0	0	0	0	0
50	PL-Produção (lotes)		0	0	0	0	0	0	0	0	0	0
51	Liberação da ordem	0	0	0	0	0	0	0	0	0	0	0
52												
53	ITEM F			ES=	0		LOTE=	1	TA=	0		
54			Comprometido=		0		Estoque em mãos =			3500		
55	PERÍODO		1	2	3	4	5	6	7	8	9	10
56	NP-Nec. Produção Projetada.		0	0	0	0	0	0	0	0	0	4800
57	RP-Recebimentos Previstos		0	0	0	0	0	0	0	0	0	0
58	DM-Disponível à mão	3500	3500	3500	3500	3500	3500	3500	3500	3500	3500	0
59	NL-Nec. Líquida Produção		0	0	0	0	0	0	0	0	0	1300
60	PL-Produção (lotes)		0	0	0	0	0	0	0	0	0	1300
61	Liberação da ordem	0	0	0	0	0	0	0	0	0	0	1300
62												
63	ITEM G			ES=	0		LOTE=	1	TA=	0		
64			Comprometido=		0		Estoque em mãos =			4500		
65	PERÍODO		1	2	3	4	5	6	7	8	9	10
66	NP-Nec. Produção Projetada.		0	0	0	0	0	0	0	0	0	9200

D

	A	B	C	D	E	F	G	H	I	J	K	L
62												
63	ITEM G			ES=	0		LOTE=	1	TA=	0		
64			Comprometido=		0		Estoque em mãos =			4500		
65	PERÍODO		1	2	3	4	5	6	7	8	9	10
66	NP-Nec. Produção Projetada.		0	0	0	0	0	0	0	0	0	9200
67	RP-Recebimentos Previstos		0	0	0	0	0	0	0	0	0	0
68	DM-Disponível à mão	4500	4500	4500	4500	4500	4500	4500	4500	4500	4500	0
69	NL-Nec. Líquida Produção		0	0	0	0	0	0	0	0	0	4700
70	PL-Produção (lotes)		0	0	0	0	0	0	0	0	0	4700
71	Liberação da ordem	0	0	0	0	0	0	0	0	0	0	4700
72												
73												
74												
75												
76												
77												
78												
79												
80												
81												
82												
83												
84												
85												

A solução, ou seja, quando disparar o processo de compra ou de montagem do item/componente, que pode ser visto na última linha da matriz (liberação da ordem) em negrito, resumidamente é a seguinte:

A — iniciar a montagem do item A na semana 9

a fim de que o lote seja entregue na semana 10 (por exemplo)

B — iniciar a montagem do item B na semana 8.

C — iniciar a montagem do item C na semana 7.

D — iniciar a montagem do item D na semana 7.

E — não é necessário comprar;

F — emitir pedido de compras do item F na semana 6.

G — emitir pedido de compras do item G na semana 4

(6 semanas antes da data de entrega.)

Exemplo 5.2 Considerar os mesmos dados do Exemplo 5.1, porém fixando condições de Estoque de Segurança (ES) e Lotes de Compra, dados abaixo e sabendo-se que o cliente solicitou, além das 1.500 unidades do produto A, 600 unidades do submontagem B e 1300 unidades do componente G (este item, embora comprado de terceiros, é revendido pela Empresa Condor. Considerar que os itens A, a submontagem B e o componente G devem ser entregues juntos.

O procedimento para a solução é o seguinte:

Necessidades de A = $(\text{demanda})_A - (\text{estoque disp.})_A + (ES)_A$

$= 1500 - 300 + 400$ à Necessidade de A $= 1.600$ unidades.

Entretanto, o subconjunto só é montado em lotes de 600 unidades. Logo, devem ser montadas 1.800 unidades de A (1.800 é o primeiro múltiplo inteiro de 600, maior que 1.600). Isso significa de devemos emitir uma OF (Ordem de Fabricação ou Ordem de Montagem) de 1.800 unidades de A.

Necessidades de B = (O que vai ser montado de A) +

$(\text{Dem. Extra})_B - (\text{estoque})_B + (ES)_B$

$= (1.800)*2 + 600 - 1200 + 500 \rightarrow$ Necess. de B $= 3.500$ unid. de B

Entretanto, o subconjunto só é montado em lotes de 400 unidades. Logo, devem ser montadas 3.600 unidades. A sobra de 100 unidades ficará em estoque que, somadas às 500 unidades do Estoque de Segurança, farão 600 unidades, que será o novo Estoque em Mãos.

Obs.: Para o cálculo das necessidades do item (comprado) G, é necessário considerar que ele é usado na montagem do subconjunto C (com 3 unidades para cada uma de C), na montagem do subconjunto D (duas unidades para cada uma de D) mais a demanda extra, que neste caso é de 1.300 unidades.

O Estoque de Segurança, como será visto no Capítulo 11, é uma certa quantidade de itens que devem ser sempre mantidos em estoque. Caso a empresa não disponha dessa quantidade em determinada data, tão logo o item seja comprado (ou fabricado/montado em caso de produção interna), o ES deve ser completado.

A figura a seguir apresenta a solução do exercício.

A coluna PC/OF mostra as quantidades, como se segue:

Item A – OF de 1.800 unidades

Submontagem B – OF de 3.600 unidades

Submontagem C – OF de 2.500 unidades

Submontagem D – OF de 6.000 unidades

Componente E – PC (Pedido de Compra) de 4.800 unidades

Componente F – PC de 10.200 unidades

Componente G – PC de 18.000 unidades

Na solução **não foram levados em consideração** os prazos para a montagem ou, no caso dos componentes comprados de terceiros, os prazos de entrega. Para que tais prazos sejam levados em consideração, teremos que considerar o exemplo como um problema de MRP. A solução é apresentada a seguir.

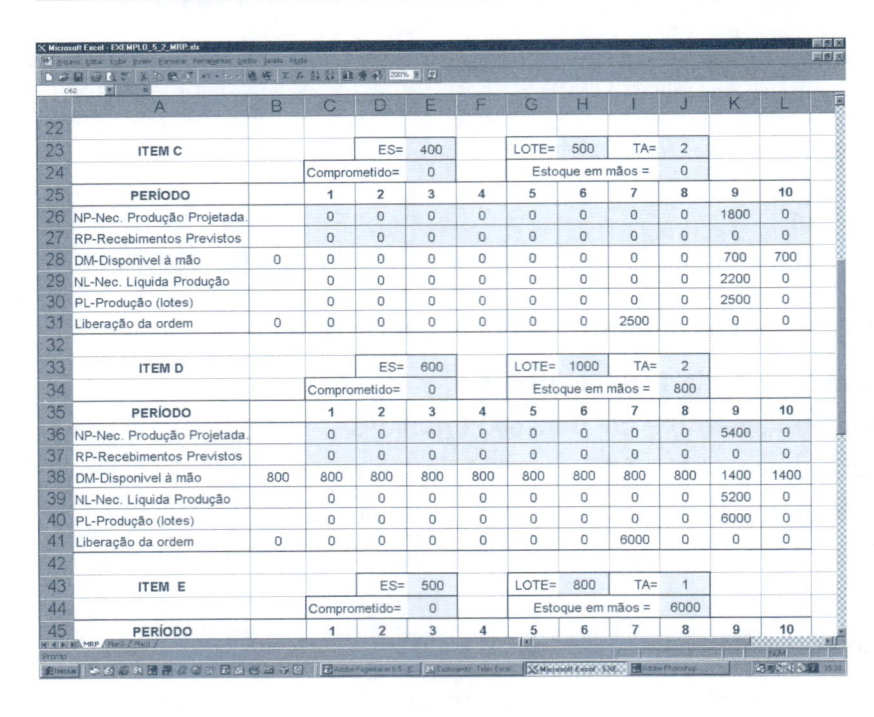

	A	B	C	D	E	F	G	H	I	J	K	L
43	ITEM E			ES=	500		LOTE=	800	TA=	1		
44			Comprometido=	0			Estoque em mãos =		6000			
45	PERÍODO		1	2	3	4	5	6	7	8	9	10
46	NP-Nec. Produção Projetada.		0	0	0	0	0	0	6000	3200	400	0
47	RP-Recebimentos Previstos		0	0	0	0	0	0	0	0	0	0
48	DM-Disponível à mão	6000	6000	6000	6000	6000	6000	6000	800	800	1200	1200
49	NL-Nec. Líquida Produção		0	0	0	0	0	0	500	2900	100	0
50	PL-Produção (lotes)		0	0	0	0	0	0	800	3200	800	0
51	Liberação da ordem	0	0	0	0	0	0	800	3200	800	0	0
52												
53	ITEM F			ES=	1000		LOTE=	600	TA=	2		
54			Comprometido=	0			Estoque em mãos =		3500			
55	PERÍODO		1	2	3	4	5	6	7	8	9	10
56	NP-Nec. Produção Projetada.		0	0	0	0	0	0	5000	6400	800	0
57	RP-Recebimentos Previstos		0	0	0	0	0	0	0	0	0	0
58	DM-Disponível à mão	3500	3500	3500	3500	3500	3500	3500	1500	1100	1500	1500
59	NL-Nec. Líquida Produção		0	0	0	0	0	0	2500	5900	700	0
60	PL-Produção (lotes)		0	0	0	0	0	0	3000	6000	1200	0
61	Liberação da ordem	0	0	0	0	0	3000	6000	1200	0	0	0
62												
63	ITEM G			ES=	1000		LOTE=	1000	TA=	3		
64			Comprometido=	0			Estoque em mãos =		4500			
65	PERÍODO		1	2	3	4	5	6	7	8	9	10
66	NP-Nec. Produção Projetada.		0	0	0	0	0	0	19500	0	0	1300

Como visto no Exemplo 5.1, as quantidades a serem montadas ou compradas estão mostradas na linha "liberação da ordem". Comparando os resultados com os anteriormente vistos, constatamos que no total são iguais, embora parcelas ocorram em instantes diferentes, a exemplo do componente G, que deve ter 16.000 unidades compradas na semana 4 e mais 2.000 compradas na semana 7. Compete ao gerente de compras, se assim o entender, comprar o total de 18.000 unidades na semana 4.

5.4.3   Sistema *Just-in-Time*

O sistema *just-in-time* é um método de produção com o objetivo de disponibilizar os materiais requeridos pela manufatura apenas quando forem necessários para que o custo de estoque seja menor.

O JIT, que é baseado na qualidade e flexibilidade do processo de compras, também pode disparar o processo (o Capítulo 15, Seção 15.3). Dependendo de como o sistema é idealizado, um cartão ou um conjunto de cartões *kanban* pode dar início ao processo de compras.

5.4.4 O Sistema de Reposição Periódica

Como será visto na Parte 3, para determinados itens de estoque, recomenda-se a utilização do sistema denominado **reposição periódica** ou **intervalo padrão**. No sistema de reposição periódica, depois de decorrido um intervalo de tempo preestabelecido, por exemplo, três meses, um novo pedido de compra para um certo item de estoque é emitido. Para determinar quanto deve ser comprado no dia da emissão do pedido, verifica-se a quantidade ainda disponível em estoque, comprando-se o que falta para atingir um estoque máximo, também previamente determinado.

Exemplo 5.3   O intervalo de reposição do item de estoque de código MY1823 é de dois meses (por exemplo, todos os dias 15 dos meses ímpares). O estoque físico existente no dia 15 de maio (data do pedido) era de 280 unidades e o estoque do MY1823 não pode ultrapassar 600 unidades. Calcule a quantidade a ser pedida.

Solução

$$\text{Quantidade a ser pedida} = \text{Estoque máximo} - \text{Estoque atual}$$
$$= 600 - 280$$
$$= 320 \text{ unidades}$$

5.4.5 Sistema da Reposição Contínua

O sistema da Reposição Contínua ou **sistema do ponto de pedido** ou **lote padrão** é o mais popular método utilizado nas fábricas e consiste em disparar o processo de compra quando o estoque de um certo item atinge um nível previamente determinado. Como veremos na Parte 3, o ponto de pedido é calculado em função do consumo médio e do prazo de atendimento.

Exemplo 5.4   O componente de estoque Z4589, que é reposto pelo sistema do lote padrão, tem um consumo médio de 120 unidades por dia e um tempo de atendimento de 10 dias úteis. Determinar o ponto de pedido para o Z4589.

Solução

$$\text{Ponto de pedido} = \text{consumo médio} \times \text{tempo de atendimento}$$

(sem considerar o efeito da variação no consumo, o que pode ser corrigido com o estoque de segurança)

$$= 120 \times 10 = 1.200 \text{ unidades}$$

Vimos no Exemplo 5.4 que o ponto de pedido do Z4589 é de 1.200 unidades. Assim, sempre que o estoque do item atingir o nível de 1.200 unidades, emite-se novo pedido de compras, na quantidade previamente estabelecida, geralmente o lote econômico. Isso pode ocorrer a intervalos variáveis, já que o consumo geralmente não é constante, situação em que há necessidade de estoques de segurança.

5.4.6 Caixeiro-Viajante

O sistema de **caixeiro-viajante** consiste em um vendedor visitar os clientes e verificar *in loco* se está faltando mercadoria no estoque para que ele, em comum acordo com o cliente, tire o pedido. O sinal da demanda, no caso, a falta de mercadoria, é identificado pelo caixeiro-viajante. Com a revolução das comunicações, este sistema está desaparecendo.

5.4.7 Contratos de Fornecimento

Como já visto, também nos **contratos de fornecimento** o processo de compra é iniciado em função de uma necessidade de produção. Assim, quando o material se faz necessário, o próprio sistema de computador emite e envia uma ordem de compra via EDI. Este sistema está ganhando muita importância entre nós, como visto no Capítulo 4.

5.5 *Softwares* de Planejamento e Controle

Quase todas as empresas, a partir de um certo porte, já dispõem de *softwares* para o acompanhamento do processo de compras. Em muitos deles o pedido de compra é emitido pelo próprio computador, quer esteja usando, para um dado item de estoque, o método do lote padrão ou o do intervalo padrão.

O acompanhamento é feito por um **gráfico de Gantt** ou cronograma, para pedidos maiores e mais complexos. O *status* do pedido pode ser acompanhado por meio da verificação das fases pelas quais o processo passa. O Quadro 5.1 traz algumas dessas fases.

QUADRO 5.1
Fases pelas Quais um Processo Pode Passar

Preparação das especificações
↓
Identificação dos proponentes fornecedores
↓
Preparação das cartas-convites
↓
Entrega da solicitação de fornecimento acompanhada de todas as informações
necessárias e suficientes para os proponentes
elaborarem suas propostas
↓
Recebimento das propostas
↓
Análise e julgamento
↓
Negociações
↓
Emissão do pedido de compra ou contrato de fornecimento
↓
Acompanhamento do fornecimento (*follow-up*)
↓
Recebimento
↓
Aprovação ou contestação
↓
Solicitação do pagamento ao fornecedor

Essas fases devem ser simplificadas em função, por exemplo, da natureza do produto a ser comprado, do número de fornecedores disponíveis no mercado, da urgência da compra.

5.6 Procedimentos

Toda empresa tem seus procedimentos de compras. A Figura 5.6 apresenta um fluxograma típico de um processo de compras.

Primeiramente, a unidade organizacional que necessita o material envia ao setor ou departamento de compras um documento interno solicitando a compra — como já vimos, esse documento recebe o nome de **solicitação de compras**.

O setor de compras analisa a solicitação de compras quanto aos limites de autoridade do solicitante. Normalmente as empresas estabelecem limites para o valor das compras, como mostra o Quadro 5.2.

Figura 5.6   Fluxograma de Compras

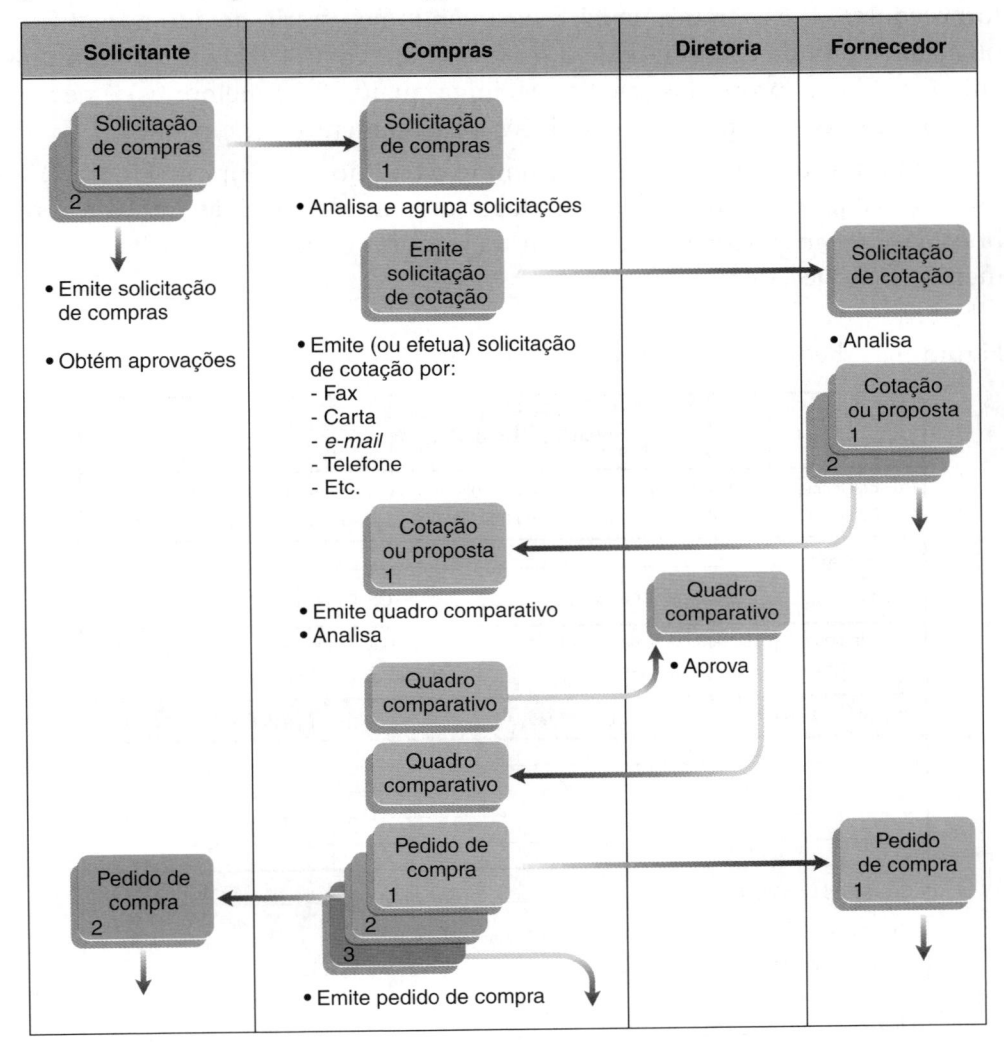

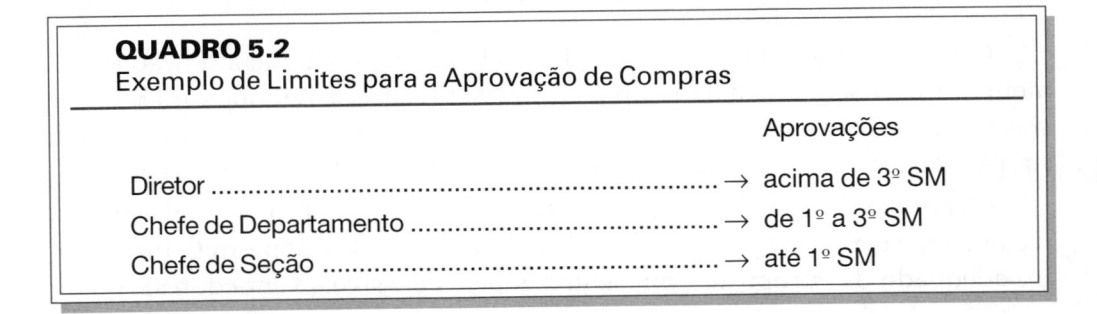

QUADRO 5.2
Exemplo de Limites para a Aprovação de Compras

	Aprovações
Diretor	→ acima de 3º SM
Chefe de Departamento	→ de 1º a 3º SM
Chefe de Seção	→ até 1º SM

Depois disso, o setor de compras efetua as cotações com pelo menos três fornecedores — é a prática usual, mas, quando necessário devido à freqüência ou ao alto valor da compra, podem ser feitas mais cotações. O setor de compras, então, recebe as propostas, analisa-as, julga qual(is) a(s) melhor(es) e negocia com um fornecedor preços e condições de pagamento.

Passadas todas essas etapas, ele emite o pedido de compras (Figura 5.7) e faz o *follow-up* do fornecimento. O departamento de compras também é responsável por inspecionar e receber a mercadoria e, por fim, solicitar o pagamento ao fornecedor.

Figura 5.7   Pedido de Compras

Nome/Logo da empresa	**Pedido de compra**	Nº _____ Data ___ / ___ / ___

Rua do Conselheiro, 000 - V. Jaraguá - SP Cep 00000-000 Tel. (0XX11) 000-0000 Fax (0XX11) 000-0000
C.N.P.J 00.000.000/0000-00   Inscr. Est. 000.000.000.000   *e-mail:* ooooo@aaa.com.br

Fornecedor: _____

Telefone: _____ Contato: _____ Confirmação do Fax: _____

Solicitamos o fornecimento dos materiais ou serviços abaixo relacionados, conforme sua proposta.
☐ Exigir Certificado de Qualidade.   ☐ Não exigir Certificado de Qualidade.

Quant.	Unid.	Descrição	Preço Unit.	Subtotal

Condições de pagamento: _____   Prazo de entrega: _____

Transporte ☐ Próprio ☐ Por conta do fornecedor

Local de retirada: _____

Horário de retirada: _____

Referência: (Próximo a) _____

Aprovado por: _____   em _____

Quando se trata de produtos padronizados, de prateleira, a função suprimentos torna-se bem mais simples e muitas destas atividades podem ser simplificadas ou mesmo suprimidas, reduzindo-se na maioria das vezes a uma simples negociação telefônica e emissão de um fax confirmando o pedido.

Quando a cotação é feita por telefone, ou mesmo por outro meio escrito, recomenda-se a utilização do formulário da Figura 5.8, que permite um registro adequado das propostas apresentadas pelos possíveis vendedores.

Figura 5.8 Registro de Propostas

Nome/Logo da empresa	Quadro comparativo de propostas de fornecimento		Data ___ / ___ / ___
Solicitação de proposta Nº Data ___ / ___ / ___	Fornecedor	Fornecedor	Fornecedor
1. Preço unitário			
2. Condições de pagamanto			
3. Valor total			
4. Data da última compra			

5. Avaliação do fornecedor
   Nota de 1 a 4
   1 - Não confiável
   2 - Primeira compra
   3 - Confiável
   4 - Fornecedor habitual			

Avaliação ponderada			
Classificação para este pedido			
Preparado por: Data:	Compras: Data:	Aprovação da diretoria: Data:	Emitido pedido de compra Em: ___ / ___ / ___ PC Nº ___

5.7 Parcerias

São cada vez mais numerosas as empresas a acordar para o fato de que as alianças vão ter importância primordial no futuro. As alianças estão a evoluir tão depressa, que ninguém pode mais fazer tudo sozinho.

James Houghton

A verdadeira revolução da qualidade, introduzida em âmbito global nos últimos anos, trouxe consigo novas formas de abordagem do relacionamento cliente–fornecedor, no tocante às compras ou suprimento de mercadorias e/ou serviços. Na abordagem comum, as empresas consideravam o fornecedor quase um *adversário*. Todo cuidado deveria ser tomado, pois era generalizada a idéia de que o fornecedor estaria sempre mal-intencionado, procurando auferir o máximo lucro à custa de eventuais descuidos do cliente. A fim de se garantir, a empresa-cliente normalmente fazia várias cotações, envolvendo fornecedores concorrentes e tomava o máximo cuidado na hora de receber a mercadoria, fazendo detalhadas e dispendiosas inspeções. Como sempre, isso era válido tanto para um produto tangível como para os serviços. As relações eram de curto prazo, havendo o mínimo de contato possível entre as partes.

Hoje podemos dizer que essas situações estão tornando-se cada vez mais raras. Entre cliente e fornecedor, procura-se desenvolver um clima de *confiança mútua*, em que ambos saem ganhando. É o que se convencionou chamar de *parcerias*. Nessas situações, o fornecedor ajuda no desenvolvimento do projeto do produto, na análise e melhorias do processo produtivo de seu cliente, garante a qualidade, abre a sua planilha de formação de custos e preços e, em contrapartida, recebe um contrato de fornecimento por um período normalmente igual ao da vida do produto para o qual foi escolhido o fornecedor. Um depende do outro. Há pouquíssimos fornecedores, em alguns casos apenas um, que chegam a se instalar nas proximidades e/ou trabalhar dentro da fábrica do cliente para melhor servi-lo. A função do fornecedor não é mais apenas a de vender o produto. A relação, caracterizada pelo *ganha-ganha*, é de longo prazo, com contatos constantes, baseada na confiança (não é mais necessária a averiguação da qualidade pelo comprador: ele confia no seu fornecedor).

Quando a relação de parceria atinge um elevado grau de evolução, traduzida em conceitos como os de confiança mútua, participação e fornecimento com qualidade assegurada, dá-se a ela o nome de *comakership*[4].

Com a tendência à horizontalização, na qual as empresas passam a comprar cada vez mais, fabricando internamente cada vez menos, a relação cliente–fornecedor adquire cada vez mais importância, passando a ser um fator de vantagem competitiva, tanto para o cliente quanto para o fornecedor. Em muitas empresas, dependendo do setor industrial a que pertençam, o valor gasto nas compras de terceiros representa até 90% do custo do produto vendido, sendo normais os casos de 40% a 60%. O Quadro 5.3 apresenta, para alguns setores industriais, a relação percentual das compras sobre as vendas.

QUADRO 5.3
Percentual Gasto em Compras

Setor Industrial	Compras sobre Vendas (%)
Alimentos	63
Cigarro e Produtos do Fumo	27
Confecções	49
Madeira	60
Gráfica	35
Petróleo	83
Equipamentos de Transporte	60
Média do Setor Industrial	54

---

[4] MERLI, Giorgio. *Comakership:* a nova estratégia para o suprimento. Rio de Janeiro: Qualitymark, 1994.

Baseados no Quadro 5.3, podemos ver como é importante o bom relacionamento entre a empresa e seus fornecedores, pois uma pequena vantagem na compra pode gerar um grande impacto no lucro. Vejamos agora como quantificar essa vantagem[5].

Exemplo 5.5   Levantamentos dos últimos cinco anos, na fábrica de móveis Esplendor, demonstraram que ela gasta, em média, 65% das vendas na compra de materiais e componentes que são diretamente incorporados ao produto final. Os custos variáveis representam 15% das vendas, os fixos, 12% e o lucro, 8%. A empresa sabe que pode manter os custos fixos nos mesmos patamares atuais. Demonstrar que a economia de \$ 1 nas compras equivale a um aumento de \$ 5 nas vendas, a fim de se manter o mesmo lucro.

Solução   Situação atual:

Vendas 100

Compras 65

Custos variáveis indiretos 15

Custos fixos 12

Lucro 8

Nova situação:

Vendas 100

Compras 64

Custos variáveis indiretos 15

Custos fixos 12

Lucro 9

Nova situação com aumento nas vendas:

Vendas .... $(100 + y)$

Compras .... $(100 + y) \times 0{,}65$

Custos variáveis indiretos .... $(100 + y) \times 0{,}15$

Custos fixos 12

Lucro 9

[5]   MARTINS, P.; LAUGENI, F. *Administração da produção*. São Paulo: Saraiva, 1 ed. 1999.

Tem-se, então,

$$(100 + y) = (100 + y) \times 0{,}65 + (100 + y) \times 0{,}15 + 12 + 9$$

que solucionado leva a $y = \$ 5{,}00$

5.7.1 Evolução do Relacionamento Cliente–Fornecedor

Este relacionamento passa por quatro fases distintas: abordagem convencional, melhoria da qualidade, integração operacional e integração estratégica[6].

A **abordagem convencional** prioriza o preço. O relacionamento é como se as partes fossem adversárias, quem pode mais impõe suas condições. A empresa desconfia da qualidade do fornecedor e inspeciona todos os recebimentos.

Na **melhoria da qualidade** dá-se prioridade à qualidade do produto. É o início de um relacionamento mais duradouro, com o nascimento de uma certa confiança recíproca. Reduz-se o número de fornecedores, eliminando-se previamente aqueles que não têm qualidade. É um primeiro estágio do relacionamento tipo *comaker*.

A **integração operacional** prioriza o controle dos processos levando-se em conta a capabilidade deles. Já surge uma participação do fornecedor no projeto do produto (*co-design*) e do processo. O cliente e o fornecedor fazem investimentos comuns em pesquisa e desenvolvimento, com o cliente muitas vezes financiando programas de garantia e melhoria da qualidade dos fornecedores. É um passo além no relacionamento *comaker*.

A **integração estratégica** é uma parceria nos negócios. Gerenciamento comum dos procedimentos dos negócios, incluindo o desenvolvimento de produtos e processos, engenharia simultânea, desdobramento da função qualidade (QFD), fornecimentos sincronizados e qualidade assegurada. Atinge-se o *comakership*.

5.7.2 Atingindo o *Comakership*

O relacionamento cliente–fornecedor se desenvolve por meio de uma atuação do cliente (comprador) sobre os seus fornecedores, procurando atingir um grau de entendimento e confiança mútua até então inexistente.

As relações do tipo *comakership* não nascem do dia para a noite. Requerem um certo tempo de amadurecimento, de conhecimento prévio da capacidade do fornecedor e confiabilidade do cliente. Nesse processo, o cliente irá

---

[6] MERLI, 1994.

procurar atuar nos aspectos que possam trazer-lhe vantagens competitivas. Assim, fará uma avaliação dos fornecedores e, se for o caso, o seu desenvolvimento para, finalmente, chegar à fase de negociação de uma parceria.

5.7.2.1 Avaliação

Várias são as formas utilizadas pelas empresas para avaliarem os seus fornecedores. De um modo geral, devem enfatizar os seguintes aspectos:

Custo. Verificar se os custos estão compatíveis com o mercado, partindo do princípio que eles devem ser reduzidos. O cliente deverá dispor de meios para analisar os processos produtivos e a partir daí compor custos e compará-los com os propostos pelo fornecedor. É a situação em que se trabalha com os denominados **preços objetivos**[7]. Esse esquema em princípio dificulta o relacionamento cliente–fornecedor mas, à medida que o cliente demonstra a viabilidade do preço objetivo, cabe ao fornecedor procurar consegui-lo, mesmo que, para tal, deva contar com a assessoria e ajuda financeira do cliente–comprador.

Qualidade. O relacionamento somente frutificará se o fornecedor dispuser de qualidade. Mesmo que não seja um padrão de qualidade desejável, é fundamental que reconheça suas deficiências e esteja disposto a implantar programa de melhoria contínua, visando dispor de um sistema de qualidade nos moldes da ISO 9000 ou QS 9000. O cliente-comprador deverá dispor de meios para avaliar a qualidade e as melhorias que estão sendo obtidas.

Pontualidade. O fornecedor deverá possuir uma cultura de pontualidade nas suas entregas. Caso contrário, o relacionamento jamais poderá ser do tipo *comakership*. A não-pontualidade quebrará a cadeia cliente–fornecedor, com efeitos devastadores nas imagens de ambos, já que o cliente–comprador não irá, por sua vez, cumprir os prazos.

Inovação. O fornecedor inovativo cria uma alavancagem muito importante no cliente-comprador, embora o mais comum seja a necessidade de atender a solicitações de inovações.

Flexibilidade. É a capacidade que tanto o cliente quanto o fornecedor devem ter para rapidamente adaptarem-se às alterações e solicitações do mercado. No relacionamento cliente–fornecedor, o último deve ter agilidade para as adaptações tão rápidas quanto às do seu cliente. Caso contrário, estaria prejudicando-o.

---

[7] Na metodologia de preços objetivos, o cliente fixa um preço para o fornecedor. Assim a velha equação **Lucro = Preço − Custos** é alterada para **Preço Objetivo = Custo + Lucro**. Nesta estratégia, as margens dos fornecedores são inferiores e há uma forte atividade nos fornecedores para a redução dos custos do empreendimento.

Produtividade. É a relação *output* sobre *input* ou valor dos produtos/serviços sobre o custo dos insumos. Tanto o cliente quanto o fornecedor devem estar preparados para, de forma contínua, implantar programas de melhoria da produtividade, visando, por exemplo, reduções de custos, melhoria na qualidade dos processos e produtos e redução dos prazos de entrega.

Instalações. O cliente deve avaliar as instalações produtivas do fornecedor quanto às condições mínimas de fabricar produtos de qualidade. Outros aspectos a serem avaliados são **layout**[8], movimentação interna de materiais, condições de armazenagem de matérias-primas e produtos acabados, *housekeeping*[9] e gestão visual.

Capacitação Gerencial e Financeira. Verificar se o fornecedor dispõe de estrutura organizacional definida, com a cadeia decisória estruturada, possibilitando a identificação dos responsáveis pelas decisões. Checar também se a capacidade financeira da empresa é saudável, se dispõe de capital de giro para atender os pedidos que eventualmente lhes seriam colocados.

Vejamos agora um **modelo de avaliação de fornecedor** a título de exemplo[10]. Existem vários outros modelos. Primeiramente ponderamos cada quesito dentro de cada categoria — produto, serviços, engenharia, instalações e administração/finanças — montando o Quadro 5.4.

QUADRO 5.4 Ponderações	
Quesitos	**Peso Relativo**
PRODUTO	
Custo	10
Qualidade	14
Embalagem	7
Garantia	4

(continua)

---

[8] *Layout* de instalações significa a disposição dos equipamentos, áreas de circulação, estoques e outras instalações. A avaliação do *layout* verifica, entre outras coisas, se a disposição das instalações permite uma fabricação adequada do produto, sem fluxos excessivos e que garantam a qualidade do produto.

[9] *Housekeeping* é uma técnica de administração de produção que garante que os equipamentos, ferramentas e acessórios estejam armazenados no local correto e que o ambiente esteja limpo e adequado para o trabalho e para a fabricação do produto.

[10] MARTINS, P.; LAUGENI, F. *Administração da produção*. São Paulo: Saraiva, 2 ed. 2005.

(continuação)

QUADRO 5.4 Ponderações	
Quesitos	**Peso Relativo**
SERVIÇOS	
Pontualidade na entrega	10
Presteza no atendimento	5
Cortesia no relacionamento	2
Qualidade na expedição e transporte	3
Assistência técnica pós-venda	5
ENGENHARIA	
Pesquisa	2
Grau de inovação	9
Flexibilidade nas alterações	4
INSTALAÇÕES	
Equipamentos	9
Prédios	3
Adequação do *layout*	3
ADMINISTRAÇÃO/FINANÇAS	
Relações humanas — ambiente de trabalho	5
Relacionamento comercial com clientes	3
Capacidade financeira	2

Agora avaliemos cada quesito, atribuindo uma nota para cada um. O critério a ser utilizado é nota 1, ruim; 2, regular; 3, bom; e 4, excelente. Multiplique então, para cada categoria, a nota obtida em cada quesito com o seu peso.

QUADRO 5.5
Avaliação dos Quesitos

Quesitos	Peso	4	3	2	1
PRODUTO					
Custo	10		X		
Qualidade	14	X			
Embalagem	7	X			
Garantia	4		X		
$10 \cdot 3 + 14 \cdot 4 + 7 \cdot 4 + 4 \cdot 3 = 126$					
SERVIÇOS					
Pontualidade na entrega	10			X	
Presteza no atendimento	5		X		
Cortesia no relacionamento	2	X			
Qualidade na expedição e transporte	3				X
Assistência técnica pós-venda	5			X	
$10 \cdot 2 + 5 \cdot 3 + 2 \cdot 4 + 3 \cdot 1 + 5 \cdot 2 = 56$					
ENGENHARIA					
Pesquisa	2			X	
Grau de inovação	9	X			
Flexibilidade nas alterações	4	X			
$2 \cdot 2 + 9 \cdot 4 + 4 \cdot 4 = 56$					
INSTALAÇÕES					
Equipamentos	9			X	
Prédios	3		X		
Adequação do *layout*	3				X
$9 \cdot 2 + 3 \cdot 3 + 3 \cdot 1 = 30$					
ADMINISTRAÇÃO/FINANÇAS					
Relações humanas e de ambiente	5		X		
Relacionamento comercial	3	X			
Capacidade financeira	2		X		
$5 \cdot 3 + 3 \cdot 4 + 2 \cdot 3 = 33$					
TOTAL = 301					

A empresa deve ter estabelecido previamente, antes do início do processo de avaliação, um quadro com os limites de aceitação de um fornecedor, a exemplo do Quadro 5.6.

QUADRO 5.6
Pontuação Que os Fornecedores Devem Alcançar

Aceitável como fornecedor .... acima de 350 pontos

Segunda chance, após implantação de melhorias .... 300 a 349 pontos

Incapaz .... 0 a 299 pontos

No nosso exemplo, o fornecedor tinha atingido 301 pontos, estando, portanto, no limiar para obter uma segunda chance. Ele não é ainda o que a empresa procura, mas se melhorar os quesitos com avaliação insatisfatória, poderá concorrer novamente e, se conseguir mais de 350 pontos, ser escolhido como fornecedor.

5.7.2.2 Desenvolvimento

Após a avaliação inicial, o cliente-comprador poderá decidir investir no desenvolvimento do fornecedor. É o primeiro passo no relacionamento do tipo *comakership*. A avaliação feita previamente é que dará as diretrizes para o programa de melhoria. Com base nas não-conformidades identificadas, estabelece-se um programa de ações corretivas com o acompanhamento do cliente. Treinamento, quer por parte de cliente-comprador ou por terceiros, é proporcionado ao fornecedor. Nesta fase torna-se mais íntimo os contatos entre ambos, surgindo as oportunidades de interações constantes buscando melhorias nos processos. No caso de fornecedores altamente capacitados, exemplo comum na indústria de autopeças, esta fase pode ser praticamente suprimida.

5.7.2.3 Negociação

Paralelamente ao desenvolvimento, inicia-se a fase de negociação de um contrato de parceria, com escopo bem mais amplo do que um de simples fornecimento. O contrato deve materializar todos os avanços e novos conceitos atingidos até então, entre eles o de exclusividade no fornecimento durante o ciclo de vida do produto, o compromisso de abertura das planilhas de composição de custos e margens de lucro para a composição do preço de venda, compromisso de repassar ao cliente todos os ganhos decorrentes de melhorias no processo ou da própria aprendizagem (curva de aprendizagem) com fabricação do produto, penalidades decorrentes do não-cumprimento dos prazos e formas de comunicação a serem utilizadas, como, por exemplo, o EDI.

Conclusão

Para o caso da grande maioria das empresas, o setor ou departamento de compras utiliza-se dos tradicionais sistemas de informações. Seus funcionários identificam fornecedores, fazem cotações de preços ou condições de fornecimento, escolhem fornecedor, emitem pedidos de compras, acompanham prazos de entrega e liberam o pagamento.

Para muitas outras empresas, entretanto, essa metodologia tem mudado substancialmente nos últimos tempos, com o surgimento das parcerias. Nesse tipo de atuação, muda completamente a forma de relacionamento entre cliente e fornecedor. Da desconfiança e antagonismo passa-se a uma relação de confiança recíproca, estabelecendo-se meios mais rápidos e eficazes de troca de dados e informações sobre, por exemplo, prazos, quantidades a serem fornecidas, formas de pagamento e preços.

Outra característica comum a quase todas as empresas é a disponibilidade de *softwares* de planejamento e controle de compras, que automaticamente emitem pedidos de reposição de materiais. Muitos desses *softwares* se comunicam diretamente com o cliente (ou fornecedor) por formas eletrônicas, como *e-mails*, EDI e outros que surgem a cada dia.

Termos-Chave

caixeiro-viajante	parcerias
comakership	preços objetivos
estrutura analítica do produto	processo de compras
gráfico de Gantt	produtos acabados
housekeeping	recursos materiais
layout	requisição de compras
matéria-prima	sinal da demanda
materiais auxiliares	sistema de reposição periódica
materiais diretos	sistema do ponto de pedido
materiais indiretos	sistema *just-in-time*
materiais não-produtivos	*softwares* de planejamento e controle
materiais produtivos	solicitação de compras
materials requirement planning (MRP)	

Questões para Discussão

1. O que são recursos materiais? No que difere o seu sistema de compras em relação às compras de bens patrimoniais? Por quê? Explique.

2. Por que a estrutura organizacional para comprar uma barragem deve ser diferente da estrutura de compras de uma empresa que compra sempre os mesmos produtos para abastecer sua linha de produção? Explique.

3. O que significa sinal da demanda? Como se dá o sinal da demanda para os bens materiais, como peças de reposição? E para bens patrimoniais, por exemplo, um prédio industrial?

4. O que é uma solicitação de compras? E um pedido de compras? Qual é, usualmente, a diferença entre ambos?

5. Explique sucintamente o seu entendimento do sistema de compras *just-in-time*. No que é diferente do sistema convencional?

6. O que é uma parceria estratégica? Cite alguns exemplos do seu conhecimento. As fusões entre grandes empresas podem ser consideradas como uma forma de parceria estratégica?

7. Nas negociações é muito comum a abordagem *ganha-ganha*. Qual o seu entendimento desta estratégia? Que vantagens ela traz?

Exercícios Propostos

1. A empresa Veloz comercializa o produto X e os componentes A e C. X, A e C são montados internamente e suas estruturas analíticas são fornecidas abaixo. A situação atual dos estoques disponíveis e informações sobre os lotes de montagem e de compra (para os itens comprados) e ES são também fornecidas. Sabendo-se que acaba de receber um pedido de 2.500 unidades de X, 1.600 unidades da submontagem A, e 650 unidades da submontagem C, determinar as quantidades (em unidades) a serem compradas dos itens M, N e P.

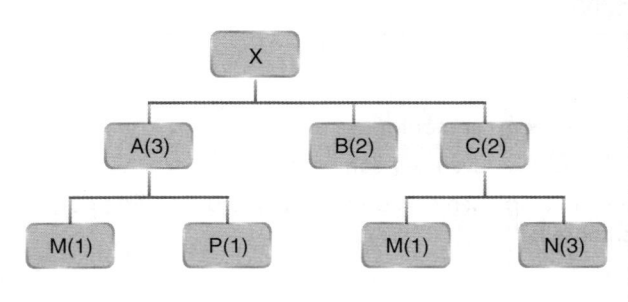

Item	Estoque	ES	Lote
X	0	500	600
A	600	0	1.000
B	800	500	1
C	380	500	600
M	0	400	800
N	22.500	800	500
P	8.500	300	1

2. Os produtos X e Y são montados e comercializados pela empresa Queluz S.A. As árvores (estrutura analítica) dos dois produtos são dadas a seguir:

A Companhia Queluz acaba de receber uma encomenda de 2.900 unidades do produto X e 1.400 unidades do produto Y. Os estoques disponíveis no momento do recebimento dos pedidos, os ES (Estoques de Segurança) e o tamanho dos lotes de montagem (para os itens montados: X, Y, A e B) e lotes de compra (para os itens comprados: M, N, P, Q e R), são dados abaixo:

Item	Estoque (unid.)	ES (unid.)	Lote (unid.)
X	0	700	400
Y	0	500	800
A	0	700	1200
B	500	600	500
M	5000	1300	1500
N	5430	1400	1
P	4500	1000	600
Q	600	800	500
R	1800	600	1

Determinar:

a) Quantas unidades de X e de Y devem ser montadas?

b) Quantas unidades de M, N, P, Q e R devem ser compradas?

3. A estrutura analítica do produto ioiô é apresentada a seguir. Existe um pedido para a entrega de 10.000 ioiôs na semana 10[11].

---

[11] EVANS, James R. *Production/operations management*: quality, performance and value. 5rd. ed. Minneapolis: West Bub. 1997.

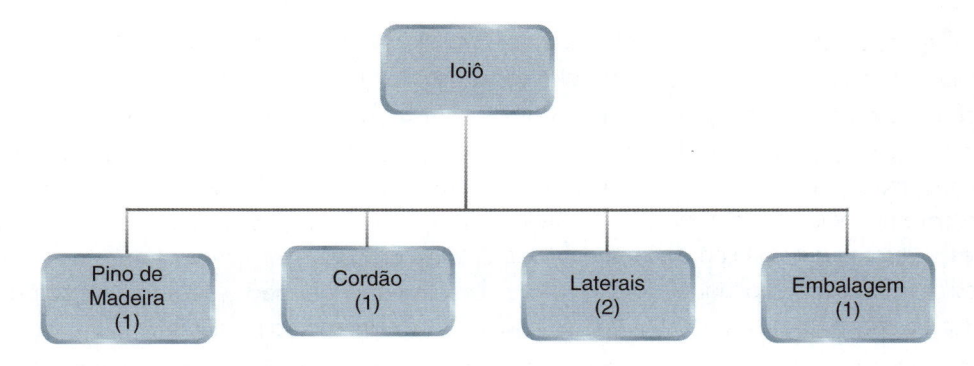

Os Estoques em mãos e os Tempos de Atendimento (TA) são dados abaixo.

Componente	Estoque em mãos	TA (semana)
Pino de madeira	100	1
Cordão	500	1
Lateral	200	5
Embalagem	0	3

Sabe-se que 200 laterais já foram encomendadas e que serão entregues na semana 6. Quando todos os componentes estiverem disponíveis, gasta-se uma semana para montar os 1.000 ioiôs.

a) Determinar as necessidades líquidas para cada componente. Resolver sem levar em conta os Tempos de Atendimento.

b) Levando-se em conta os Tempos de Atendimento, quando deverão ser emitidos os pedidos de compra e/ou montagem?

Estudo de Caso

O grupo Pão de Açúcar promove anualmente o encontro de fornecedores de frutas, legumes e verduras (FLV). Em 2003 foram mais de 200 agrofornecedores e empresas de transporte, embalagens e outros insumos que fizeram um balanço da evolução da compra direta de hortifrutigranjeiros da rede e discutiram novas propostas para melhorar o relacionamento entre as empresas.

O Pão de Açúcar gira mais de 1.600 toneladas de hortifrutigranjeiros por dia, num único centro de distribuição. A venda de FLV representou no ano passado 6,71% do faturamento de $ 11,6 bilhões do grupo, com uma movimentação de 550 mil toneladas. Para 2003, a empresa espera aumentar em 27% este volume, chegando a cerca de 700 mil toneladas.

Segundo o diretor de comercialização do grupo Pão de Açúcar, esse aumento reflete a opção, feita há dois anos, pelas negociações diretas com os produtores: "No começo das negociações, o produtor não estava preparado para negociar diretamente com o varejo. Eles se esforçaram muito para se adequar aos nossos padrões de qualidade".

Passado o período de dificuldades, as compras diretas já correspondem a 70% dos produtos de FLV da rede. O diretor de comercialização explica que para facilitar as negociações, a empresa criou normas de operação na compra de produtos hortifrutigranjeiros. Trata-se de um processo de qualificação, que conta com a consultoria de agrônomos, que acompanham os produtos desde a origem até a sua chegada ao consumidor final. "Nós criamos fichas técnicas que definem o perfil e a qualidade do produto que queremos levar aos nossos clientes, desde a cor até o tamanho", explica o diretor.

Mesmo com o sucesso da parceria com vários produtores, a empresa mantém ainda 30% de suas compras de hortifrutigranjeiros no atacado. "Mantemos a compra de produtos mais específicos, principalmente os que são encontrados no atacado apenas em algumas regiões", esclarece o diretor de comercialização.

O diretor de comercialização afirma que um dos objetivos da empresa com o encontro anual é aproximar os fornecedores do consumidor, desenvolvendo projetos conjuntos, que vão desde novos produtos até divulgação no ponto-de-venda.

Uma das metas a serem discutidas são as melhores práticas em distribuição e logística. "Do mesmo modo que temos hoje fornecedores que exigem da empresa um cuidado especial na exposição dos produtos, queremos que a entrega nos centros de distribuição funcionem de maneira eficiente e isso depende de compromissos com prazos", afirma o diretor de comercialização.

Ele conta ainda que no segmento de FLV os valores de transporte e embalagem chegam a representar até 18% do preço do produto. "Com os altos custos de distribuição, os produtores precisam ser muito competentes para manter a rentabilidade e ter uma fonte confiável de escoamento da produção."

Os festivais de produtos que a empresa faz sazonalmente são um exemplo de como manter a eficiência. Com um sistema de compra nacional em 12 Estados, a rede programa, juntamente com seus fornecedores, os melhores períodos para realização de promoções. "Com festivais como os da maçã, realizado pelo Extra, estamos buscando, além de alavancar as vendas, valorizar eventos regionais, como a Festa do Caqui de Mogi das Cruzes. Hoje, temos fornecedores que nos chamam para sugerir melhores momentos de realizar uma promoção", diz o diretor de comercialização.

Outra novidade que o grupo apresentou no encontro aos seus parceiros é a parceria com produtores de sementes híbridas. Em meio as discussões sobre os alimentos trangênicos, o Pão de Açúcar intervém na cadeia produtiva ao abrir um espaço para a venda experimental de produtos que ainda não estão sendo produzidos em larga escala.

"Além de encontrar produtos de qualidade para nossos clientes, nós encurtamos o caminho da negociação entre os produtores. Agora, o fornecedor de sementes, ao vender seus produtos, já pode falar: compre esta semente porque o Pão de Açúcar quer 500 caixas por dia", afirma o diretor de comercialização.

Fonte: OLIVEIRA, R. Pão de Açúcar aposta em compras diretas. *Gazeta Mercantil*, São Paulo, 12 jun. 2003. Disponível em: <www.investnews.com.br>.

Questões para Discussão

1. Quais novas metodologias da área de compras podem ser identificadas no texto apresentado anteriormente?
2. Na sua opinião porque produtos específicos continuam sendo comprados no atacado?
3. Quais critérios de avaliação você iria propor para um programa de avaliação dos produtores? Discuta.
4. Considerando o *just in time*, caixeiro-viajante, ponto de pedido, reposição periódica e contrato de fornecimento, qual sistema se adapta mais às necessidades do Pão de Açúcar? Por quê? Discuta.

Capítulo 6

Aquisição de recursos patrimoniais: empreendimentos e equipamentos

6.1 Introdução

A empresa deve preparar-se para gerir um empreendimento, que muitas vezes pode durar anos para ficar pronto. Essa preparação exige, por exemplo, o desenvolvimento dos recursos humanos, tecnologia específica, *softwares* de planejamento e de controle de empreendimentos e um conjunto de procedimentos já testados.

As principais características de um empreendimento são: ter um objetivo bem definido, especificações técnicas, prazo (início e fim definidos), orçamento, organização, planejamento e controle centralizados e execução descentralizada. Se caracterizam também por não serem repetitivos e terem um certo grau de irreversibilidade, isto é, uma vez iniciados não podem ser revertidos sem ônus.

O *objetivo* é a finalidade do empreendimento. Pode ser, por exemplo, construir uma nova fábrica ou adquirir um novo equipamento de projeto especial. Deve-se saber, *a priori*, o que será feito com todas suas *especificações* definidas.

O *prazo* define a data de início e término. No *orçamento* é feita uma estimativa dos custos que serão incorridos na realização do empreendimento. Para se levar a bom termo um empreendimento, necessário se faz dotá-lo de uma *organização* adequada e pessoal devidamente habilitada para tal.

Como a realização de um empreendimento envolve recursos das mais variadas naturezas e procedências, é essencial a *centralização do planejamento e do controle*. Como ocorre o envolvimento de muitas especialidades, seria até mesmo impossível centralizar a execução de todos os trabalhos envolvidos, sendo, pois, necessário *descentralizar a sua execução*.

6.2 Recursos Patrimoniais

Recursos patrimoniais são instalações, utilizadas nas operações do dia-a-dia da empresa, mas que são adquiridas esporadicamente. Prédios, equipamentos e veículos da empresa podem ser classificados como recursos patrimoniais.

Dependendo do porte da empresa, poderá estar constantemente adquirindo e vendendo bens patrimoniais. De acordo com a sua complexidade, prazos de fabricação ou construção, os bens patrimoniais são classificados em equipamentos ou então em prédios, terrenos e jazidas. **Equipamentos** são, por exemplo, máquinas operatrizes, caldeiras, reatores, pontes rolantes, ferramentas especiais, veículos, computadores e móveis. Já dentro da classificação de **prédios**, **terrenos** e **jazidas**, como o próprio nome diz, entram edifícios e instalações prediais em geral, terrenos e jazidas.

A organização para a aquisição de bens, como uma nova instalação industrial, é bem diferente da utilizada para comprar equipamentos mais simples como um fundido para ser usinado. Adquirir bens envolve muito mais recursos, é extremamente particular, com projetos e tecnologias específicas, e é feito muito esporadicamente (às vezes, uma única vez). Já no caso do fundido, que é comprado, por exemplo, duas vezes por mês, há muito mais rotinas, padrões e experiência.

A aquisição de bens patrimoniais ou **empreendimentos**, como eles também são conhecidos — como uma barragem, um novo prédio a ser construído ou uma nova fábrica —, é um campo bastante específico na administração. Denominamos esse campo **administração de empreendimentos** ou **administração de projetos**.

Figura 6.1   Classificação dos Bens Patrimoniais

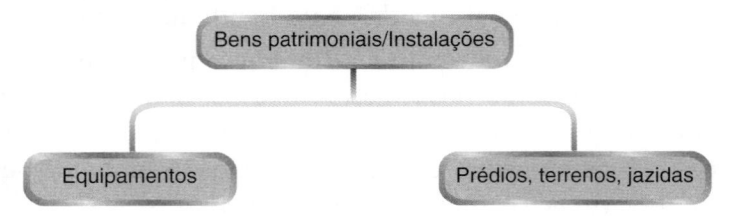

6.3   Organização

A forma organizacional mais freqüentemente encontrada é a **matricial**, quando se define uma **força-tarefa** para levar adiante o empreendimento. Essa força-tarefa, que deverá ter um líder, contará com recursos humanos das mais variadas áreas da própria organização ou de terceiros subcontratados. A Figura 6.2 mostra um exemplo de organização matricial.

Figura 6.2   Organização Matricial

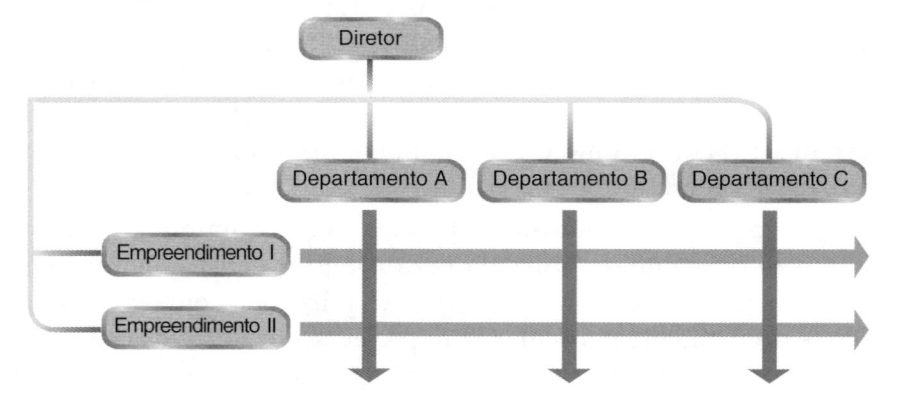

Dependendo das dimensões do empreendimento, o grau de autoridade do líder poderá variar. Muitas vezes a força-tarefa é tão grande que constitui uma empresa independente, chamada geralmente de *gerenciadora*. No Brasil existem várias dessas organizações. Tais empresas levam a cabo o empreendimento, desde o início até a sua entrada em operação (*start-up*). Quando isso ocorre, diz-se que a forma contratual foi do tipo *turnkey*, ou como usualmente traduzido, chave-na-mão. As formas mais comuns de organização, em função do grau crescente de orientação para empreendimentos, são expedidor de empreendimento, coordenador de empreendimento e gerente de empreendimento (matricial ou força-tarefa). Veja como isso ocorre na prática em grandes empreendimentos:

A Peugeot do Brasil e a Citroën do Brasil não estão sob o comando da Peugeot Citroën S/A, responsável pela construção de uma fábrica em Porto Real, com 32% de seu capital nas mãos do governo do Rio de Janeiro. Assim, a Peugeot Citroën S/A é a empresa gerenciadora do empreendimento no Rio de Janeiro.

As duas empresas (Peugeot do Brasil e a Citroën do Brasil) têm um comando independente e direto na França.

O principal executivo da Citroën explica que a companhia tem um esquema de organização 'matricial', semelhante ao da Ford norte-americana. Os principais executivos no Brasil se reportam diretamente às diretorias correspondentes na França.

Na Europa, é a holding PSA que controla as duas marcas. A PSA tem 68% do capital da Peugeot Citroën S/A, que comandará as linhas de montagem da Citroën e da Peugeot no Rio de Janeiro.[1]

6.4 *Softwares* de Planejamento e Controle

O sistema de planejamento e controle normalmente utilizado no gerenciamento de empreendimentos é, sem dúvida, a essência da metodologia. Não fora o advento desse sistema, baseado no desenvolvimento das técnicas do **caminho crítico**, seria, para o gerente de empreendimentos, muito difícil o controle, que às vezes atinge centenas de atividades inter-relacionadas que ocorrem simultaneamente.

O sistema básico, que é orientado pelo tempo, indica ao gerente como e quando uma atividade será executada, e o sistema de custo/mão-de-obra informa sobre os recursos necessários à realização do empreendimento. A procura de uma forma adequada de administração levou às teorias e práticas das técnicas do caminho crítico, hoje popularizadas como **PERT/CPM**.

Já estão disponíveis no mercado vários *softwares* de gestão de projetos ou empreendimentos, com vários níveis de sofisticação e de custo, a exemplo do MS PROJECT da Microsoft.

6.5 Procedimentos

A aquisição de um bem cujo processo de execução possa ser classificado como um empreendimento deve seguir os procedimentos definidos pela empresa em seus manuais de projeto ou empreendimento, na parte referente a suprimentos. **Suprimentos** (*procurement*) têm um significado bem amplo, in-

---

[1] VILARDAGA, V. Uma estrutura 'matricial'. *Gazeta Mercantil*, C-5, São Paulo, 20 jun. 2000. Disponível em: <www.investnews.com.br>.

clui todas as atividades necessárias para identificar, selecionar, negociar, comprar, acompanhar, transportar, inspecionar, dispor internamente, resgatar (de sinistros) os insumos necessários à fabricação de um bem ou à prestação de um serviço. O fluxograma da Figura 6.3 mostra o esquema de suprimentos:

Figura 6.3   As Fases da Função Suprimentos

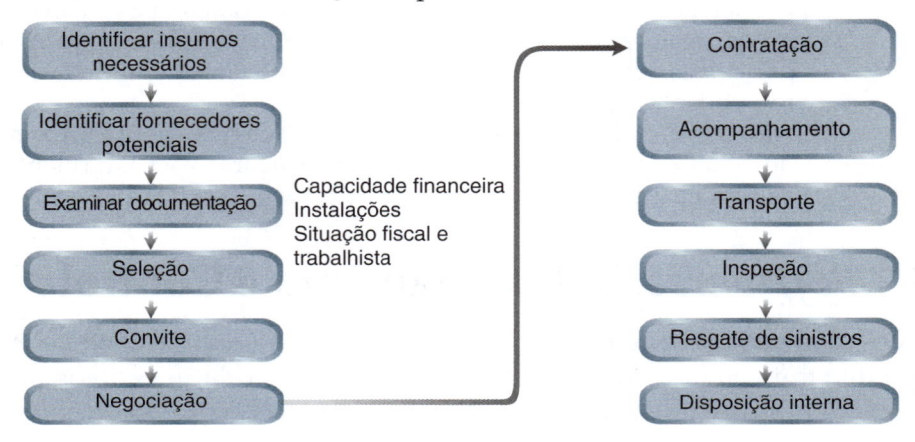

A *identificação de insumos e fornecedores* é feita por meio de prospecção de mercado, consulta a banco de dados, catálogos específicos, páginas amarelas, guias de compras, entidades de classe, centros de pesquisas avançadas (descoberta de novas tecnologias), Internet, *home pages*, visitas a feiras e exposições.

A *seleção de insumos e fornecedores* é feita depois de identificados os fornecedores dos insumos que tenham a qualidade e faixa de preços aceitáveis. No processo para uma seleção prévia devem ser observados vários aspectos, como certidões negativas para a documentação fiscal e trabalhista do proponente, a capacidade financeira do fornecedor para levar adiante o pedido, incluindo capital de giro, liquidez, pendências com credores, rentabilidade, grau de endividamento e giro de estoques. Na seleção também é importante realizar uma visita às instalações para verificar o nível de atualização dos equipamentos, o controle dos materiais, as condições de trabalho (segurança e *housekeeping*), existência de proteção contra incêndios ou outros tipos de sinistros e capacitação técnica para atender o pedido. Outros pontos importantes que podem ser examinados numa visita são verificar se o fornecedor está fabricando algo parecido com o pedido em questão e se a mão-de-obra apresenta sinais de ser bem treinada e motivada. Pode-se também levantar com os clientes, do propenso fornecedor, qual a sua reputação nos negócios ou se tem sido pontual nos compromissos assumidos.

Como se vê, não é tarefa fácil a seleção de novos fornecedores, principalmente quando ainda não se tem experiência com o produto e/ou serviço que, muitas vezes, estará sendo fabricado e/ou fornecido pela primeira vez. Com a globalização da economia é cada vez maior o número de empresas brasileiras que procuram fornecedores no exterior, não só por motivos de preços mais baixos como também de melhor qualidade.

Aos selecionados será feito um convite para o fornecimento de um conjunto de produtos e serviços. O convite ou licitação depende do porte do fornecimento, dos procedimentos internos e do tipo de empresa — nas empresas do setor público ou economias mistas, esse assunto é regido por legislação específica. Os principais são concorrência pública, tomada de preço, carta-convite.

Na **concorrência pública**, o objeto e as condições do fornecimento são divulgados por meio dos órgãos de imprensa com penetração regional, nacional ou internacional. A empresa licitante coloca à disposição dos interessados o *edital*, em que são detalhados os pré-requisitos legais, financeiros e técnicos a serem atendidos pelos proponentes. Em geral os editais especificam que as propostas devem ser divididas em três envelopes, sendo um com a demonstração do atendimento dos pré-requisitos legais, o segundo com a proposta técnica e o terceiro, e último, com a proposta financeira. Qualquer fornecedor pode participar da concorrência, desde que atenda às exigências do edital. Os valores dos contratos tendem a ser mais elevados do que nas outras formas de licitação pública.

O processo de julgamento e adjudicação segue, em linhas gerais, um roteiro. Primeiro, em sessão pública, em local e hora especificados no edital, com a presença de todos os proponentes participantes, são abertos os envelopes da documentação legal. Aqueles que não atenderem aos pré-requisitos especificados já são eliminados da etapa seguinte. Em seguida as propostas técnicas são abertas e rubricadas por todos os participantes concorrentes. A comissão de julgamento da empresa licitante terá um prazo para avaliar as propostas técnicas. Nessa fase alguns outros proponentes poderão ser desclassificados. Ao proponente que obtiver a melhor nota na proposta técnica será dada a oportunidade de negociação do preço podendo ser a ele adjudicado o fornecimento.

Há **tomada de preço** quando o objeto e dimensão do fornecimento não comportam uma concorrência pública, nacional ou internacional. A tomada de preços tem basicamente as mesmas características de uma concorrência pública. O processo de julgamento e adjudicação também é o mesmo.

Na **carta-convite**, um número limitado de proponente é convidado a apresentar propostas nos termos de um edital que lhes será vendido, caso apresentem interesse em concorrer. O processo de julgamento e adjudicação é basicamente o mesmo dos dois casos anteriores.

Em 1999, o governo brasileiro colocou na Internet seu sistema de licitação e compras. Para se ter uma idéia da importância da "grande rede" nos negócios, só nos primeiros 20 dias de operação, o número de fornecedores cadastrados mais do que dobrou (passaram de 40 mil para 88 mil, dos quais 30% eram microempresários).

A fase de *negociação e contratação* ocorre depois de vencidas as etapas anteriores. Nela, o proponente com melhor nota técnica é chamado para as negociações de preços e das condições de fornecimento. Essa fase é finalizada com a emissão de um *contrato de fornecimento* ou *de prestação de serviços*, ou de um *pedido de fornecimento* ou *de compras*, que normalmente tem força de um contrato.

Para que haja o processo de negociação é necessário que o máximo preço que o licitante esteja disposto a pagar seja superior ao preço mínimo que o fornecedor esteja disposto a aceitar. A Figura 6.4 mostra esquematicamente o que deve ocorrer. Essa negociação pode ser resolvida com um simples telefonema ou uma troca de fax ou demorar semanas e até meses.

Figura 6.4 Faixa de Negociação

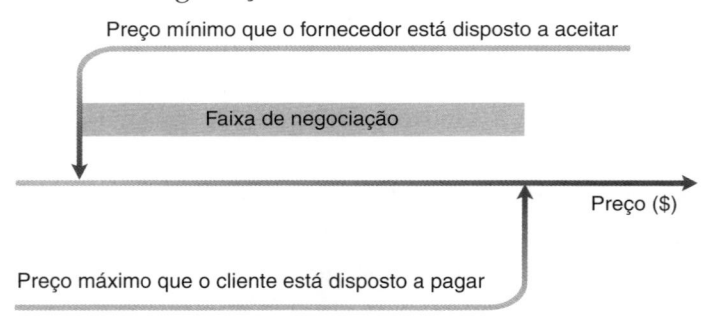

O *acompanhamento* (*follow-up*) é sempre necessário, principalmente quando a compra é mais complexa. Não se pode esperar o vencimento da data de entrega para saber se o fornecedor cumpriu ou não os prazos e condições. Torna-se necessário acompanhar as várias fases do fornecimento, devidamente especificadas no contrato, para que ações corretivas possam ser tomadas a tempo.

A contratação do *transporte* e *seguros* também é atribuição da função suprimentos. No caso de grandes projetos industriais, o custo do transporte e respectivos seguros pode chegar a algo em torno de 3% a 5% do custo total do empreendimento.

A *inspeção* é feita durante todo o processo de fabricação, quanto à sua conformidade às especificações técnicas do projeto. É normal os inspetores da qualidade, em grandes e complexos projetos, pertencerem à unidade de suprimentos. Para os produtos ou serviços padronizados, a inspeção é feita normalmente no recebimento, principalmente quando os fornecedores não são certificados.

A *disposição* ou *condicionamento interno*, quer em almoxarifados ou não, é de responsabilidade da função suprimentos. O controle dos níveis de reposição, a decisão quanto à oportunidade da compra e quanto à quantidade a comprar, é função típica de suprimentos.

Em caso de *sinistros* como incêndios, inundações, roubos e furtos, cabe à função suprimentos tomar as medidas necessárias no que se refere ao resgate de peças, componentes e instalações com as autoridades, como também acionar as seguradoras. É usual a área organizacional de suprimentos contar com a assessoria jurídica própria.

Como se vê, a função suprimentos adquire importância fundamental no bom andamento dos negócios da empresa. A gestão de todas as atividades envolvidas, tendo em vista a aquisição de vários produtos simultaneamente, requer um planejamento detalhado, constituindo, muitas vezes, em vantagem competitiva para a empresa. Todas essas fases ocorrem simultaneamente quando do se têm vários processos em andamento. Mesmo quando se analisa um processo de suprimento isoladamente, as várias fases não são estanques, isto é, há uma sobreposição entre elas. A Figura 6.5 apresenta um cronograma típico do processo, em que se pode constatar que a Compra 1 está adiantada, a Compra 2, atrasada, a Compra 3, em dia e a Compra n, atrasada.

Figura 6.5 Cronograma de Suprimentos

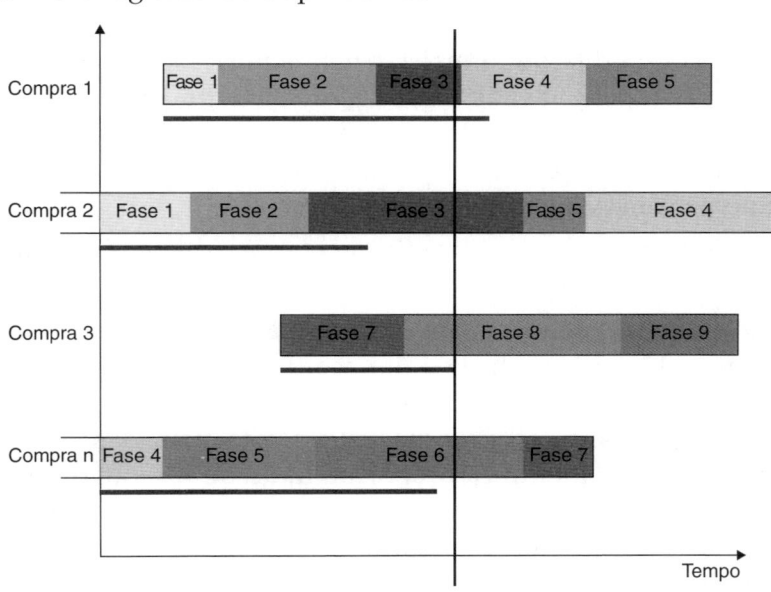

6.6 O Sinal da Demanda

A demanda para bens patrimoniais decorre do planejamento a médio e longo prazos efetuado pelas empresas. Trata-se geralmente da construção de uma nova fábrica, a mudança das instalações fabris para outro endereço ou mesmo a abertura de novos escritórios em outra localidade.

Nas esferas governamentais, a ocorrência é bem mais freqüente, pois as obras de infra-estrutura, normalmente a cargo dos órgãos públicos, estão freqüentemente sendo adquiridas por meio de licitações públicas.

6.7 Contratos

A formalização do acordo de aquisição de um bem patrimonial, devido às suas características peculiares — complexidade, especificidade, prazos, penalidades por inadimplências — é feita por meio de um contrato. As formas e tipos de contratos são regulados por legislação específica e devem refletir todos estes tópicos.

Em face da natureza diversa dos fornecimentos, existem vários tipos de contratos já consagrados. Desde que não contrariem a legislação vigente, qualquer acordo entre comprador e fornecedor pode fazer parte do contrato. Os tipos mais comuns são pedido de compra, contrato em aberto, por cotas de fornecimento ou entrega, de fornecimento em conta corrente, de fornecimento de serviços e de intenção de compra.

Um **pedido de compra** (PC) ou de fornecimento (PF) é um contrato. É uma forma mais expedita de formalizar uma aquisição, principalmente para itens de compras repetitivas, de baixo valor, curto prazo de entrega e itens padronizados. Muitos pedidos de compra trazem na sua face as condições específicas e no verso, os termos gerais do fornecimento, assumindo uma roupagem muito próxima da de um contrato normal.

Não é adequado para a utilização na compra de bens patrimoniais. É mais recomendado para a aquisição de bens materiais.

Quando é possível delinear com certa precisão o escopo dos trabalhos ou fornecimentos a efetuar e se chega a um acordo quanto aos preços unitários, as partes podem definir um **contrato em aberto** ou contrato guarda-chuva. Nele, as parcelas dos serviços ou fornecimentos são efetuadas no decorrer do tempo. Sempre que se identifica a oportunidade de um novo serviço, uma *ordem de serviço* (OS) específica é assinada, definindo os prazos de entrega, já que os preços unitários e demais condições já estão definidas no contrato principal. É uma situação bastante comum no caso de bens materiais com entregas mediante programação fornecida pelo comprador, a exemplo do que ocorre entre as montadoras e a indústria de autopeças, como também no setor de obras e serviços contratados pelo setor público.

O **contrato por cotas de fornecimento** ou **entrega** é aquele em que o cliente obriga-se a adquirir uma certa quantidade fixa de um certo produto, por unidade de tempo, isto é, tem uma cota mínima de, digamos, 100 unidades por mês. É um procedimento típico de situações de mercado comprador, em que a oferta é insuficiente para atender à demanda.

O **contrato de fornecimento em conta corrente** é situação típica de compras de pequenos valores, pouca quantidade e alta freqüência. No fim de um certo período, por exemplo, um mês, o fornecedor reúne todas as vendas efetuadas e emite uma única fatura, englobando toda a compra.

O **contrato de fornecimento de serviços** ocorre quando o contratado fornecerá serviços, das mais variadas naturezas. Ao comprador cabe a análise da capacidade técnica dos profissionais que estarão envolvidos na execução dos serviços.

O **contrato de intenção de compra** é a situação pouco usual em que um fabricante, tendo desenvolvido um novo produto, procura clientes interessados na sua compra. O fornecedor já dispõe de estimativas bem razoáveis de preço e prazos de entrega. Em muitos casos, o comprador, ao manifestar sua intenção, efetua um adiantamento, tendo uma data máxima em que deverá confirmar ou renunciar à sua intenção. Exemplos são a compra de aviões de um novo modelo.

6.8 Aquisição de Equipamentos

Bens patrimoniais, como **equipamentos**, merecem atenção especial dos gerentes, em face da sua complexidade que, muitas vezes, exige estudos detalhados. Não é fácil chegar a uma conclusão firme sobre as vantagens e desvantagens de um equipamento em relação a um outro concorrente, havendo somente uma oportunidade para se acertar. O erro pode levar a empresa à falência.

Podemos identificar dois casos típicos de aquisição de equipamentos, que iremos analisar separadamente: os equipamentos de catálogo e de projeto especial.

Os **equipamentos de catálogo** ou **padronizados** são aqueles cujas características, como desempenho, funções, volume, peso, opcionais e cores, são previamente especificadas pelo fabricante, cabendo ao comprador pouca ou nenhuma margem de mudança. A opção do comprador é escolher entre dois ou mais modelos de um mesmo fornecedor ou dois ou mais fornecedores de um produto equivalente no atendimento dos seus objetivos. O processo de aquisição é semelhante ao dos bens materiais, descrito no capítulo anterior.

Os **equipamentos de projeto especial** são projetados e construídos para atender especificamente às necessidades de um comprador. Deve ser adaptado às circunstâncias do ambiente do cliente. O processo aquisitivo, nesse caso, é muito semelhante ao de uma obra, como um edifício, uma ponte ou uma barragem, mantidas as devidas proporções. A empresa compradora deve criar uma equipe interna *ad hoc* para tal fim ou mesmo contratar uma empresa externa para conduzir o processo. No caso da equipe interna, a sua organização em muito se assemelha a de um empreendimento, isto é, matricial.

O processo de compra irá gerar um contrato de fornecimento bem detalhado, devendo conter, entre outras, especificações, proposta de preço e demais condições de fornecimento, avaliação pela equipe e negociação.

Nas **especificações**, os proponentes fornecedores deverão reunir-se com a equipe do projeto para definirem detalhadamente as especificações do equipamento, no que se refere ao seu desempenho, confiabilidade, condições de operação, vida útil de peças e componentes ou intercambiabilidade de peças.

Na **proposta de preço** e demais condições de fornecimento, os proponentes devem apresentar detalhada proposta de preço e demais condições para o fornecimento do equipamento.

Na avaliação pela equipe, a empresa ou equipe para efetuar a aquisição deve fazer uma avaliação das propostas e dos proponentes, visitando suas instalações fabris, levantando seus cadastros quanto aos bancos e órgãos públicos, como INSS, Cetesb e Receita Federal.

Durante o processo de negociação com um ou mais proponentes, devem ficar claros os seguintes pontos, que serão partes integrantes do **contrato de fornecimento**:

- **Condições de Pagamento:** A forma de pagamento, quanto aos valores e datas de ocorrência, como também os pré-requisitos a serem atendidos, deve ficar bem clara.

- **Responsabilidade pelo Transporte e Instalação:** De quem será a responsabilidade pelo transporte do equipamento das instalações do fabricante até as do consumidor? E o transporte interno dentro da fábrica do comprador (muitas vezes adquire grande complexidade)? A mesma pergunta é válida para as instalações elétricas, de ar comprimido ou de vapor.

- **Prazo para o Equipamento Atingir o Desempenho Especificado:** É usual um equipamento recém-instalado demandar um certo tempo para atingir a sua capacidade produtiva previamente acordada. Deve ficar claro o prazo que o fornecedor dispõe para atingir tais padrões, sob pena de incorrer nas multas previstas.

- **Garantia:** Quais as garantias fornecidas pelo fabricante, quanto ao funcionamento do equipamento como um todo ou das peças críticas? Qual o prazo máximo em que se compromete a trocar peças ou componentes que tenham quebrado ou não estejam funcionando a contento?

- **Peças Sobressalentes:** Quais peças e em que quantidades serão fornecidas como sobressalentes? Estão incluídas no preço do equipamento ou serão faturadas à parte?

- **Manutenção e Serviços Pós-Venda:** Como serão efetuadas as manutenções preventivas e corretivas do equipamento? Quem será o responsável?

- **Obtenção de Licença de Funcionamento:** A instalação de um novo equipamento muitas vezes exige autorizações especiais dos órgãos de controle, como Cetesb e Corpo de Bombeiros. Às vezes o transporte do equipamento pelas vias públicas exige autorização prévia das autoridades de trânsito. A quem cabe a responsabilidade de obtê-las?

- **Manuais de Operação:** O equipamento virá com os respectivos manuais de operação e manutenção? Se não, a quem cabe a responsabilidade de prepará-los?

- **Treinamento:** Quem irá cuidar do treinamento do pessoal para operar e manter o novo equipamento? Em que prazo estarão treinados? O treinamento será efetuado no próprio equipamento que foi comprado ou em outro já instalado em outra empresa?

- **Penalidades:** Quais as penalidades incorridas pela parte inadimplente? Em que condições serão aplicadas? Existem motivos de força maior, como previstos na legislação vigente?

- **Seguros:** Quem se encarregará dos seguros, como os de transporte, acidentes de outra natureza, de desempenho (*performance bond*)?

Conclusão

A construção de grandes obras, como uma barragem do porte de Itaipu, requer uma tecnologia de compras toda especial. O número de itens e a sua complexidade irão exigir um esforço concentrado de um grande número de pessoas, com as mais variadas especialidades, durante vários anos. Necessário se faz dotar esta equipe de uma organização, como também dos recursos de planejamento e controle, adequados aos objetivos de prazos, especificações técnicas e custos previstos.

A organização matricial tem sido a mais indicada a estes tipos de projetos, chamados também de empreendimentos. Na grande maioria das vezes são utilizados *softwares* específicos de planejamento e controle dos fornecimentos, denominados *técnicas do caminho crítico* e conhecidos por PERT/CPM.

Mesmo não se tratando de um grande empreendimento, tais formas de organização e controle podem ser utilizadas. É o caso de compra de equipamentos de certa complexidade, não de "prateleira". É prudente organizar uma equipe, tipo força-tarefa, para levar a cabo a compra. A organização dessa força-tarefa é bem semelhante, guardadas as devidas proporções, à dos grandes empreendimentos, com a utilização de *softwares* de planejamento e controle com capacidade de processamento proporcionais ao projeto.

Termos-Chave

administração de empreendimentos

administração de projetos

caminho crítico

carta-convite

concorrência pública

contrato

contrato chave-na-mão (*turnkey*)

contrato de fornecimento

contrato de fornecimento de serviços

contrato de fornecimento em conta corrente

contrato de intenção de compra

contrato em aberto

contrato guarda-chuva

contrato por cotas de fornecimento

edital

empreendimento

empresa gerenciadora

entrada em operação (*start up*)

Equipamentos

equipamentos de catálogo

equipamentos de projeto especial

força-tarefa

manuais de operação

matricial

negociação
organização matricial
organização por força-tarefa
penalidades contratuais
PERT/CPM
Prédios, terrenos e jazidas

proposta de preço
recursos patrimoniais
suprimentos (*procurement*)
técnicas do caminho crítico
tomada de preço
tomada de preço

Questões para Discussão

1. Que são recursos patrimoniais? No que o processo de sua aquisição difere do processo de aquisição de bens materiais?

2. A organização do setor de compras encontrada na maioria das empresas é adequada para a compra de uma grande obra, como uma ponte, por exemplo? Por quê?

3. Por que na formalização da compra de um empreendimento é usual usar um contrato de fornecimento em vez de um simples pedido de compras?

4. Quantos tipos de contrato você conhece? Cite alguns exemplos.

5. O que significa dizer que um contrato é do tipo guarda-chuva?

6. O que é um contrato do tipo chave-na-mão ou *turnkey*? Quais as suas vantagens e desvantagens?

7. Qual a importância e cuidados que devem ser tomados quando do transporte de equipamentos em um empreendimento?

8. O que é *performance bond*?

9. O que são penalidades contratuais?

10. Até onde vai a responsabilidade do fornecedor quanto às eventuais indenizações, decorrentes de inadimplências?

Estudo de Caso

Muitos executivos perguntam-se sobre o real valor e a aplicabilidade dessa tal "gerência de projetos" nas empresas. A mesma questão já foi formulada repetidas vezes por pessoas envolvidas em empreendimentos das mais diferentes complexidades — da preparação de uma nova campanha de marketing à construção de uma hidrelétrica, de um novo sistema de fluxo de caixa ao envio do homem à lua. Tudo bem, mas onde começou tudo isso?

O grande catalisador do gerenciamento de projetos foi o Departamento de Defesa Americano. Através de iniciativas como o programa Polaris (1957-58), esse departamento alavancou ferramentas de diagramação de rede como PERT

(Program Evaluation and Review Technique) e tantos outros termos hoje usados.

Depois dos militares, os setores de construção, automotivo, cinematográfico e aeroespacial perceberam rapidamente o quanto poderiam estar se beneficiando através dessa abordagem.

Gerenciamento de times multidisciplinares e conquista de objetivos únicos dentro de períodos determinados de tempo e com limitações de recursos parecem mais factíveis. A cada dia surgem novos estudos e técnicas que apóiam as áreas de conhecimento envolvidas no gerenciamento de projetos. Exemplos de empresas desenvolvidas a partir dos conceitos de Project Management, PMO (Project Management Office), poderosíssimos softwares de planejamento e de controle, e metodologias de gerenciamento estão cada vez mais presentes no cotidiano.

Se o desenvolvimento de um departamento, divisão ou empresa depende de projetos, nada mais sensato do que realizá-los com excelência. Na verdade, não se gerencia projetos por gerenciar. O que realmente se espera é uma melhoria de performance. Diretores e clientes não gostam de surpresas. Em função disso, talvez uma outra ótica para se ver gerência de projetos seja como uma apólice de seguros. Planejamento e controle são partes integrantes do jogo e, por definição, reduzem os fatores de risco envolvidos nesse ambiente de constante mudança.

O bom gerenciamento de projetos não significa somente entregar dentro do prazo, do orçamento previsto e com qualidade. Há muito mais por trás dessa definição de sucesso. Um projeto, antes de tudo, é constituído por pessoas. Fazer com que essas pessoas sintam-se bem e cresçam em torno de um objetivo comum também é um indicativo de sucesso. Multiplique isso por um ambiente de característica passageira, como o de um projeto, e veremos a importância do conhecimento e da experiência necessários para um gerente de projetos. Outro indicativo é o aprendizado armazenado para projetos futuros. As chamadas lições aprendidas. Não faz sentido errar duas vezes.

Alguns autores dizem que gerenciar projetos é, na verdade, gerenciar problemas o tempo todo. Talvez estejam corretos. O fato é que independente da área de atuação da empresa, é necessário adaptar processos, treinar pessoas, disponibilizar ferramentas e, se preciso, mover montanhas para aumentar as chances de atingir os objetivos.

Fonte: BARCAUI, A. P. Por que gerenciar projetos? *Portal Exame*, 9 jan.2002. Acessado em: 11 jul. 2003. Disponível em: <http://portalexame.abril.com.br>.

Questões para Discussão

1. Dada a relevância da gestão de projetos apresenta no artigo acima, discuta, para a aquisição de uma instalação de uma microcervejaria, as atividades que devem ser executadas nas fases a seguir:

   i. Definição de objetivos e organização

   ii. Metodologia de planejamento e controle

iii. Seleção prévia de insumos e fornecedores

iv. Negociação e contratação

v. Contrato de fornecimento

vi. Acompanhamento (*follow up*)

vii. Seguros

viii. Liberação de equipamento (*turnkey*)

2. Na sua opinião, como o aprendizado armazenado no projeto da questão 1 poderia ser útil em outros projetos, não obrigatoriamente de microcervejarias.

3. Leia a afirmação seguinte:

"...gerenciar projetos é, na verdade, gerenciar problemas o tempo todo."

Ela é válida no gerenciamento de empreendimentos? Por quê?

PARTE 3

Administração de materiais – estoques

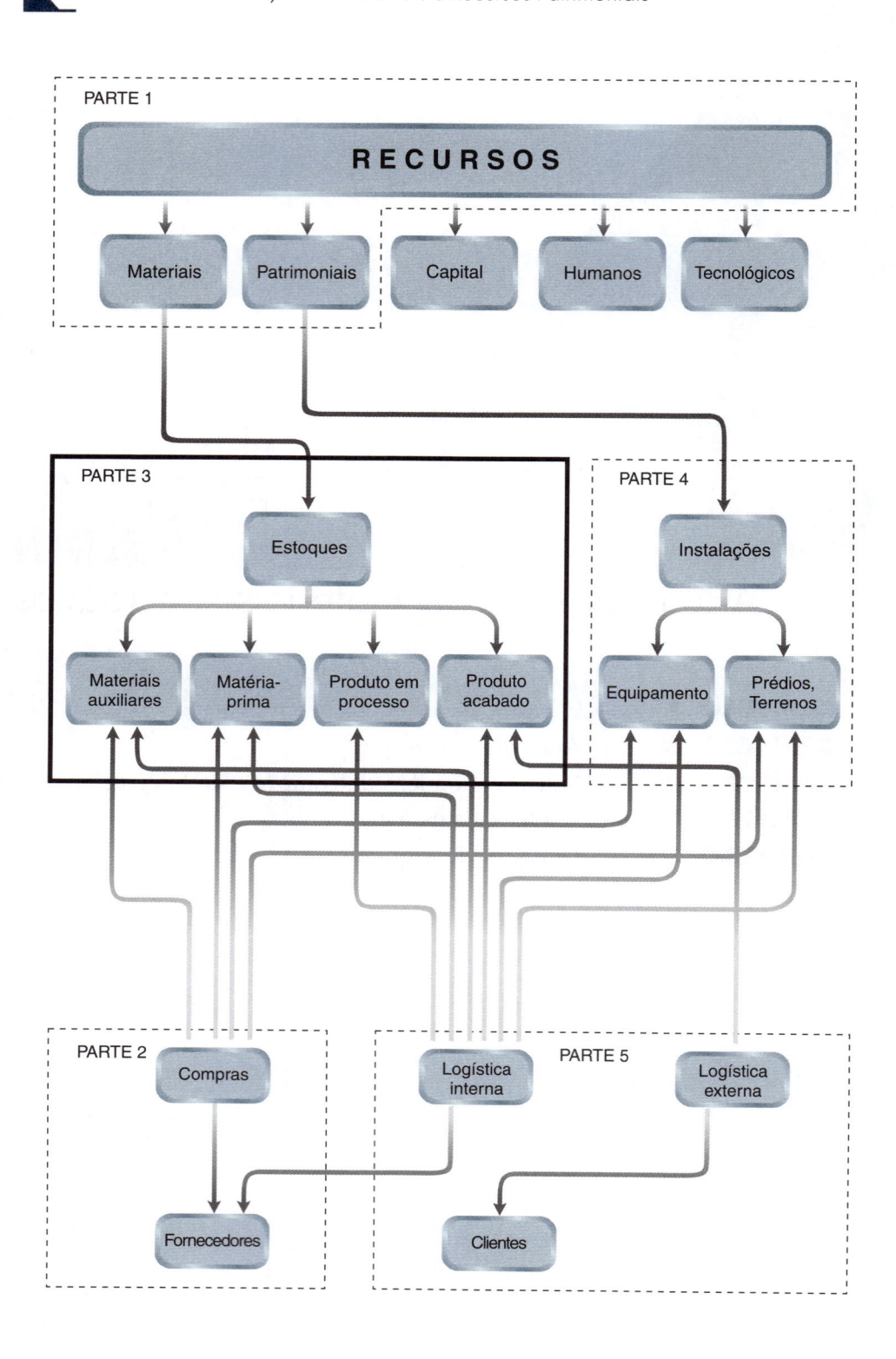

Capítulo 7

O papel dos estoques na empresa

7.1 Introdução

O estudo do papel dos estoques nas empresas é tão antigo quanto o estudo da própria administração. Como elemento regulador, quer do fluxo de produção, no caso do processo manufatureiro, quer do fluxo de vendas, no processo comercial, os estoques sempre foram alvo da atenção dos gerentes.

Visto como um recurso produtivo que no final da cadeia de suprimentos criará valor para o consumidor final, os estoques assumem papel ainda mais importante. Hoje todas as empresas procuram, de uma forma ou de outra, obter uma vantagem competitiva em relação a seus concorrentes, e a oportunidade de atendê-los prontamente, no momento e na quantidade desejada, é facilitada por meio da administração eficaz dos estoques.

Assim, estudaremos na Parte 3 como tirar vantagens dos estoques, obtendo o máximo de retorno e benefícios em relação ao capital e aos recursos investidos.

A gestão do fluxo de materiais, serviços e informações, desde o fornecedor inicial até o consumidor final, constitui a essência da logística. Esse fluxo será analisado sob o aspecto da cadeia de suprimentos. Já tivemos uma introdução na Parte 2, quando vimos o processo de aquisição dos recursos materiais e patrimoniais. Na Parte 5, retomaremos o assunto, estudando a distribuição dos recursos materiais já na forma de produtos acabados. Veja a seguir uma aplicação estratégica dos estoques:

De setembro de 2002 a março de 2003, o Brasil importou mais e exportou menos petróleo, apesar da produção interna ter aumentado e o consumo ter registrado declínio no início de 2003. Tratou-se de uma formação de estoques estratégicos para a guerra entre os Estados Unidos e o Iraque. Ao reduzir as exportações e aumentar as importações — num período em que a produção interna estava aumentando e o consumo caindo —, houve um aumento óbvio da disponibilidade de petróleo no País.

A formação do "estoque estratégico" de petróleo é uma "questão antiga" no setor.

Um ex-dirigente da Petrobras considera esta questão "complexa" porque a empresa é a única no País com estrutura suficiente para a formação de estoques.

"Isso tem custos e certamente o governo relutaria em absorver essas despesas. Mas a Petrobras, enquanto empresa, não pode absorver essa atribuição", comentou o ex-dirigente.[1]

7.2 Tipos de Estoques

Os **estoques** têm a função de funcionar como reguladores do fluxo de negócios. Como a velocidade com que as mercadorias são recebidas — unidades recebidas por unidade de tempo ou entradas — é usualmente diferente da velocidade com que são utilizadas — unidades consumidas por unidade de tempo ou saídas —, há a necessidade de um estoque, funcionando como um amortecedor (*buffer*). A analogia com a caixa-d'água de nossas residências é muito adequada. A Figura 7.1 mostra esquematicamente o estoque.

Figura 7.1   Analogia dos Estoques

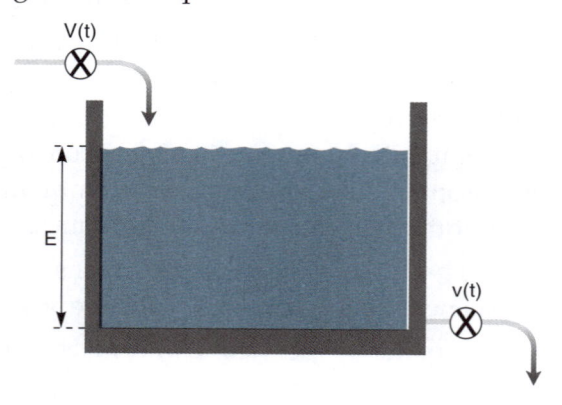

---

[1]   BARBOSA, A. ANP e Petrobras formam "estoque estratégico". *O Estado de São Paulo*, Economia, Rio de Janeiro, 22 mar. 2003. Disponível em: <www.estadao.com.br>. Acessado em: 26 jan. 2004.

Quando a velocidade de entrada dos itens é maior que a de saída, ou quando o número de unidades recebidas é maior do que o número de unidades expedidas, o nível de estoque aumenta. Se, ao contrário, mais itens saem (são consumidos), do que entram, o estoque diminui. E se a quantidade que é recebida é igual à que é despachada, o estoque mantém-se constante. Se considerarmos V(t) a velocidade de entrada (unidades recebidas/unidade de tempo), v(t) a velocidade de saída (unidades expedidas/unidade de tempo) e E o estoque, teremos as seguintes relações lógicas:

QUADRO 7.1

$$V(t) \times t > v(t) \times t \rightarrow E \text{ aumenta.}$$

$$V(t) \times t < v(t) \times t \rightarrow E \text{ diminui.}$$

$$V(t) \times t = v(t) \times t \rightarrow E \text{ mantém-se inalterado.}$$

Conseguir a igualdade $V(t) \times t = v(t) \times t$ é o grande objetivo e desafio da filosofia **just-in-time** aplicada à gestão dos estoques, em que os estoques podem ser nulos.

A gestão do fluxo de chegada, $V(t) \times t$, é função de compras (Parte 2). Já a gestão do fluxo de saída, $v(t) \times t$, é função de vendas e distribuição (Parte 5). A harmonização dos dois fluxos dentro da fábrica é função do planejamento e controle da produção (PCP).

Exemplo 7.1   A empresa Bejotão consome o item BJ3 a uma velocidade de 450 unidades por dia. O BJ3 é comprado de terceiros e usado na montagem do produto final da empresa. Sabendo-se que, em uma semana útil de 5 dias, a Bejotão recebeu dois lotes de 2.500 unidades do item, qual foi a variação do estoque do BJ3 nessa semana?

Solução

Recebimentos: $V(t) \times t \rightarrow 2 \times 2.500$ unidades = 5.000 unidades/semana

Consumo: $v(t) \times t \rightarrow 5$ dias/semana $\times 450$ unidades/dia

             = 2.250 unidades/semana

Como $V(t) \times t > v(t) \times t$, o estoque aumentou em 2.750 unidades na semana.

Os recursos materiais, ou estoques, podem ser classificados em **demanda dependente** ou independente. Os materiais, componentes, partes e peças da **demanda independente** são os itens cuja demanda decorre, em sua maioria, dos pedidos dos clientes externos como, por exemplo, os produtos acabados, que a empresa vende diretamente a seus clientes externos, e itens de manutenção, de uso interno e requisitados por clientes internos, como material de escritório.

Um item é dito de *demanda dependente* quando a quantidade a ser utilizada depende da demanda de um item de demanda independente. Assim, um pneu em uma montadora é um item de demanda dependente, pois a quantidade total a ser utilizada dependerá da previsão de automóveis a serem montados (5 unidades por automóvel). Para um comerciante de pneus, no mercado de reposição, o mesmo pneu é um item de demanda independente.

Como os estoques constituem parcela considerável dos ativos das empresas, eles recebem um tratamento contábil minucioso. São classificados, principalmente para efeitos contábeis, em cinco grandes categorias.

- **Estoques de materiais**: são todos os itens utilizados nos processos de transformação em produtos acabados. Todos os materiais armazenados que a empresa compra para usar no processo produtivo fazem parte do estoque de materiais, independentemente de serem materiais diretos, que se incorporam ao produto final, ou indiretos, que não se incorporam ao produto final. Assim, material pode ser um componente de alta tecnologia, como, por exemplo, um computador de bordo para aviões, ou mesmo um pedaço de madeira a ser utilizado na embalagem de um produto ou uma graxa para o mancal de uma certa máquina ou equipamento. Aqui se incluem também os *materiais auxiliares*, ou seja, itens utilizados pela empresa mas que pouco ou nada se relacionam com o processo produtivo, como os materiais de escritório e de limpeza. No decorrer do texto, nos referiremos ao termo **matéria-prima** como os materiais que se incorporam ao produto acabado. É importante ressaltar que certos materiais que se incorporam ao produto final, como alguns tipos de embalagem, não gozam de créditos de IPI e, como tal, não são considerados, pelos Órgãos Fiscais, matérias-primas.

- **Estoques de produtos em processos**: correspondem a todos os itens que já entraram no processo produtivo, mas que ainda não são produtos acabados. São os materiais que começaram a sofrer alterações, sem, contudo, estar finalizados. Muitas pessoas usam a expressão "produtos que estão *no meio* da fábrica" para designá-los.

- **Estoques de produtos acabados**: são todos os itens que já estão prontos para ser entregues aos consumidores finais. São os produtos finais da empresa. Os produtos acabados são bem conhecidos por nós em nosso dia-a-dia, e itens como os de revenda enquadram-se nesta categoria.
- **Estoques em trânsito**: correspondem a todos os itens que já foram despachados de uma unidade fabril para outra, normalmente da mesma empresa, e que ainda não chegaram a seu destino final.
- **Estoques em consignação**: são os materiais que continuam sendo propriedade do fornecedor até que sejam vendidos. Em caso contrário, são devolvidos sem ônus.

Os materiais, como recursos que são, recebem as mais variadas denominações, como veremos na Parte 4. Usaremos as seguintes denominações para os materiais:

- **materiais diretos**: também denominados materiais produtivos ou matérias-primas. São aqueles que se agregam ao produto final, isto é, saem com o produto final. Exemplos: os pneus de um automóvel e o copo de um liquidificador; gozam de créditos de IPI, ICMS, e mais recentemente, do PIS/Cofins.
- **materiais indiretos**: também denominados materiais não produtivos ou materiais auxiliares. São aqueles que não se agregam, isto é, não saem com o produto final. Exemplos: óleos de corte das máquinas-ferramentas que são utilizados na usinagem de um material direto; não gozam de créditos para fins fiscais.

7.3 A Importância dos Estoques

A função *compras*, vista na Parte 2, inicia-se com a identificação e a seleção de fornecedores habilitados a atender às necessidades referentes a prazo, quantidade e qualidade do cliente. Hoje o relacionamento cliente–fornecedor é totalmente diferente de alguns anos atrás, quando cada um procurava tirar o máximo proveito do outro, e, se não eram inimigos, pelo menos a desconfiança era mútua. Atualmente o relacionamento é do tipo parceria, com elevada confiança, em que cliente e fornecedor se ajudam sempre na procura de soluções eficazes e que possam trazer mais benefícios aos consumidores finais.

Em 1978, Ronald H. Ballou, um dos mais respeitados gurus da logística, afirmou que, em sistemas logísticos, os inventários são mantidos para:

- *melhorar o serviço ao cliente*: dando suporte a área de *marketing*, que ao criar demanda precisa de material disponível para concretizar vendas;

- *economia de escala*: os custos são tipicamente menores quando o produto é fabricado continuamente e em quantidades constantes;

- *proteção contra mudanças de preços em tempo de inflação alta*: um alto volume de compras minimiza o impacto do aumento de preços pelos fornecedores;

- *proteção contra incertezas na demanda e no tempo de entrega*: considera o problema que advém dos sistemas logísticos quando tanto o comportamento de demanda dos clientes quanto o tempo de entrega dos fornecedores não são perfeitamente conhecidos, ou seja, para atender os clientes são necessários estoques de segurança;

- *proteção contra contingências*: proteger a empresa contra greves, incêndios, inundações, instabilidades políticas e outras variáveis exógenas que podem criar problemas. O risco diminuiria com a manutenção de estoques. Veja uma aplicação na prática:

> A Índia, um dos maiores países produtores de lácteos do mundo, se deparou com escassez de leite em pó, usado em produtos como Milo da Nestlé e Horlicks da GlaxoSmithKline, depois de uma série de secas que reduziram consideravelmente os estoques daquele país.
>
> Não havia sido planejado nenhum estoque contra este tipo e severidade de contingência.
>
> "Nenhum fabricante de leite em pó do país estava com estoques disponíveis de leite em pó em meados de agosto", informou o Conselho Nacional de Desenvolvimento de Laticínios, com sede em Gujarat. Houve um "extraordinário declínio dos estoques existentes de leite em pó no país".
>
> As três secas ocorridas nos últimos quatro anos queimaram as pastagens, provocando redução dos nascimentos e uma queda da produção de leite, avaliada em US$ 18,6 bilhões em 2002. Os níveis pluviométricos normais nas chuvas de monções de junho a setembro poderão levar meses para se traduzirem em uma produção de leite suficiente para recompor os estoques. A escassez do produto provocou aumentos de até 43%, para 100 rúpias (US$ 2,2) o quilo, segundo informou o conselho.[2]

De um modo geral podemos afirmar que, na composição do custo final – e, conseqüentemente no preço de venda, a participação relativa do custo da matéria-prima é cada vez maior. Isso se deve ao fato de as empresas tornarem-se cada vez mais enxutas. A figura a seguir dá uma mostra.

---

[2] Seca causa redução de estoque de leite na Índia. *Bloomberg News*, Nova Delhi, 16 set. 2003. Disponível em: <www.investnews.com.br>. Acessado em: 26 jan. 2004.

Figura 7.2   Participação relativa do custo do Material Direto (MD) na composição do preço de venda de um produto manufaturado

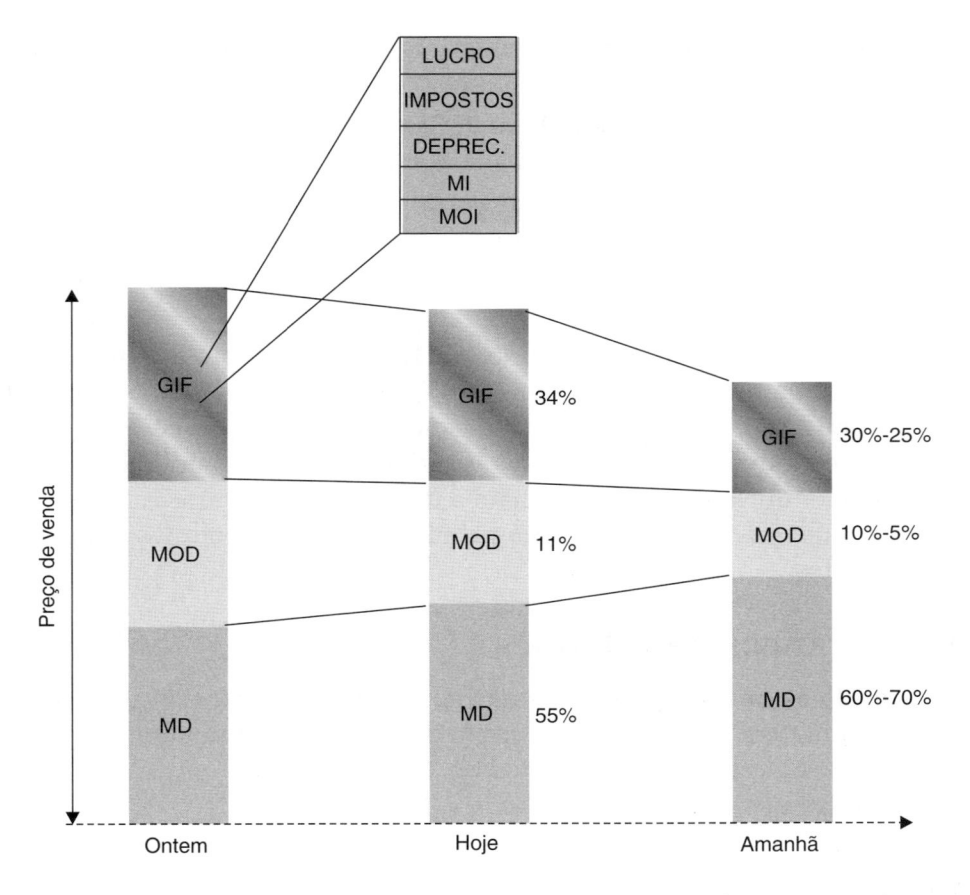

Na figura podemos constatar três situações: ontem, hoje e amanhã, para simbolicamente representarem a evolução por que vem passando todas as empresas. Nela são representados os três grandes componentes da formação do custo de um produto, ou seja, o **material direto (matéria-prima) — MD**, a **mão-de-obra-direta (MOD)** e os **Gastos Indiretos de Fabricação (GIF)**. A participação relativa da matéria-prima vem aumentando, a mão-de-obra direta, diminuindo e os gastos indiretos de fabricação, também vêm diminuindo.

Isso bem demonstra a importância crescente dos materiais diretos na vida das empresas manufatureiras — em que o MD é o principal insumo.

Atender aos clientes na hora certa, com a quantidade certa e requerida, tem sido o objetivo da maioria das empresas. Assim, a rapidez e presteza na *distribuição* das mercadorias assumem cada vez mais um papel preponderante na obtenção de uma vantagem competitiva duradoura.

Além disso, os estoque também podem ser usados nas negociações de preços com os fornecedores. Com o aumento do dólar no início de 1999, muitas empresas usaram os estoques antigos para tentar resistir aos aumentos.

A **movimentação interna dos materiais** (*materials handling*) pode assumir custos significativos em face da natureza do processo produtivo.

Novas formas de **estocagem de materiais**, tendo em vista sua alta rotatividade, têm levado a sistemas altamente automatizados.

Na Parte 5 analisaremos no contexto da logística as funções da administração dos materiais, os aspectos relativos à movimentação dos materiais e as formas mais atuais de estocagem de materiais em almoxarifados e de produtos acabados nos pontos-de-vendas.

Os recursos investidos em estoques variam grandemente dependendo do setor industrial a que a empresa pertence. Quando administram estoques, os gerentes estão cuidando de parcela substancial dos ativos da empresa. Daí a justificativa de a maioria das empresas terem um departamento, setor, divisão — ou qualquer outro nome que venham a dar —, para cuidar e gerir os materiais em estoques, quer sejam matéria-prima, quer sejam produtos em processo ou acabados.

7.3.1 Gráficos de Estoques

Os **gráficos de estoques** são uma representação gráfica da variação do estoque de um item (ou vários) em função do tempo. Bastante utilizados pelas empresas, muitas vezes são chamados de "dente de serra" por causa de sua semelhança com os dentes de uma serra.

A Tabela 7.1 mostra a variação dos estoques do item BJ3 durante uma semana.

TABELA 7.1
Variação do Estoque em Função do Tempo

Dia	Estoque inicial (unidades)	Recebimentos (unidades)	Consumo (unidades/dia)	Estoque final (unidades)
Segunda-feira	830	2.500	450	2.880
Terça-feira	2.880	0	450	2.430
Quarta-feira	2.430	0	450	1.980
Quinta-feira	1.980	2.500	450	4.030
Sexta-feira	4.030	0	450	3.580

Para construirmos o gráfico de estoque correspondente, suporemos que os itens são recebidos e contabilizados no fim do expediente do respectivo dia, e que o consumo dá-se de forma uniforme durante as oito horas do dia de trabalho. A Figura 7.3 mostra o gráfico correspondente aos dados da Tabela 7.1.

Figura 7.3   Gráfico de Estoque

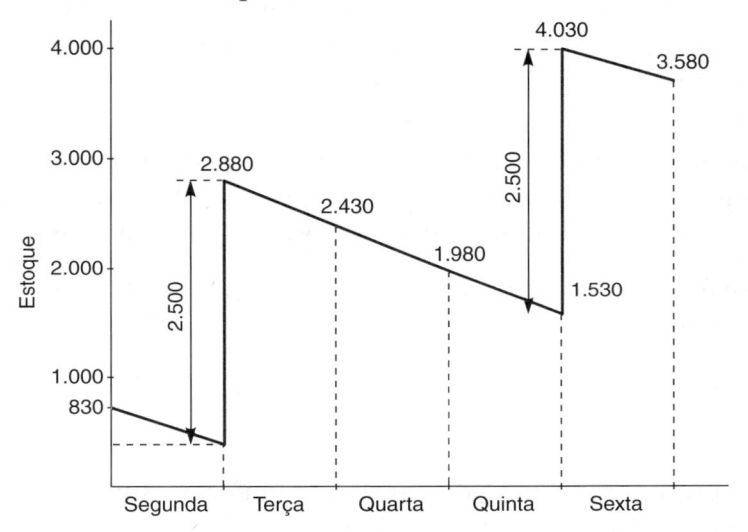

Com base na Figura 7.3, podemos, então, construir um gráfico genérico, apresentado na Figura 7.4.

Figura 7.4   Gráfico de Estoque

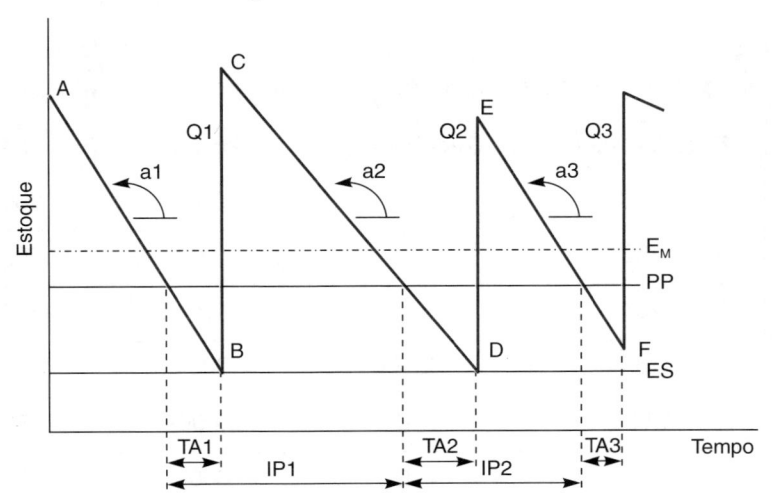

Sobre a Figura 7.4, três generalizações serão úteis em todo o livro:

- O gráfico é uma forma simplificada, já que para construí-lo foi necessário assumir a hipótese de que o recebimento das 2.500 unidades deu-se no fim do dia. O recebimento pode ocorrer, em princípio, a qualquer hora do dia.
- O recebimento das 2.500 unidades deu-se de uma única vez, instantaneamente, isto é, não se considerou o tempo gasto no descarregamento e acondicionamento do item.
- O consumo de 450 unidades/dia dá-se a uma razão constante durante as oito horas do dia de trabalho. Essa hipótese leva a que os segmentos de retas AB, CD e EF sejam paralelos, já que sua inclinação mede o consumo, que é constante e igual a 450 unidades/dia.

A inclinação da reta, a tangente do ângulo que ela faz com o eixo dos x, no caso, dias da semana, mede o consumo, isto é:

$$tg\ a = \frac{\text{variação no estoque}}{\text{variação no tempo}}$$

Nas empresas, o consumo dificilmente é uniforme durante os dias, assim como os recebimentos ocorrem com freqüência de forma parcelada. Nessas situações, os gráficos de estoque assumem formas bem mais complexas, como veremos a seguir. A Tabela 7.2 mostra o consumo e o recebimento do item HGF, que é comprado e revendido por uma casa comercial, para um período de 15 dias úteis.

TABELA 7.2
Movimentação do Estoque em Função do Tempo

Dia	Estoque inicial	Recebimento	Vendas	Estoque final
1	450	0	200	250
2	250	0	0	250
3	250	0	100	150
4	150	2.000	300	1.850
5	1.850	0	1.000	850
6	850	0	600	250

(continua)

(continuação)

TABELA 7.2				
Movimentação do Estoque em Função do Tempo				
Dia	Estoque inicial	Recebimento	Vendas	Estoque final
7	250	0	0	250
8	250	3.500	0	3.750
9	3.750	1.500	800	4.450
10	4.450	0	300	4.150
11	4.150	2.000	400	5.750
12	5.750	0	50	5.700
13	5.700	0	150	5.550
14	5.550	0	700	4.850
15	4.850	0	800	4.050

7.3.2   Custos dos Estoques

É usual ouvirmos "estoque custa dinheiro". A afirmativa é bem verdadeira. A necessidade de manter estoques acarreta uma série de custos às empresas. Os japoneses, pioneiros nos estudos do *just-in-time*, consideram os estoques uma forma de desperdício. Veja um exemplo na prática:

> A DaimlerChrysler AG começou a vender seu veículo movido a célula de combustível no Japão no segundo semestre de 2003. O mercado japonês é extremamente sensível a questões ambientais e muito interessado em novas tecnologias.
> A DaimlerChrysler não espera produzir grandes quantidades deste carro antes de 2010 devido ao custo de estocagem das células de combustíveis e à falta de infra-estrutura para o reabastecimento. Baseado em: Bloomberg News. Daimler vende carro "F-Cell".[3]

Podemos classificar os custos de manter estoques em três grandes categorias: custos diretamente proporcionais à quantidade estocada; inversamente proporcionais à quantidade estocada e independentes da quantidade estocada.

---

[3]   Daimler venda carro "F-Cell". Bloomberg News, Tóquio, 13 mar. 2003. Disponível em: <www.gazetamercantil.com.br>. Acessado em: 26 jan. 2004.

Os **custos diretamente proporcionais** ocorrem quando os custos crescem com o aumento da quantidade média estocada. Por exemplo, quanto maior o estoque, maior o custo de capital investido. Do mesmo modo, quanto maior a quantidade de itens armazenados, maior a área necessária e maior o custo de aluguel. Veja outros exemplos no Quadro 7.2.

QUADRO 7.2

Armazenagem ⮕ quanto mais estoque ⮕ mais área necessária ⮕ mais custo de aluguel.

Manuseio ⮕ quanto mais estoque ⮕ mais pessoas e equipamentos necessários para manusear os estoques ⮕ mais custo de mão-de-obra e de equipamentos.

Perdas ⮕ quanto mais estoque ⮕ maiores as chances de perdas ⮕ mais custo decorrente de perdas.

Obsolescência ⮕ quanto mais estoque ⮕ maiores as chances de materiais tornarem-se obsoletos ⮕ mais custos decorrentes de materiais que não mais serão utilizados.

Furtos e roubos ⮕ quanto mais estoques ⮕ maiores as chances de materiais serem furtados e/ou roubados ⮕ mais custos decorrentes.

Por todos esses fatores de custos serem decorrentes da necessidade de a empresa manter ou carregar os estoques, eles também são chamados de **custos de carregamento** dos estoques[4]. Assim, os custos de carregamento incluem os custos de oportunidade, estocagem e manuseio do material, taxas e seguros, perdas e furtos, obsolescência e o mais importante, o custo do capital investido. Três termos serão usados indistintamente neste livro: custos diretamente proporcionais às quantidades estocadas, fatores de custos diretamente proporcionais às quantidades estocadas e custos de carregamento.

É também bastante usual a divisão desses custos em duas subcategorias: *custo de capital*, correspondendo ao custo do capital investido, e *custo de armazenagem*, compreendendo o somatório de todos os demais fatores de custos, como a própria armazenagem, o manuseio e as perdas. Representando por *i* a taxa de juros correntes e por P o preço de compra do item de estoque, quando fornecido por terceiros, ou o custo de fabricação, quando produzido internamente, podemos escrever:

---

[4] Em analogia à nomenclatura em inglês, que normalmente atribui a tais custos a denominação *carrying costs*.

$$\text{Custo do capital} = i \times P$$

Se C_A indicar o somatório de custos relacionados à armazenagem, como manuseio e obsolescência, seguros etc, ou seja:

$$\text{Custo de armazenagem} = C_A$$

o custo de carregamento dos estoques será:

$$C_c = C_A + i \times P$$

A unidade dimensional do custo de carregamento pode ser, por exemplo, \$/unidade.ano, \$/unidade.mês, US\$/unidade.dia, ou, generalizando:

unidade monetária/(unidade estocada) · (unidade de tempo)

Assim, quando afirmamos que o custo de carregamento é \$ 0,45/unidade.mês, estamos dizendo que uma unidade estocada durante um mês custa \$ 0,45. É o mesmo que dizer \$ 2,70/unidade.semestre ou \$ 5,40/unidade.ano.

Exemplo 7.2   Um item tem custo de armazenagem anual total de \$ 0,60 por unidade e preço de compra unitário de \$ 2,00. Considerando uma taxa de juros de 12% ao ano, calcular o custo de carregamento do estoque desse item.

Solução
$$C_A = \$\ 0,60/\text{unidade.ano}$$
$$i = 12\%\ \text{a.a.} = 0,12\ \text{a.a.}$$
$$P = \$\ 2,00/\text{unidade}$$
$$C_C = \$\ 0,60/\text{unidade.ano} + 0,12/\text{ano} \times \$\ 2,00/\text{unidade}$$
$$C_C = \$\ 0,60/\text{unidade.ano} + \$\ 0,24/\text{unidade.ano}$$
$$C_C = \$\ 0,84/\text{unidade.ano}$$

A grande dificuldade é a avaliação correta desses vários fatores de custos, tais como o de armazenagem, em que devemos atribuir um valor para o aluguel dos almoxarifados. No caso do manuseio, devemos atribuir um custo de depreciação para os equipamentos, como empilhadeiras, carrinhos manuais, talhas e pontes rolantes. Por meio de um sistema de custeio adequado, esses custos podem ser avaliados com boa precisão.

Os **custos inversamente proporcionais** são os custos ou fatores de custos que diminuem com o aumento do estoque médio, isto é, quanto mais elevados os estoques médios, menores serão tais custos (ou vice-versa). São os denominados *custos de obtenção*, no caso de itens comprados, e *custos de preparação*, no caso de itens fabricados internamente. Para um dado consumo (D) anual constante, se a compra for efetuada uma única vez por ano, o lote (Q) deverá ser de D unidades, e o estoque médio correspondente será de $\frac{Q}{2}$. Assim, podemos ter:

TABELA 7.3

Número de vezes que a compra é efetuada por ano	Tamanho do lote	Estoque médio
1	$Q = D$	$E_M = \frac{Q}{2} = \frac{D}{2}$
2	$Q = \frac{D}{2}$	$E_M = \frac{Q}{2} = \frac{D}{4}$
3	$Q = \frac{D}{3}$	$E_M = \frac{Q}{2} = \frac{D}{6}$
4	$Q = \frac{D}{4}$	$E_M = \frac{Q}{2} = \frac{D}{8}$

Quanto mais vezes se comprar ou se preparar a fabricação, menores serão os estoques médios e maiores serão os custos decorrentes do processo tanto de compras como de preparação. Assim, os custos de compras e preparação são inversamente proporcionais aos estoques médios.

Exemplo 7.3　A empresa Capitol, com base nos dados do ano anterior, computou todas as despesas do departamento de compras, como custos de mão-de-obra e encargos, materiais de escritório, aluguel das salas, correio, telefone e fax, chegando a um valor médio de $ 15,00 por emissão de pedido de compras. Determinar os custos que serão incorridos na obtenção de um item de estoque cujo consumo anual é de 12.000 unidades, para as seguintes políticas:

a) comprar uma única vez por ano;

b) comprar duas vezes por ano;

c) comprar 10 vezes por ano.

Solução   Custo do pedido = $ 15,00

Custo de obtenção = número de pedidos por período × custo do pedido no período

a) Comprar uma única vez por ano ⟹ lote = 12.000 unidades
   Custo de obtenção = 1 pedido/ano × $ 15,00/pedido =
   = $ 15,00/ano

b) Comprar duas vezes por ano ⟹ lote = 6.000 unidades
   Custo de obtenção = 2 pedidos/ano × $ 15,00/pedido =
   = $ 30,00/ano

c) Comprar 10 vezes por ano ⟹ lote = 1.200 unidades
   Custo de obtenção = 10 pedidos/ano × $ 15,00/pedido =
   = $ 150,00/ano

Os estoques médios (Q/2) decorrentes serão, em cada um desses casos, 6.000 unidades, 3.000 unidades e 600 unidades. A Tabela 7.4 mostra a relação entre custos de obtenção e o estoque médio mantido:

TABELA 7.4
Variação do Custo de Obtenção em Função do Estoque Médio

Custo de obtenção ($)	Estoque médio (unidade)
15,00	6.000
30,00	3.000
150,00	600

Da Tabela 7.4 vemos a proporcionalidade inversa, isto é, quanto menor o estoque, maior o custo de obtenção. Enquanto para um estoque de 6.000 unidades o custo de obtenção é de $ 15,00, num estoque cinco vezes menor, (1.200 unidades) esse custo sobe para $ 150,00 (10 vezes mais).

Raciocínio análogo aplica-se quando se trata de custos de preparação de ordens de fabricação ou produção. A única diferença é que em vez de lote de compras, temos agora o lote de fabricação.

A unidade dimensional dos custos de obtenção ou preparação é $/lote comprado ou fabricado. Simplificadamente utilizaremos $/lote ou $/pedido.

Para calcularmos o número de pedidos ou ordens emitidos por unidade de tempo, consideraremos o consumo por unidade de tempo como D, o tamanho do lote de compras ou de fabricação em unidades como Q, e o custo de obtenção ou preparação como C_p. Assim, o número de pedidos (n) será:

$$n = \frac{D}{Q}$$

$$C_{\text{(inversamente proporcional)}} = n \times C_p \text{ ou } C_{\text{(inversamente proporcional)}} = \frac{D}{Q} \times C_p$$

Exemplo 7.4   Uma empresa revende o produto FR56, que é utilizado na construção de residências e tem uma demanda anual estimada em 2.400 unidades. Ela trabalha com apenas um fornecedor, localizado a 450 quilômetros de distância. O custo do transporte, de $ 240,00 por lote, fica por conta do comprador. O custo da emissão de um pedido é estimado em $ 50,00. Sabendo que a empresa planeja comprar todo mês o FR56 de seu fornecedor, determinar o custo anual de obtenção em que ela irá incorrer.

Solução   D = 2.400 unidades/ano

n = 12 pedidos por ano (um pedido mensal).

$Q = \dfrac{2.400}{12} = 200$ unidades/pedido ou 200 unidades/lote

Custo incorrido = custo de obtenção + custo do transporte

Custo incorrido = 12 pedidos/ano $\times$ $ 50,00/pedido + 12 pedidos/ano $\times$ $ 240,00/pedido

Custo incorrido = 12 pedidos/ano $\times$ ($ 50/pedido + $ 240/ pedido)

Custo incorrido = 12 pedidos/ano $\times$ $ 290/pedido

Custo incorrido = $ 3.480,00/ano

Observe que os custos de obtenção e de transporte, por serem inversamente proporcionais (conseqüentemente de mesma natureza) ao estoque médio, se somam.

Os **custos independentes** são aqueles que independem do estoque médio mantido pela empresa, como, por exemplo, o custo do aluguel de um galpão. Ele geralmente é um valor fixo, independentemente da quantidade estocada. Como os custos fixos independem da quantidade estocada, sua unidade dimensional é medida em unidades monetárias por unidade de tempo, como $/mês ou dólares/ano, e serão representados por C_I.

Se somarmos os três fatores de custos analisados até aqui, teremos os custos totais decorrentes da necessidade de se manter estoques (CT):

CT = custos diretamente proporcionais + custos inversamente proporcionais + custos independentes + custos do material comprado

---

Lembrando-se de que os custos diretamente proporcionais são iguais a:

$$(C_A + i \times P) \times \text{(estoque médio)},$$

e de que os custos inversamente proporcionais são iguais a:

$$(C_p) \times \text{(número de pedidos efetuados)},$$

os custos totais de estocagem também podem ser representados por:

CT = $(C_A + i \times P) \times$ (estoque médio) + $(C_p) \times$ (número de pedidos efetuados) + custos independentes (C_I) + custos do material comprado $(D \times P)$

Se considerarmos Q o tamanho (invariável) do lote de compras ou de fabricação em unidades, o estoque médio será $\frac{Q}{2}$. Assim, temos:

$$CT = (C_A + i \times P) \times \left(\frac{Q}{2}\right) + (C_P) \times \left(\frac{D}{Q}\right) + C_I + D \times P$$

Exemplo 7.5 Determinar o custo total anual de manutenção dos estoques de uma empresa que comercializa um produto cuja demanda anual é de 40.000 unidades. O produto é comprado por $ 2,00 a unidade. Numa taxa de juros correntes no mercado de 24% ao ano, os custos anuais de armazenagem são de $ 0,80 por unidade, e os custos invariáveis anuais para esse item de estoque são estimados em $ 150,00. Os custos de obtenção são de $ 25,00 por pedido. Calcule o custo total de estocagem para lotes de compra de 1.000, 1.200 e 1.400 unidades.

Solução

$$C_A = \$\ 0{,}80/\text{unidade}$$
$$i = 24\%\ \text{a.a.} = 0{,}24\ \text{a.a.}$$
$$P = \$\ 2{,}00/\text{unidade}$$
$$C_P = \$\ 25{,}00/\text{pedido}$$
$$D = 40.000\ \text{unidades}/\text{ano}$$
$$C_I = \$\ 150{,}00/\text{ano}$$

a) Q = 1.000 unidades

$$CT = (0{,}80 + 0{,}24 \times 2) \times \left(\frac{1.000}{2}\right) + (25) \times \left(\frac{40.000}{1.000}\right) + 150 + 40.000 \times 2$$
$$CT = \$\ 640{,}00/\text{ano} + \$\ 1.000{,}00/\text{ano} + \$\ 150/\text{ano} + \$\ 80.000/\text{ano}$$
$$CT = \$\ 81.790{,}00/\text{ano}$$

b) Q = 1.200 unidades

$$CT = (0{,}80 + 0{,}24 \times 2) \times \left(\frac{1.200}{2}\right) + (25) \times \left(\frac{40.000}{1.200}\right) + 150 + 40.000 \times 2$$
$$CT = \$\ 768{,}00/\text{ano} + \$\ 833{,}33/\text{ano} + \$\ 150{,}00/\text{ano} + \$\ 80.000/\text{ano}$$
$$CT = \$\ 81.751{,}33/\text{ano}$$

c) Q = 1.400 unidades

$$CT = (0{,}80 + 0{,}24 \times 2) \times \left(\frac{1.400}{2}\right) + (25) \times \left(\frac{40.000}{1.400}\right) + 150 + 40.000 \times 2$$
$$CT = \$\ 896{,}00/\text{ano} + \$\ 714{,}28/\text{ano} + \$\ 150{,}00/\text{ano} + \$\ 80.000/\text{ano}$$
$$CT = \$\ 81.760{,}28/\text{ano}$$

A Tabela 7.5 mostra um resumo:

TABELA 7.5
Custos dos Estoques em Função do Lote de Compra

Tamanho do lote (unidade/pedido)	Custo (R$/ano)
1.000	1.790,00
1.200	1.751,33
1.400	1.760,28

Podemos verificar que o custo total para um lote de 1.000 unidades é de $ 1.790,00 por ano, diminuindo para $ 1.751,33 quando o lote passa para 1.200 unidades e novamente aumentando para $ 1.760,28 quando o lote passa para 1.400 unidades. No Capítulo 9 veremos o lote econômico, quando o custo total assume um valor mínimo.

Exemplo 7.6 Determinar o Custo Total (CT) de estoque do item WJ-2530, fornecido por terceiros, sabendo-se:

Consumo = 25.000 unid./ano

Custo do Capital (taxa de juros) = 15% ao ano

Preço do item = $ 0,15/unid.

Custo de preparação do pedido de compra = $ 60,00/pedido

Custo de armazenagem = $ 0,08/unid.ano

Custos Invariáveis = $ 150,00/ano

Lote de compra = 5000 unid/lote

Solução Construir o modelo de cálculo do Custo Total (CT) em uma matriz Excel. Em seguida variar o tamanho de lote de compra e constatar a variação no custo total.

	EXEMPLO 7.6	
CONSUMO (D)	25000	(unid./ano)
TAXA DE JUROS (i)	15%	(a.a.)
PREÇO DO ITEM (P)	0,15	($/unid)
CUSTO DE PREPARAÇÃO (Cp)	60,00	($/pedido)
CUSTO DE ARMAZENAGEM (Ca)	0,08	($/unid.ano)
CUSTO INVARIÁVEIS (C$_i$)	150,00	($/ano)
LOTE DE COMPRA	5000	(unid./lote)
CUSTO TOTAL (CT)	4456,25	($/ano)

Neste exemplo, mais uma vez, pode-se constatar a variação do Custo Total em função da variação do tamanho do lote de compras.

7.3.3 Pressões para a Manutenção de Baixos Níveis de Estoques

Como vimos, os estoques são também uma forma de desperdício, devendo ser eliminados ou reduzidos a um mínimo possível. Essa proposição, uma das pedras angulares do *just-in-time*, advoga a eliminação dos estoques até se chegar ao fluxo de uma única peça (*one piece flow*).

No lote de uma única peça, são necessárias tantas preparações ou obtenções quantas forem as unidades demandadas. Por exemplo, para uma demanda de 40.000 unidades, 40.000 preparações terão de ser feitas. Evidentemente essa é uma posição extremada que em geral não ocorre nas situações práticas. O que se tem é uma situação em que lotes pequenos são produzidos — que podem ser definidos pela adoção do sistema *kanban*[5]. Assim, para que haja uma recompensa nos custos totais, há a necessidade de uma grande redução nos custos de preparação ou *setup*.

Mas o que pode ser feito para reduzir inventários? Existem muitas medidas que podem acabar com esse problema, ou pelo menos atenuá-lo. As principais são melhorar a precisão, em termos de quantidades e prazos, das previsões de vendas, reduzir os ciclos de manufatura[6] e conseguir parcerias com os fornecedores, para ter melhores preços e condições de pagamento e prazos, além de qualidade assegurada.

Há atualmente diversas metodologias que podem ajudar a empresa na tarefa de manter o inventário em seu nível ideal. O *housekeeping* e o modelo dos 5 S's, por exemplo, podem ajudar nesse objetivo, ensinando como manter o local de trabalho limpo e organizado. Outras medidas são:

- redução dos prazos de reaprovisionamento por parte dos fornecedores (JIT);
- aumento da produtividade de todos os setores, inclusive da gerência;
- eliminação, em todos os setores e em todas as funções, das atividades que não agreguem valor ao produto;

---

[5] *Kanban* significa "cartão" ou "o registro visível" em japonês; refere-se aos cartões usados para controlar o fluxo da produção dentro de uma fábrica. No sistema *kanban* mais simples, um cartão é preso em cada contêiner de artigos produzidos. O cartão sinaliza a necessidade de produzir um outro contêiner daquelas peças. Quando o contêiner for preenchido, o cartão é posto no contêiner, que é retornado então à área de armazenamento.

[6] Isso pode ser feito com o uso de sistemas flexíveis de manufatura. (Flexible Manufacturing Systems FMS), que são totalmente automatizados agilizando a produção. Pesquise mais sobre o FMS na Internet (veja, por exemplo, o endereço http://www.msci.vt.edu/faculty/russell/rtpon) ou em livros, como o de Mikhel P. Groover, *Automation, production and computer integrated manufacturing*, New Jersey: Prentice Hall, 1987.

- estabelecimento de estoques de segurança mínimos e realistas — é preciso medi-los sempre e agir imediatamente para corrigir distorções (inventários permanentes e PDCA[7]);

- introdução do gerenciamento por atividades — para isso, pode-se usar o custo ABC como instrumento de reengenharia de processos e de *resizing* da empresa (não confundir com *downsizing*, que é muitas vezes (e erroneamente) o redimensionamento "burro", que só dá certo a curtíssimo prazo e acaba com a flexibilidade da empresa perante as mudanças no mercado);

- balanceamento entre ser um bom fornecedor para seu cliente e um gerador de lucros para sua empresa. Sempre pensando: "Se a empresa fosse minha, eu gastaria este dinheiro desta forma?".

Exemplo 7.7   O consumo anual do item PY54 da Car Eira é de 12.000 unidades. Os custos anuais de carregamento da empresa são de $ 0,60 por unidade. Os custos de preparação são de $ 20,00 por ordem e compõem-se basicamente dos custos de mão-de-obra e encargos. O custo de fabricação é de $ 0,50/unid. A empresa fabrica atualmente o item PY54 em lotes de 1.000 unidades. Desprezando os custos invariáveis, calcular os custos totais de estocagem.

Solução
$$CT = (\$\ 0{,}60/\text{unidade.ano}) \times \left(\frac{1.000}{2}\right) +$$
$$+ (\$\ 20/\text{ordem}) \times \left(\frac{12.000}{1.000}\right) + 12.000 \times 0{,}50$$

$$CT = \$\ 300{,}00/\text{ano} + \$\ 240{,}00/\text{ano} + \$\ 6.000 = \$\ 6.540{,}00/\text{ano}$$

Exemplo 7.8   Se a Car Eira desejar implantar um sistema *just-in-time* para o PY54, passando a produzir lotes de 80 unidades, qual será seu novo custo anual de estoques, se não houver alteração no custo de preparação?

Solução
$$CT = (\$\ 0{,}60/\text{unidade.ano}) \times \left(\frac{80}{2}\right) + (\$\ 20/\text{ordem}) \times$$
$$\left(\frac{12.000}{80}\right) + 12.000 \times 0{,}50$$

$$CT = \$\ 24{,}00/\text{ano} + \$\ 3.000{,}00/\text{ano} + \$\ 6.000/\text{ano}$$

$$CT = \$\ 9.024{,}00/\text{ano}$$

---

[7] Sigla para o ciclo: Plan, Do, Check and Act, que significa Planejar, Fazer, Verificar e Agir. Esse é o ciclo de atividades para a melhoria contínua.

Exemplo 7.9 A Car Eira submeteu-se a um profundo processo de reestruturação conseguindo, entre outras coisas, abaixar consideravelmente seu custo total de estocagem por ano, que passou de $ 9.024,00 para $ 6.515,00. Considerando-se que todos os outros valores permaneceram constantes, de quanto deverá ser a redução nos custos de preparação?

Solução $6.515 = (0,60) \times \left(\dfrac{80}{2}\right) + (C_p) \times \left(\dfrac{12.000}{80}\right) + 12.000 \times 0,50$

A solução da equação acima nos leva a C_p = $ 3,27/preparação, com uma redução de custos de $ 20,00/ordem para $ 3,29/ordem, ou 83,63%.

Esse raciocínio é aplicável a todas as empresas. Elas devem reduzir o máximo possível os custos de obtenção, por meio de parcerias e novos métodos de compras, como **EDI, Internet**, *e-commerce*, o programa de redução de tempo de "setup".

Exemplo 7.10 Uma empresa dispõe de 15 itens nos seus estoques. A fim de determinar custos associados com os estoques, fez um levantamento por um período de seis meses, obtendo os dados abaixo:

Item	Consumo (unid.)	Preço Médio ($/unid.)	Total ($)	Est. Médio (unid.)
A	4.280	0,21	898,8	520
B	126.340	0,08	10.107,2	31.600
C	6.180	1,26	7.786,8	1.600
D	264.580	0,04	10.583,2	22.100
E	3.150	6,25	19.687,5	1.500
F	9.850	12,45	122.632,5	2.000
G	580	136,00	78.880	500
H	1.490	62,00	92.380	800
I	22.650	1,42	32.163	2.900
J	127.640	1,04	132.745,6	55.000
K	46.920	6,35	297.942	4.800
L	33.480	4,06	135.928,8	8.400
M	86.650	3,84	332.736	9.600
N	796	115,00	91.540	8.000
P	1267	0,92	1.165,64	4.800
	735.853		1.367.177	154.120

Os números de Pedidos de Compras emitidos pelo Departamento de Compras, foram:

Mês	Número
1	98
2	115
3	125
4	66
5	92
6	84
	580

O Departamento de Custos da empresa alocou, por meio do critério de rateio adotado, os seguintes custos ao Almoxarifado e ao Departamento de Compras:

Custos Incorridos no Período de Seis Meses	
Almoxarifado	
Área do Almoxarifado	2.458,00
Salário+Encargos Pessoal do Almoxarifado	38.400,00
Depreciação Equip. do Almoxarifado	785,00
Seguro do Estoque	370,00
Perdas Diversas de Material de Estoque =	1.100,00
Manuseio (Combustível Empilhadeiras) =	540,00
Energia Elétrica do Almoxarifado =	390,00
Rateio de Despesas Indiretas P/ Almox. =	94,00
	44.137,00
Departamento de Compras	
Área do Depto. de Compras =	695,00
Salário+Encargos Pessoal do Depto. Compras =	19.200,00
	19.895,00

Considerando uma taxa de juros correntes de 5% ao mês, determinar:

a) Custo unitário de obtenção (ou preparação) – Cp

É a relação entre o custo incorrido pelo Depto. de Compras e o número de Pedidos emitidos no período em estudo. Assim:

$$Cp = \frac{19.895}{580} = \$ \ 34,30/\text{pedido}$$

b) Custo unitário de armazenagem – Ca

É a relação entre o custo incorrido pelo almoxarifado e o número médio de unidades em estoque no período. Assim:

$$Ca = \frac{44.137}{154.120} = \$ \ 0,29/\text{unid. período} = \$ \ 0,05/\text{unid.mês}$$

c) Custo do capital (i.P)

É obtido da seguinte forma:

$$\text{Custo médio da unidade estocada no período} = \frac{1.367.177,04}{735853} = \$ \ 1,86/\text{unid.}$$

O custo do capital é: $0,05 \times 1,86 = \$ \ 0,09/\text{unid.mês}$

d) Custo de Carregamento (Cc)

$$Cc = Ca + i.P \ \text{à} \ Cc = 0,05 + 0,09 \rightarrow Cc = \$ \ 0,14/\text{unid.mês}$$

7.3.4 Pressões para a Manutenção de Altos Níveis de Estoques

Altos níveis de estoques, de um modo geral, significam maior probabilidade de pronto atendimento aos clientes. O pessoal de vendas "gostaria" que os estoques fossem sempre elevados e com grande variedade, pois, dessa forma, teriam muito mais flexibilidade na hora de vender, podendo prometer prazos curtos ou mesmo imediatos para as entregas.

O não-atendimento de um pedido, na quantidade e prazo solicitado pelo cliente, traz, certamente, prejuízo à empresa. Embora seja muito difícil quantificar monetariamente esse prejuízo, existem trabalhos publicados que explicam como avaliar as perdas decorrentes do não-atendimento[8].

---

[8] HAYES, Bob E. *Measuring customer satisfaction*. Milwaukee: ASQC Press, 1992.

Os principais itens responsáveis por elevados estoques são: matéria-prima e material em processo não necessários ao balanceamento ótimo do ciclo de produção e produto acabado que não possa ser vendido ou acima do nível necessário para satisfazer a futura demanda e a capacidade de produção.

Mas, quem cria estoque em excesso? Muitas empresas não percebem que estão trabalhando com inventários muito acima do ideal, e, quando se dão conta, não conseguem entender a origem do problema. Vejamos agora como algumas áreas elevam em excesso o inventário.

A área de *marketing* aumenta o estoque de materiais quando emite planos de venda otimistas, quando se empenha em exigir o cumprimento do plano de vendas e, em conseqüência, do plano de manufatura, sem ter pedidos suficientes em carteira, e quando vende acima da capacidade de produção ou introduz novos produtos sem um plano bem definido de esgotamento dos inventários relativos aos produtos substituídos.

A área de *engenharia* pode ser responsável pelo crescimento do inventário ao fazer modificações de produto que levem à criação de refugos ou materiais obsoletos, ou que comprimam o tempo necessário para uma colocação em produção de forma ordenada, e ao exigir novos processos de manufatura inexistentes no momento.

O *controle da qualidade* pode estabelecer procedimentos que não são compatíveis ou que levam a uma freqüência exagerada de interrupções, estabelecendo exigências de controle acima dos níveis de mercado ou não calibrando corretamente os instrumentos de inspeção.

O aumento do estoque pode ser criado pela *manufatura*, se ela fizer os pedidos de materiais considerando um *lead time* do fornecedor maior do que o necessário (material se acumula no estoque de entrada ou há atraso no início do ciclo de produção), se os pedidos de materiais forem baseados em tempos de ciclo de produção menores que os necessários (falta material em pontos do processo, cresce o estoque em processo, em outros), ou se ela projetar muitos estoques de segurança, por medo de atrasos de entrega pelos fornecedores ou insegurança na estabilidade do processo. Se a manufatura permitir um excesso de paradas dos equipamentos (para manutenção, por falta de operadores ou para análise de refugos, por exemplo) ou baixa eficiência dos operadores, se terminar o processo produtivo antes do prazo de entrega acertado com o cliente ou se aceitar constantemente pedidos não programados, ela também estará aumentando o nível, e o custo, do inventário.

A área de *suprimentos* poderá ser responsabilizada pelo excesso de inventário se não conseguir obter materiais dentro das condições de preço e qualidade acertados, se permitir entregas de materiais antes do prazo ou em quantidades diferentes da estabelecida; aceitar prazos não realistas dados por fornecedores ou se aceitar "ofertas especiais" de fornecedores.

Os *gerentes* também podem causar excesso de inventário. Isso acontecerá se eles forem incapazes de aceitar "riscos calculados", se criarem um ambiente em que qualquer erro é fatal, se não conseguirem estabilizar o projeto do produto (mudam-no a toda hora), se falharem ao considerar o custo do dinheiro; ou se só se preocuparem com os níveis de inventários na época do balanço anual ou deixarem refugos e materiais obsoletos se acumularem sem um plano de ação para dispor deles.

Conclusão

Os estoques devem funcionar como elemento regulador do fluxo de materiais nas empresas, isto é, como a velocidade com que chegam à empresa é diferente da velocidade com que saem (ou são consumidos), há a necessidade de certa quantidade de materiais, que ora aumenta, ora diminui, amortecendo as variações.

A manutenção de estoques traz vantagens e desvantagens às empresas. Vantagens no que se refere ao pronto atendimento aos clientes, e desvantagens no que se refere aos custos decorrentes de sua manutenção. Compete ao administrador de materiais encontrar o ponto de equilíbrio adequado à empresa em certo momento, embora os benefícios decorrentes do pronto atendimento sejam mais difíceis de ser avaliados do que os custos decorrentes.

Termos-Chave

cadeia logística
custos diretamente proporcionais
custos dos estoques
custos independentes
custos inversamente proporcionais
gráficos de estoques

item de demanda dependente
item de demanda independente
materiais diretos
materiais indiretos
movimentação interna de materiais

Questões para Discussão

1. Por que alguns setores industriais têm uma relação (valor dos estoques/ativos) maior que outros?

2. A importância relativa dos estoques é maior ou menor em uma empresa prestadora de serviços?

3. De que são constituídos os estoques nas seguintes empresas:

   a)   hospital?

   b)   transporte rodoviário de carga?

   c)   transporte aéreo de passageiros?

   d)   restaurante?

   e)   consultoria administrativa?

   f)   segurança patrimonial?

4. Existem fatores de custos que diminuem com o aumento dos estoques médios? Como é possível?

5. Cite pelo menos três exemplos de custos fixos de estoques.

6. Por que determinados custos relativos aos estoques são denominados custos de carregamento?

7. Que são custos de obtenção? Qual a diferença entre custos de obtenção e custos de preparação?

8. Por que os estoques são considerados uma forma de desperdício?

9. Quais as vantagens de manter elevados níveis de estoques?

10. Para se reduzir o nível de estoques é necessário diminuir ou aumentar os custos de preparação? E quanto aos custos de carregamento? Justifique sua resposta.

11. Os argumentos de Baulou, formulados no final dos anos 1970, continuam válidos atualmente? Discuta com seus colegas e professor cada um deles, considerando de um lado países desenvolvidos e, de outro, países emergentes, como o Brasil.

Exercícios Propostos

1. Uma empresa comercializa um item cuja demanda anual é de 5.000 unidades. Determinar o número de pedidos de compra que se deve emitir por ano para uma compra

   a)   em lotes de 1.000 unidades;

   b)   em lotes de 500 unidades;

   c)   em lotes de 100 unidades.

2. Se a empresa do exercício anterior trabalha 250 dias por ano, qual deverá ser o intervalo entre os pedidos de compras em cada uma das situações, isto é, comprar lotes de 1.000, 500 ou 100 unidades?

3. A demanda mensal de um item de estoques é de 450 unidades. Os custos de obtenção são de $ 40,00 por pedido (o item é comprado de terceiros). Sabendo-se que a taxa de juros corrente é de 25% ao ano e que o item é comprado por $ 2,50/ unidade, com custos fixos de $ 60,00/ano, determine os custos de estoque. Os lotes de compra são de 600 unidades/lote.

4. Uma empresa efetuou o levantamento de vários fatores de custos envolvidos na manutenção dos estoques, encontrando:

Armazenagem .... $ 0,08/unidade · mês
Obsolescência .... $ 0,04/unidade · mês
Perdas .... $ 2,45/unidade · ano
Furtos e roubos .... $ 1,50/unidade · ano
Preço de compra do item .... $ 2,40/unidade
Taxa de juros (ao ano) 12,00%
Custo de obtenção (compra) .... $ 28,00/pedido
Custo de transporte .... $ 30,00/pedido
Custos independentes .... $ 15,00/ano

Determinar:

a) Custo unitário de carregamento ou diretamente proporcional ao estoque médio.

b) Custo unitário de obtenção ou inversamente proporcional ao estoque médio.

c) Custo total de estoques, considerando $Q = 500$ unidades/lote e $D = 5.000$ unidades/ano.

Estudo de Caso

Um novo modelo de hipermercado compacto, de custo menor e estoque mais ajustado, está ganhando força na Rede Extra, do Grupo Pão de Açúcar. O modelo começou na região de São Miguel, na zona leste de São Paulo-SP. A nova loja da rede, além de menor, com 5.500 metros quadrados de área — em média as últimas lojas inauguradas do Extra ocupam um espaço de 9 mil metros quadrados —, usará inovações tecnológicas, como sistema de radiofreqüência e um scanner para ler preços de produtos no carrinho, que descarrega o valor da compra de uma só vez no caixa, reduzindo filas.

O novo formato intermediário de hiper, de custo reduzido, será mais uma opção de loja estratégica para o Grupo Pão de Açúcar que pode acelerar seu projeto de expansão. O hipermercado compacto é uma tendência do setor, porque os terrenos grandes estão mais escassos e têm custo muito alto, a concorrência entre os hiper é maior e o giro dos produtos nas lojas muito mais rápido, o que não exige áreas enormes para estoques.

O Carrefour, maior concorrente do Extra, já vem reduzindo sua área de lojas desde o segundo semestre do ano passado. As novas lojas do Carrefour têm em média 8 mil metros quadrados. As mais antigas ocupam espaços de 13 mil metros quadrados.

O Extra começou com apenas três hipermercados com tamanho próximo ao da loja de São Miguel. Mas são unidades adaptadas da antiga Rede Barateiro, comprada pelo Pão de Açúcar.

O Extra São Miguel custou $ 15 milhões, tem 30 caixas e 50 mil itens à venda, o dobro de um supermercado padrão. Um Extra clássico exige um investimento em obras em torno de $ 25 milhões, trabalha em média com 50 caixas e um estoque de 70 mil a 80 mil itens.

"A área de alimentos foi mantida com o mesmo número de itens, mas reduzimos um pouco o espaço de têxtil, bazar e eletro-eletrônicos", explica o responsável. "Investimos principalmente em racionalização de espaços e em tecnologia para reduzir custos e sermos mais agressivos em preços."

Um dos seus concorrentes mais próximos na região, o Supermercado Rossi, com 22 caixas, aguarda a abertura do Extra com preocupação: "No primeiro e segundo mês podemos perder consumidores. Afinal eles são a novidade do bairro. Depois vamos ver como fica a briga de preços", diz o gerente.

Fonte: Adaptado de DANTAS, V. Extra investe em hipermercado compacto: Rede inaugura amanhã novo modelo de loja, de custo reduzido e com mais tecnologia. *O Estado de São Paulo*, Economia, 20 nov. 2003. Disponível em: <www.estadao.com.br>. Acessado em: 5 fev. 2009.

Questões para Discussão

1. Quais os principais custos que a rede pretende reduzir?
2. Discuta a gestão de custos de estoque nas três grandes categorias apresentadas na Seção 7.3.2. Como irão variar estes custos?
3. Por que a rede optou em reduzir o número de itens em estoque? Justificar.

Exercícios Propostos

1. Uma empresa deseja implantar um sistema de produção "puxado" com a utilização de um sistema de cartões *kanban* que propicie uma redução de custos de estocagem de 50%. Após os estudos iniciais, determinou que usaria contêineres com capacidade de 25 unidades e que o sistema operaria com 5 contêineres. Atualmente opera no sistema de produção em lotes (*batch*) de 800 unidades/ordem. A demanda anual está estabilizada em 50.000 unidades/ano, os custos de armazenagem são de $ 0,80/unidade.ano e os de obtenção são de $ 30,00/ordem. Para que consiga reduzir os custos, de quanto deverá ser a redução dos custos de obtenção (custos de *setup*), considerando que os demais custos permaneçam inalterados e que C_l = $ 200/ano?

2. O consumo de um item de estoque é de 1.200 unid./mês. O preço de compra do item é de $1,25/unid. e o custo de preparação é de $45,00/pedido. O custo de carregamento é equivalente a 15% do preço do item, por unid.ano. O fornecedor do item só vende lotes múltiplos inteiros de 2.000 unidades. Os custos independentes são desprezíveis. Entre as opções de comprar lotes de 2.000 ou 4.000 unidades, qual você escolheria? Justificar.

3. A Companhia Perfeita fez um levantamento dos custos incorridos na aquisição e manutenção dos seus estoques em um período de 6 meses, obtendo os dados apresentados a seguir. Determinar o custo médio mensal

Mês	Custo de obtenção ($ 1000)	Custo de carregamento ($ 1000)	Custo de aquisição ($ milhão)
1	5	20	0,5
2	8	18	0,3
3	6	22	0,6
4	7	17	0,2
5	–	19	–
6	4	18	0,5

4. A empresa Perfeita referida no exercício anterior constatou que três de seus itens (P12, C201 e J89) de estoque são responsáveis por 20% dos custos de carregamento (P12 – 12%; C201 – 5%; e J89 – 3%). Nos seis meses analisados, os estoques médios são apresentados a seguir:

Mês	P12 (unidades)	C201 (unidades)	J89 (unidades)
1	120	1850	6400
2	95	1325	9500
3	160	1110	8250
4	135	1930	4950
5	120	1440	3920
6	170	1280	8400

Determinar o custo de carregamento dos três itens em $/unid.mês e $/unid.ano.

5. Ainda com referência à empresa Perfeita, constatou-se que, no período em análise, foram emitidos 960 Pedidos de Compras, dos quais 3 para o item P12, 4 para o C201 e 5 para o J89. Determinar o custo médio de preparação (Cp) da empresa.

6. Se o custo médio do capital no período de 6 meses foi de 5% ao mês, determinar o preço unitário médio de compra de cada um dos itens P12, C201 e J89 e o custo do capital investido neles em $/mês.

7. A empresa Cred Card compra por ano aproximadamente 60.000 unidades de um item. Quando 10.000 unidades são compradas de uma vez, os custos de pedido e recebimento são de $ 72,00 por pedido. Esses custos aumentam somente 25% quando o lote é dobrado. Qual será o custo anual de obtenção quando lotes de 10.000 e 20.000 unidades forem comprados?

8. Se uma empresa produz de acordo com a demanda esperada de um de seus produtos, os estoques resultantes serão negligíveis. Uma alternativa é adotar um plano de produção que gere um estoque médio de 450 unidades, com cada uma dessas unidades representando um investimento de $ 120,00 para a companhia. Do total investido em estoques, o custo mensal de deterioração é estimado em 0,1%, o de armazenagem, em 0,8%, e o de juros, em 1,25%. Qual o custo total anual de se manter o nível de estoque médio em 450 unidades?

Capítulo 8

Análise dos estoques

8.1 Introdução

Como os estoques representam parcela substancial dos ativos das empresas, devem ser encarados como um fator potencial de geração de negócios e de lucros. Assim, cabe ao administrador verificar se estão tendo a utilidade adequada ou sendo um "peso morto", não apresentando o retorno sobre o capital neles investido.

Em épocas de alta inflação, manter estoques elevados poderia ser a forma mais adequada de obter grandes lucros, pois a reposição dava-se sempre a preços bem maiores. Numa economia mais estável e de baixa inflação, isso não é verdadeiro, e uma boa gestão dos estoques poderá ser a responsável pelo lucro.

8.2 Gestão de Estoques

A **gestão de estoques** constitui uma série de ações que permitem ao administrador verificar se os estoques estão sendo bem utilizados, bem localizados em relação aos setores que deles se utilizam, bem manuseados e bem controlados. Veja esta gestão na prática:

A produção de portas e janelas da metalúrgica Gravia ganhou agilidade e controle mais eficiente com o uso da tecnologia de coleta de dados. Após implementar um aplicativo que gerencia e transfere para o sistema de gestão corporativa as informações captadas de cada peça que chega ou sai da fábrica, automaticamente e on-line, a empresa aposentou os processos manuais de apontamentos de produção e movimentação de materiais, o que resultou ainda na redução de erros e mão-de-obra. Isto porque o sistema de gestão da companhia controla todo o ciclo de produtos, desde o recebimento da matéria-prima até os processos de produção, estoque, vendas e faturamento.

Em apenas seis meses de utilização do novo sistema, a Gravia já pode enumerar benefícios como a eliminação de divergências de inventário (físico diferente do contábil); aumento da agilidade no processo de reporte de produção, com saldos de estoques confiáveis e em tempo real, isto é, eliminando uma defasagem de 24 horas no saldo contábil em relação ao físico e redução do tempo para fazer o embarque de um pedido de venda na expedição e maior confiabilidade no processo.[1]

Existem vários indicadores de produtividade na análise e controle dos estoques, sendo os mais usuais diferenças entre o inventário físico e o contábil, acurácia dos controles, nível de serviço (ou nível de atendimento), giro de estoques e cobertura dos estoques. Vejamos cada um deles.

8.2.1   Inventário Físico

O **inventário físico** consiste na contagem física dos itens de estoque. Caso haja diferenças entre o inventário físico e os registros do controle de estoques, devem ser feitos os ajustes conforme recomendações contábeis e tributárias.

O grande controle que pode ser feito em qualquer organização para auxiliar o fluxo de caixa é o referente aos inventários. Estoque em excesso significa gastar dinheiro à toa, arcar com um custo que não traz benefício algum. Qualquer custo, seja ele relacionado à produção, à administração de materiais ou simplesmente ao estoque, pode ser reduzido se for bem gerenciado. Se os recursos mais utilizados, como ativos fixos, mão-de-obra e energia, forem bem administrados, o produto ganhará em qualidade, e o custo total final será menor. Mudanças excessivas em ordens de produção, implicando parada das máquinas e aumento dos estoques em processo, acabam por gerar retrabalho, e é uma forma clara de desperdício, fazendo com que os gastos com produção subam e, conseqüentemente, impactem no custo do produto. Mas como descobrir se uma fábrica está trabalhando com excesso de estoque?

O inventário físico é geralmente efetuado de dois modos: periódico ou rotativo.

---

[1]   Gravia automatiza processos. Gazeta Mercantil, 23 dez. 2002. Disponível em: <www.gazetamercantil.com.br>. Acessado em: 26 jan. 2004.

Ele é chamado de **periódico** quando em determinados períodos — normalmente no encerramento dos exercícios fiscais, ou duas vezes por ano — faz-se a contagem física de todos os itens do estoque. Nessas ocasiões coloca-se um número bem maior de pessoas com a função específica de contar os itens. É uma força-tarefa designada exclusivamente para esse fim, já que tal contagem deve ser feita no menor espaço de tempo possível (geralmente de 1 a 3 dias).

Exemplo 8.1   Uma empresa tem em seu estoque aproximadamente 10.000 itens diferentes. No inventário do ano anterior verificou-se que havia, em média, 15 unidades de cada item. Supondo que uma pessoa possa contar, em média, 80 itens por minuto, quantas pessoas serão necessárias para contar todos os itens em dois dias de trabalho?

Solução   1 dia de trabalho = 8 horas

Número de itens a serem contados = 10.000 × 15 = 150.000 itens

Tempo necessário para contagem = (150.000 itens)/(80 itens/minuto) = 1.875 minutos

Número de pessoas necessário = N

(2 dias) × (8 horas/dia) × (60 minutos/hora) N = 1.875

960N = 1.875

N = 1,95, ou 2 pessoas

O inventário é **rotativo** quando permanentemente se contam os itens em estoque. Nesse caso faz-se um programa de trabalho de tal forma que todos os itens sejam contados pelo menos uma vez dentro do período fiscal (normalmente de um ano). Essa política exigirá um certo número de pessoas exclusivamente dedicadas à contagem, em período integral, o ano todo.

Um critério usual é contar a cada três meses 100% dos itens da classe A (veja a Seção 8.2.4) (33,3% ao mês, aproximadamente), 50% dos itens da classe B (16,6% ao mês) e 5% dos itens da classe C (1,6% ao mês)[2].

Exemplo 8.2   Uma empresa realiza o inventário de seus estoques pelo método do inventário rotativo, contando, a cada três meses, 100% dos itens da classe A, 60% dos itens da classe B e 10% dos

---

[2]   MARTINS, P.; LAUGENI, f. *Administração da produção*. São Paulo: Saraiva, 2 ed. 2005. p. 268.

itens da classe C. No último ano fiscal constatou dispor em seus estoques de 50.000 itens diferentes, sendo 5.000 da classe A, 15.000 da classe B e os 30.000 restantes da classe C. A classe A tem, em média, 25 unidades por item de estoque, a classe B tem 40 unidades, e a classe C tem 80 unidades. A empresa trabalha 250 dias por ano e deseja ter pelo menos uma pessoa dedicada à contagem. Supondo que uma pessoa possa contar, em média, 2 unidades de um item por minuto, quantas pessoas serão necessárias?

Solução   Itens a serem contados:

Classe A — 100% de 5.000 $\times$ 25 = 125.000

Classe B — 60% de 15.000 $\times$ 40 = 360.000

Classe C — 10% de 30.000 $\times$ 80 = 240.000

Total de itens contados a cada três meses = 725.000

Número de itens contados por ano (4 $\times$ 725.000) = 2.900.000

Tempo necessário para a contagem (2.900.000 unidades)/(2 unidades/min.) = 1.450.000 minutos/ano

Número de pessoas necessárias = N

250 $\times$ 8 $\times$ 60 N = 1.450.000 $\rightarrow$ 120.000N = 1.450.000

N = 12,08 $\rightarrow$ 12 pessoas são suficientes

8.2.2   Acurácia dos Controles

Uma vez terminado o inventário, pode-se calcular a **acurácia dos controles**, que mede a porcentagem de itens corretos, tanto em quantidade quanto em valor, ou seja:

$$\text{Acurácia} = \frac{\text{Número de itens com registros corretos}}{\text{Número total de itens}}$$

ou

$$\text{Acurácia} = \frac{\text{Valor de itens com registros corretos}}{\text{Valor total de itens}}$$

Exemplo 8.3 Calcule a acurácia do controle, sabendo-se que no Exemplo 8.2, após os três primeiros meses, foram encontradas as seguintes divergências entre o número de unidades contadas por item e o número indicado pelo controle.

TABELA 8.1

Classe	Número de itens contados	Número de itens contados (em %)	Número de itens com divergências	Acurácia
A	4.910	4.910/16.915 = 29,03 %	268	(4.910 − 268)/4.910 = 0,9454
B	9.125	9.125/16.915 = 53,95%	438	(9.125 − 438)/9.125 = 0,9520
C	2.880	2.880/16.915 = 17,02%	55	(2.880 − 55)/2.880 = 0,9809
Total	16.915			

Solução

$$(0,2903) \times (0,9454) + (0,5395) \times (0,9520) + (0,1702) \times (0,9809)$$

$$\text{Acurácia do controle} = 95,50\%$$

8.2.3 Nível de Serviço ou Nível de Atendimento

Nível de serviço ou nível de atendimento é o indicador de quão eficaz foi o estoque para atender às solicitações dos usuários. Assim, quanto mais requisições forem atendidas, nas quantidades e especificações solicitadas, tanto maior será o nível de serviço. Veja uma aplicação:

> A Tigre, líder brasileira no mercado de tubos e conexões plásticas, espera aumentar sua base de clientes na Região Norte com a inauguração do novo Centro de Distribuição (CD), na região metropolitana de Belém.
> Para o diretor da Tigre, o novo CD é uma forma de prestigiar os clientes da Região Norte, pois permitirá aos revendedores reduzir seus estoques e melhorar o nível de serviço. "Estar mais próximo do cliente, com o objetivo de prestar um atendimento personalizado, ágil e eficiente, consolida a nossa posição de liderança e cumpre o papel a que nos propomos, de prestar serviços com qualidade e inovação constantes", acrescenta o presidente da Tigre.[3]

---

[3] PINTO, R. Tigre faz centro para servir região Norte. *Gazeta Mercantil*, Caderno A12, Belém 20 out. 2003. Disponível em: <www.gazetamercantil.com.br>. Acessado em: 26 jan. 2004.

$$\text{Nível de serviço} = \frac{\text{Número de requisições atendidas}}{\text{Número de requisições efetuadas}}$$

Exemplo 8.4 No almoxarifado da empresa VendeTudo, durante um período de 6 meses, foram apresentadas 3.100 requisições de materiais, com um número médio de 1,45 item por requisição. Foram entregues 4.400 dos itens solicitados. Qual o nível de atendimento do almoxarifado?

Solução $\text{Nível de serviço} = \dfrac{4.400}{4.495} = 97,88\%$

8.2.4 Giro de Estoques

O **giro de estoques** mede quantas vezes, por unidade de tempo, o estoque se renovou ou girou.

$$\text{Giro de estoques} = \frac{\text{Valor consumido no período}}{\text{Valor do estoque médio no período}}$$

Exemplo 8.5 De janeiro a julho, o estoque da empresa StokRápido apresentou a seguinte movimentação em reais:

TABELA 8.2

Mês	Estoque inicial	Entradas	Saídas	Estoque final
Janeiro	124.237,35	237.985,00	282.756,30	79.466,05
Fevereiro	79.466,05	347.123,56	263.675,33	162.914,28
Março	162.914,28	185.543,90	274.653,78	73.804,40
Abril	73.804,40	303.457,00	295.902,50	81.358,90
Maio	81.358,90	265.856,00	301.845,12	45.369,78
Junho	45.369,78	345.965,00	248.204,56	143.130,22
Total			1.667.037,59	

TABELA 8.3

Mês	(EI + EF)/2	Estoque médio ($)
Janeiro	(124.237,35 + 79.466,05)/2	101.851,70
Fevereiro	(79.466,05 + 162.914,28)/2	121.190,17
Março	(162.914,28 + 73.804,40)/2	118.359,34
Abril	(73.804,40 + 81.358,90)/2	77.581,65
Maio	(81.358,90 + 45.369,78)/2	63.364,34
Junho	(45.369,78 + 143.130,22)/2	94.250,00
Total		576.597,20

Estoque médio no período =

$$= E_{M(jan.-jun.)} = \frac{E_{M(jan.)} + E_{M(fev.)} + E_{M(mar.)} + E_{M(abr.)} + E_{M(maio)} + E_{M(jun.)}}{6}$$

$$E_{M(jan.-jun.)} = \frac{576.597,20}{6} \rightarrow E_{M(jan.-jun.)} = \$\ 96.099,53$$

$$\text{Giro de estoques} = \frac{\text{Valor consumido no período}}{\text{Valor do estoque médio no período}}$$

$$= \frac{1.667.037,59}{96.099,53} = 17,34 \text{ vezes}$$

8.2.5 Cobertura de Estoques

Cobertura indica o número de unidades de tempo; por exemplo, dias que o estoque médio será suficiente para cobrir a demanda média.

$$\text{Cobertura em dias} = \frac{\text{Número de dias do período em estudo}}{\text{Giro}}$$

Exemplo 8.6   Calcule a cobertura da StokRápido com base nos dados do exemplo anterior.

Solução Número de dias = 6 meses $\times$ 30 dias/mês = 180 dias

Giro = 17,34

Cobertura = $\dfrac{180}{17,34}$ = 10,38 dias

8.2.6 Demanda *versus* Consumo

Na nossa análise dos estoques é importante diferenciarmos os conceitos de **demanda** e **consumo**. A demanda representa a "vontade" do consumidor em comprar ou requisitar — caso de um colaborador que necessita de uma certa quantidade de unidades de um item de estoques — um produto necessário na fabricação de um outro componente. Essa sua vontade ou necessidade pode ou não ser atendida plenamente.

Se atendida plenamente, dizemos que o consumo foi igual à demanda. Se, entretanto, a disponibilidade do produto for insuficiente para atender à "vontade" ou necessidade do consumidor (ou usuário), dizemos que houve uma situação de demanda reprimida.

Suponhamos a seguinte situação: Um operário trabalhando na montagem de um componente necessita de 200 unidades do item XYZ. Dirige-se ao almoxarifado com a Requisição devidamente preenchida e a apresenta ao almoxarife. Este consulta o terminal (ou por inspeção visual na prateleira) e constata que dispõe de somente 160 unidades em estoque. Várias situações podem ocorrer, a saber:

a) O operário diz que só o pedido completo é que resolve a sua necessidade, e volta sem levar nada. Nesse caso, a demanda foi de 200 unidades, o consumo de 0 (zero) unidade e a **demanda perdida** de 200 unidades.

b) O operário diz que levará as 160 unidades e as 40 restantes irá buscar em outro local. Nesse caso, a demanda foi de 200 unidades, o consumo foi de 160 unidades e a demanda perdida foi de 40 unidades.

c) O operário diz que levará as 160 unidades e as 40 restantes ele irá buscá-las tão logo o almoxarife as receba do fornecedor. Nesse caso, a demanda foi de 200 unidades, o consumo de 160 unidades, o *backlog* de 40 unidades e a demanda perdida de 0 (zero) unidade. Tão logo o almoxarife receba nova remessa do item faltante, chamará o operário, a quem "devia" 40 unidades, para fazer a entrega e "fechar" a requisição. Nessa situação, dizemos que a demanda foi 0 (zero) e o consumo foi de 40 unidades.

Com base nesse exemplo, constatamos que poderemos ter demanda maior, igual ou menor que o consumo. O conceito de *backlog* é muitíssimo usado entre as empresas. Pode existir em praticamente todos os ramos de negócios, tanto comerciais quanto industriais. Basta que haja a concordância do cliente em receber em data futura o que solicitara (demanda) hoje. O caso conhecido como fabricação sob encomenda (*make-to-order)* é um caso extremo de *backlog*.

Um outro caso que também merece atenção é o da chamada **demanda perdida**. Nessa situação, o cliente não aceita receber posteriormente aquilo que necessita, procurando em outro fornecedor para o atendimento de seu pedido, total ou suplementar. Suplementar quando o primeiro fornecedor atendeu parcialmente suas necessidades.

Como se depreende, é tudo uma questão de acordo entre as partes, cliente e fornecedor. Isso posto, é importante saber se se trata do "modelo com *backlog* ou do modelo com *demanda perdida*. Os dois são mutuamente exclusivos para um dado item. Entretanto, podemos ter em uma mesma empresa itens que se enquadram em um modelo e outros itens que se enquadram no outro.

Exemplo 8.7   Os dados de demanda de um certo item de estoque, durante um período de seis meses, são dados abaixo.

Mês	Recebimentos (Unid.)	Demanda (Unid.)
Jan.	300	280
Fev.	450	780
Mar.	710	250
Abr.	210	455
Maio	550	225
Jun.	1050	655

Sabendo-se que o item em pauta se enquadra no modelo do *backlog* e que este era de 210 unidades no último dia do mês de dezembro, determinar o Giro e a Cobertura do estoque no período em referência.

Solução   Como em fim de dezembro havia um *backlog* de 210 unidades, isto significa que o EI (Estoque Inicial) em janeiro era de 0 (zero) unidade.

Temos a seguinte relação lógica: EI + (Entradas) − (Saídas) = EF (Estoque Final)

Em janeiro, temos a seguinte situação:

0 + 300 − 280 = 20 → teriam sobrado 20 unidades no fim de janeiro, não fora o fato de se ter um *backlog* 210. As 20 unidades "restantes" serão utilizadas para "pagar" a "dívida" de 210. Dessa forma, 210 − 20 = 190. Isto é, inicia-se fevereiro com *backlog* de 190 unidades. O EF em janeiro, igual ao EI em fevereiro, é de 0 (zero) unidade. O consumo foi de 300 unidades.

Em fevereiro, temos a seguinte situação:

0 + 450 − 780 = "−330", isto é, faltaram 330 unidades para atender à demanda. Como o *backlog* já era de 190 unidades, passará a ser 190 + 330 = 520 unidades. O consumo foi de 450 unidades, que era o total disponível. O EF em fevereiro, igual a EI em março, é zero.

Em março, temos a seguinte situação:

0 + 710 − 250 = 460 unidades de "sobra". Como o *backlog* era de 520 unidades, aproveita-se a "sobra" de 460 para "pagar" parte das 520 unidades. Assim, o *backlog* no fim de março será de 520 − 460 = 60 unidades. O consumo em março foi de 250 + 460 = 710 unidades. O EF em março, igual ao EI em abril, é zero.

Em abril, teremos a seguinte situação:

0 + 210 − 455 = "−245", isto é, faltaram 245 unidades para atender à demanda do período. Como o *backlog* já era de 60 unidades, passará para 60 + 245 = 305 unidades. O consumo em abril foi de 210 unidades, que era o total disponível. O EF em abril, igual ao EI em maio, é zero.

Em maio, teremos a seguinte situação:

0 + 550 − 225 = 325 unidades de "sobra". Como o *backlog* era de 305, "pagam-se" os 305 e ainda sobram, como EF, 20 unidades. O consumo em maio foi de 225 + 305 = 530 unidades. O EF em maio, igual ao EI em junho, é de 20 unidades.

Em junho, finalmente, temos a seguinte situação:

20 + 1050 − 655 = 415 unidades. Como não há *backlog* a "pagar", o EF em junho é de 415 unidades e o consumo em junho foi de 655 unidades.

O quadro abaixo resume todos os cálculos:

	B	C	D	E	F	G	H	I	J
1	EXEMPLO 8.7								
2									
3									
4		Backlog =	210						
5	Mês	EI	ENTRADAS	DEMANDA	EF	BACKLOG	Em	CONSUMO	
6	JAN	0	300	280	0	190	0	300	
7	FEV	0	450	780	0	520	0	450	
8	MAR	0	710	250	0	60	0	710	
9	ABR	0	210	455	0	305	0	210	
10	MAI	0	550	225	20	0	10	530	
11	JUN	20	1050	655	415	0	217,5	655	
12				2645			227,5	2855	
13									
14		Giro =	75,30	vezes em seis meses					
15		Cobertura=	2,39	dias					

Obs.:

1. O consumo foi maior que a demanda.

2. O estoque médio mensal é de $\dfrac{227,5}{6}$ = 37,92 unidades.

O cálculo do Giro dos estoques, como já visto, é dado por: $G = \dfrac{2855}{37,92} \rightarrow$ G = 75,30 vezes em 6 meses.

A cobertura será: $C = 1/G \rightarrow C = \dfrac{180}{75,30} \rightarrow$ C = 2,39 dias.

Obs.: O modelo do *backlog* pode levar a estoque extremamente baixo, com conseqüente giro alto e baixa cobertura. "Praticamente" se trabalha "sob encomenda".

Exemplo 8.8   Resolver o exemplo anterior na suposição de que o item de estoque se enquadra no modelo da demanda perdida. Considerar um EI em janeiro de 120 unidades.

O quadro abaixo mostra a solução:

	A	B	C	D	E	F	G	H	I
1		EXEMPLO 8.8							
2									
3				EI=	120				
4			EI	ENT	DEM	EF	excesso dem	Em	Consumo
5		jan	120	300	280	140	0	130	280
6		fev	140	450	780	0	190	70	590
7		mar	0	710	250	460	0	230	250
8		abr	460	210	455	215	0	337,5	455
9		mai	215	550	225	540	0	377,5	225
10		jun	540	1050	655	935	0	737,5	655
11					2645			1882,5	2455
12									
13					Em mensal=	313,75			
14					Giro =	7,8			
15					Cobertura =	23,0 dias			

O estoque médio mensal é de $= \dfrac{1882,5}{6} = 313,75$

O Giro do estoque foi de $G = \dfrac{2455}{313,75} = 7,82$ vezes em 6 meses.

A cobertura $C = \dfrac{180}{7,82} \rightarrow C = 23,0$ dias.

Como se pode observar, os resultados são distintos para os modelo. Mesmo que o EI em janeiro fosse zero, o novo resultado seria G = 8,23 vezes em 6 meses e a cobertura C = 21,9 dias.

8.2.7 Localização dos Estoques

A **localização dos estoques** é uma forma de endereçamento dos itens estocados para que eles possam ser facilmente localizados. Com a automatização dos almoxarifados, a definição de um critério de endereçamento é imprescindível. Vejamos uma das várias formas de endereçamento utilizadas[4]:

Endereço: AA.B.C.D.E

Onde: AA: Código do almoxarifado ou área de estocagem

B: Número da rua

C: Número da prateleira ou estante

D: Posição vertical

E: Posição horizontal dentro da posição vertical

Exemplo 8.9   Qual a localização correspondente ao código de endereçamento 27.5.3.2.1?

Solução   Material estocado no almoxarifado 27, na rua 5, na prateleira 3, local vertical 2, no primeiro boxe horizontal.

8.2.8 Redução de Estoques

A tentativa constante e incansável dos gerentes de reduzir os estoques, sejam de matéria-prima, de produtos em processos ou de produtos acabados, tem levado ao desenvolvimento de novas técnicas de administração e até mesmo a novas filosofias gerenciais. O fato de considerar os estoques como um desperdício levou os japoneses a desenvolver as técnicas do *just-in-time* com a utilização de cartões *kanban*. As aplicações do *just-in-time* são tão amplas e importantes que acabaram tornando-se uma filosofia gerencial.

No outro extremo da cadeia produtiva estão os estoques de produtos acabados. Para diminuí-los ao máximo, a empresa deve contar com um esquema de distribuição altamente eficaz, que é um dos objetivos da logística empresarial.

Dentro do processo produtivo, os estoques em processo podem ser reduzidos com a utilização de células de manufatura, produção sincronizada e teoria das restrições.

---

[4]   PINTO, 2004.

8.2.9   Análise ABC

A **análise ABC** é uma das formas mais usuais de examinar estoques. Essa análise consiste na verificação, em certo espaço de tempo (normalmente 6 meses ou 1 ano), do consumo, em valor monetário ou quantidade, dos itens de estoque, para que eles possam ser classificados em ordem decrescente de importância. Aos itens mais importantes de todos, segundo a ótica do valor ou da quantidade, dá-se a denominação itens classe A, aos intermediários, itens classe B, e aos menos importantes, itens classe C.

Não existe forma totalmente aceita de dizer qual o percentual do total dos itens que pertencem à classe A, B ou C. Os itens A são os mais significativos, podendo representar algo entre 35% e 70% do valor movimentado dos estoques, os itens B variam de 10% a 45%, e os itens C representam o restante.

A experiência demonstra que poucos itens, de 10% a 20% do total, são da classe A, enquanto uma grande quantidade, em torno de 50%, são da classe C e 30% a 40% são da classe B.

Exemplo 8.10   Construir a curva ABC do estoque sabendo-se que, durante um determinado ano-base, a empresa Condor apresentou a seguinte movimentação de seu estoque de 15 itens:

TABELA 8.4

Item	Consumo (unidades/ano)	Custo ($/unidade)
1010	450	2,35
1020	23.590	0,45
1030	12.025	2,05
1045	670	3,60
1060	25	150,00
2015	6.540	0,80
2035	2.460	12,00
2050	3.480	2,60
3010	1.250	0,08
3025	4.020	0,50
3055	1.890	2,75
5050	680	3,90
5070	345	6,80
6070	9.870	0,75
7080	5.680	0,35

Cálculo do valor monetário consumido no período:

TABELA 8.5

Item	Consumo (unidades/ano)	Custo total ($/unidade)
1010	450 × 2,35	1.057,50
1020	23.590 × 0,45	10.615,50
1030	12.025 × 2,05	24.651,25
1045	670 × 3,60	2.412,00
1060	25 × 150,00	3.750,00
2015	6.540 × 0,80	5.232,00
2035	2.460 × 12,00	29.520,00
2050	3.480 × 2,60	9.048,00
3010	1.250 × 0,08	100,00
3025	14.020 × 0,50	2.010,00
3055	1.890 × 2,75	5.197,50
5050	680 × 3,90	2.652,00
5070	345 × 6,80	2.346,00
6070	9.870 × 0,75	7.402,50
7080	5.680 × 0,35	1.988,00

Ordenando os itens por ordem decrescente do *valor consumido* durante o período, teremos:

TABELA 8.6

Item	Valor consumido
2035	29.520,00
1030	24.651,25
1020	10.615,50
2050	9.048,00
6070	7.402,50
2015	5.232,00
3055	5.197,50
1060	3.750,00
5050	2.652,00
1045	2.412,00
5070	2.346,00
3025	2.010,00
7080	1.988,00
1010	1.057,50
3010	100,00
Total	107.982,25

Calcular os percentuais de cada um dos itens em relação ao total:

TABELA 8.7
Curva ABC

Item	Valor consumido/Valor total	Percentual	Percentual acumulado
2035	29.520,00/107.982,25	27,34	27,34
1030	24.651,25/107.982,25	22,83	50,17
1020	10.615,50/107.982,25	9,83	60,00
2050	9.048,00/107.982,25	8,38	68,38
6070	7.402,50/107.982,25	6,86	75,23
2015	5.232,00/107.982,25	4,85	80,08
3055	5.197,50/107.982,25	4,81	84,89
1060	3.750,00/107.982,25	3,47	88,36
5050	2.652,00/107.982,25	2,46	90,82
1045	2.412,00/107.982,25	2,23	93,05
5070	2.346,00/107.982,25	2,17	95,23
3025	2.010,00/107.982,25	1,86	97,09
7080	1.988,00/107.982,25	1,84	98,93
1010	1.057,50/107.982,25	0,98	99,91
3010	100,00/107.982,25	0,09	100,00

Uma análise da tabela mostra que os três primeiros itens — 2035, 1030 e 1020 — representam 60% dos gastos totais com materiais de estoques no período; são, portanto, itens tipicamente da classe A. Os quatro seguintes — 2050, 6070, 2015 e 3055 — representam mais 25% dos gastos com materiais; são tipicamente itens da classe B. Os oito itens restantes representam 15%; são, então, itens da classe C.

Assim, como ilustrado na Figura 8.1 pela curva ABC, 20% dos itens (classe A) representam 60% dos gastos, 26,67% dos itens (classe B) correspondem a 25% dos gastos, e 53,33% dos itens (classe C) resultam em apenas 15% dos gastos.

Figura 8.1 A curva ABC

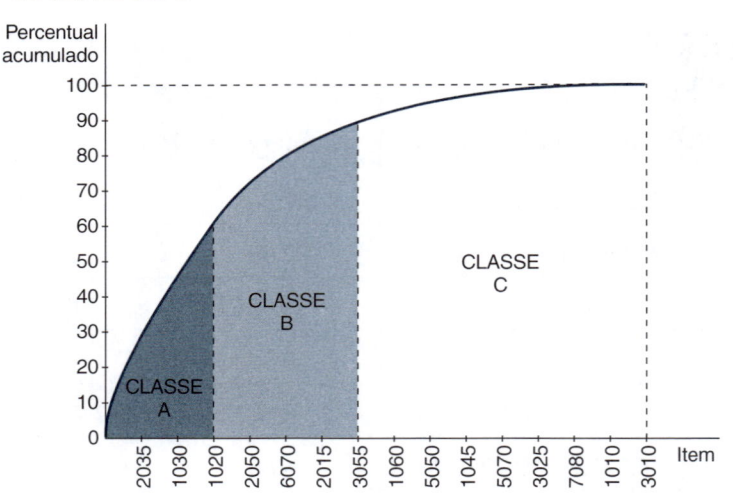

A análise ABC de estoques, que multiplica o custo unitário com o volume comprado, permite que cada classe (A, B ou C) tenha um tratamento diferenciado. Os itens da classe A devem receber mais atenção, pois uma economia ou melhoria em sua utilização (por exemplo, de 10%) representa uma economia (no caso, de 6%) no total dos gastos com materiais.

Por outro lado, uma análise exclusiva da relação pode levar a distorções perigosas para a empresa, pois ela não considera a importância do item em relação à operação do sistema como um todo. Itens de manutenção de baixo preço unitário e comprados em pequenas quantidades podem afetar o funcionamento do sistema produtivo e a segurança da fábrica. Um simples parafuso, de baixo custo e consumo, é, geralmente, um item da classe C. No entanto, ele pode interromper a operação de um equipamento ou instalação essencial à produção dos bens e serviços.

Para resolver essa deficiência da análise da equação:

$$\text{custo unitário} \times \text{volume},$$

muitas empresas utilizam um conceito chamado *criticidade dos itens de estoque*. Criticidade é a avaliação dos itens quanto ao impacto que sua falta causará na operação da empresa, na imagem da empresa perante os clientes, na facilidade de substituição do item por um outro e na velocidade de obsolescência.

Dentro do conceito de criticidade, os itens podem ser classificados em classe A (itens cuja falta provoca a interrupção da produção dos bens e serviços e cuja substituição é difícil e sem fornecedor alternativo), classe B (itens cuja falta não provoca efeitos na produção de bens e/ou serviços no curto prazo) e classe C (os demais itens).

TABELA 8.8

Classe	Grau de importância dos itens
A	imprescindíveis (sua falta interrompe a produção)
B	importantes (sua falta não impacta a produção no curto prazo)
C	demais

Exemplo 8.11   Fazer uma classificação dos itens do exercício anterior combinando criticidade e análise ABC simples (custo unitário × volume). A análise de criticidade dos 15 itens de estoque levou à classificação exposta na Tabela 8.9.

TABELA 8.9

Classe	Itens	Percentual em relação ao total
A	2015, 5050	13,3
B	1020, 1060, 3025, 6070	26,7
C	Demais	60,0

Uma análise cruzada da Tabela 8.9, referente à classificação quanto à criticidade, e da Tabela 8.7, referente à análise ABC simples (custo unitário × volume), permite montar a Tabela 8.10:

TABELA 8.10

		Criticidade			
		A	**B**	**C**	**Total de itens**
Análise ABC simples	A		1020	1030, 2035	3
	B	2015	6070	2050, 3055	4
	C	5050	1060, 3025	1010, 1045, 3010, 5070, 7080	8
	Total de itens	2	4	9	15

Assim, quanto à criticidade (representada em azul), temos dois itens (2015 e 5050) na classe A, quatro itens (1020, 6070, 1060 e 3025) na classe B e nove itens (1030, 2035, 2050, 3055, 1010, 1045, 3010, 5070 e 7080) na classe C.

Quanto à classificação pelo custo unitário — 3 volumes — (em cinza), temos três itens (1020, 1030 e 2035) na classe A, quatro itens (2015, 6070, 2050 e 3055) na classe B e oito itens (5050, 1060, 3025, 1010, 1045, 3010, 5070 e 7080) na classe C.

Uma classificação conjunta sugerida é chamar de classe AA as células AA, AB e BA; de classe BB as células AC, BB e CA; e, finalmente, de classe CC as células BC, CB e CC[5]. Assim, chegamos aos resultados mostrados na Tabela 8.11.

TABELA 8.11

Classificação	Itens	% em relação ao total de itens
AA	1020, 2015	13,33
BB	5050, 6070, 1030, 2035	26,67
CC	1060, 3025, 2050, 3055, 1010, 1045, 3010, 5070, 7080	60,00

8.3 Análise dos estoques pelo método PEPS (FIFO) *versus* UEPS (LIFO)[6]

Os registros de estoque tem como objetivo controlar o volume físico de materiais, como também a quantidade de capital aplicada. Normalmente, o inventário físico anual realiza a avaliação do estoque em termos de preço, proporcionando uma avaliação exata do material estocado e informações financeiras atualizadas. Essa avaliação influi diretamente no resultado da empresa.

Avaliando-se o estoque pelo método Primeiro a entrar, Primeiro a sair (PEPS), analisa-se o estoque pela ordem cronológica das entradas dos mate-

[5] VOLLMANN, Thomas E. et al. *Manufacturing planning & control systems*. New York: McGraw Hill, 1997.
[6] POZO, Hamilton. *Administração de recursos materiais e patrimoniais*. São Paulo: Atlas, 2000.

riais. Sai o material que foi estocado em primeiro lugar, sendo substituído pela mesma ordem cronológica em que foi recebido. Nessa avaliação, aplica-se o custo real do material. Conseqüentemente, os estoques, por esse método, são mantidos com valores aproximados dos preços atuais de mercado.

Utilizando-se o método Último a entrar, Primeiro a sair (UEPS) para a análise de estoques, considera-se que devem em primeiro lugar sair as últimas peças que entraram no estoque, o que faz com que o saldo do estoque seja avaliado pelo preço das últimas entradas. É o método mais adequado em períodos inflacionários, pois uniformiza o preço dos produtos em estoque para a venda no mercado consumidor.

Seja qual for o método utilizado, PEPS ou UEPS, seu emprego está condicionado ao tipo de empresa, porque a avaliação do estoque final influi diretamente no custo dos bens vendidos ou das matérias-primas utilizadas na produção. Qualquer variação no valor do estoque repercute de imediato nos custos operacionais e conseqüentemente no lucro.

Embora a empresa possa efetuar análises gerenciais sobre as duas formas, a Secretaria da Receita Federal impõe os critérios de avaliação dos estoques e, conseqüentemente, a forma de apuração do custo da mercadoria vendida pelo Custo Médio.

Conclusão

Uma análise detalhada dos estoques é uma exigência que se faz a todo administrador de materiais. Não somente em decorrência dos volumes de capital envolvidos, mas, principalmente, pela vantagem competitiva que a empresa pode obter, dispondo de mais rapidez e precisão no atendimento aos clientes.

Na busca de tais objetivos, os administradores dispõem de vários indicadores, como o do giro dos estoques, da cobertura, da acurácia e da análise ABC tradicional. Além destes, a criticidade assume importância cada dia maior. Muitas vezes, a falta de um item de baixíssimo custo e pequena rotatividade pode parar toda uma fábrica, com prejuízos de milhares de reais.

Os métodos de avaliação dos estoques influenciam o resultado da empresa, devendo estes serem corretamente escolhidos e determinados.

Termos-Chave

acurácia de estoques	giro de estoques
Backlog	item de estoque
classificação AA, BB, CC	nível de atendimento
cobertura de estoques	nível de criticidade de um
Consumo	nível de serviço
curva ABC de estoques	UEPS, PEPS
Demanda perdida	

Questões para Discussão

1. Quais as vantagens e desvantagens de realizar o inventário periódico? E o inventário rotativo?

2. Por que uma alta acurácia é imprescindível para o bom funcionamento de um sistema informatizado de controle de estoques?

3. Por que as empresas procuram ter um alto giro de seus estoques? Quais as vantagens e desvantagens dessa política?

4. Existe alguma relação entre giro e cobertura de estoques? Explique.

5. Explique alguns fatores que tornam a localização dos estoques (sistema de endereçamento) imprescindível na automatização dos almoxarifados.

6. Quais as vantagens e desvantagens de trabalhar com altos estoques? Por que a redução dos estoques é um objetivo comum aos gerentes e administradores?

7. Cite exemplos em que os seguintes materiais podem ser itens de demanda dependente e independente:

   a) roda de um automóvel;

   b) arroz;

   c) medicamento hospitalar;

   d) cimento;

   e) papel para computador;

   f) móveis residenciais.

8. Por que a análise ABC simples (custo unitário × volumes) pode levar a distorções na análise de estoque?

9. O que é análise de criticidade de um item de estoque?

10. Explique como é feita a análise conjunta da criticidade e análise ABC simples (custo unitário × volumes) dos itens de estoque de uma empresa. Como se constrói a curva AABBCC?

Exercícios Propostos

1. Uma empresa deseja implantar uma metodologia de inventário rotativo em seu almoxarifado central, que dispõe de 60.000 itens diferentes. No inventário de encerramento do último exercício fiscal constatou-se que cada um dos itens tinha em média 15 unidades estocadas. Suponha que, para cada item, um auxiliar de almoxarifado experiente possa localizar, remover, contar e recolocar as unidades em seus respectivos endereços em 5 minutos e que a empresa deseja contar todos os itens, trabalhando em média 250 dias/ano (8 horas/dia). Quantos auxiliares de almoxarifado serão necessários exclusivamente para essa função?

2. Com base no exercício anterior, a empresa decide contar uma vez a cada 3 meses 100% dos itens da classe A, 50% dos itens da classe B e 15% dos itens da classe C. Nessa nova situação, e sabendo-se que a classe A contém 15% dos itens, a classe B contém 25% dos itens e a classe C contém o restante, quantos auxiliares de almoxarifado serão necessários exclusivamente para essa função?

3. Após os primeiros três meses, a empresa do exercício anterior constatou, na comparação entre os registros do computador e a contagem, os seguintes percentuais de divergências: itens da classe A, 2,4%; itens da classe B, 6,3%; e itens da classe C, 8,8%. Qual a acurácia do controle de estoques?

4. Uma análise das requisições ao almoxarifado demonstrou que, nos três primeiros meses, foram apresentadas 1.500 requisições internas de materiais (RIM), sendo atendidas 100% das referentes a itens da classe A, 95% das referentes a itens da classe B e 90% das referentes a itens da classe C. Qual foi, no período, o nível de serviço do almoxarifado? Considerar dados do Exercício 2.

5. Uma empresa manufatureira implantou um sistema informatizado de controle de estoque. Após um período de 6 meses de operação, obteve o seguinte relatório de movimentação financeira, em reais.

Mês	Entradas	Saídas
1	125.000,00	112.700,00
2		95.580,00
3	245.000,00	98.950,00
4	189.000,00	106.450,00
5		80.630,00
6	96.500,00	115.560,00

Sabendo-se que o estoque inicial no mês 1 era de $ 148.580,00, determinar:

a) O giro dos estoques no período.

b) A cobertura dos estoques.

6. Uma empresa que comercializa materiais de construção apresentou vendas de $ 25.676,00 no ano passado. Os cálculos do estoque médio mostraram um valor de $ 2.450,00. Nesse setor, as companhias bem-sucedidas apresentam valores de giro mínimo de 25 ao ano. Supondo um ano de 365 dias, calcular o giro e a cobertura do estoque[7].

7. Completar a tabela a seguir sabendo que se trata do modelo com "demanda perdida". No fim de dezembro, o estoque da empresa era de 160 unidades. Calcular o Giro e a Cobertura do estoque no período

Mês	EI	Entradas	Demanda	EF	Demanda perdida	Em	Consumo
Jan.		1200	1380				
Fev.		800	660				
Mar.		1410	1020				
Abr.		390	490				
Maio		200	1150				
Jun.		850	850				
Jul.		0	830				
Ago.		420	990				
Totais							

---

[7] MARTINS; LAUGENI, 2005.

8. Completar a tabela a seguir sabendo que se trata do modelo com *backlog*. No fim de dezembro, o *backlog* da empresa era de 380 unidades. Calcular o Giro e a Cobertura do estoque no período.

Mês	EI	Entradas	Demanda	EF	*Backlog*	Em	Consumo
Jan.		800	660				
Fev.		800	660				
Mar.		1410	1020				
Abr.		390	490				
Maio		1250	1150				
Jun.		740	850				
Jul.		0	830				
Ago.		420	990				
Totais							

9. O consumo dos itens de estoque da empresa Explendor, de janeiro a junho de 95 foi:

Item	Consumo (unid.)	Valor ($/unid.)
J89	2450	0,45
P23	380	12,57
P28	12490	0,08
P05	830	5,40
R18	26800	1,18
R49	150	2,45
T98	15980	0,02
T12	3890	0,01

Construir a curva ABC dos estoques.

10. Os dados de consumo de período de seis meses são dados a seguir. Completar a tabela abaixo e construir a curva ABC do estoque, utilizando-se do Excel,

```
X Microsoft Excel - EXERC_8_10.xls [Somente leitura]
Arquivo  Editar  Exibir  Inserir  Formatar  Ferramentas  Dados  Janela  Ajuda
            K26
```

	A	B	C	D	E	F	G	H
1		EXERCÍCIO 8.10						
2								
3		ITEM	CONSUMO	CUSTO				
4			(unid.)	($/unid.)				
5		K19	2450	0,45				
6		M67	385	25,18				
7		M19	1644	2,18				
8		A36	12480	0,16				
9		A78	139	1,48				
10		A82	1965	2,56				
11		B13	2795	0,08				
12		B74	4393	2,85				
13		B92	964	6,15				
14		C34	394	2,95				
15		C12	22436	0,04				
16		C45	6472	12,86				
17		D76	4621	7,86				
18		D81	964	2,06				
19		D93	8657	0,88				
20		E44	26842	1,06				
21		E75	648	35,45				
22		E85	3551	2,94				
23		F45	5419	1,54				
24		F81	1364	3,12				

11. Classifique os itens de estoque dados a seguir, nas classes A, B e C.

Item	Custo Unitário ($)	Consumo Anual (unid.)
1	10.000	4
2	7.000	1
3	4.000	13
4	1.200	5
5	700	500
6	300	20
7	250	45
8	60	5.000
9	25	400
10	17	4.000
11	9	1.000
12	7	8.000
13	3	750
14	2	4.000
15	1	12.000

12. Uma empresa tem em seu estoque 10 itens que, no exercício fiscal passado, apresentaram o movimento mostrado no quadro a seguir. Construir a curva ABC dos estoques. Quantos itens formam 50% do consumo total em estoque? E os 10% de menor consumo (em $)?

Item	a	b	c	d	e	f	g	h	i	j
Custo Unitário ($)	83	68	23	45	10	2	94	51	87	24
Consumo (unidades)	14	47	105	24	75	43	56	5	48	81

13. Uma análise de criticidade dos itens do exercício anterior mostrou que dois itens são de classe A (*d*, *i*), três de classe B (*a*, *g*, *h*), e todos os demais de classe C. Fazer uma análise cruzada de criticidade e uma análise ABC simples (custo unitário X valor) definindo os itens pertencentes às classes AA, BB e CC.

Estudo de Caso

Os lucros do primeiro trimestre de 2008 do Wal-Mart, subiram 10% depois que o grupo conseguiu manter estoques e custos sob controle. O lucro líquido da maior cadeia de varejo do mundo cresceu para US$ 3,2 bilhões, ou US$ 0,76 por ação.

Em 2002, o Wal-Mart chamou a atenção por cortar o estoque em aproximadamente 2% nas lojas dos EUA que estavam abertas há pelo menos um ano. As margens se ampliaram pela primeira vez em seis trimestres na divisão de lojas norte-americanas, que gera quase dois terços das vendas. "Eles estão sendo cuidadosos com os planejamentos de estoque e de vendas", afirmou um analista de banco. "Quan-do se alcança esses objetivos ou os excede ligeiramente, ocorre um grande impacto sobre o resultado líquido."

Com isso, as vendas do Wal-Mart saltaram 14%, para US$ 55 bilhões, e as vendas nas lojas abertas em 2001 avançaram 8,1%. No mesmo trimestre de 2001 as vendas foram de US$ 48,1 bilhões. O Wal-Mart superou em 1 centavo a estimativa média de lucro de analistas.

Fonte: *Bloomberg News*. Lucro trimestral do Wal-Mart cresce 20% com estoque menor. *Gazeta Mercantil*, C3, Nova York, 15 maio 2002. Disponível em: <www.gazetamercantil.com.br>. Acessado em: 6 fev. 2009.

Questões para Discussão

1. Para conseguir esse resultado, discuta como provavelmente foram alterados os seguintes índices de gestão de estoques para a Wal-Mart:

   a. Acurácia dos Controles

   b. Nível de Serviço

   c. Giro de Estoques

   d. Cobertura de Estoques

2. Qual dos índices acima, na sua opinião, tem o maior impacto no resultado da empresa?

Capítulo 9

Lotes econômicos de compra e fabricação

9.1 Introdução

O estudo do lote econômico de compra tem sido muitas vezes erroneamente confundido com a própria administração de materiais. A esmagadora maioria dos cursos e compêndios sobre administração de materiais aborda, muitas vezes com excesso de detalhe, o estudo dos lotes econômicos.

Em um contexto mais amplo, de administração dos recursos materiais e patrimoniais, com uma visão logística do fluxo de bens e serviços na empresa — objetivo principal deste livro — e considerando as novas técnicas de gestão da produção, como o *just-in-time*, manufatura flexível e células de produção, em que a palavra de ordem é lotes cada vez menores, se possível unitário (*one piece flow*), os estudos dos lotes econômicos requerem cada vez menos tempo dos gerentes de materiais e logística.

Do ponto de vista conceitual, tanto o **lote econômico de compra (LEC)** como o **lote econômico de fabricação (LEF)** ainda continuam tendo um papel importante na formação dos administradores e gerentes de produção, como também têm sua aplicação recomendada em casos específicos, como veremos neste capítulo.

A maioria dos *softwares* de gestão de estoques e materiais, cada vez mais presentes em praticamente todas as empresas, independentemente de seu porte, apresenta a opção de compra pelo lote econômico. Somente isso já seria um motivo para que o assunto seja estudado.

9.2 Sistemas de Estoques de Demanda Independente

Como vimos, os materiais podem ser de demanda independente ou dependente. Neste capítulo estudaremos os itens de estoque de demanda independente. O estudo dos estoques de itens de demanda dependente é, usualmente, abordado no estudo de *Materials Requirement Planning* (**MRP**)[1].

9.2.1 Registros dos Estoques

Tradicionalmente os materiais de estoques eram controlados por meio das fichas de estoque, ainda hoje muito comuns nas empresas, mesmo com o alto grau de informatização vigente.

Uma ficha de estoque contém normalmente as seguintes informações: nome e código do item; classificação ABC; endereço do item; ponto de reposição (no caso do modelo do lote padrão ou intervalo entre pedidos); estoque de segurança; fornecedores e movimentação (data e saldo inicial, data e quantidade recebida, data e quantidade expedida, e data e saldo final). Um modelo de ficha de estoque é o da Figura 9.1:

Figura 9.1   Ficha de Estoque

Nome/Logo da empresa	**Ficha de Estoque**					Nº	
Descrição:			Material	Código	Classific.	Endereço	
P. de reposição	Est. de segur.	Fornecedores 1. 2. 3.					
			Movimentação				
Data	Entrada	Saída	Saldo	Data	Entrada	Saída	Saldo
Obs.:							

---

[1]   Veja mais sobre MRP e Planejamento em: MARTINS, P. G., LAUGENI, F. P. *Administração da produção*. São Paulo: Saraiva 2 ed. cap. 11.

Até alguns anos atrás, para facilitar seu manuseio e os registros das movimentações dos materiais, as fichas de estoque ficavam em um tipo de arquivo especial, o *kardex*. Em virtude da chegada dos sistemas informatizados, hoje o *kardex* está com os dias contados, e seus operadores, os kardexistas, praticamente já não existem mais. O controle da movimentação dos materiais de estoques de uma empresa foi um dos primeiros tópicos a ser informatizado.

9.2.2 Lote Econômico de Compra

No Capítulo 6, quando abordamos os custos envolvidos na estocagem dos materiais, vimos que o custo total de estocagem era a soma dos custos diretamente proporcionais ao estoque médio com os custos inversamente proporcionais, com os custos independentes do estoque médio e o custo de aquisição do item, que também poderia ser escrito da seguinte forma[2]:

$$CT = (C_A + i \times P) \times \frac{Q}{2} + (C_P) \times \frac{D}{Q} + C_I + D \times P$$

Os custos diretamente proporcionais ao estoque médio são também chamados de C_C (custos de **carregamento dos estoques**, ou *carrying costs*). Já que C_C é igual a $(C_A + i \times P)$, o custo total de estocagem adquiriu a seguinte fórmula:

$$CT = (C_C) \times \frac{Q}{2} + (C_P) \times \frac{D}{Q} + C_I + D \times P$$

Exemplo 9.1   A empresa VendeMais vende um produto cuja demanda anual é de 40.000 unidades. O custo de emissão de um pedido de compra, também chamado de custo de obtenção, é de $ 30,00 por pedido. Os custos anuais de manutenção dos estoques, também conhecidos como custos de carregamento, são de $ 0,30 por unidade. Sabendo-se que os custos independentes para esse item são de $ 50,00 por ano e que o preço de compra do item (P) é $ 0,18/unid., calcular o custo total (CT) decorrente de manter os estoques para lotes (Q) de 2.500, 2.600, 2.700, 2.800, 2.900, 3.000, 3.100 e 3.200 unidades.

---

[2] O desembolso para aquisição $(D \times P)$ não altera o resultado da análise, já que é constante.

Solução $D = 40.000$

C_C = custos de carregamento = $\$\,0,3 \times \dfrac{Q}{2}$

C_P = custo de preparação, ou de obtenção = $\$\,30 \times \dfrac{D}{Q} = 30 \times \dfrac{40.000}{Q}$

C_I = custos independentes = $\$\,50,00/$ano

$D \times P$ = Custo de aquisição = 40000 unid./ano $\times\ \$\,0,18/$unid. $= \$\,7200/$ano

A Tabela 9.1 mostra os custos de carregamento (C_C), de preparação (C_P), independentes (C_I) e total (CT) para cada um dos lotes.

TABELA 9.1
Variação do Custo em Função do Tamanho do Lote

Lote (Q)	C_C $0,3 \times \dfrac{Q}{2}$	C_P $30 \times \dfrac{40.000}{Q}$	$D \times P$	CT $(C_C + C_P + C_I)$
2.500	$0,3 \times 2.500/2 = 375$	$30 \times 40.000/2.500 = 480,00$	7.200	$375 + 480,00 + 50,00 + 7.200 = 8.105,00$
2.600	$0,3 \times 2.600/2 = 390$	$30 \times 40.000/2.600 = 461,54$	7.200	$390 + 461,54 + 50,00 + 7.200 = 8.101,54$
2.700	$0,3 \times 2.700/2 = 405$	$30 \times 40.000/2.700 = 444,44$	7.200	$405 + 444,44 + 50,00 + 7.200 = 8.099,44$
2.800	$0,3 \times 2.800/2 = 420$	$30 \times 40.000/2.800 = 428,57$	7.200	$420 + 428,57 + 50,00 + 7.200 = 8.098,57$
2.900	$0,3 \times 2.900/2 = 435$	$30 \times 40.000/2.900 = 413,79$	7.200	$435 + 413,79 + 50,00 + 7.200 = 8.098,79$
3.000	$0,3 \times 3.000/2 = 450$	$30 \times 40.000/3.000 = 400,00$	7.200	$450 + 400,00 + 50,00 + 7.200 = 8.100,00$
3.100	$0,3 \times 3.100/2 = 465$	$30 \times 40.000/3.100 = 387,10$	7.200	$465 + 387,10 + 50,00 + 7.200 = 8.102,10$
3.200	$0,3 \times 3.200/2 = 480$	$30 \times 40.000/3.200 = 375,00$	7.200	$480 + 375,00 + 50,00 + 7.200 = 8.105,00$

A Tabela 9.1 demonstra que os custos de carregamento (C_C) aumentam com o aumento do tamanho do lote de compra e, conseqüentemente, com o aumento do estoque médio. Os custos de preparação (C_P) diminuem com o aumento do tamanho do lote de compra e, conseqüentemente, com o aumento do estoque médio. Os custos independentes (C_I) não variam com o tamanho do lote e o custo de aquisição também não se altera. O custo total (CT) diminui até atingir um valor mínimo e cresce em seguida.

Se representarmos graficamente os custos de carregamento, de preparação, independentes e total em função do lote de compra (Q), teremos a Figura 9.2:

Figura 9.2   Custo Total em Função do Lote Q

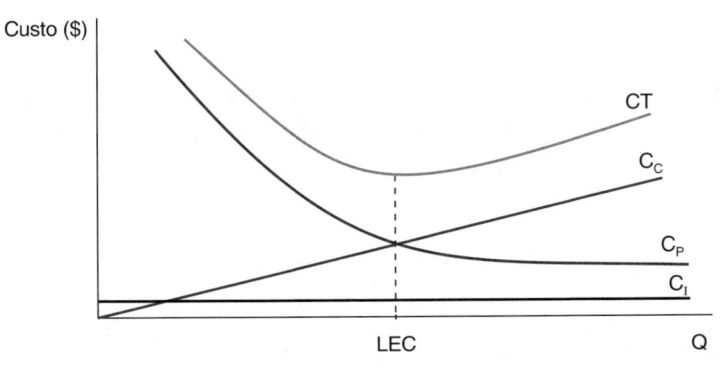

Para se deduzir a expressão do **lote econômico de compra (LEC)**, basta derivar a equação do custo total em relação a Q, igualando-a a zero (ponto de mínimo):

$$\frac{(C_A + i \times P)}{2} - \frac{C_P \times D}{Q^2} = 0$$

A solução dessa equação leva ao valor de Q que minimiza o custo total (CT). É esse o Q (Q_{LEC}) que recebe o nome de *lote econômico de compras*, ou LEC.

$$LEC = Q_{LEC} = \sqrt{\frac{2C_P \times D}{(C_A + i \times P)}}$$

Exemplo 9.2   Calcular o lote econômico de compra do exemplo anterior.

Solução   D = demanda = 40.000 unidades/ano
C_P = custo de preparação, ou de obtenção = $ 30,00/pedido
C_C = custo de carregamento = $ 0,30/unidade.ano
C_I = custos independentes = $ 50,00/ano

$$LEC = \sqrt{\frac{(2) \times (R\$ \, 30,00/pedido) \times (40.000 \, unidades/ano)}{(R\$ \, 0,30/unidade.ano)}}$$

LEC = 2.828,43 unidades/pedido

Como o LEC deve ser arredondado, 2.830 unidades é mais adequado.

Note que o LEC *independe dos custos independentes* **(C$_i$)**, assim como de D × P.

Exemplo 9.3   Calcular o custo total (CT) para um lote de 2.828,43 unidades/pedido e outro de 2.830 unidades/pedido e comparar a variação de custos[3].

Solução   Lote Q = 2.828,43 unidades/pedido

$$CT = (R\$ \ 0{,}30\,/unidade.\,ano) \times \frac{2.828{,}43 \ unidades/pedido}{2} +$$

$$+ \ \frac{(R\$ \ 30{,}00\,/pedido) \times (40.000\,/unidades\,/ano)}{2.828{,}43 \ unidades\,/pedido} + 50 + 7200$$

CT = $ 424,26/ano + $ 424,26/ano + $ 50,00/ano + $ 7200/ano

CT = $ 8.098,52/ano

Lote Q = 2.830 unidades/pedido

$$CT = (R\$ \ 0{,}30\,/unidade.\,ano) \times \frac{2.830 \ unidades/pedido}{2} +$$

$$+ \ \frac{(R\$ \ 30{,}00\,/pedido) \times (40.000\,/unidades/ano)}{2.830 \ unidades/pedido} + 50 + 7200$$

CT = $ 424,50/ano + $ 424,03/ano + $ 50,00/ano + $ 7200/ano

CT = $ 8.098,53/ano

Podemos concluir que *o arredondamento simplesmente não alterou o custo total*. Outra observação importante é que, para o LEC, os *custos de carregamento são exatamente iguais aos custos de preparação*. No caso, tanto os custos de carregamento como os custos de preparação são iguais a $ 424,26 por ano. Para quaisquer outros valores de Q diferentes do LEC, os custos de carregamento serão diferentes dos custos de preparação. Para Q = 2.830 unidades/ pedido, os custos de carregamento foram de $ 424,50/ano, e os de preparação foram de $ 424,03/ano.

---

[3]   O desembolso para a aquisição (D × P) não altera o resultado da análise, já que o mesmo valor é adicionado a ambas alternativas.

9.2.3 Lote Econômico de Fabricação

O estudo do lote econômico de fabricação é muito semelhante ao do LEC. As diferenças são que na dedução do LEC foi assumida a hipótese de que todo o lote é entregue de uma só vez e instantaneamente, isto é, nada é consumido enquanto o lote está sendo entregue.

O lote de fabricação se aplica quando uma empresa, normalmente manufatureira, fabrica internamente itens, peças ou componentes utilizados em outra parte do processo produtivo. Assim, podemos considerar três casos: $V > D$, $V = D$ e $V < D$.

Quando $V > D$, a velocidade (V) com que a peça é fabricada, também chamada de cadência de fabricação, é maior que a demanda (D), que é a velocidade com que é consumida. Nesse caso há um acúmulo de peças fabricadas e justifica-se o lote de fabricação.

Exemplo 9.4 Uma peça é estampada a uma velocidade (cadência) de 500 unidades/hora em uma prensa convencional. Essa mesma peça é utilizada na montagem do produto final em um outro processo produtivo, em que sua demanda é de 10 unidades/hora. Qual deve ser a programação da prensa e o lote de fabricação?

Solução Uma hora de trabalho da prensa alimenta o processo produtivo por 50 horas. A gerência da fábrica poderá tomar a decisão de operar a prensa por 5 horas ininterruptas e produzir um lote de fabricação de 2.500 peças. Após as 5 horas, poderá ser preparada para estampar outra peça.

Quando $V = D$, a velocidade com que a peça é fabricada é igual à demanda com que é consumida. Nesse caso não há um acúmulo de peças produzidas e, conseqüentemente, não há sentido em se falar em lote de fabricação.

Exemplo 9.5 O que aconteceria se, no exemplo anterior, a velocidade do outro processo produtivo passasse de 10 unidades/hora para 500 unidades/hora?

Solução Se tanto a prensa como o consumo da peça na montagem do produto final se dessem a uma velocidade, ou demanda, de 500 unidades/hora, a prensa viraria um equipamento dedicado, isto é, produziria exclusivamente uma única peça.

Quando V < D, a velocidade com que a peça é fabricada é menor que a velocidade com que é consumida. Evidentemente não haverá a formação de lote de fabricação; muito pelo contrário, a empresa deverá comprar de terceiros a peça que será utilizada na montagem do produto final.

Exemplo 9.6   Sendo V a velocidade com que a peça é fabricada e D a demanda, se D > V, quanto a empresa deverá comprar de terceiros?

Solução   A empresa deverá comprar a diferença D − V.

Podemos, então, passar à dedução do lote econômico de fabricação (LEF). Para isso, considere que, enquanto as peças estão sendo fabricadas, elas estão simultaneamente sendo consumidas, e que Q corresponde ao tamanho do lote de fabricação, V à velocidade ou cadência de fabricação, e t ao tempo gasto para produzir o lote Q. Assim:

$$t = \frac{Q}{V}$$

Por outro lado, durante o tempo t gasto na fabricação do lote, haverá um consumo do item na montagem do produto final. Sendo C o consumo do item durante o tempo t em que o lote Q é fabricado e D a demanda do item, o consumo será de:

$$C = t \times D$$

No intervalo de tempo t, o estoque acumulado será de (Q − C), e o estoque médio correspondente será $\frac{1}{2}(Q - C)$.

Como $C = \frac{Q}{V} \times D$, o estoque médio será $\frac{1}{2} Q - \frac{Q \times D}{V}$

Assim:

Estoque médio $= \frac{Q}{2} \times \left(1 - \frac{D}{V}\right)$

A expressão que, de modo similar ao lote de compras, calcula os custos totais (CT) decorrentes da existência dos estoques será:

$$CT = \frac{1}{2}(C_C)\left[Q\left(1 - \frac{D}{V}\right)\right] + (C_P) \times \frac{D}{Q} + C_I + DP$$

O lote Q que minimiza o CT é o denominado *lote econômico de fabricação* (LEF). Ele é determinado igualando-se a zero a derivada de CT em relação a Q. A solução da equação fornece:

$$LEF = Q_{EF} = \sqrt{\frac{2 \times C_P \times D}{(C_A + i \times P) \times \left(1 - \frac{D}{V}\right)}}$$

que é muitas vezes escrita da seguinte forma:

$$LEF = \sqrt{\frac{2 \times C_P \times D}{(C_A + i \times P) \times \left(1 - \frac{D}{V}\right)}}$$

Observe que os custos de preparação (C_P) neste exemplo referem-se aos custos de preparação das ordens de fabricação (custos de emissão das ordens de fabricação mais custos de preparação das máquinas — *setup*). Veja também que enquanto no LEC o *P* referia-se ao preço de compra do item, no caso do LEF o *P* refere-se ao custo de fabricação do item.

Exemplo 9.7   Uma empresa manufatureira produz uma peça usinada que é utilizada na fabricação de seu produto final, cuja demanda mensal é de 2.500 unidades. A peça é fabricada a um custo unitário de $ 1,50 em um centro de usinagem CNC, a uma cadência de 300 unidades por hora. O custo de programação do centro de usinagem para a fabricação da peça é estimado em $ 25,00 por preparação. Os demais custos de emissão da ordem de fabricação são estimados em $ 8,00 por ordem. A empresa trabalha em média 20 dias por mês em um único turno de 8 horas. O custo do capital imobilizado em estoque é de 2,5% ao mês, e os custos mensais de armazenagem são de $ 0,10 por unidade. Determinar o lote econômico de fabricação.

Solução D = 2.500 unidades/mês

V = 300 unidades/hora → V = 300 unidades/hora) × (20 dias/mês) × (8 horas/dia)

V = 48.000 unidades/mês

P = $ 1,50/unidade

C_P = $ 25,00/preparação + $ 8,00/preparação

C_P = $ 33,00/preparação

C_A = $ 0,10/unidade.mês

i = 0,025

LEF = ?

$$LEF = \sqrt{\frac{2 \times C_P \times D}{(C_A + i \times P) \times \left(1 - \dfrac{D}{V}\right)}}$$

$$LEF = \sqrt{\frac{2 \times (\$\ 33,00/\text{preparação}) \times (2.500\ \text{unidades/mês})}{(\$\ 0,10/\text{unidade. mês} + 0,025/\text{mês} \times \$\ 1,50/\text{unidade}) \times \left(1 - \left(\dfrac{2.500}{48.000}\right)\right)}}$$

LEF = 1.125,14 unidades/preparação, ou, arredondando, 1.130 unidades/lote, ou também 1.120 unidades/lote.

Exemplo 9.8   Determinar os custos totais decorrentes da manutenção de estoques, considerando, além dos dados do exemplo anterior, custos independentes nulos e LEF igual a a) 1.125,14; b) 1.130; e c) 1.120 unidades/lote.

Solução   a)   LEF = 1.125,14 unidades/lote

$$CT = (0,10 + 0,025 \times 1,50) \times \tfrac{1}{2} \times 1.125,14 \times \left(1 - \frac{2.500}{48.000}\right) +$$

$$+ \left(\frac{33 \times 2.500}{1.125,14}\right) + 2.500 \times 1,50$$

CT = $ 73,32/mês + $ 73,32/mês + 3.750,00

CT = $ 3.869,64/mês

b) LEF = 1.130 unidades/lote

$$CT = (0,10 + 0,025 \times 1,50) \times \tfrac{1}{2} \times 1.130 \times \left(1 - \frac{2.500}{48.000}\right) +$$

$$+ \left(\frac{33 \times 2.500}{1.130}\right) + 2.500 \times 1,50$$

CT = $ 3.896,65/mês

c) LEF = 1.120 unidades/lote

$$(0,10 + 0,025 \times 1,50) \times \tfrac{1}{2} \times 1.120 \times \left(1 - \frac{2.500}{48.000}\right) +$$

$$+ \left(\frac{33 \times 2.500}{1.120}\right) + 2.500 \times 1,50$$

CT = $ 3.896,65/mês

Como se pode ver, os arredondamentos, tanto para mais quanto para menos, praticamente não alteraram os custos totais.

9.2.4 Críticas ao LEC

São várias as críticas à aplicação dos cálculos na determinação dos lotes econômicos de compra (LEC) e fabricação (LEF). Primeiro, o relacionamento entre o pessoal de compras da empresa e os fornecedores dá-se mais em função das parcerias estabelecidas e seus interesses recíprocos do que em função de eventuais vantagens de compras em lotes econômicos. Segundo, como já vimos, a tendência das empresas é fabricar o estritamente necessário para o uso imediato. Com base no *just-in-time*, o lote ideal é aquele de uma única peça, e não o econômico. A tendência atual é que as empresas invistam na melhoria de seus esquemas de distribuição justamente para que possam trabalhar com menores estoques e, portanto, menores lotes de compra. Terceiro, a curva do custo total (CT) é extremamente achatada nas imediações do ponto de mínimo, o ponto do lote econômico. Assim, como vimos, valores diferentes do LEC e do LEF levam muitas vezes ao mesmo custo mínimo. Além disso, o modelo de lote econômico pressupõe demanda constante durante o intervalo de tempo de estudo e a avaliação dos custos de carregamento, como o aluguel da área ocupada pelo item que utiliza critérios de rateios discutíveis, sendo que a avaliação dos custos de obsolescência, de furtos e roubos e quebras de material é muito difícil.

Exemplo 9.9   A demanda anual de um item de estoque de uma empresa comercial é de 15.000 unidades. Os custos de carregamento e de obtenção são, respectivamente, de $ 0,80/unidade.ano e $ 35,00/pedido. Supondo os custos independentes como $ 15,00/ano e preço (P) de compra do item igual a $ 0,40/unid., determinar o lote econômico de compras (LEC). Depois, considerando as variações no tamanho do lote de ± 10%, ± 20% e ± 30%, analisar as correspondentes variações percentuais no custo total.

Solução C_p = $ 35,00/pedido
D = 15.000
C_c = $ 0,80/unidade.ano
C_I = $ 15,00/ano

$$LEC = \sqrt{\frac{2 \times C_P \times D}{(C_A + i \times P)}} = \sqrt{\frac{2 \times 35 \times 15.000}{0,8}}$$

LEC = 1.145,64 unidades/pedido

CT = $ 931,52/ano

± 10% → 1.145,64 × 0,9 e 1.145,64 × 1,1 → 1.031,08 e 1.260,20

± 20% → 1.145,64 × 0,8 e 1.145,64 × 1,2 → 916,51 e 1.374,77

± 30% → 1.145,64 × 0,7 e 1.145,64 × 1,3 → 801,95 e 1.489,33

Ordenando o tamanho do lotes, podemos construir a Tabela 9.2 de custos totais:

TABELA 9.2

Variação no tamanho do lote	Lote Q	C_c $\left(0,8 \times \dfrac{Q}{2}\right)$	C_p $\left(35 \times \dfrac{15.000}{Q}\right)$	C_I	$D \times P$	CT $(C_c + C_p + C_I)$	Variação no custo total
−30%	801,95	320,78	654,65	15,00	6.000	990,43	0,850%
−20%	916,51	366,60	572,83	15,00	6.000	954,43	0,331%
−10%	1.031,08	412,43	509,17	15,00	6.000	936,60	0,073%
	1.145,64	458,26	458,26	15,00	6.000	931,52	
+10%	1.260,20	504,08	416,60	15,00	6.000	935,68	0,060%
+20%	1.374,77	549,91	381,88	15,00	6.000	946,79	0,220%
+30%	1.489,33	595,73	352,51	15,00	6.000	963,24	0,458%

Podemos verificar, com base nos dados apresentados, a baixa sensibilidade dos custos totais a variações no tamanho do lote. Se, por exemplo, dobrarmos o tamanho do lote (um aumento de 100%), a variação no custo total será de apenas 3,30%[4].

Conclusão

O estudo dos lotes econômicos de compra e de fabricação são tópicos tradicionais do estudo da administração de materiais. Embora estejam perdendo sua importância no novo contexto industrial, em que se procura a produção em lotes cada vez menores (*one piece flow*), ainda assim fazem parte do programa de qualquer curso sobre administração de materiais, pois trazem consigo a preocupação, sempre presente, de minimização de custos.

A sua aplicação de forma adequada, com a utilização dos recursos hoje disponíveis em praticamente qualquer *software* de gestão de estoques, que mantém uma base de dados a ser consultada instantaneamente, permitindo o cálculo das quantidades econômicas de compra e de fabricação, dependendo do caso, só traz benefícios às empresas.

Termos-Chave

críticas ao lote econômico de compras

custos de estoques

lote econômico de compras

lote econômico de fabricação

registros de estoques

---

[4] O desembolso para a aquisição (D × P) não altera o resultado da análise, já que o mesmo valor é adicionado.

Questões para Discussão

1. Por que se diferencia o estudo de estoques de itens de demanda dependente dos de demanda independente?
2. Descreva sucintamente qual o impacto dos sistemas computadorizados na administração dos estoques nas empresas.
3. Quais as funções de uma ficha de estoque? Ainda existem no uso corriqueiro das empresas ou foram totalmente substituídas pelo computador?
4. Que vantagens você vê na utilização do lote econômico de compras como forma de redução de custos? É significativa tal redução?
5. Que hipóteses devem ser consideradas no estabelecimento da fórmula do lote econômico de compras?
6. Cite três premissas básicas para a utilização do sistema *just-in-time* na gestão dos estoques.
7. Cite pelo menos três críticas à aplicação do lote econômico de compras.

Exercícios Propostos

1. Dois produtos A e B, muito similares, são comprados de um mesmo fornecedor. Em função dos dados da tabela a seguir, determinar os lotes econômicos de compra e respectivos custos totais anuais dos produtos A e B.
2. Um fornecedor propôs modificações nos produtos A e B visando criar um único produto C que substituirá tanto A quanto B. É vantajosa essa proposta? Qual a redução de custos, se vantajosa?

	A	B	C
Consumo (unidades/ano)	40.000	60.000	100.000
Preço ($/unidade)	5,00	14,00	10,00
Custo de preparação ($/pedido)	200,00	312,5	750,00
Custo do capital (% ao ano)	20	20	20
Custo de armazenagem ($/unidade/ano)	0,50	0,10	0,50

3. Determinar o intervalo econômico (faixa econômica) de tal modo que variações no tamanho do lote gerem, no máximo, 4% de variação no custo anual total mínimo. Considerar uma demanda anual de 30.000 unidades, custos anuais de armazena-

gem de $ 0,30 por unidade, custo de preparação de $ 125,00 por pedido e preço unitário de $ 0,95.

4. Uma fábrica de pães consome 2.000kg de farinha de trigo por dia. Quando um pedido de reposição é efetuado, o moinho entrega a farinha a uma razão de 8.000kg/dia durante o número de dias consecutivos necessário para completar o pedido. Não são mantidos estoques de segurança. O tempo de atendimento é de uma semana. Os custos para colocar, receber e manusear um pedido são de $ 75,00. Os custos de manutenção dos estoques são estimados em $ 0,001/kg.dia. Determinar:

a) O lote econômico de compras.

b) O estoque máximo e o estoque médio.

c) O intervalo entre pedidos.

d) O custo total anual, sabendo que a panificadora trabalha 365 dias por ano.

e) Monte o gráfico de variação de estoques em função do tempo, indicando o tempo de fornecimento, período de reposição, estoque máximo, estoque médio e ponto de pedido ou reposição.

5. Determinar o lote econômico de fabricação, sendo dados:

C (demanda) = 500 unidades/mês

O (custo de obtenção) = $ 60,00/pedido

T (custo de transporte) = $ 40,00/pedido

i (taxa de juros) = 10% ao ano

P (custo de fabricação) = $ 10,00/unidade

D (custo de obsolescência) = $ 1,50/unidade/semestre

S (custo de armazenagem) = $ 0,50/unidade/mês

R (cadência de fabricação) = 30.000 unidades/mês

6. A empresa Semanda, cuja demanda mensal é de 10.000 unidades, trabalha com uma cadência de fabricação de 100.000 unidades por mês. Sabe-se que ela tem as seguintes despesas: custo de fabricação de $ 2,00 por unidade, custo de preparação da OF de $ 90,00 por ordem, custo de armazenagem mensal de $ 0,20 por unidade, e custo de manuseio mensal de $ 0,30 por unidade. Determinar:

a) O lote econômico de fabricação.

b) O intervalo entre ordens.

c) O número de ordens de fabricação emitidas por ano.

7. A empresa Protubo, especialista em montagens e manutenções hidráulicas de grandes instalações industriais, tem em estoque uma grande diversidade de tubos, conexões, válvulas e reduções. O gerente de compras, tendo estudado o modelo do lote econômico de compras, solicitou a seu analista, Pedro Luís, que elaborasse um estudo de quanto a empresa estava gastando a mais, por ano, por não comprar em lotes econômicos. Para tal, sugeriu a Pedro Luís que fizesse o cálculo, como modelo, utilizando-se do item de estoque VA-0457, que tem grande consumo anual. Na ficha do item VA-0457, Pedro Luís encontrou os seguintes dados: lote de compra atual de 400 unidades/pedido, demanda de 10.000 unidades/ano, custo de manutenção de estoque estimado em $ 0,40/unidade/ano e custo de obtenção de $ 5,50/pedido e custo de aquisição de $ 0,18/unid. O que você acha que Pedro Luís irá concluir?

8. A SrK está tentando elaborar uma análise do estoque de seu produto mais popular, cuja demanda anual é de 5.000 unidades. O custo unitário é $ 2,00. Os custos de manutenção do estoque podem ser considerados de 25% do custo unitário por unidade/ano, os custos de pedido são de aproximadamente $ 30,00 por pedido. Calcular:

a) O lote econômico de compra.

b) O custo total anual.

c) O número de pedidos por ano.

d) O intervalo entre pedidos.

9. José Pereira usa 1.500 unidades por ano de um certo componente de uma submontagem cujo custo anual de carregamento de estoque é de $ 0,45 por unidade. O custo de colocação de um pedido é de $ 150,00. O preço de compra do item é $2,25/unid. Determinar:

a) O lote econômico de compra.

b) O custo total anual mínimo.

c) O custo total anual quando se compra em lotes de 2.500 unidades.

10. Construir um modelo genérico para a solução de exercícios de Lotes Econômicos de Compra ou de Fabricação, em planilha de cálculo (no caso Excel). Aplicar o modelo desenvolvido na solução dos exercícios anteriores.

Obs.: A título de sugestão, é dado abaixo um exemplo do que se pede. O modelo dado prevê arredondamentos, para mais, do LEC ou LEF para múltiplos inteiros de um número dado e estará disponibilizado no *site* do livro.

	B	C	D	E	F	G	H	I	J
1	EXERCÍCIO 9.10								
2									
3	CONSUMO (D)	1500	(unid/ano)						
4					Arredondar múltiplo inteiro de		100	unid.	
5	CUSTO DE ARMAZENAGEM (Ca)	0,45	($/unid.ano)						
6	CUSTO DE PREPARAÇÃO (Cp)	150,00	($/pedido)		LEC =	932,50	(unid/pedido)		
7									
8	TAXA DE JUROS (i)	15%	(a.a.)		LEC_{arred}=	1000	(unid/pedido)		
9	PREÇO (CUSTO) DO ITEM (P)	0,45	($/unid)						
10						CT_{min} =	1407,57	($/ano)	
11	CUSTOS INDEPENDENTES (C_i)	250,00	($/ano)						
12						CT_{arred} =	1408,75	($/ano)	
13									
14	CONSUMO (D)	1500	(unid/ano)		Arredondar múltiplo inteiro de		100		
15	CADÊNCIA DE FABRICAÇÃO (V)	15000	(unid/ano)						
16						LEF =	884,65	(unid/OF)	
17	CUSTO DE ARMAZENAGEM (Ca)	0,45	($/unid.ano)						
18	CUSTO DE PREPARAÇÃO (Cp)	150,00	($/pedido)		LEF_{arred} =	900	(unid/OF)		
19									
20	TAXA DE JUROS (i)	15%	(a.a.)		CT_{min} =	1385,35	($/ano)		
21	PREÇO (CUSTO) DO ITEM (P)	0,45	($/unid)						
22						CT_{arred} =	1384,59	($/ano)	
23	CUSTOS INDEPENDENTES (C_i)	250,00	($/ano)						
24									
25									

11. A MotoEra tem sua fábrica de montagem de motores em São Carlos e a fábrica de montagem de motos em Camaçari. Os motores são transportados entre as duas fábricas por meio de caminhões. Cada viagem custa $ 1.000, independentemente da quantidade transportada. A fábrica monta e vende 300 motos por dia. Cada motor custa $ 500,00 e a MotoEra incorre em custos de carregamento de estoques correspondentes a 20% por unidade,ano. Quantos motores devem ser carregados em cada caminhão? Qual estoque médio decorrente dessa política de compras?

12. A MotoEra decide implantar um sistema *just-in-time* na montagem das motos. Como parte dessa iniciativa, reduziu o número de motores por viagem para 100 unidades. Cada viagem continua custando $1,000,00. Qual o impacto dessa decisão nos custos da empresa? Qual deveria ser o custo da viagem para que o lote de 100 unidades/viagem fosse o ótimo?[5]

13. A Móveis Conforto produz bancos de madeira. A sua linha inclui quatro tipos de diferentes tamanhos, material e acabamento. Dados pertinentes à fabricação são apresentados a seguir:

	1	2	3	4
Consumo anual (unid.)	1000	5000	10000	8000
Custo de preparação ($/lote)	6	10	10	8
Custo de Fabricação ($/unid.)	10	3	5	2
Espaço ocupados (ft²/unid.)	5	1	1	1,5

A Móveis Conforto dispõe de depósito para produtos acabados com área de 1500 ft². Cada tipo de banco tem local predeterminado no depósito. Considerando o custo do capital de 20% ao ano, calcular as quantidades ótimas a serem estocadas. A empresa acaba de receber oferta de um novo depósito, com o dobro da área disponível, com um acréscimo de $ 200 nas despesas anuais de aluguel. Você acha que a Móveis Conforto deve aceitar?

14. As seguintes informações referem-se a um item fabricado para estoque:

Custo de preparação (*setup*) = $ 5,00/preparação

Consumo = 900 unid./ano

Custo de carregamento = $ 1,00/unid.ano

Cadência de fabricação = 9.000 unid./ano

O custo de carregamento é 10% do custo de fabricação do item.

a)   Determinar o LEF.

b) Suponha que não seja viável produzir o número de unidades calculadas no item a acima. Temos a possibilidade de produzir 10% a mais ou 10% a menos do que a quantidade determinada no item a. Qual das alternativas deve ser escolhida? Justificar.

c) Quanto dinheiro se perde quando se produz conforme o item b?

Estudo de Caso

Experiência inédita no mercado internacional representa o negócio de $ 150 mil para firma que tem base em Patos de Minas. A cachaça Benvinda, aguardente produzida de forma artesanal em Patos de Minas (MG), também será comercializada nos Estados Unidos. A Industrial e Comercial F. Pernambuco, fabricante da bebida, embarca no próximo mês um contêiner para a cidade de Austin, no Texas, carregado com 12 mil garrafas, de 750 ml, da cachaça Benvinda, e outras 25,2 mil garrafas, de 290 ml, da caipirinha Benvinda Ice. Trata-se da primeira experiência no mercado internacional e representa negócio de $ 150 mil, comenta o gerente comercial da F. Pernambuco. Ele acrescenta que o contrato de fornecimento para os norte-americanos, intermediado pela empresa mineira Cachaças do Brasil, tem duração de dois anos.

Para colocar a Benvinda no mercado externo, a Industrial e Comercial F. Pernambuco investiu no desenvolvimento de embalagens e novo rótulo. Conforme o gerente comercial, as garrafas, importadas da França, são em vidro transparente, com capacidade para 750 ml. "Essa é exigência das autoridades norte-americanas e infelizmente não encontramos garrafas de qualidade no mercado brasileiro."

A montagem do alambique, instalado no município de Patos de Minas, região Alto Paranaíba, consumiu investimentos da ordem de $ 1 milhão, em recursos da Industrial e Comercial F. Pernambuco. Segundo o executivo, 90% da cana é cultivada na fazenda da Industrial, no total de 54 hectares. Apenas 10% da cana são cultivadas em terras arrendadas.

Fonte: VÉGAS, F. Empresa mineira envia ao Texas primeiro lote da cachaça Benvinda. *Gazeta Mercantil*, C3, Nova York, 27 set. 2003. Disponível em: <www.gazetamercantil.com.br>. Acessado em: 26 jan. 2004.

Questões para Discussão

1. Considere-se o principal cliente da Benvinda nos EUA. Para determinar um lote econômico para compra de aguardente, quais custos você iria considerar?

2. Considere-se o principal executivo da Benvinda no Brasil. Identifique com base no texto acima quais custos são importantes, para determinar o lote econômico de fabricação?

3. O lote econômico de compra é sempre igual ao lote econômico de fabricação? Qual outro custo deverá ser considerado para adequar essa diferença entre demanda e oferta?

Capítulo 10

Modelos de estoques

10.1 Introdução

Toda empresa deve definir a forma como administra seus estoques, não só pelas vantagens decorrentes da organização, como também da exigência da implantação dos sistemas informatizados, hoje presentes em quase todas as empresas.

Tais regras definem a estrutura dos modelos de estoque ou, mais generalizadamente, modelos de administração dos materiais que procuram responder às perguntas *quando comprar* e *quanto comprar*. Neste capítulo veremos os modelos clássicos de gestão de estoques, como os da reposição periódica e da reposição contínua, e alguns modelos híbridos.

10.2 Hipóteses e Parâmetros do Modelo

Para melhor desenvolver os modelos, precisamos primeiro analisar os gráficos de estoques e definir os novos parâmetros presentes. Observe a Figura 10.1, já vista no Capítulo 7, que representa uma situação genérica. Nela são diferentes a demanda média nos três períodos representados (tangentes dos ângulos a1, a2 e a3), os tempos de atendimento (TA1, TA2 e TA3), os intervalos entre pedidos (IP1 e IP2) e os lotes de compras (Q1, Q2 e Q3).

Figura 10.1 Gráfico de Estoque

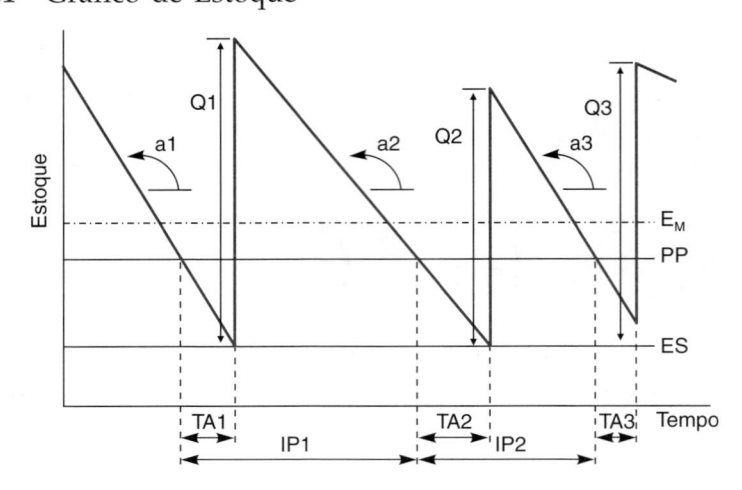

Os modelos de estoques utilizados são simplificados por hipóteses que consideram constantes — ou invariáveis — a demanda, os tempos de atendimentos, os lotes de compras e os intervalos entre pedidos. A demanda, sendo invariável, é representada por segmentos de retas paralelas. O lote de compra, que como vimos é invariável, é entregue *instantaneamente*, ou seja, não há entregas parceladas. Se a demanda ou o tempo de atendimento forem variáveis, haverá a necessidade de estoques de segurança.

Hipóteses do Modelo

Demanda, lote de compra, tempo de atendimento e intervalo entre pedidos são *invariáveis*.

O lote de compra é entregue instantaneamente.

A Figura 10.2 é construída com base nessas hipóteses, que serão utilizadas sempre, a não ser em casos explicitamente informados. Uma observação no gráfico da Figura 10.2 nos permite deduzir algumas relações lógicas. Primeiro, o estoque máximo ($E_{MÁX.}$) é calculado somando-se o estoque de segurança (ES), que será visto no Capítulo 11, com o lote de compra (Q) (lotes diferentes do econômico também podem ser usados, a critério do administrador de materiais). Assim,

$$E_{MÁX.} = ES + Q$$

O estoque médio (E_M) é a soma do estoque de segurança com metade do lote de compra:

$$E_M = ES + \frac{Q}{2}$$

O ponto de pedido ou reposição (PP) pode ser determinado pelo resultado da multiplicação entre tempo de atendimento (TA) — também chamado de tempo de ressuprimento, ou *lead time* — e demanda (D), somado ao estoque de segurança.

$$PP = (TA \times D) + ES$$

O intervalo entre pedidos (IP) é o inverso do número de pedidos emitidos por intervalo de tempo (N):

$$IP = \frac{1}{N}$$

O número de pedidos emitidos por intervalo de tempo (N) é calculado dividindo-se a demanda pelo lote de compra:

$$N = \frac{D}{Q}$$

Figura 10.2 Modelo de Reposição Contínua ou Lote Padrão

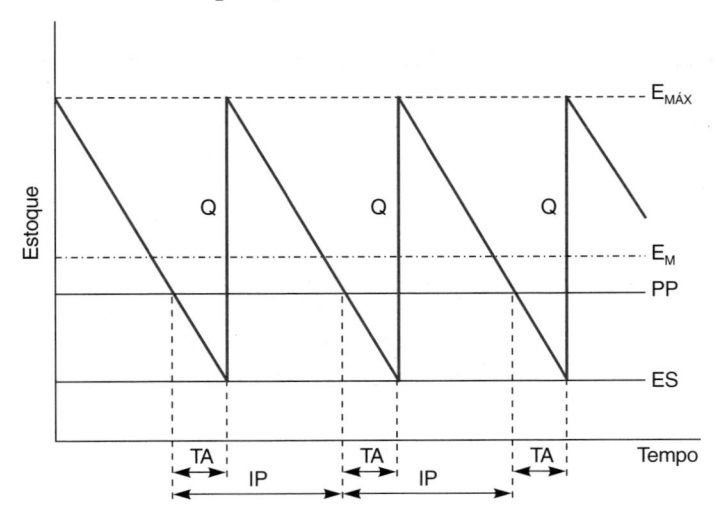

Exemplo 10.1 O componente P22 é um item de estoques comprado pela companhia Flórida. Como sua demanda é de 500 unidades/mês, a empresa mantém estoque de segurança de 80 unida-

des, e a entrega é efetuada em 5 dias úteis. Supondo que as compras sejam feitas em lotes de 2.000 unidades, determinar todos os parâmetros de estoques correspondentes. Supor um mês de 20 dias úteis.

Solução

$ES = 80$ unidades

$D = 500$ unidades/mês

$Q = 2.000$ unidades

$TA = 5 \text{ dias} \times \left(\dfrac{1}{20}\right) \text{mês/dia} = 0,25 \text{ mês}$

a) $E_{MÁX.} = ES + Q = 80 \text{ unidades} + 2.000 \text{ unidades/lote} \times 1 \text{ lote}$
   $= 2.080$ unidades

b) $PP = (TA \times D) + ES = (0,25 \text{ mês} \times 500 \text{ unidades/mês}) + 80$
   $\text{unidades} = 125 + 80 = 205 \text{ unidades}$

c) $N = \dfrac{D}{Q} = \dfrac{500 \text{ unidades/mês}}{2.000 \text{ unidades/pedido}} = 0,25 \text{ pedido/mês}$

d) $IP = \dfrac{1}{N} = \dfrac{1}{0,25 \text{ pedido/mês}} = 4 \text{ meses entre pedidos}$

e) $E_M = ES + \dfrac{Q}{2} = 80 + \dfrac{2.000}{2} = 1.080 \text{ unidades}$

10.3 Modelo de Reposição Contínua

O **modelo de reposição contínua**, também chamado de modelo do lote padrão, modelo do estoque mínimo ou modelo do ponto de reposição, consiste em emitir um pedido de compras, com quantidade igual ao lote econômico (ou outro, a critério do administrador de materiais), sempre que o nível de estoques atingir o ponto de pedido.

Assim, para a aplicação do modelo, deve-se, em primeiro lugar, determinar os **parâmetros** do modelo, que neste caso são: o lote econômico de compras (LEC), e o Ponto de Pedido (PP). Desse modo PP será:

$$PP = (TA \times D) + ES$$

Algumas observações são importantes.

- Quando a demanda for variável, o que muitas vezes ocorrerá, deve-se utilizar a demanda média.

- O mesmo é válido para o tempo de atendimento: quando ele for variável, utiliza-se o tempo de atendimento médio.

- O estoque de segurança é fixado em função das variações na demanda, no tempo de atendimento e no nível de serviço.

- O risco de ficar sem estoques passa a ocorrer após a emissão do pedido de compra, pois, se a demanda for maior que a média utilizada na determinação do ponto de pedido, a empresa poderá ficar sem estoques antes do recebimento da mercadoria. Assim, o risco é função da demanda no tempo de atendimento.

Exemplo 10.2   A empresa Flórida, do exemplo anterior, deseja implantar o modelo do lote padrão para o J18 de seu estoque de itens comprados. Ela trabalha, em média, 20 dias por mês. Levantamentos dos 6 últimos meses mostraram que a demanda média é de 300 unidades por mês; o tempo de atendimento médio é de 10 dias úteis; o custo de obtenção é de $ 25 por pedido; e o custo de carregamento é de $ 0,04 por unidade por mês. Sabendo-se ainda que a empresa trabalha com um estoque de segurança de 50 unidades e seus custos invariáveis são desprezíveis e o preço de compra do item é de $ 4,00/unid., determinar os parâmetros do modelo e o custo total de estocagem.

a)   Parâmetro LEC

$$LEC = \sqrt{\frac{2 \times 300 \text{ unidades/mês} \times \$ 25,00/\text{pedido}}{\$ 0,04/\text{unidade.mês}}} = 612,37$$

(Arredondaremos o LEC para 600 unidades/pedido porque, como já vimos, uma variação de 2% no tamanho do lote praticamente não altera o custo de estocagem.)

b)   PP = (TA × D) + ES = (10 dias/20 dias/mês) × 300 unidades/mês + 50 = 150 unidades + 50 unidades = 200 unidades

(Regra de decisão do modelo: Sempre que o estoque atingir nível igual ou inferior a 200 unidades, emitir um pedido de compras de 600 unidades.)

c) $CT = (C_C) \times (E_M) + (C_P) \times \dfrac{D}{Q} + D \times P$

$CT = \$\ 0,04/unidade.mês \times 350\ unidades + \$\ 25,00/pedido \times$

$\dfrac{300\ unid./mês}{600} + 3000 \times 4$

$CT = 14,00/mês + 12,50/mês + 1.200 = \$\ 1.226,50/mês$

Exemplo 10.3 A demanda efetiva dos últimos 30 dias úteis para o produto J18 do exemplo anterior é apresentada na Tabela 10.1. Preencher a ficha de estoque para esse item, assinalando os eventos mais importantes. O estoque inicial, no primeiro dia, era de 240 unidades.

TABELA 10.1

Dia	Demanda (unidades/dia)	Dia	Demanda (unidades/dia)	Dia	Demanda (unidades/dia)
1	14	11	14	21	15
2	15	12	15	22	14
3	17	13	15	23	16
4	20	14	14	24	17
5	11	15	17	25	13
6	21	16	12	26	12
7	11	17	13	27	19
8	10	18	17	28	20
9	12	19	14	29	11
10	12	20	19	30	16

A Tabela 10.2 pode ser construída com base nos dados da Tabela 10.1:

TABELA 10.2

Dia	EI	Recebido	Saída	Saldo	Dia	EI	Recebido	Saída	Saldo
1	240		14	226	16	624		12	612
2	226		15	211	17	612		13	599
3	211		17	194	18	599		17	582
4	194		20	174	19	582		14	568
5	174		11	163	20	568		19	549
6	163		21	142	21	549		15	534

(continua)

(continuação)

TABELA 10.2 (continuação)

7	142		11	131	22	534		14	520
8	131		10	121	23	520		16	504
9	121		12	109	24	504		17	487
10	109		12	97	25	487		13	474
11	97		14	83	26	474		12	462
12	83		15	68	27	462		19	443
13	68		15	53	28	443		20	423
14	53	600	17	636	29	423		11	412
15	636		12	624	30	412		16	396

A partir da Tabela 10.2 podemos observar:

a) A demanda é variável, porém com média de 300 unidades/mês, ou 15 unidades/dia.

b) No fim do 3º. dia, o ponto de pedido foi atingido, pois o estoque chegou a 194 unidades. Assim, no início do dia seguinte, um pedido de compras de 600 unidades é emitido. O prazo de entrega é de 10 dias úteis.

c) No início do 14°. dia, já se tem as 600 unidades em estoque.

d) No fim do 30°., o estoque atingiu o nível de 396 unidades.

e) O estoque médio no período foi de 353,23 unidades. O estoque médio (EM) calculado foi de 350 unidades.

Exemplo 10.4   Nos 30 dias seguintes, a demanda efetiva está indicada na Tabela 10.3. Preencher a ficha de estoque e identificar os eventos principais.

TABELA 10.3

Dia	Demanda	Dia	Demanda	Dia	Demanda
31	18	41	11	51	13
32	10	42	20	52	20
33	12	43	13	53	21
34	13	44	15	54	18
35	17	45	17	55	12
36	15	46	13	56	10
37	15	47	12	57	16
38	14	48	15	58	14
39	17	49	15	59	15
40	20	50	13	60	16

TABELA 10.4

Dia	EI	Recebido	Saída	Saldo	Dia	EI	Recebido	Saída	Saldo
31	396		18	378	46	169		13	156
32	378		10	368	47	156		12	144
33	368		12	356	48	144		15	129
34	356		13	343	49	129		15	114
35	343		17	326	50	114		13	101
36	326		15	311	51	101		13	88
37	311		15	296	52	88		20	68
38	296		14	282	53	68	600	21	647
39	282		17	265	54	647		18	629
40	265		20	245	55	629		12	617
41	245		11	234	56	617		10	607
42	234		20	214	57	607		16	591
43	214		13	201	58	591		14	577
44	201		15	186	59	577		15	562
45	186		17	169	60	562		16	546

A Tabela 10.4 nos permite tirar algumas conclusões:

a) No fim do 43º. dia, o ponto de pedido foi atingido. Assim, no início do dia seguinte, novo pedido de compras de 600 unidades é emitido.

b) O intervalo entre pedidos é de 40 dias (43 − 3).

c) O estoque médio para o período de 60 dias úteis é de 339,11.

d) O estoque final no 60º. dia é de 546 unidades.

10.4 Modelo de Reposição Periódica

O **modelo de reposição periódica**, também chamado de modelo do intervalo padrão ou modelo do estoque máximo, consiste em emitir os pedidos de compras em lotes em intervalos de tempo fixos.

Os intervalos de tempo serão iguais a IP, e os lotes serão iguais à diferença entre o estoque máximo ($E_{MÁX.}$) e o estoque disponível no dia da emissão do pedido de compras (S). O modelo é definido por dois **parâmetros**, a saber: estoque máximo ($E_{MÁX.}$) que é igual ao lote econômico de compras (LEC) (ou outro, a critério do administrador de materiais) mais o estoque de segurança (ES) e o intervalo entre pedidos (IP)

$$E_{MÁX.} = ES + Q$$

Assim, para a aplicação do modelo, devemos, em primeiro lugar, determinar os parâmetros lote econômico de compras (LEC) e o intervalo entre pedidos (IP), e fixar o estoque de segurança (ES). Lembrando-se de que N, o número de pedidos por intervalo de tempo, é dado por:

$$IP = \frac{1}{N}$$

e já que N é igual a $\frac{D}{Q}$, a expressão anterior pode ser reescrita da seguinte forma:

$$IP = \frac{Q}{D}$$

Figura **10.3** Modelo de Reposição Periódica ou Intervalo Padrão

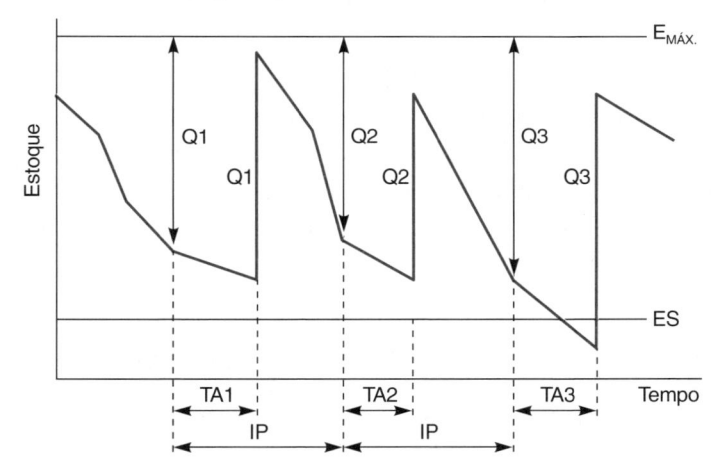

Como a demanda geralmente é variável, utiliza-se a demanda média. O mesmo acontece com o tempo de atendimento — como, muitas vezes, ele também é variável, emprega-se o tempo de atendimento médio. No modelo do intervalo padrão, o tempo de atendimento (TA) não é tão importante quanto no modelo do lote padrão.

O estoque de segurança é fixado em função das variações na demanda no tempo de atendimento e no nível de serviço. O risco de ficar sem estoques passa a ocorrer após a emissão do pedido de compras, isto é, como o próximo pedido somente será emitido após o decurso de um prazo predeterminado, caso a demanda seja muito maior que a prevista, corre-se o risco de o estoque se esgotar antes do recebimento do próximo pedido.

Exemplo 10.5   Um item de demanda independente é consumido a uma razão de 600 unidades/mês. A empresa acha prudente manter
um estoque de segurança de 150 unidades. O custo de preparação é de $ 42,00 por pedido, e os custos de carregamen-
to de estoques são de $ 0,20 por unidade por mês. Os custos
independentes são desprezíveis. Definir os parâmetros do
modelo do intervalo padrão.

Solução   O lote econômico de compras é:

$$LEC = \sqrt{\frac{2 \times 42 \times 600}{0,20}} = 502,$$ que arredondamos para 500 unida-

des/pedido

a) $E_{MÁX.}$ = 150 + 500 = 650 unidades

b) $IP = \dfrac{500 \text{ unidades/pedido}}{600 \text{ unidades/mês}} = 0,833$ mês entre pedidos

Se considerarmos o mês de 30 dias, a cada 25 (0,833 × 30) dias deve ser
emitido um pedido de compras. A quantidade a ser comprada será de 650
unidades menos o estoque disponível no dia da compra. Isto é, supondo que a
empresa deva emitir um pedido de compras no dia 12 de abril e que no fim
desse mesmo dia o estoque em mãos seja de 138 unidades, ela deverá comprar
512 (650 − 138) unidades.

10.5   Sistemas Híbridos de Estoque

Como vimos, a aplicação dos modelos de estoques exigem uma série de
simplificações, muitas decorrentes da própria natureza dos modelos, para
torná-los mais práticos. Assim, no modelo do lote padrão é usual arredondar,
ou mesmo ajustar, o tamanho do lote em função de necessidades de espaço de
armazenagem e melhores condições de transporte, pois lotes muito pequenos
têm o custo de transporte acrescido.

No caso do modelo do intervalo padrão, o intervalo entre pedidos,
parâmetro básico do sistema, deve ser arredondado para múltiplos inteiros de
quinzenas, meses ou trimestres. Assim, não faz sentido fixar o intervalo entre
pedidos a cada 23 dias, por exemplo. Nesse caso é mais adequado fixar o intervalo entre pedidos em um mês.

Outro aspecto importante a ser considerado na escolha do modelo a utilizar é a classificação do material na curva ABC ou, melhor ainda, na curva

AABBCC (veja o Capítulo 8). Os itens da classe A devem receber um tratamento diferenciado, especial, em face de seu alto custo em relação aos demais itens. As compras dos itens da classe A são mais estratégicas, e muitas vezes não é recomendada a aplicação de nenhum dos modelos especificamente.

Para itens da classe B e C, os dois modelos podem ser aplicados. Só que na classe B, a preferência é para o modelo do lote padrão, enquanto na classe C a preferência é para o modelo do intervalo padrão.

10.5.1 Lote Econômico com Descontos

Uma das variações da aplicação dos modelos de estoques é quando há um desconto em função da quantidade comprada. Para que a avaliação possa ser feita, é necessário que ao custo total de estocagem (CT) sejam acrescentados os custos de carregamento (C_C), preparação (C_P) e invariáveis (C_I) e o *desembolso* para a aquisição ou fabricação interna do material no período em análise. Em outras palavras, deve-se considerar o que se gasta ou desembolsa para comprar ou fabricar os itens de estoques no período.

Esse desembolso é calculado multiplicando-se o consumo do item no período por seu preço unitário (P). Para os itens comprados, P corresponde ao preço de compra, enquanto para os itens fabricados internamente P é seu custo unitário de fabricação. Dessa forma, acrescentemos à expressão do custo total (CT), vista no Capítulo 9, esse valor, ou seja, D × P:

$$CT = C_C \times \frac{Q}{2} + C_P \times \frac{D}{Q} + C_I + D \times P$$

que é igual a

$$CT = \frac{(C_A + i \times P)}{2} \times Q + \frac{C_P \times D}{Q} + C_I + D \times P$$

Observe que a inclusão do componente D × P, que é constante, não altera o valor do lote econômico de compra ou de fabricação.

Exemplo 10.6   Um item de estoque de demanda independente é consumido a uma razão de 2.000 unidades/mês. Os custos de emissão dos pedidos de compra são estimados em $ 18,00 o pedido. Os juros correntes de mercado são de 3% ao mês, e os demais custos de armazenagem são estimados em $ 0,08/ unidade.mês. Os custos independentes são desprezíveis. O fornecedor do item usa a seguinte política de vendas: para lotes inferiores a 999 unidades, o preço unitário é de $ 1,20; quando os lotes estão compreendidos entre 1.000 e 4.999 unidades, o preço unitário cai para $ 1,10; e quando os lotes são maiores ou iguais a 5.000 unidades, o fornecedor cobra só $ 1,00 por unidade. Quanto deverá ser comprado?

Solução   Calculemos inicialmente o LEC e o CT para um preço unitário de $ 1,20:

$$LEC = \sqrt{\frac{2 \times 18 \times 2.000}{(0,08 + 0,03 \times 1,20)}} = 787,84 \text{ unidades por pedido}$$

$$CT = \frac{(0,08 + 0,03 \times 1,20) \times 787,84}{2} + \frac{18 \times 2.000}{787,84} + 0 + 1,20 \times$$
$$\times 2.000 = R\$ 2.491,39/\text{mês}$$

(Podemos arredondar Q para 800 unidades, pois o custo total será de $ 2.491,40/mês.)

A pergunta que se faz é: Seria vantajoso comprar Q = 1.000 unidades/pedido a um preço unitário de $ 1,10?

Vejamos se há alteração substancial no tamanho do lote quando se muda o preço P.

$$LEC = \sqrt{\frac{2 \times 18 \times 2.000}{(0,08 + 0,03 \times 1,10)}} \rightarrow LEC = 798,23 \text{ unidades/pedido}$$

Como para essa quantidade comprada o preço não se aplica, devemos comprar no mínimo Q = 1.000 unidades/pedido.

O custo total correspondente será:

$$CT = \frac{(0,08 + 0,03 \times 1,10) \times 1.000}{2} + \frac{18 \times 2.000}{1.000} +$$
$$+ 0 + 1,10 \times 2.000 = \$ 2.292,50/\text{mês}$$

Logo, é vantajoso comprar lotes Q = 1.000 unidades/pedido a $ 1,10/unidade do que lotes econômicos LEC = 800 unidades/pedido a $ 1,20/unidade. Resta uma outra pergunta a ser feita:

Seria vantajoso comprar lotes de 5.000 unidades/pedido a um preço de $ 1,00/unidade?

O lote econômico a um preço de $ 1,00/unidade será → LEC = 809,04, fora da faixa de aplicação do preço unitário de $ 1,00. O custo total para compra em lotes de 5.000 unidades/pedido será de:

$$CT = \frac{(0,08 + 0,03 \times 1,00)}{2} \times 5.000 + \frac{18 \times 2.000}{5.000} + 0 + 1,00 \times$$

$$\times 2.000 = \$ 2.282,20/\text{mês}$$

Assim, é vantajoso, do aspecto econômico, comprar lotes de 5.000 unidades/pedido.

10.6   Sistema de duas Gavetas

O modelo da Reposição Contínua é também conhecido como Sistema de Duas Gavetas. Ele é ainda mais relevante para itens de baixo valor, como do tipo C. Para estes trabalha-se normalmente com o sistema de duas gavetas, que reduz a burocracia de compra do material, sem cálculos, garantindo o suprimento normal dos itens.

Considere as duas gavetas, ou caixas ilustradas abaixo:

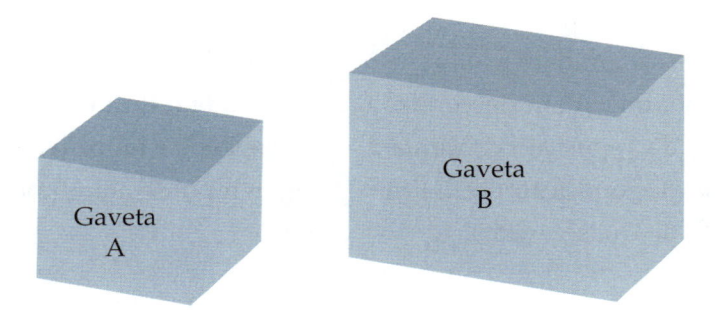

Para iniciar o processo, os itens são armazenados nessas duas gavetas. A menor, a gaveta A, tem uma quantidade de material suficiente para atender o período de reposição somado à quantidade do estoque de segurança, que, em outras palavras, é a quantidade equivalente ao ponto de pedido (PP) ou ponto de ressuprimento, como muitas vezes chamado. A gaveta B possui a quantida-de para atender o consumo previsto para o período, em outras palavras, é o lote de compra. As requisições de material são atendidas retirando-se os itens da gaveta B. Quando ela estiver vazia, deverá ser solicitado um pedido de compras para repor os itens dessa gaveta. Enquanto a reposição não é feita, as requisições deverão ser atendidas pela gaveta A.

Após o recebimento dos itens para reposição na gaveta B, deve-se completar o nível da gaveta A com os itens restantes a gaveta B, e, novamente, as requisições de materiais serão atendidas pela gaveta B.

Conclusão

Na definição da política de estoques a ser seguida pela empresa, a escolha do(s) modelo(s) de estoques adequados é muito importante não só para o pronto atendimento ao cliente como também na minimização dos custos.

Vários modelos já foram consagrados ao longo dos anos, sendo um dos mais conhecidos o de "duas gavetas", que nada mais é que o do ponto de reposição ou do lote padrão.

Para itens de baixo valor unitário e que sejam classificados como da faixa C, na curva ABC de estoques, sugere-se a utilização do modelo do intervalo padrão, em que a cada período predeterminado se emite novo pedido de reposição dos estoques.

Termos-Chave

demanda invariável

hipóteses do modelo

lote econômico com desconto

modelo da reposição contínua

modelo da reposição periódica

modelo de duas gavetas

modelo de estoque

modelo do intervalo padrão

modelo do lote padrão

sistemas híbridos de estoque

tempo de atendimento variável

Questões para Discussão

1.   Por que se utilizam modelos simplificados para o estudo de estoques?

2.   Quando se fixam hipóteses simplificadoras no estudo dos estoques, o que se perde em precisão?

3.   Represente graficamente um modelo de estoques em que a demanda e o lote de compra são constantes, mas o tempo de atendimento é variável.

4.   Represente graficamente um modelo de estoques em que o lote de compra e o tempo de atendimento são constantes, mas a demanda é variável.

5.   Qual a característica básica do modelo do lote padrão? E o do intervalo padrão?

6.   Por que o consumo durante o tempo de atendimento é tão importante para as empresas?

7.   Por que o estoque de segurança (ES) torna-se mais importante nas situações de instabilidade econômica?

8.   O que é um sistema híbrido de controle de estoques?

9.   O que é o chamado sistema de controle de estoques de duas gavetas? Ele se enquadra em que modelo de estoques?

Exercícios Propostos

1.   Estima-se que serão consumidas no próximo ano 15.000 unidades de um certo item cujo preço de compra é $2,20 por unidade. Os custos de obtenção são fixos e iguais a $ 36,00/pedido. A manutenção de uma unidade em estoque custa $ 0,45 por ano. Qual será o custo anual de obtenção se o item é produzido em lotes de 500 e de 5.000 unidades? Qual será o custo dos estoques (custos decorrentes da necessidade de manter estoques) em um ano?

2.   Com base nos dados do exercício anterior, determinar os parâmetros de controle do modelo da Reposição Contínua, sabendo-se que o estoque de segurança adotado para o item em pauta é de 400 unidades e que o fornecedor entrega o produto somente em embalagens com 600 unidades no prazo (TA) de 5 dias, a contar da data do recebimento do pedido.

3.   Com base nos dados do exercício 1, determinar os parâmetros de controle do modelo da Reposição Periódica, sabendo-se que o estoque de segurança é de 500 unidades e que a empresa trabalha 250 dias por ano. Considerando que a empresa emitiu o seu Pedido de Compras no dia 12/3 e que o estoque do item neste dia era de 965 unidades, de quantas unidades foi o pedido? O fornecedor, neste caso, só entrega lotes múltiplos inteiros de 250 unidades.

4.   Um certo item de estoque, cujo consumo nos últimos 16 meses é dado a seguir, tem os seguintes custos envolvidos com a estocagem:

		Mês	Consumo	Mês	Consumo
Preparação	$ 110/pedido	1	18410	9	18750
Transporte	$ 40/pedido	2	18130	10	18020
Armazenagem	0,08/unid.mês	3	16380	11	19480
Perdas	$ 0,05/unid.mês	4	17950	12	18050
Obsolescência	$ 0,01/unid.mês	5	17540	13	18160
		6	18320	14	19480
		7	19100	15	17360
		8	15960	16	16780

O preço unitário do referido item é $ 0,05 e a taxa de juros correntes no mercado é de 0,8% a. m.

O fornecedor tem sido pontual e entrega os pedidos efetuados em 5 dias.

Sabendo-se que a empresa deseja implantar para o referido item o modelo da Revisão (ou Reposição) Contínua, e adotar um Estoque de Segurança de 3.000 unidades, determinar os parâmetros de controle do modelo, considerando que o fornecedor só entrega lotes de 500 unidades:

5. Um item de estoque tem demanda variável conforme tabela a seguir. Sabe-se que o preço de compra do item é $ 0,08 por unidade, o custo de armazenagem é de $0,05/unid.mês, a taxa de juros é de 0,9% ao mês e o custo de emissão de um pedido é de $80,00.

Sabendo-se que a empresa deseja implantar um sistema de controle do item pelo modelo da Reposição Periódica, com um estoque de segurança (ES) de 3.000 unidades, determinar os parâmetros de controle do modelo. O fornecedor entrega o item em pauta em lotes de 800 unidades.

Considerando-se que, no dia 22/07, quando emitiu um pedido, o estoque disponível era de 4.327 unidades, quantas unidades foram pedidas nesta data? Qual a data do próximo pedido?

Mês	Demanda	Mês	Demanda
1	9614	7	9643
2	7554	8	8577
3	8658	9	7585
4	7980	10	9633
5	10845	11	8592
6	8325	12	7985

6. O consumo médio de um item de estoque fabricado internamente é de 1.300 unid./ mês. É fabricado por uma prensa com capacidade produtiva (cadência) de 10.500 unid/mês. O custo de fabricação é de $ 0,75/unidade e o de carregamento é de $ 0,80/unid.mês. A empresa deseja produzir este item pelo modelo da Reposição Contínua. O tempo entre a emissão da ordem de fabricação (OF) e a produção propriamente dita é de 5 dias. Determinar os parâmetro de controle do modelo efetuando os arredondamentos convenientes e o custo anual do item.

7. O consumo anual de um medicamento hospitalar é de 60.000 tabletes. Cada tablete custa $ 0,10 quando comprado em embalagens de 1.000 unidades, $ 0,09 em embalagens de 5.000 unidades e $ 0,08 em embalagens de 10.000 unidades. Sabe-se que a empresa incorre em um custo de $ 150,00 para a emissão de um pedido de compra e que o custo do capital (taxa de juros correntes) é de 18% ao ano. Determinar o valor anual das compras e o custo médio anual de obtenção que cada uma dessas alternativas de embalagem irá gerar.

8. O intervalo de reposição para um item vendido em uma loja de artigos masculinos é um mês. No início de certa semana, 28 unidades do item estão em estoque. Um novo recebimento é aguardado para dentro de 3 semanas. Para cada unidade demandada e atendida, a loja incorre em custos de $ 12,00 por unidade. A demanda real durante a semana provou ser de 41 unidades. Qual será o custo total causado pela falta de estoques? Qual seria tal custo se no início da semana o estoque fosse de 35 unidades?

9. Determinada peça é produzida a uma cadência de 125.000 unidades por ano, a um custo de fabricação que varia conforme a tabela a seguir. Se a demanda anual é de 25.000 unidades e o custo de preparação é de $ 200,00 por pedido, calcular o lote econômico de fabricação e o custo total correspondente; $(C_A + iP) = \$ 2,00/$ unidade.ano

Cf = $ 1,00/unidade para 0 < Q ≤ 1.999 unidades
Cf = $ 0,90/unidade para 2.000 ≤ Q ≤ 4.999 unidades
Cf = $ 0,80/unidade para Q ≤ 5.000 unidades

10. A Tone Latas consome 4.000 toneladas de matéria-prima por ano. Seus custos de colocação de pedido são de $ 20,00 por encomenda, e os custos de manutenção são de 20% do preço de compra. O fornecedor fez uma oferta de redução de 5% no preço da tonelada (que é de $ 40,00) para encomendas de no mínimo 500 toneladas e outros 5% para encomendas de no mínimo 1.000 toneladas. Que opção a Tone Latas deve escolher?

11. O consumo anual de um item comprado é de 1.000 unidades. O custo de obtenção é $ 10/ordem e o custo de carregamento é de $0,50/unid.ano. A empresa trabalha 250 dias por ano. O tempo de atendimento (TA) é de 10 dias.

    a) Determinar o LEC para este item para o modelo da Reposição Contínua. Quantos pedidos serão colocados por ano? Qual será o intervalo entre pedidos? Quanto de ES será necessário? Determinar o PP.

    b) Como a análise do item mudaria se o modelo fosse da Reposição Periódica?

c) Se decidirmos fabricar este item internamente, qual deveria ser a cadência de fabricação do item para se ter o LEF 10% maior que o LEC?

12. Uma companhia compra um item que é componente de uma certa linha de montagem de seus produtos. Esse componente é usado a uma razão uniforme durante o ano, e o fornecedor entrega todo o lote de uma só vez. O fabricante considera necessário levar em consideração os seguintes fatores na determinação do lote econômico: taxa de consumo anual de 2.500 unidades, custo para colocar e receber um pedido de $ 14,00, e custo de manter uma unidade em estoque por 1 ano de 20% do preço unitário de compra. O preço de compra varia segundo a quantidade, mostrada na tabela a seguir:

Tamanho do Lote	Preço Unitário
1 a 1.999 unidades	$ 1,00
2.000 a 4.999 unidades	$ 0,95
5.000 ou a mais unidades	$ 0,90

Determinar:

a) O lote econômico para cada um desses preços.

b) O custo anual que cada lote irá fornecer.

b) A quantidade que deve ser comprada e por quê.

Estudo de Caso

O comércio estava cauteloso em relação às encomendas do Natal. "Não faltarão produtos. O estoque vai ser regulado com a expectativa de venda. Ninguém está iludido", dizia o presidente da Associação Comercial de São Paulo (ACSP).

A rede Lojas Cem esperou um crescimento de 25% nas vendas nominais de dezembro em relação ao ano anterior. "Compramos dentro dessa expectativa. Além disso, a indústria está estocada então não deve faltar mercadoria. A expectativa é a melhor possível. O consumo de eletroeletrônicos e da linha branca tem melhorado", disse o supervisor geral da rede, acrescentando que, em novembro, as vendas haviam subido 30% na comparação com o ano anterior.

A ACSP estimou que as vendas de Natal em São Paulo deveriam crescer entre 2% e 3% em relação ao ano anterior. "Esperamos vendas um pouco maiores que no ano passado por conta do crédito melhor", disse o presidente da ACSP. Segundo ele, o consumo ainda estava contido devido à queda na renda do trabalhador. Pesquisa encomendada pela associação aponta que 55% dos paulistanos consideravam que o ano de 2003 foi pior do que o anterior devido ao aumento dos preços, desemprego e queda da renda. Dos 600 entrevistados, 56% não têm intenção de dar presentes no Natal.

Fonte: Adaptado de SAITO, A.C. et al. O varejo conta com estoque na indústria. *Gazeta Mercantil*, A6, 1 dez. 2003. Disponível em Banco de Notícias Investnews: <www.investnews.com.br> Acessado em: 4 fev. 2009.

Questões para Discussão

1.   No cenário descrito, qual modelo de estoque você escolheria, sendo dono de uma rede de lojas?

2.   A política de estoques deve sempre ser a mesma para uma empresa? Como estas políticas poderiam ser alteradas? Quais as implicações?

Capítulo 11

Estoque de segurança

11.1 Introdução

Como vimos, os modelos de estoque usualmente estudados consideram pelo menos três hipóteses simplificadoras: demanda ou consumo constantes, tempo de atendimento ou ressuprimento constantes, e todo o lote entregue de uma única vez, ou seja, não parcelado, o que é muito comum no mundo dos negócios.

Mantidas as hipóteses de consumo e tempo de atendimento constantes, não haveria necessidade de manter estoques de segurança. Entretanto, como obedecer a todas essas hipóteses é difícil, é necessário que uma certa quantidade de itens fique em estoques para casos como aumento do consumo ou atrasos na entrega de pedidos já efetuados.

Os estoques de segurança diminuem os riscos de não-atendimento das solicitações dos clientes externos ou internos. No caso do modelo do lote padrão, esse risco passa a ocorrer após a emissão do pedido de compras (quando se atinge o ponto de pedido). No modelo do intervalo padrão corre-se o risco durante todo o intervalo entre pedidos.

Estabeleceremos modelos de estoques de segurança considerando três situações: consumo variável e tempo de atendimento constante, consumo constante e tempo de atendimento variável, e consumo e tempo de atendimento variáveis.

11.2 Estoque de Segurança com Consumo Variável e Tempo de Atendimento Constante

Estudos demonstram que o consumo durante o período de atendimento pode se aproximar de uma distribuição normal, de Poisson ou de uma exponencial negativa — atendimento de varejo e atacado. Para simplificarmos, consideremos o consumo uma distribuição normal, com média D e desvio padrão s_D.

Uma análise do gráfico da Figura 11.1 nos mostra que o estoque de segurança é determinado para atender a um aumento no consumo (até D1). Assim, uma vez atingido o **ponto de pedido (PP)**, um novo pedido de compra é emitido. Como o **tempo de atendimento (TA)** é constante, após TA dias o pedido será entregue.

Figura 11.1 Estoque de Segurança com Demanda Variável e TA Constante

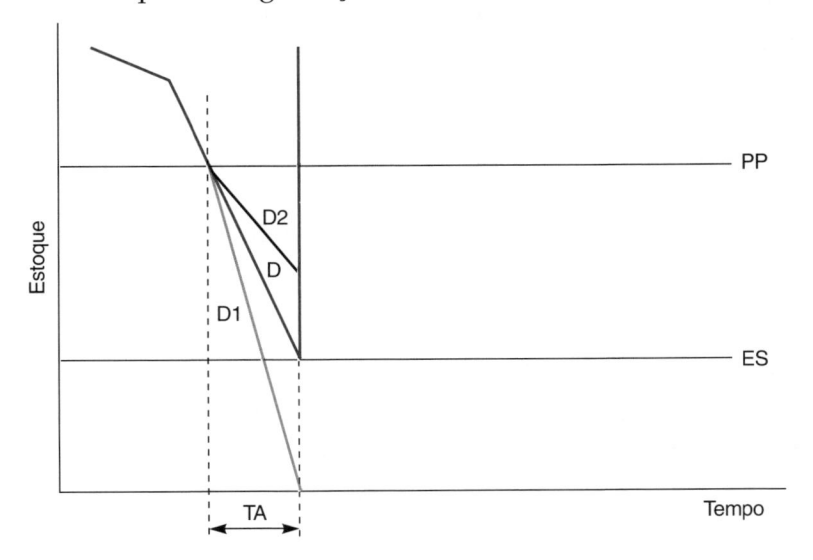

Entretanto, nesse período TA, basicamente três situações podem ocorrer.

- o consumo (D) pode ser exatamente igual ao consumo médio dos períodos anteriores. Nessa situação, quando o pedido for entregue, haverá em estoque uma quantidade de material, por definição, igual ao estoque de segurança.

- o consumo (D2) pode ser inferior ao consumo médio dos períodos anteriores. Quando do recebimento do pedido, haverá um estoque superior ao estoque de segurança.
- o consumo (D_1) pode ser superior ao consumo médio dos períodos anteriores.

Aqui podemos ter duas subsituações:

a) o consumo é superior à média (D) e inferior a D1. Assim, quando do recebimento do pedido, ainda haverá estoque — se o consumo for exatamente igual a D1, o estoque será nulo;

b) o consumo é superior a D1, havendo falta de estoque, isto é, quando do recebimento do pedido, o estoque já terá se esgotado.

Vemos que o problema da determinação do estoque de segurança está relacionado com o valor de D1. Devemos assumir um certo risco de não atender à demanda quando ela for superior a D1. Chamando de α (alfa) a probabilidade de que a demanda seja superior a D1 e considerando sua distribuição aproximadamente normal, teremos, conforme a Figura 11.1.

Da Figura 11.1 e da distribuição normal, podemos escrever:

$$Z = \frac{D1 - D}{S_D}$$

Como (D1 − D) = ES, podemos chegar à seguinte expressão:

$$ES = Z\alpha \times s_D$$

Como se corre o risco de variações do consumo enquanto se espera o pedido ser atendido, s_D representará o desvio padrão do consumo durante o tempo de atendimento. Assim, a expressão que fornece o estoque de segurança será:

$$ES = Z\alpha \times s_D \times \sqrt{TA}$$

Note que Z, o coeficiente da distribuição normal padrão, define o nível de não-atendimento, ou seja, o percentual dos casos em que se admite não atender ao pedido. Por exemplo, em 100 solicitações, admite-se o não-atendimento de 5 casos. Nesse caso, Z = 1,65, o nível de atendimento ou serviço é de 95%, e o de não-atendimento é de 5%.

O valor do coeficiente Z pode ser obtido de uma tabela de distribuição normal ou, diretamente do Excel, por meio da função INV.NORMP. Assim, para um nível de atendimento de 95%, faz-se :

$$INV.NORMP(0,95) = 1,644853$$

Para um nível de atendimento de 99%, tem-se INV.NORMP(0,99) = 2,326342.

TABELA 11.1

Nível de atendimento α (%)	Valor de $Z\alpha$
90,0	1,28
95,0	1,64
97,5	1,96
99,0	2,33

Exemplo 11.1   O consumo médio, durante o tempo de atendimento, de um item de estoque é de 300 unidades, e o desvio padrão é de 25 unidades por tempo de atendimento. Qual deve ser o estoque de segurança e o ponto de pedido, se se quiser um nível de atendimento de 95%?

Solução $D = 300$ unidades/TA
$s_D = 25$ unidades/TA

a) $ES = Z\alpha \times s_D \times \sqrt{TA} = 1,64 \times 25 \times \sqrt{1} = 41$ unidades
b) $PP = D + ES = 300 + 41 = 341$ unidades

Exemplo 11.2   O consumo de um certo item de estoque obedece a uma distribuição normal com média de 500 unidades/mês e desvio padrão de 60 unidades/mês. O fornecedor tem sido pontual no prazo de entrega, que é invariável e igual a 5 dias. Determinar o estoque de segurança para um nível de atendimento de 99%. O que aconteceria com o estoque de segurança se o tempo de atendimento passasse para 10 dias?

Solução   TA = 5 dias/30 dias/mês = 0,17 mês (supondo o mês de 30 dias)

a) $ES = Z\alpha \times s_D \times \sqrt{TA} = 2,33 \times 60 \times \sqrt{0,17} = 57,64 = 58$ unidades (arredondando)

b) Caso o TA fosse de 10 dias, teríamos:

$ES = 2,33 \times 60 \times \sqrt{0,34} = 81,52 = 82$ unidades (arredondando)

No caso do modelo do intervalo padrão ou da reposição periódica, a dedução do estoque de segurança segue raciocínio análogo, tendo-se:

$$ES = Z\alpha \times s_D \times \sqrt{IP}$$

onde s_D é o desvio padrão da demanda no intervalo entre pedidos (IP). Muitos autores consideram, para maior segurança, o seguinte ajuste:

$$ES = Z\alpha \times s_D \times \sqrt{IP + TA}$$

Exemplo 11.3   Um item de estoque tem consumo de 300 unidades/mês com desvio padrão de 40 unidades/mês. Esse item é controlado pelo modelo da reposição periódica e comprado a cada 3 meses. Para um nível de serviço de 95%, calcular o estoque de segurança. Determinar a variância do consumo em três meses.

Solução   a) $ES = 1,64 \times 40 \times \sqrt{3} = 113,63 = 115$ unidades (arredondando)

b) A variância da demanda em 3 meses (IP) é 3 vezes a variância em 1 mês, que já é conhecida ($s_{em\ 1\ mês} = 40$). Assim:

$s^2_{D(em\ IP)} = 3 \times s^2_{(em\ 1\ mês)}$

$s_{D(em\ IP)} = \sqrt{3} \times s_{(em\ 1\ mês)}$

$s_{D(em\ IP)} = 1,73 \times 40$ ou 69,28 unidades/IP (ou 70 unidades/IP)

Exemplo 11.4   Um certo item de estoque, cujo consumo nos últimos 16 meses é dado a seguir, tem os seguintes custos envolvidos com a estocagem:

		Mês	Consumo	Mês	Consumo
Preparação	$ 110/pedido	1	18410	9	18750
Transporte	$ 40/pedido	2	18130	10	18020
Armazenagem	0,08/unid.mês	3	16380	11	19480
Perdas	$ 0,05/unid.mês	4	17950	12	18050
Obsolescência	$ 0,01/unid.mês	5	17540	13	18160
		6	18320	14	19480
		7	19100	15	17360
		8	15960	16	16780

O preço unitário do referido item é $ 0,05 e a taxa de juros correntes no mercado é de 0,8% a. m.

O fornecedor tem sido pontual e entrega os pedidos efetuados em 10 dias.

Sabendo-se que a empresa deseja implantar para o referido item o modelo da Revisão (ou Reposição) Contínua, com um nível de atendimento de 95% ($Z\alpha = 1,64$), determinar:

a) O estoque de segurança (ES) (arredondar para mais e múltiplo inteiro de 100).

b) O parâmetro Ponto de Pedido (ou de Ressuprimento) (arredondar para mais e múltiplo inteiro de 500).

Solução   Com base nos dados do consumo nos 16 meses, devemos calcular o consumo médio e o desvio padrão. Isso pode ser feito, basicamente, de três maneiras, a saber: a) aplicar os conhecimentos da estatística, onde temos:

$$ x = \frac{\sum_{1}^{n} x_i}{n} \quad e \quad s_D = \sqrt{\frac{\sum_{1}^{n} (x_i - x)^2}{n-1}} $$

c) Com a utilização de calculadora que efetua diretamente os cálculos da média e do desvio padrão, a exemplo da HP-12C.

Para tal basta seguir o seguinte roteiro:

18410 Σ+ (o visor mostrará o número 1)

18130 Σ+ (o visor mostrará o número 2)

17360 Σ+ (o visor mostrará o número 15), e finalmente

16780 Σ+ (o visor mostrará o número 15)

a tecla gx fornecerá a média, igual a 17.991,88 e a tecla gs fornecerá o desvio padrão igual a 1.012,13, e

d) Utilizando-se do Excel, como a seguir:

Conhecidos a média e o desvio padrão, poderemos calcular os parâmetros do modelo;

$$LEC = \sqrt{\frac{215017.991,88}{0,14 + 0,05.0,008}} \rightarrow LEC = 6.200,34 \text{ ou } 6.200 \text{ unid./lote}$$

$$ES = 1,64 \times 1.012,13 \times \sqrt{\frac{10}{30}} \rightarrow ES = 958,34 \text{ unidades}$$

$$ES = 1.000 \text{ unidades}$$

$$PP = 17.991,88 \times \frac{10}{30} + 958,34 \rightarrow PP = 6.955,63 \text{ unidades} \rightarrow PP = 7.000 \text{ unidades}$$

11.3 Estoque de Segurança com Consumo Constante e Tempo de Atendimento Variável

A abordagem deste caso geralmente é feita considerando o tempo de atendimento com uma variação discreta, com as probabilidades associadas conhecidas. Assim, analisando a Figura 11.2, teremos:

Figura 11.2 Estoque de Segurança com Demanda Constante e TA Variável

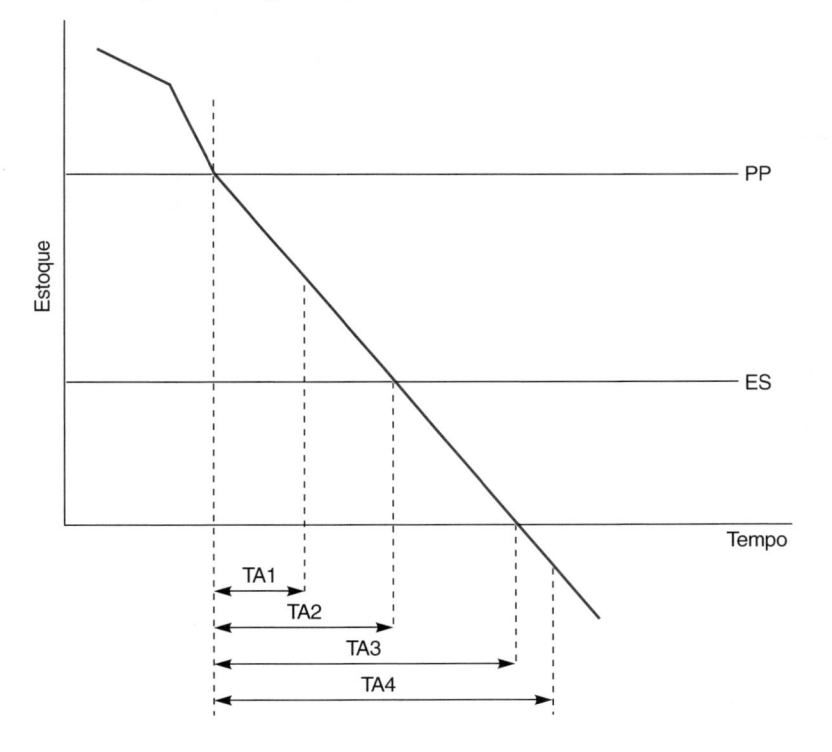

Se o tempo de atendimento for igual ao tempo médio dos últimos períodos (TA2 na Figura 11.2), quando do recebimento do pedido, haverá em estoque a quantidade igual ao estoque de segurança. Se o tempo de atendimento for menor que o tempo médio dos últimos períodos, porém, configurando uma antecipação na entrega (TA1 na Figura 11.2), quando do recebimento do pedido, haverá em estoque uma quantidade maior que o estoque de segurança. Agora, se o tempo de atendimento for maior que o tempo médio dos últimos períodos, configurando um atraso na entrega (TA3 na Figura 11.2), quando do recebimento do pedido, o estoque será zero. Por fim, se o tempo de atendimento for maior que TA3 (TA4 na Figura 11.2), haverá falta de estoque, e nem todos os pedidos serão atendidos.

Se TA < TA3 → todas as solicitações serão atendidas.

Se TA > TA3 → nem todas as solicitações serão atendidas.

Exemplo 11.5   Um item de estoque tem consumo constante de 600 unidades/mês. O tempo de entrega varia discretamente segundo a Tabela 11.2. Determinar o estoque de segurança para um nível de atendimento de 90%. Considerar um mês de 30 dias.

TABELA 11.2

Tempo de atendimento	Probabilidade
8 dias	5%
9 dias	10%
10 dias	60%
11 dias	15%
12 dias	10%

Solução

Tempo de atendimento médio $(TA_M) = 8 \times 0,05 + 9 \times 0,10 + 10 \times 0,60 + 11 \times 0,15 + 12 \times 0,10 = 10,15$ dias

$$D = \frac{600 \text{ unidades/mês}}{30 \text{ dias/mês}} = 20 \text{ unidades/dia}$$

Consumo médio $= TA_M \times D = 10,15$ dias $\times$ 20 unidades/dia $=$ = 203 unidades

A probabilidade de o tempo de atendimento ser maior que 11 dias é de 10%. Nesses 11 dias são consumidas 220 unidades (11 dias × 20 unidades/dia). Assim, se estabelecermos um estoque de segurança de (220 − 203) = 17 unidades, 90% das solicitações serão atendidas.

Veja que o ponto de pedido é de 220 unidades (203 + 17).

11.4   Estoque de Segurança com Consumo e Tempo de Atendimento Probabilístico

O estudo da condição em que tanto a demanda quanto o tempo de atendimento variam assume complexidade matemática que está além dos objetivos deste livro. A solução é simplificada considerando-se as duas distribuições como discretas. Uma análise da Figura 11.3 permite montar a Tabela 11.3 (as informações da tabela, porém, sem as probabilidades associadas, pouco ou nada ajudam nas decisões):

Figura 11.3   Estoque de Segurança com Demanda e TA Variáveis

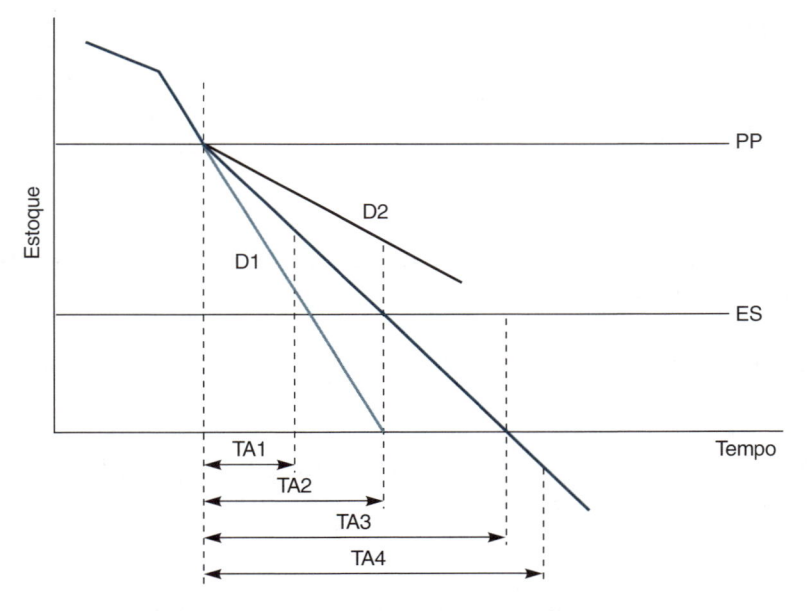

TABELA 11.3			
	D < D2	**D2 < D ≤ D1**	**D > D1**
TA < TA1	Atende 100%	Atende 100%	Pode haver não-atendimento
TA1 < TA > TA3	Atende 100%	Pode haver não-atendimento	Pode haver não-atendimento
TA > TA3	Pode haver não-atendimento	Pode haver não-atendimento	Pode haver não-atendimento

Exemplo 11.6 Um item de estoque cujo consumo é variável segundo a Tabela 11.4 é comprado de um fornecedor, cujo prazo de entrega (ou tempo de atendimento) também varia conforme a Tabela 11.4. Elaborar uma análise da fixação do estoque de segurança, em função de níveis de serviços diferentes.

TABELA 11.4

Demanda (unidades/mês)	Probabilidade	Tempo de atendimento	Probabilidade
700	10%	10 dias	30%
800	15%	15 dias	40%
900	50%	20 dias	30%
1.000	15%	—	—
1.100	10%	—	—

Considerando o mês de 30 dias, o consumo médio diário será de 30 unidades/dia, ou seja,

$$\frac{(700 \times 0,10) + (800 \times 0,15) + (900 \times 0,50) + (1.000 \times 0,15) + (1.100 \times 0,10)}{30} = \frac{900}{30}$$

Considerando o tempo de atendimento médio de 15 dias, teremos um consumo médio de 450 unidades (30 × 15). Como no modelo do lote padrão, temos:

$$PP = (\text{consumo em TA}) + ES = 450 + ES$$

Supondo que ES = 0, poderemos fazer as seguintes considerações:

a) D = 700 (probabilidade de 10%) e TA = 10 dias (probabilidade de 30%): consumo em TA = C_{TA} = (700/30) × 10 = 233,33

Como estamos considerando um estoque de 450 unidades, e 233,33 é menor que 450, todos os itens serão atendidos, e as faltas serão de zero.

A probabilidade conjunta desse evento é 0,10 × 0,30 = 0,03, ou 3%.

b) D = 1.000 (probabilidade de 15%) e TA = 20 dias (probabilidade de 30%)

$$C_{TA} = (1.000/30) \times 20 = 666,67 \text{ unid.}$$

Haverá uma falta de 216,67 unidades.

A probabilidade conjunta desse evento é $0,15 \times 0,30 = 0,045$ ou 4,5%.

Estendendo esse raciocínio, pode-se construir a Tabela 11.5, que apresenta a falta de unidades e respectivas probabilidades conjuntas:

TABELA 11.5

	D = 700 (0,10)	D = 800 (0,15)	D = 900 (0,50)	D = 1.000 (0,15)	D = 1.100 (0,10)
TA = 10 (0,30)	0 (0,030)	0 (0,045)	0 (0,150)	0 (0,045)	0 (0,030)
TA = 15 (0,40)	0 (0,040)	0 (0,060)	0 (0,200)	50 (0,060)	100 (0,040)
TA = 20 (0,30)	17 (0,030)	83 (0,045)	150 (0,150)	217 (0,045)	283 (0,030)

TABELA 11.6

Itens faltantes	Probabilidade	Probabilidade acumulada
0	0,600	0,600
17	0,030	0,630
50	0,060	0,690
83	0,045	0,735
100	0,040	0,775
150	0,150	0,925
217	0,045	0,970
283	0,030	1,000

Com base na Tabela 11.6, podemos concluir que, se fixarmos o estoque de segurança em 217 unidades, ou, melhor ainda, em 220 unidades, estaremos atendendo 97% dos itens solicitados, isto é, um nível de serviço de 97%. Se, por outro lado, fixarmos o estoque de segurança em 150 unidades, estaremos com um nível de serviço de 92,5%.

Quando consideramos tanto o consumo quanto o tempo de atendimento como variáveis contínuas, com médias e desvios padrão conhecidos, podemos utilizar a seguinte fórmula para o cálculo do estoque de segurança[1]:

---

[1]   MONKS, J. G. *Operations management*. 2. ed. New York: McGraw-Hill, 1996. p. 259.

$$ES = Z\alpha \times \sqrt{\mu_{TA} \times (\sigma_D)^2 + (\mu_D)^2 \times (\sigma_{TA})^2}$$

Note que $Z\alpha$ é função do nível de atendimento, μ_{TA} é o tempo médio de atendimento, σ_D é o desvio padrão da demanda em TA médio, μ_D, é a demanda média em TA, e σ_{TA} é o desvio padrão do TA.

Exemplo 11.7 Um item de estoque tem consumo médio que varia segundo uma distribuição normal de média de 500 unidades/mês e desvio padrão de 60 unidades/mês. O tempo de atendimento é também variável segundo uma distribuição normal de média 10 dias e desvio padrão de 1,7 dia. Determinar o estoque de segurança para um nível de atendimento de 97,5%. Considerar um mês de 30 dias.

Solução $\mu_D = (10/30) \times 500 = 166,7$ unidades/TA

$\sigma_{D(TA)} = \left(\frac{A}{P}, 15\%, 8\right) \times 60 = 34,64$ unidades/TA

$ES = 1,96 \times \sqrt{10 \times (34,64)^2 + (166,7)^2 \times (1,7)^2}$

$ES = 1,96 \times 303,83 \rightarrow ES = 595,5 \rightarrow ES = 600$ unidades

O estoque de segurança equivale a 1 mês e 6 dias de consumo médio.

11.4.1 Sistemas sob Demanda Probabilística

Os custos devido a estoques que não atendem aos pedidos, quando se trabalha com demandas exatas, não são tão relevantes. Já para uma demanda incerta, esses custos, como, por exemplo, de não vender por não ter produto estocado, são muito mais significativos. A demanda constante ao longo do tempo e previsível não é sempre a regra nos sistemas produtivos e de distribuição.

Com certeza, na maioria das empresas, a revisão dos locais dos estoques de segurança (que são mantidos para atender variações da demanda não esperadas) podem levar a uma melhoria significativa do serviço oferecido aos clientes. Um sistema que pode administrar essas revisões e controles é o MRP[2].

11.4.1.1 Definições comuns

Quando a demanda é probabilística, costuma-se definir os estoques da seguinte forma:

---

[2] Sigla para Materials Requirements Planning. Ver MARTINS e LANGENI, *Administração da Produção*. 2. ed. Saraiva, 2005. Cap. 11.

- Estoque existente: É o estoque "à mão na prateleira", ou seja, é o estoque físico disponível. Esta quantidade é importante para determinar se o pedido de um determinado cliente pode ser atendido.
- Estoque líquido = (Existente) − (Pedidos não atendidos)
- Posição do inventário[3]: A posição do inventário é definida pela relação:

$$\text{Posição do inventário} = (\text{Existente}) + (\text{Sob pedido}) -$$
$$- (\text{Pedidos não atendidos}) - (\text{Comprometido})$$

O estoque sob pedido é o estoque requisitado, porém ainda não despachado. A quantidade "comprometida" refere-se a esta quantidade que deverá ser utilizada num curto período de tempo.

A posição do inventário é uma variável importante a ser determinada na demanda probabilística.

- Estoque de segurança: Definido como o estoque suplementar necessário para atender aumentos na demanda, durante o tempo de atendimento (TA) do fornecedor.

11.4.1.2   Fila de Pedidos *versus* Vendas Perdidas

O que acontece com um pedido de cliente quando um item está temporariamente fora de estoque? Esta resposta é com certeza muito importante para o controle do inventário. Existem dois casos extremos:

1. É colocado numa fila (Backlog) e atendido assim que a quantidade suficiente chegar. Isso é comum em mercados monopolizados, ou cativos, em que não existe outra fonte de suprimento. Ver item 8.2.6.

2 Perda de Pedido: Qualquer demanda, quando fora de estoque, é perdida. O cliente muda para outro fornecedor para satisfazer a sua necessidade. Essa é uma situação bastante comum no varejo. É bem improvável que você deixe um pedido de farinha num supermercado. Ver item 8.2.6.

Nos casos práticos há sempre uma combinação dos dois extremos indicados acima, apesar da maioria dos modelos de estoque foi desenvolvida para uma ou outra situação extrema. Entretanto, a maioria dos modelos serve como uma aproximação razoável, pois as decisões que eles fornecem são insensíveis à quantidade possível de pedidos, em fila numa situação particular. Altos níveis de serviço resul-

---

[3] Os termos não utilizam estoque disponível, devido à conotação incorreta que este pode trazer de que o estoque está imediatamente disponível para atender às demandas do cliente.

tam em situações de falta de estoque mais freqüentes. A quantidade de pedidos em fila, ou perdidos, é uma medida do impacto da falta do estoque.

O valor numérico do estoque de segurança depende da variabilidade da demanda, do nível de serviço e do tempo de atendimento.

Conclusão

As incertezas, presentes em praticamente tudo o que fazemos, estão também nos estudos dos estoques. As hipóteses levantadas, como, por exemplo, de demanda invariável, entrega instantânea, prazo de atendimento fixo, e outras, são praticamente impossíveis de ser encontradas em um ambiente de trabalho usual.

Necessário se faz idealizar uma forma que possa dar, pelo menos, certa segurança ao bom andamento dos processos produtivos, sem que sejam interrompidos a todo instante em decorrência de falta de materiais que deveriam estar nos estoques. A forma mais usual encontrada é recorrer aos conhecimentos da estatística e aplicá-los no estudo dos estoques. A certeza do atendimento jamais será conseguida, pois necessitaríamos de estoques infinitamente altos para atender a qualquer situação possível. Como tal situação é impraticável, define-se um nível de não-atendimento aceitável.

Como as distribuições estatísticas que melhor aderem aos casos específicos são de difícil determinação, usa-se a distribuição normal para os casos mais comuns, embora se conheçam as deficiências daí decorrentes.

Termos-Chave

demanda probabilística	nível de atendimento
demanda variável	nível de não-atendimento
distribuição normal	perda de pedido
falta de estoque	ponto de pedido
filas	tempo de atendimento
variável	
inventário	

Questões para Discussão

1. Por que se deve levar em consideração, na fixação do estoque de segurança, o modelo de estoque que se está utilizando?

2. Se fossem constantes tanto a demanda quanto o tempo de atendimento, o estoque de segurança poderia ser nulo?

3. É possível um estoque de segurança que atenda a qualquer situação? Discuta as implicações econômicas e técnicas dessa situação.

4. Por que se diz que no modelo da Reposição Contínua corre-se o risco de não atender ao estoque somente após a emissão do pedido? Em que esse modelo difere do modelo da Reposição Periódica?

5. O estoque de segurança é proporcional a três parâmetros, $Z\alpha$, σ e TA. Como ele varia em função desses parâmetros?

6. Com base no que foi visto sobre estoques de segurança, o que é nível de serviço, nível de atendimento e nível de não-atendimento?

7. Para as mesmas condições de demanda, que modelo do lote padrão ou do intervalo padrão leva a estoques de segurança maiores? Por quê?

Exercícios Propostos

1. Uma empresa tem o consumo de um de seus itens de estoque variando conforme a seguinte tabela:

Consumo (unidade/TA)	Probabilidade de ocorrência
800	0,04
900	0,06
1.000	0,80
1.100	0,06
1.200	0,04

Sabendo-se que o tempo de atendimento é de duas semanas, o custo de preparação é de $ 45,00 por pedido, o custo de manutenção de estoque é de $ 1,50 por unidade.ano, o custo de cada unidade faltante é de $ 2,00 e que a empresa trabalha 52 semanas por ano, determinar o estoque de segurança adequado para esse item.

2. A empresa Takaro recebe um de seus produtos de estoque uma vez por ano. O ponto de pedido, sem estoque de segurança, é de 200 unidades. O custo de manutenção do estoque é de $ 3,10/unidade.TA, e o custo da unidade faltante é de $ 12,00/unidade. Conhecendo-se a probabilidade de demanda mostrada na tabela a seguir, durante o período de atendimento, quanto de estoque de segurança deve ser mantido?

Consumo (unidade/TA)	Probabilidade
0	0,10
100	0,10
200	0,40
300	0,20
400	0,20

3. O consumo de um certo modelo de TV, durante o tempo de atendimento, é normalmente distribuído com média de 36 unidades e desvio padrão de 15 TVs. Que estoque de segurança deve ser mantido para um nível de atendimento de 90%? Qual deve ser o ponto de pedido?

4. O sr. Silva é o gerente de materiais da cadeia de lojas de brinquedos Brim&Cadeira. Ele está atualmente estudando as políticas de compra e estocagem do cubo mágico, um dos brinquedos mais vendidos no momento. Uma análise histórica dos últimos meses mostrou que o tempo de atendimento é praticamente constante e igual a 10 dias. O sr. Silva também descobriu que o consumo tem distribuição aproximadamente normal com média de 1.240 unidades por dia, com desvio padrão de 375 unidades por dia. Para um nível de atendimento de 90%, determinar o estoque de segurança e o ponto de pedido. Qual seria o estoque de segurança se o nível de atendimento passasse para 95%?

5. O consumo de um certo item de estoque nos últimos 8 meses é dada a seguir: determinar o estoque de segurança para um tempo de atendimento de 1 mês; 15 dias; e 2 meses, para um nível de serviço de 97,5%

Mês	Consumo (unid.)	Mês	Consumo (unid.)
1	400	5	490
2	350	6	530
3	620	7	582
4	380	8	440

6. Um item de estoque comprado trimestralmente e pertencente à classe C é controlado pelo modelo do intervalo padrão. Seu consumo mensal é de 400 unidades, com um desvio padrão de 50 unidades por mês. Para um nível de atendimento de 95%, qual deverá ser o estoque de segurança para o item?

7. Um item de estoque é controlado pelo modelo do lote padrão. Sua demanda é de 100 unidades por semana, com um desvio padrão de 5 unidades/semana. O tempo de atendimento é invariável e igual a 15 dias. Qual o estoque de segurança recomendável, para um nível de serviço de 90%? Qual a variação no estoque de segurança se o nível de serviço passar para 95%? Suponha que a empresa trabalhe 30 dias por mês.

8. A demanda semanal de um certo modelo de impressora, em uma loja de departamentos, é normalmente distribuída com média de 250 unidades e desvio padrão de 150 unidades. O item é administrado pelo modelo da Reposição Contínua e, atualmente, pedidos de 1.000 impressoras são feitos sempre que o estoque atinge 600 unidades. O prazo de entrega atualmente é de duas semanas. Qual deve ser o estoque de segurança a ser utilizado? Com o atual sistema, qual o nível de serviço que está sendo atingido?[4]

9. Com relação ao exercício anterior, supor que o prazo de entrega seja também normalmente distribuído, com média de duas semanas e desvio padrão de 1,5 semana. Qual deverá ser o estoque de segurança para se atingir um nível se serviço de 95%?[5]

10. Calcular o lote econômico de compra (LEC), o estoque de segurança (ES) e o estoque médio (EM) necessários para atingir um nível de serviço de 98%, dadas as seguintes informações[6]:

a) O consumo diário médio (unidades) em um período de 25 dias foi:

Dia	Consumo	Dia	Consumo
1	8	14	9
2	5	15	10
3	4	16	5
4	6	17	8
5	9	18	11
6	8	19	9
7	9	20	7
8	10	21	7
9	7	22	6
10	6	23	8
11	7	24	10
12	8	25	11
13	12		

---

[4] Este exercício foi baseado em CHOPRA, Sunil; MEINDL, Peter. *Supply Chain Management — Strategy, Planning and Operatiom.*

[5] Ibid.

[6] Este exercício foi baseado em LAMBERT, Douglas et al. *Fundamentals of logistics management.*

b) O Tempo de Atendimento (TA) é invariável e igual a 5 dias.

c) O custo de preparação é de $ 20/pedido.

d) O consumo anual é de 2000 unidades.

e) O custo do item é de $ 10/unid.

f) O custo de carregamento é de 35% do custo do item.

11. Com referência ao exercício anterior, qual será o novo estoque de segurança (ES), considerando que o levantamento dos tempos de atendimento (TA) das 18 últimas entregas foi[7]:

Entrega	TA em dias	Entrega	TA em dias
1	10	10	9
2	12	11	8
3	11	12	10
4	10	13	11
5	10	14	9
6	9	15	9
7	8	16	10
8	12	17	11
9	11	18	10

12. Um produto com demanda anual de 1.000 unidades tem custo de obtenção (Cp) de $ 30/ordem e custo de carregamento (Cc) de $ 8/unid.ano. A demanda apresenta alguma variabilidade tal que a Demanda média no Tempo de Atendimento (TA) tem distribuição normal com média de 25 unidades e desvio padrão de 5 unidades. Determinar:

a) O lote econômico de compra (LEC)

b) O ponto de pedido (PP) e o estoque de segurança (ES) se a empresa deseja um nível de serviço de 98% em qualquer ciclo de ressuprimento.

c) Se a gerência fixa o ponto de pedido em 30 unidades, qual seria o nível de serviço? Nessa circunstância, em um ano, quantos unidades deixariam de ser entregues?

13. Os dados da tabela a seguir mostram a demanda de um certo item de uma firma de revenda de autopeças. Ilustre a operação, usando o modelo da Reposição Contínua, para um lote de reposição (Q) de 40 unidades, e um ponto de pedido (PP) de 15 unidades e o tempo de atendimento (TA) é de 3 dias. Considere que os pedidos

---
[7] LAMBERT.

sejam emitidos no fim do dia e recebidos no início do dia. Assim, se um pedido for emitido no fim do dia 5, será recebido no início do dia 9. Considere que no início do dia 1, o estoque em mãos era de 30 unidades. A demanda não atendida é perdida (modelo da Demanda Perdida)

Dia	Demanda (unid)	Dia	Demanda (unid)
1	6	14	0
2	8	15	2
3	5	16	4
4	4	17	7
5	5	18	3
6	6	19	5
7	1	20	9
8	1	21	3
9	3	22	6
10	8	23	1
11	8	24	9
12	6	25	1
13	7		

14. Resolver o exercício anterior, considerando o modelo com *Backlog*.

Estudo de Caso

A redução das reservas norte-americanas de petróleo continuou influenciando o mercado internacional da commodity.

O barril do óleo tipo Brent registrou uma valorização de 0,69%, vendido a US$ 30,80 na Bolsa Internacional de Petróleo de Londres (IPE). Na Bolsa de Mercadorias de Nova York (Nymex), o barril do óleo tipo WTI avançou 1,08% e foi negociado a US$ 33,71.

O Departamento de Energia dos Estados Unidos apontou em relatório a diminuição dos estoques em 5,1 milhões de barris, para 272,8 milhões, na semana encerrada no último dia 12. O mercado previa uma queda de, no máximo, 1 milhão de barris.

Fonte: EXMAN, F. Estoque menor nos EUA ainda impulsiona preço. *Gazeta Mercantil*, A7, 19 dez. 2003. Disponível em Banco de Notícias Investnews: <www.investnews.com.br>. Acessado em: 26 jan. 2004.

Questões para Discussão

1. Com base no texto, qual outra função o estoque de segurança pode ter na economia?
2. Isso seria aplicável ao comércio varejista? Por quê?

PARTE 4

Administração patrimonial e instalações

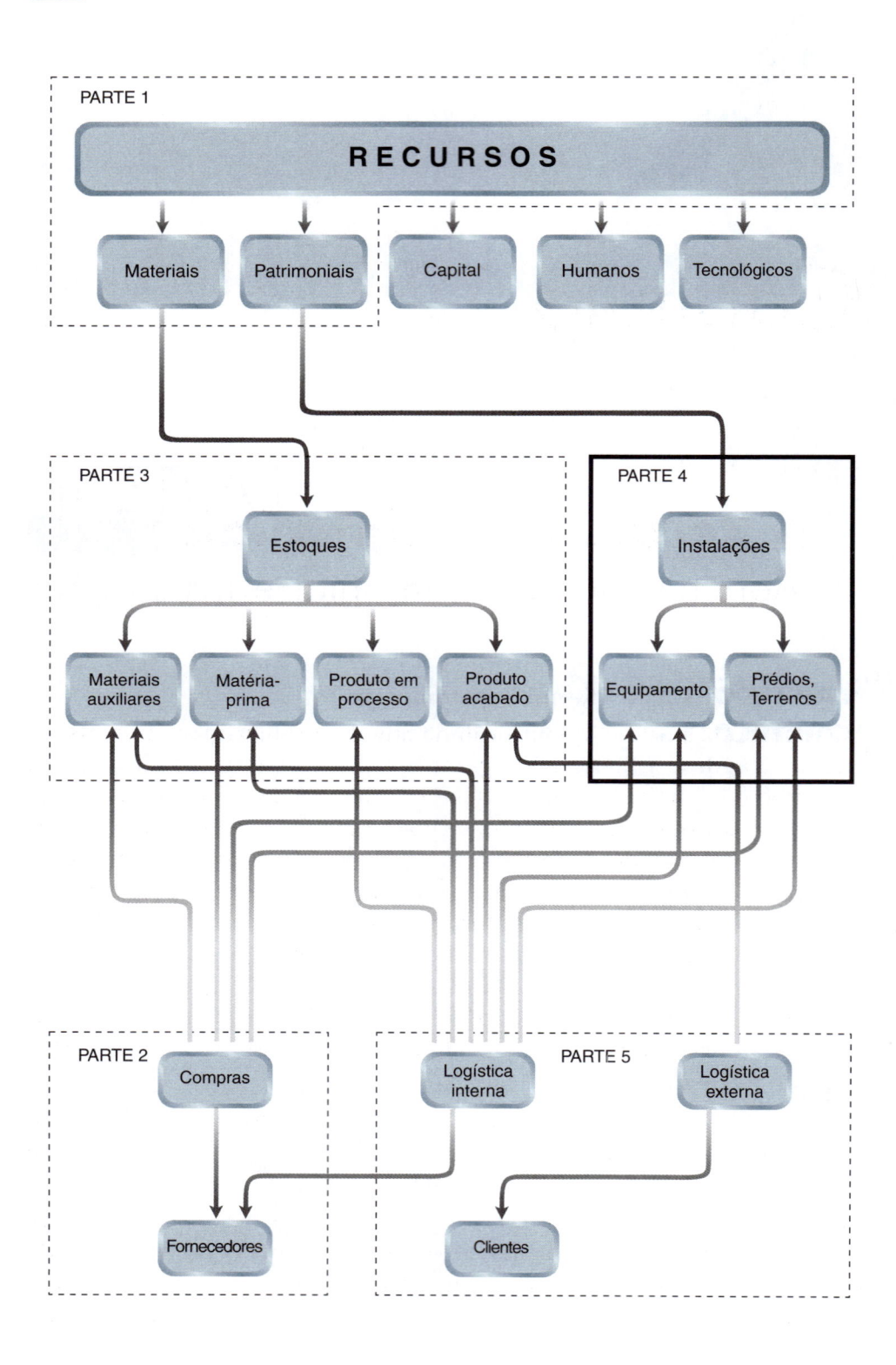

Capítulo 12

Recursos patrimoniais

12.1 Introdução

O foco desta parte é a análise dos recursos ou bens patrimoniais, as instalações, prédios, terrenos, equipamentos e veículos da empresa, e seu posicionamento na cadeia de suprimentos. Uma vez implantada uma instalação ou instalado um equipamento, é preciso administrá-lo da melhor forma possível, pois são fatores de produção e, portanto, devem contribuir para o resultado operacional da empresa. Assim, devemos formular duas perguntas: Eles estão sendo operados de forma econômica? Sua manutenção está sendo realizada de acordo com as melhores recomendações? Essas perguntas podem ser desdobradas em várias outras, como: Chegou a hora de o equipamento ser substituído por outro, isto é, ele já atingiu sua vida econômica? A manutenção preventiva está reduzindo os custos decorrentes de quebras e paradas de máquinas?

A metodologia para dar as respostas a essas e outras perguntas constitui o objetivo desta parte. A análise da vida econômica de um bem será estudada neste capítulo e a manutenção, no Capítulo 13.

Como foi enfatizado, a produção de bens e serviços é obtida por meio de instalações e pessoas. Esses dois fatores se desgastam com o uso, necessitando de manutenção sistemática para que continuem exercendo suas tarefas e cumprindo seus objetivos. A "manutenção" das pessoas é assunto muito mais complexo do que a de equipamentos e tem recebido atenção crescente dos administradores. Podemos afirmar que todos os programas de incentivo à criatividade, reciclagem, treinamento periódico, atividades em grupo, *workshops* e apoio psicológico são formas de manutenção das pessoas.

Quanto aos equipamentos, estamos na era da robotização. As maquinarias estão cada vez mais complexas, exigindo pessoal altamente especializado para administrar, por exemplo, sofisticados sistemas de processamento de informações. Até há pouco tempo, numa fábrica, como uma montadora de veículos, tínhamos em média 1 pessoa na manutenção para 5 a 7 nos trabalhos diretos. Há previsões de que essa relação chegue a 1 para 1, posicionando a manutenção de instalações como área vital para as empresas[1].

12.2 Classificação dos Bens

Recursos patrimoniais são instalações utilizadas nas operações do dia-a-dia da empresa, mas são adquiridos esporadicamente, como prédios, equipamentos e veículos.

Os bens patrimoniais surgem em nosso linguajar das mais variadas formas, dependendo da área de especialização de quem discorre sobre o assunto, sejam engenheiros, administradores, advogados, economistas ou contadores. Não é nosso objetivo tratar ou mesmo discutir as várias denominações. Iremos citá-las apenas para fornecer ao leitor uma idéia de sua grande diversidade[2].

De acordo com sua complexidade, prazos de fabricação ou construção, os bens patrimoniais são classificados em equipamentos ou então em prédios, terrenos e jazidas. *Equipamentos* são, por exemplo, máquinas operatrizes, caldeiras, reatores, pontes rolantes, ferramentas especiais, veículos, computadores e móveis. Já dentro da classificação de *prédios*, *terrenos* e *jazidas*, como o próprio nome diz, entram edifícios e instalações prediais em geral, terrenos e jazidas.

Os bens recebem várias denominações, muitas delas sinônimas entre si.

Quando são constituídos de matéria, os bens podem ser denominados *corpóreos*; quando possuem uma forma identificável, um corpo; *materiais*, quando possuem substância material, são palpáveis (como uma mesa ou um veículo);

---

[1] BLACK, J. T. *O projeto da fábrica com futuro*. Porto Alegre: Artes Médicas, 1998.

[2] Para mais detalhes, ver SANTOS, Gerson. *Administração patrimonial*. Florianópolis: Papa-Livro, 1997.

e *tangíveis*, quando possuem substância ou massa (como uma caneta ou uma folha de papel).

Em contrapartida, bens *incorpóreos* são os não-constituídos de matéria, que não possuem corpo ou forma identificável (como direitos de uso de marcas e fórmulas químicas); *imateriais*, os que não possuem matéria (como registros de jazidas e projetos de produtos). Bens *intangíveis* são os que não possuem substância ou massa (como patentes e direitos autorais).

Quanto a sua mobilidade, os bens são geralmente divididos em *móveis*, quando podem ser deslocados sem alteração em sua forma física (por exemplo, móveis e utensílios, máquinas, veículos); e *imóveis*, quando não podem ser deslocados sem perder sua forma física original (como prédios e pontes), ou simplesmente não podem ser locomovidos (como terrenos e jazidas).

Quanto a sua divisibilidade, os bens classificam-se em *divisíveis*, quando podem ser divididos sem que as partes percam sua característica inicial (como terrenos, fazendas e lotes de certas mercadorias); e *indivisíveis*, quando não têm possibilidade de divisão, constituindo uma unidade (como um automóvel).

Os bens também podem ser classificados quanto a sua fungibilidade, isto é, sua capacidade de serem fundidos, misturados uns aos outros, sem perder sua característica inicial. Os bens *fungíveis* podem ser substituídos por outro da mesma natureza (por exemplo, certas *commodities*, como trigo, algodão, arroz e ouro), e os *infungíveis* são insubstituíveis, únicos.

Quanto a sua disponibilidade, os bens podem ser *disponíveis*, quando usados de imediato, ou *indisponíveis*.

São também encontradas as seguintes denominações para bens: *numerários*, os bens sob forma de dinheiro ou títulos de liquidez imediata; *semoventes*, constituídos por animais domésticos, como bovinos, eqüinos e suínos; e *dominicais*, bens do poder público (praças, ruas, rios) e de domínio público.

Paralelamente a essas denominações, é usual encontrarmos nos compêndios de economia, finanças e contabilidade as expressões *bens de capital*, para os bens utilizados na geração de novos produtos ou serviços (como máquinas, equipamentos e instalações); *bens de consumo duráveis* para os que normalmente duram mais de um exercício fiscal ou um ano (como geladeiras, televisores e automóveis); e *bens de consumo não duráveis* para os que usualmente são consumidos em prazo inferior a um período fiscal.

12.3   Patrimônio da Empresa

Como vimos na Parte 1, o patrimônio da empresa é constituído pela diferença entre seu ativo e seu passivo. Assim, gerir o patrimônio é gerir seu ativo e seu passivo. A gestão dos passivos é objeto de outras disciplinas, como economia e finanças. Os ativos são divididos, na ordem crescente de sua liquidez, em imobilizados, realizável a longo prazo, realizável a curto prazo e disponível. Não constitui objeto deste livro a análise de tal classificação.

Os edifícios, instalações, equipamentos e veículos estão incluídos nos ativos imobilizados, ao passo que os estoques — de matérias-primas, produtos em processo e acabados — fazem parte do ativo realizável.

A gestão do ativo realizável, em nosso caso restrito aos materiais, refere-se à aquisição das matérias-primas que serão utilizadas no processo produtivo. A gestão dos materiais de estoques foi vista na Parte 3, e a armazenagem e a distribuição serão tratadas na Parte 5.

A gestão do ativo permanente ou imobilizado, em nosso caso restrito às instalações prediais e industriais, aos equipamentos e facilidades — termo muito usado na maioria das empresas industriais — foi adaptado do inglês "facilities" e refere-se, por exemplo, às instalações de ar comprimido, vapor, água gelada e água de combate a incêndios.

O detalhamento operacional da utilização dos equipamentos e da manutenção é tema mais afeito à engenharia de fábrica. Neste livro abordaremos os recursos patrimoniais da empresa, dividindo-os em instalações prediais e equipamentos.

12.4 Codificação

A gestão do ativo imobilizado é feita na maioria das empresas por uma unidade organizacional que recebe geralmente o nome de controle do ativo fixo ou imobilizado. Sua função é registrar, controlar e codificar os bens considerados imobilizados e, portanto, passíveis de depreciação. O controle é feito por meio de uma ficha individual, que pode ser um arquivo do sistema computadorizado onde se registram, entre outras coisas, a data de aquisição do bem, o código (colando-se chapas em bens móveis), o valor inicial, critério e prazo para a depreciação, depreciação do período e acumulada, centro de custo em que o bem encontra-se alocado, e espaço para registros de melhorias no bem, desde que altere seu valor contábil.

A exemplo da codificação de materiais vista na Parte 3, na codificação do bem imobilizado também existem vários critérios que podem ser utilizados, sendo os estruturados os mais indicados, por exemplo:

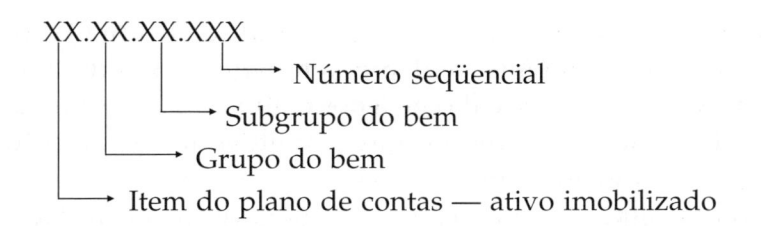

XX.XX.XX.XXX
       └──→ Número seqüencial
     └──→ Subgrupo do bem
   └──→ Grupo do bem
 └──→ Item do plano de contas — ativo imobilizado

Com o advento do microcomputador, hoje acessível a praticamente toda empresa, a chapa com o número do imobilizado traz um código de barras, que facilita a leitura e o controle do patrimônio imobilizado. Nas empresas públicas e órgãos da administração indireta existem normas e resoluções fixando critérios para a codificação de materiais[3].

12.5 Depreciação

A depreciação de um bem é a perda de seu valor, decorrente do uso, deterioração ou obsolescência tecnológica. A forma de calcular essa perda define o critério de depreciação do bem. Como o critério de avaliação e a vida do bem impactam no resultado operacional da empresa, ambos são regulados pela Receita Federal, por meio de instruções normativas, como mostrado a seguir na Tabela 12.1[4]:

TABELA 12.1
Vida Útil de Alguns Grupos de Bens

Espécie do bem	Vida útil (anos)	Taxa anual
Bibliotecas	10	10%
Britadores	5	20%
Caminhão fora de estrada	4	25%
Correias de transmissão	2	50%
Edifícios	25	4%
Escavadeiras	4	25%
Instalações elétricas	5	20%
Móveis e utensílios em geral	10	10%
Veículos em geral	5	20%

---

[3]   SANTOS, Gerson. *Administração patrimonial*. 2005 ed. Saraiva. p. 25-26.
[4]   Ibid.

O critério de depreciação utilizado e aceito pelos órgãos da Receita Federal é o linear, ou da linha reta, pelo qual se depreciam partes iguais durante toda a vida útil do bem. Outro critério é o da soma dos dígitos, muito freqüente nos exercícios acadêmicos. Há ainda critérios que permitem uma aceleração da depreciação no início da vida do bem.

As empresas poderão utilizar-se de cota de depreciação diferente da fixada, desde que comprovem sua adequação ao tempo e vida útil do bem, de acordo com a finalidade e condições de utilização, mediante laudo pericial de órgão competente.

Podem ser aprovados, mediante pedidos aos órgãos de incentivos à produção, critérios de depreciação acelerada, como para casos comprovados de grande desgaste do bem por operar em mais de um turno de 8 horas por dia. É uma forma de incentivo à implantação, renovação e modernização do parque industrial.

12.5.1 Depreciação Linear

Sendo t o período de referência; P o valor ou custo inicial do bem, VR o valor residual, e N a vida útil do bem, podemos calcular a depreciação pela seguinte expressão:

$$D_t = \frac{P - VR}{N}$$

Como vimos, a vida útil do bem é geralmente fixada em função de sua natureza, como na Tabela 12.1, em que os britadores duram em média 5 anos. O valor residual do bem é, normalmente, considerado zero. Assim, o percentual de depreciação por ano, no caso do britador, é de 20%.

Exemplo 12.1   Calcular a depreciação anual, a depreciação acumulada e o valor contábil de uma instalação elétrica que custou $ 680.000,00 e terá vida útil de 5 anos (conforme a Tabela 12.2). Seu valor residual é nulo. Não considerar os efeitos da correção monetária decorrentes do processo inflacionário.

$$P = \$ \ 680.000,00$$
$$VR = 0$$

$$D_t = \frac{P - VR}{N} = \frac{680.000 - 0}{5} = \$ \ 136.000/ano$$

O bem será depreciado em 1/5 de seu valor a cada ano, isto é, perderá $ 136.000,00 ao ano.

Com base no Exemplo 12.1, podemos construir a Tabela 12.2.

TABELA 12.2
Depreciação Acumulada e Valor Contábil

Ano	Depreciação anual (em reais)	Depreciação acumulada (em reais)	Valor contábil (em reais)
1	136.000	136.000	544.000
2	136.000	272.000	408.000
3	136.000	408.000	272.000
4	136.000	544.000	136.000
5	136.000	680.000	0

A Tabela 12.2 nos mostra que, por exemplo, ao final do 2º ano, a depreciação acumulada era de $ 272.000,00, e o valor contábil ou de livro era de $ 408.000,00. No final do 5º ano, o valor contábil do bem será nulo.

Nada impede que determinado bem possa ser vendido no mercado antes de completar sua vida útil. É uma situação bastante comum no caso de bens móveis, como veículos, ou de fácil locomoção, como máquinas (por exemplo, injetoras de plástico). No caso de instalações elétricas e hidráulicas, como a do Exemplo 12.1, a situação é mais rara, embora possível.

Se chamarmos de valor de mercado o valor efetivo da venda do bem no mercado, dificilmente esse valor será igual ao valor contábil. As boas técnicas contábeis explicam como proceder aos lançamentos nesses casos.

12.5.2 Depreciação pelo Método da Soma dos Dígitos

A depreciação pelo método da soma dos dígitos permite uma depreciação maior no início da vida do bem. Para calcularmos o valor da depreciação por esse método primeiro dividimos o número de períodos restantes a depreciar (igual a $N - t + 1$) pela soma dos dígitos ($N(N + 1)/2$). Depois, só precisamos multiplicar o resultado pela diferença entre o valor inicial (o preço P) e o valor residual. Lembrando-se de que t é o período de referência, a expressão encontrada é:

$$D_t = \frac{N - t + 1}{N(N + 1)} \times (\text{valor inicial} - \text{valor residual})$$

$$D_t = \frac{N_d}{S} \times (P - VR)$$

Exemplo 12.2 Calcular, pelo método da soma dos dígitos, a depreciação anual, a depreciação acumulada e o valor contábil de uma máquina com vida útil de 10 anos e que custou $ 80.000,00.

Solução $P = \$ 80.000,00$

$S = 1 + 2 + 3 + 4 + 5 + 6 + 7 + 8 + 9 + 10 = 55$

ou

$$S = \frac{N(N + 1)}{2} = \frac{10 \, (10 + 1)}{2} = \frac{110}{2} = 55$$

1º ano: $N_1 = N - t + 1 = 10 - 1 + 1 = 10$

Depreciação no 1º ano $= \dfrac{N_d}{S} \times (P - VR) = \dfrac{10}{55} \times$

$\times (80.000 - 0) = \dfrac{800.000}{55} = 14.545,45$

2º ano: $N_2 = N - t + 1 = 10 - 2 + 1 = 9$

Depreciação no 2º ano $= \dfrac{9}{55} \times (80.000 - 0) =$

$= 13.090,91$

3º ano: $N_3 = N - t + 1 = 10 - 3 + 1 = 8$

Depreciação no 3º ano $= \dfrac{8}{55} \times (80.000 - 0) =$

$= 11.636,36$

$\vdots$

10º ano: $N_{10} = N - t + 1 = 10 - 10 + 1 = 1$

Depreciação no 10º ano $= \dfrac{1}{55} \times (80.000 - 0) = 1.454,55$

Agora, podemos construir a tabela 12.3:

TABELA 12.3

Valor do bem = 80.000				
Vida útil = 10 anos				
Soma dos dígitos = 55				
Ano	Fator	Depreciação	Depreciação acumulada	Valor contábil
1	10/55	14.545,45	14.545,45	65.454,55
2	9/55	13.090,91	27.636,36	52.363,64
3	8/55	11.636,36	39.272,73	40.727,27
4	7/55	10.181,82	49.454,55	30.545,45
5	6/55	8.727,27	58.181,82	21.818,18
6	5/55	7.272,73	65.454,55	14.545,45
7	4/55	5.818,18	71.272,73	8.727,27
8	3/55	4.363,64	75.636,36	4.363,64
9	2/55	2.909,09	78.545,45	1.454,55
10	1/55	1.454,55	80.000,00	0,00

12.6 Vida Econômica de um Bem

A vida econômica de um bem é o período de tempo (geralmente em anos) em que o custo anual equivalente de possuir e de operar o bem é mínimo[5]. Os bens, como equipamentos e instalações, se desgastam com o uso, necessitando cada vez mais de manutenção. Assim, é de esperar que os custos operacionais aumentem com o passar do tempo. Paralelamente, seu valor de venda ou de mercado vai diminuindo. A partir de um determinado instante não é mais interessante manter o bem, é quando ele atingiu a sua vida econômica[6].

Vida útil de um bem é o período de tempo em que o bem consegue exercer as funções que dele se espera. A vida útil depende de como o bem é utilizado e mantido.

---

[5] DEGARMO, E. Paul et al. *Engineering economy*. 10. rd. ed. Upper Sadle River: Prentice Hall, 1997.

[6] TORRES, Oswaldo F. F. Substituição de equipamento. In *Gestão de operações*. São Paulo: Edgard Blücher, 1997.

Exemplo 12.3 Uma máquina pode ser comprada por $ 5.000,00, mas, por causa de seu projeto especial, tem valor de mercado nulo a qualquer época que venha a ser vendida. Seus custos operacionais são de $ 300,00 no primeiro ano e aumentam $ 200,00 a cada ano. Determinar a vida econômica da máquina.

a) considerando um custo do capital (taxa de juros) desprezível;

b) considerando o custo do capital a 15% ao ano.

Solução a) Consideraremos um horizonte de 10 anos, fixado arbitrariamente, pois de antemão não sabemos quando o custo anual equivalente (CAE) será mínimo.

TABELA 12.4

Valor inicial = 5.000 (valor do bem no instante 0, no momento de sua compra)

Taxa = 0 (taxa de juros correntes)

1	Ano	1	2	3	4	5	6	7	8	9	10
2	$(1 + i)^n$	1	1,000	1,000	1,000	1,000	1,000	1,000	1,000	1,000	1,000
3	Valor residual	0	0	0	0	0	0	0	0	0	0
4	VP do valor residual	0	0	0	0	0	0	0	0	0	0
5	Custo operacional	300	500	700	900	1.100	1.300	1.500	1.700	1.900	2.100
6	VP custo operacional	300	500	700	900	1.100	1.300	1.500	1.700	1.900	2.100
7	VP custo operacional acumulado	300	800	1.500	2.400	3.500	4.800	6.300	8.000	9.900	12.000
8	Custo da posse do bem	5.000	5.000	5.000	5.000	5.000	5.000	5.000	5.000	5.000	5.000
9	Linha 7 + Linha 8	5.300	5.800	6.500	7.400	8.500	9.800	11.300	13.000	14.900	17.000
10	CAE	5.300	2.900	2.167	1.850	1.700	1.633	1.614	1.625	1.656	1.700

Essa tabela pode ser usada na solução de vários problemas de cálculo de vida econômica de bens. Vejamos, então, linha a linha, o que cada conceito quer dizer:

Linha 1: Horizonte de estudo ou, em muitos casos, a vida útil do bem.

Linha 2: n é o ano a que se refere o cálculo, e i é a taxa de juros correntes, a ser utilizada no cálculo do valor presente (VP).

Linha 3: Valor de mercado do bem no fim do enésimo período.

Linha 4: Valor presente (no instante 0) do valor de mercado do bem.

Linha 5: Custo operacional corrente incorrido no período n.

Linha 6: Valor presente (no instante 0) do custo operacional corrente.

Linha 7: Valor presente do custo operacional corrente, acumulado até o enésimo período.

Linha 8: Custo de possuir o bem = valor de compra (instante 0) menos o valor presente (instante 0) do valor de mercado do bem (linha 4).

Linha 9: Valor presente dos custos de possuir o bem mais os custos operacionais, para cada um dos n períodos.

Linha 10: Custo anual equivalente (CAE)[7] para cada um dos n períodos, calculados a uma taxa dada.

Precisamos agora de alguns conceitos de matemática financeira, como valor presente de um pagamento futuro, para verificar que o CAE é mínimo no 7º ano, quando assume o valor de $ 1.614 (suprimiram-se os centavos, pois os erros implícitos nas estimativas dos custos operacionais são mais significativos). Assim, por definição, a vida econômica do bem é de 7 anos.

b) Utilizaremos a mesma planilha do item a, só que considerando a taxa de 0,15 (15%). Os resultados estão na Tabela 12.5.

TABELA 12.5
Cálculo do Custo Anual Equivalente

						Valor inicial = 55.000					
						Taxa = 0,15					
1	Ano	1	2	3	4	5	6	7	8	9	10
2	$(1 + i)^n$	1,15	1,323	1,521	1,749	2,011	2,313	2,660	3,059	3,518	4,046
3	Valor residual	0	0	0	0	0	0	0	0	0	0
4	VP do valor residual	0	0	0	0	0	0	0	0	0	0
5	Custo operacional	300	500	700	900	1.100	1.300	1.500	1.700	1.900	2.100
6	VP custo operacional	261	378	460	515	547	562	564	556	540	519
7	VP custo operacional acumulado	261	639	1.099	1.614	2.161	2.723	3.287	3.842	4.382	4.902
8	Custo da posse do bem	5.000	5.000	5.000	5.000	5.000	5.000	5.000	5.000	5.000	5.000
9	Linha 7 + Linha 8	5.261	5.639	6.099	6.614	7.161	7.723	8.287	8.842	9.382	9.902
10	CAE	6.050	3.469	2.671	2.317	2.136	2.041	1.992	1.971	1.966	1.973

---

[7] Custo Anual Equivalente — é de uso corrente em matemática financeira.

A vida econômica do bem passa para 9 anos (valor onde o CAE é mínimo, no ano 10 ele já é maior).

A solução do exercício com a utilização da calculadora HP-12C é apresentada a seguir:

Como não sabemos de antemão quando o bem atingirá a sua vida econômica, deveremos supor quanto ao número de anos que será utilizado até atingi-la (se é que atinge no intervalo considerado). Assim, inicialmente, suporemos utilizá-lo por somente um ano e, em seguida, calcularemos o seu custo anual equivalente. É altamente recomendável que se desenhe o fluxo de caixa correspondente, que é:

Na hipótese de utilizarmos o equipamento por um ano, teremos:

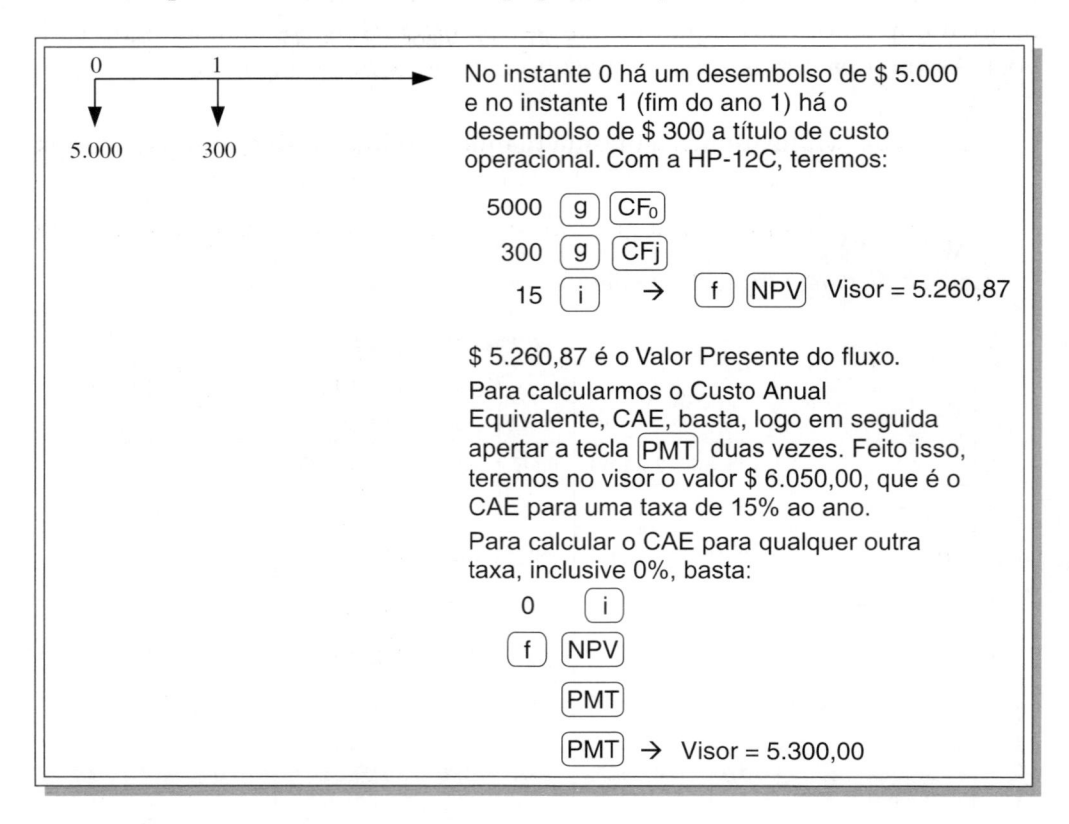

Na hipótese de utilizarmos o equipamento por 2 anos, teremos:

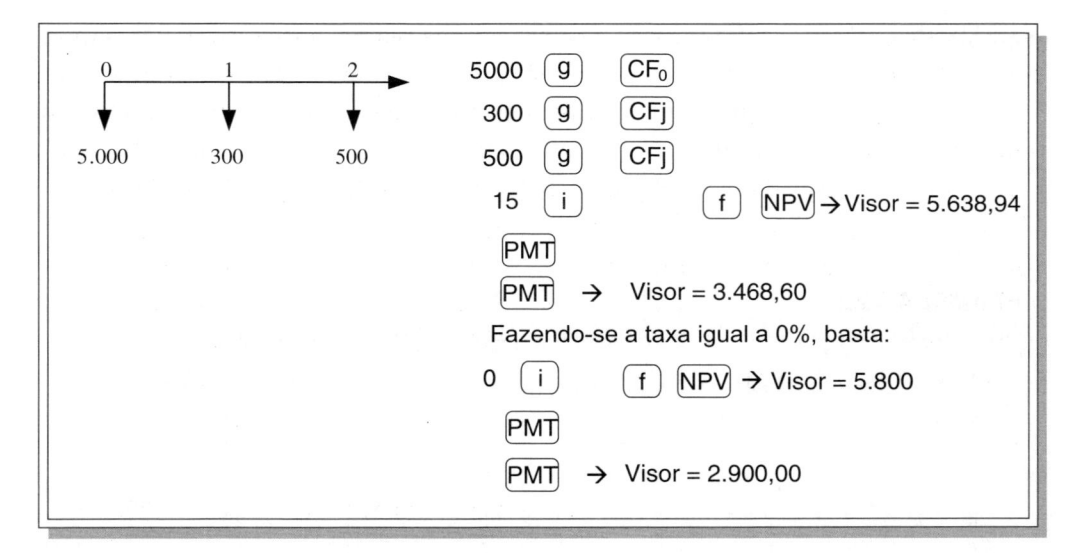

E assim o processo se repete, com os devidos ajustes no fluxo, para 3, 4, 5 até 10 anos.

A título de ilustração, imaginemos a utilização do equipamento por sete anos.

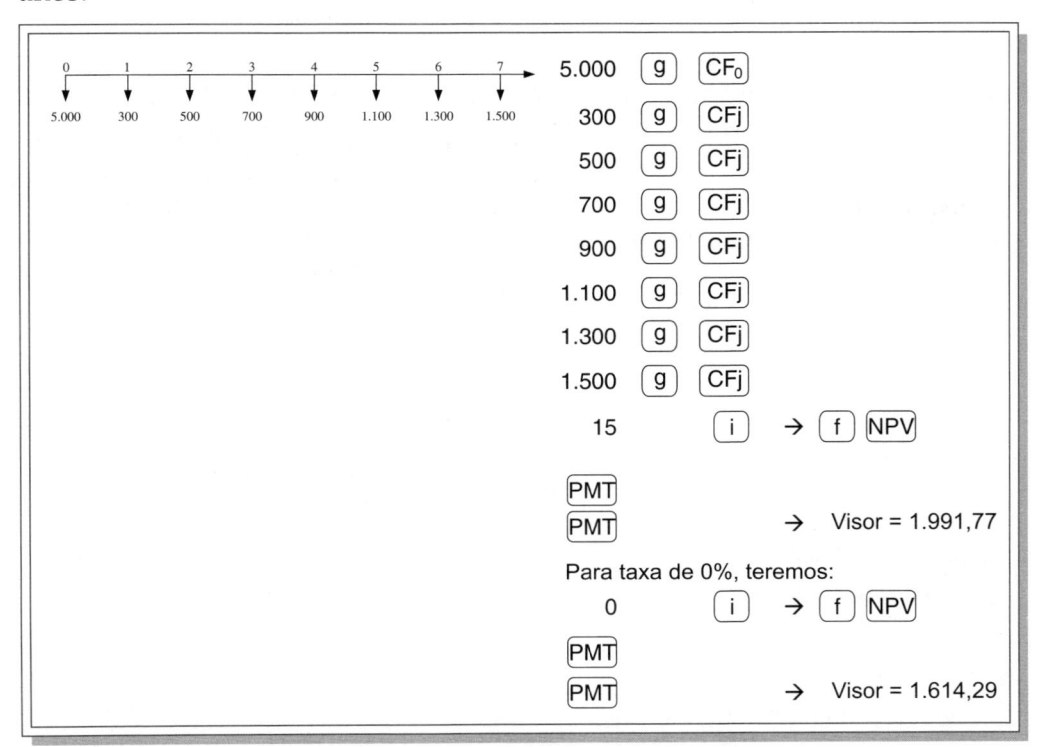

Exemplo 12.4   Um equipamento pode ser comprado por $ 40.000. Presuma que ele tenha uma vida útil de 10 anos. A experiência com equipamentos similares permite avaliar os custos operacionais e de manutenção, como também seu valor de mercado, conforme a Tabela 12.6. Calcular sua vida econômica para uma taxa de 10% ao ano.

TABELA 12.6
Custo Operacional, de Manutenção e Valor de Mercado do Bem

Ano	Custo operacional	Custo de manutenção	Valor de mercado
1	1.500	2.000	25.000
2	1.600	2.000	25.000
3	1.700	2.000	22.000
4	1.800	2.000	20.000
5	1.900	2.000	15.000
6	2.000	2.100	10.000
7	2.100	2.700	5.000
8	2.200	3.300	0
9	2.300	3.900	0
10	2.400	4.500	0

Solução   Utilizando a mesma matriz do Exemplo 12.3 e considerando a manutenção como custo operacional, teremos a Tabela 12.7.

TABELA 12.7
Cálculo do Custo Anual Equivalente

	Valor inicial = 40.000										
	Taxa = 0,1										
1	Ano	1	2	3	4	5	6	7	8	9	10
2	$(1 + i)^n$	1,1	1,210	1,331	1,464	1,611	1,772	1,949	2,144	2,358	2,594
3	Valor residual	25.000	25.000	22.000	20.000	15.000	10.000	5.000	0	0	0
4	VP do valor residual	22.727	20.661	16.529	13.660	9.314	5.645	2.566	0	0	0
5	Custo operacional	3.500	3.600	3.700	3.800	3.900	4.100	4.800	5.500	6.200	6.900
6	VP custo operacional	3.182	2.975	2.780	2.595	2.422	2.314	2.463	2.566	2.629	2.660
7	VP custo operacional acumulado	3.182	6.157	8.937	11.532	13.954	16.268	18.731	21.297	23.927	26.587
8	Custo da posse do bem	17.273	19.339	23.471	26.340	30.686	34.355	37.434	40.000	40.000	40.000
9	Linha 7 + Linha 8	20.455	25.496	32.408	37.872	44.640	50.624	56.166	61.297	63.927	66.587
10	CAE	22.500	14.690	13.032	11.948	11.776	11.624	11.537	11.490	11.100	10.837

A título de elucidação, vamos resolver com a HP-12C a hipótese de utilização do equipamento por 3 e por 7 anos.

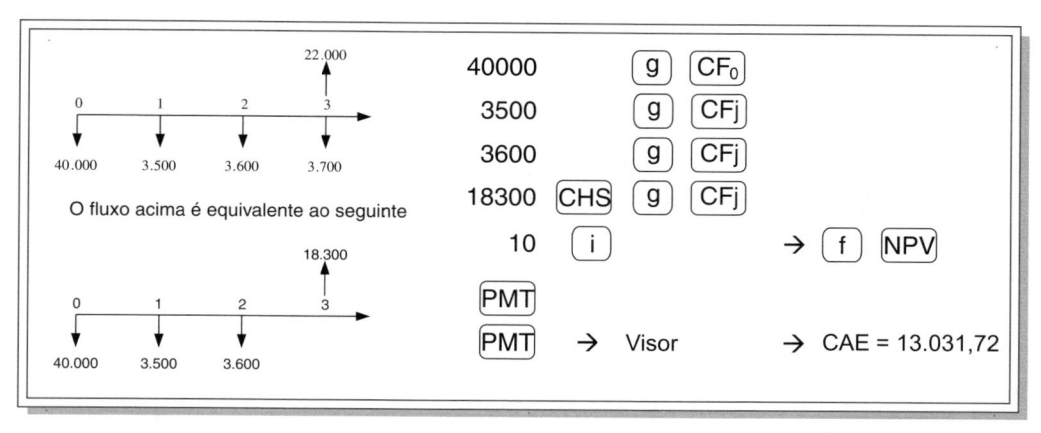

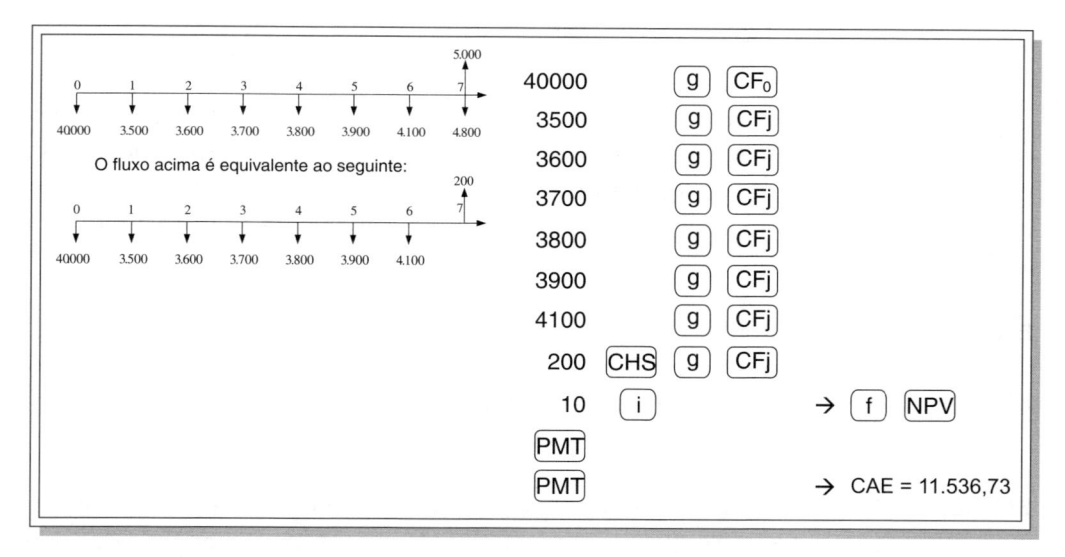

Exercícios como os vistos até agora podem ser resolvidos pela matriz em Excel, conforme figura a seguir.

No site do livro, está disponibilizada o modelo de matriz que pode ser utilizada em um horizonte de até 10 anos.

B	C	D	E	F	G	H	I	J	K	L	M
MATRIZ - VIDA ECONOMICA											
		TAXA =	10%		Custo Inic	40000					
ANO	0	1	2	3	4	5	6	7	8	9	10
$(1+1)^n$		1,1000	1,2100	1,3310	1,4641	1,6105	1,7716	1,9487	2,1436	2,3579	2,5937
Valor Residual		25000	25000	22000	20000	15000	10000	5000	0	0	0
Custo Operacional		3500	3600	3700	3800	3900	4100	4800	5500	6200	6900
VP Val Residual		22727	20661	16529	13660	9314	5645	2566	0	0	0
VP Custo Operacional		3182	2975	2780	2595	2422	2314	2463	2566	2629	2660
VP Custo Oper Acumulado		3182	6157	8937	11532	13954	16268	18731	21297	23927	26587
Valor Presente Líquido (VPL)		20455	25496	32408	37872	44640	50624	56166	61297	63927	66587
Custo Anual Equivalente (CAE)		22.500	14.690	13.032	11.948	11.776	11.624	11.537	11.490	11.100	10.837
Custo mínimo =		10.837									

Como durante os 10 anos o CAE decresce, não é possível dizer qual a vida econômica do bem. A empresa deve utilizar o equipamento durante toda a sua vida útil, ou seja, 10 anos. (Caso pudéssemos avaliar o CAE para o 11º ano e este fosse superior a $ 10.837, então poderíamos dizer que a vida econômica do bem é de 10 anos.)

Exemplo 12.5 Suponha que a empresa do Exemplo 12.4 já possua o equipamento há 5 anos. Deseja-se saber se é vantajoso ou não para ela trocar o equipamento nos próximos 5 anos, isto é, antes que complete sua vida útil.

Solução No fim do ano 5 ou no início do ano 6, o valor inicial do bem é seu valor de mercado, ou seja, $ 15.000. As despesas operacionais e o valor de mercado são apresentados na Tabela 12.8.

TABELA 12.8		
Ano	**Custo operacional**	**Valor de mercado**
1 → 6	4.100	10.000
2 → 7	4.800	5.000
3 → 8	5.500	0
4 → 9	6.200	0
5 → 10	6.900	0

A matriz resultante é mostrada na Tabela 12.9.

TABELA 12.9

1	Ano	1	2	3	4	5
		Valor inicial = 15.000				
		Taxa = 0,1				
2	$(1 + i)^n$	1,1	1,210	1,331	1,464	1,611
3	Valor residual	10.000	5.000	0	0	0
4	VP do valor residual	9.091	4.132	0	0	0
5	Custo operacional	4.100	4.800	5.500	6.200	6.900
6	VP custo operacional	3.727	3.967	4.132	4.235	4.284
7	VP custo operacional acumulado	3.727	7.694	11.826	16.061	20.345
8	Custo da posse do bem	5.909	10.868	15.000	15.000	15.000
9	Linha 7 + Linha 8	9.636	18.562	26.826	31.061	35.345
10	CAE	10.600	10.695	10.787	9.799	9.324

Mais uma vez concluímos que a empresa deve utilizar o equipamento por mais 5 anos, pois nele o custo anual equivalente é mínimo[8].

12.7   Substituição de Equipamentos

A substituição de equipamentos atualmente em uso por outro mais eficiente é uma forma de a empresa ganhar vantagem competitiva em face de seus concorrentes, pois a substituição só terá sentido se for acompanhada de uma redução de custos. Os casos em que a redução de custos não é o objetivo principal são esporádicos e ocorrem, quase sempre, em decorrência de imposições legais e ambientais.

Dessa forma, o estudo da substituição de equipamentos constitui a análise comparativa de custos, em um horizonte predeterminado, entre o equipamento atualmente em uso, denominado defensor ou defendente, e um novo equipamento, chamado de desafiante.

As bases para a análise são fornecidas pela matemática financeira, como cálculos de valor presente e custo anual equivalente.

Exemplo 12.6   O açougue Boa Carne usa atualmente um balcão frigorífico que comprou há 4 anos por $ 2.800,00. Hoje o balcão pode

---

[8]   Os exemplos 12.4 e 12.5 foram adaptados de BLANK e TARQUIN, *Engineering economy*. New York: McGraw-Hill, 1983.

ser vendido por $ 1.800,00, tem valor contábil de $ 1.000,00 e expectativa de vida por mais 8 anos, quando poderá ser vendido por $ 100,00. Os custos anuais de manutenção e reparos no balcão em uso são estimados em $ 15,00. Em virtude da queda nas vendas, o proprietário está estudando a substituição por um balcão menor, com vida útil de 10 anos, que novo custa $ 1.300,00, com valor residual de $ 150,00. Os custos anuais de manutenção e reparos no novo balcão são estimados em $ 5,00. A remoção do velho e a instalação do novo balcão custam $ 150,00. Considerando o custo do capital a 15% ao ano, é vantajosa a substituição?

Sobre o balcão atualmente em uso, o defendente, os fatos relevantes são: hoje ele vale $ 1.800,00 (se o proprietário fosse "comprá-lo", deveria desembolsar esse valor), e terá vida útil de 8 anos, quando poderá ser vendido por $ 100. Sabe-se também que seus custos anuais de manutenção e reparos são de $ 15,00.

Os fatos relevantes do desafiante são: preço de $ 1.300,00, com vida útil de 10 anos, quando terá valor residual de $ 150,00 e custo anual de reparos de $ 5,00. A remoção do defendente e a instalação do desafiante custarão $ 150,00. Assim, caso o proprietário opte pela substituição, deverá desembolsar $ 1.450,00 = (1.300 + 150).

Solução   O CAE da opção de manter o balcão (defensor) é:

$$CAE_{defensor} = 1.800 \times (A/P, 15\%, 8)^9 - 100 \times (A/F, 15\%, 8) + 15$$

$$CAE_{defensor} = 1.800 \times 0,2229 - 100 \times 0,0729 + 15$$

$$CAE_{defensor} = 401,22 - 7,29 + 15 = \$ 408,93/ano$$

---

[9] Há algum tempo atrás, quando as calculadoras financeiras ou não existiam ou não eram difundidas, necessitavam-se das tabelas financeiras, comuns em todos os compêndios sobre o assunto. Tais tabelas, com raras exceções, usam as seguintes notações:

(A/P, i%, n), onde: A é a anuidade (ou prestação em períodos consecutivos), P o valor presente de um ou de uma série de pagamentos, i é a taxa de juros referida à mesma unidade de tempo do período n. Assim, (A/P, i%, n) significa: encontrar o valor da anuidade A, dado P, a uma taxa i% em período n. (A/F, i%, n), encontrar A, dado F, onde F é o valor futuro. (P/A, i%, n), encontrar P dado A. (F/A, i%, n), encontrar F dado A e assim sucessivamente.

As calculadoras financeiras fornecem diretamente tais coeficientes. Assim, para encontrarmos (A/P,

15%, 8) procedemos da seguinte forma:

1 CHS PV
15 i
8 n → PMT = 0,229

O CAE desafiante será:

$$\text{CAE}_{\text{desafiante}} = 1.450 \times (A/P, 15\%, 10) - 150 \times (A/F, 15\%, 10) + 5$$
$$\text{CAE}_{\text{desafiante}} = 1.450 \times 0,1993 - 150 \times 0,0493 + 5$$
$$\text{CAE}_{\text{desafiante}} = 288,99 - 7,40 + 5 = \$\ 286,60/\text{ano}$$

É vantajoso substituir o balcão.

Exemplo 12.7   Uma máquina A, comprada há 2 anos, está se desgastando mais rapidamente do que o esperado. Tem uma vida útil de mais 2 anos, custo operacional de \$ 3.000/ano e nenhum valor residual. Para dar continuidade a sua função na empresa, uma máquina B pode ser comprada por \$ 25.000, aceitando-se a máquina A, à base de troca, por \$ 9.000. A máquina B terá vida útil de 12 anos, custos anuais operacionais de \$ 4.000 e valor residual de \$ 1.000. Outra alternativa é comprar a máquina C, em que não se aceita a A à base de troca, que custa \$ 38.000, e terá vida útil de 20 anos, custos anuais operacionais de \$ 2.500 e valor residual de \$ 1.000. A máquina A pode ser vendida no mercado por \$ 7.000. Considerando uma taxa de 8% ao ano, deve-se ficar com a máquina A, trocar por B ou comprar C[10]?

Nesse caso temos dois desafiantes. Consideremos inicialmente o desafiante B.

Os fatos relevantes para o defendente A são: preço de \$ 9.000 (observar que o preço de A depende da opção escolhida), vida útil de 2 anos, custos operacionais de \$ 3.000/ano e nenhum valor residual. O custo anual equivalente do defendente A é:

$$\text{CAE}_{\text{defendente}} = 9.000 \times (A/P, 8\%, 2) + 3.000$$
$$\text{CAE}_{\text{defendente}} = 9.000 \times 0,5608 + 3.000$$
$$\text{CAE}_{\text{defendente}} = 5.047,20 + 3.000 \rightarrow \text{CAE}_{\text{defendente}} = 8.047,20$$

Os fatos relevantes para o desafiante B são: preço de 25.000, vida útil de 12 anos, custos operacionais de \$ 4.000/ano e valor residual de \$ 1.000. O custo anual equivalente do desafiante B é:

---

[10]   Adaptado de BLANK e TARQUIN, op. cit.

$$\text{CAE}_{\text{desafiante}} = 25.000 \times (A / P, 8\%, 12) - 1.000 \times (A/F, 8\%, 12) + 4.000$$

$$\text{CAE}_{\text{desafiante}} = 25.000 \times 0,1327 - 1.000 \times 0,0527 + 4.000$$

$$\text{CAE}_{\text{desafiante}} = 3.317,50 - 52,70 + 4.000 = \$ 7.264,80/\text{ano}$$

A opção B é melhor que a A.

Comparando-se a opção do desafiante C, teremos:

Os fatos relevantes para o defendente A são: preço de $ 7.000, vida útil de 2 anos, custos operacionais de $ 3.000/ano e nenhum valor residual. O custo anual equivalente de A será:

$$\text{CAE}_{\text{defendente}} = 7.000 \times (A/P, 8\%, 2) + 3.000$$

$$\text{CAE}_{\text{defendente}} = 7.000 \times 0,5608 + 3.000$$

$$\text{CAE}_{\text{defendente}} = 3.925,38 + 3.000 \rightarrow \text{CAE}_{\text{defendente}} = \$ 6.925/\text{ano}$$

Os fatos relevantes para o desafiante C são: preço de $ 38.000, vida útil de 20 anos, custos operacionais de $ 2.500/ano e valor residual de $ 1.000. O custo anual equivalente de C será:

$$\text{CAE}_{\text{desafiante}} = 38.000 \times (A/P, 8\%, 20) - 1.000 \times (A/F, 8\%, 20) + 2.500$$

$$\text{CAE}_{\text{desafiante}} = 38.000 \times 0,1019 - 1.000 \times 0,0219 + 2.500$$

$$\text{CAE}_{\text{desafiante}} = 3.872,20 - 21,90 + 2.500 = \$ 6.350,30$$

A opção pelo desafiante C tem o menor custo anual equivalente. Deve ser a escolhida.

12.8 Softwares de Gestão de Ativos

Aquisição e alienação de ativos imobilizados, como veículos, equipamentos, móveis e utensílios, são bastante freqüentes. Como todos esses bens são depreciáveis, com datas de aquisição e cotas de depreciação diferentes e, em decorrência da inflação, sofrem correção monetária[11]. É fácil perceber que sem o auxílio do computador torna-se extremamente difícil, senão impossível, o registro e o controle de todo esse movimento, o que se reflete diretamente nos lançamentos contábeis e nos resultados operacionais das empresas.

---

[11] A decisão de efetuar a correção monetária de bens é regulamentada pela Receita Federal, por meio de instruções específicas.

A maioria das empresas e escritórios de contabilidade tem um software para a gestão dos ativos imobilizados. Todos esses programas têm por objetivo básico fornecer a qualquer instante o valor residual contábil do bem, a depreciação do período e a depreciação acumulada, numa moeda fixa, tomada como referência. Eles podem apresentar informações como data da emissão, nome e código da empresa cliente, taxa de depreciação (do grupo de bens a que se refere), número, descrição e data de aquisição do item, saldos iniciais (valor em reais, índice e número de unidades monetárias de referência), movimentações (acréscimos e decréscimos), saldos atuais (índice e valor corrigido) e depreciação (número de unidades monetárias de referência, índice e valor da despesa).

12.9 Indicadores de Desempenho da Gestão do Ativo Imobilizado

Alguns indicadores de desempenho da gestão do ativo imobilizado são bastante conhecidos e usados no dia-a-dia das empresas, a exemplo do retorno sobre o imobilizado, calculado pela relação entre o lucro líquido do exercício e o valor do ativo imobilizado. Como os ativos imobilizados constituem a maior parte dos ativos totais, o monitoramento desse indicador fornece ao administrador informações relevantes para a substituição, alienação, locação e *lease-back* (veja o Capítulo 4, Seção 4.4.4) de instalações.

Outros indicadores podem ser estabelecidos de acordo com as necessidades específicas de cada empresa, por exemplo, aquela que avalia o "grau de envelhecimento" das instalações fabris. Um indicador dessa natureza pode ser avaliado da seguinte forma:

$$I = \frac{\text{(Preço de compra do ativo)} - \text{(Depreciação acumulada)}}{\text{(Preço de compra do ativo)}}$$

O indicador dado pela relação entre ativos imobilizados e por ativos totais também pode ser usado, principalmente, em instituições financeiras.

Esse tópico merece atenção especial nos cursos de Administração Financeira e é minuciosamente explorado nos compêndios especializados[12].

---

[12] GROPPELLI A. A.; NIKBAKHT, Ehsan. *Administração financeira*. São Paulo: Saraiva, 1998.

Conclusão

A aquisição e a disposição de bens do ativo imobilizado podem trazer à empresa uma vantagem competitiva em relação a seus competidores. É freqüente lermos nos jornais que uma determinada empresa necessita "desmobilizar-se" para acertar sua situação financeira com credores. Utilizar os ativos imobilizados, como equipamentos e instalações, como geradores de receitas é função primordial do administrador. Deve haver um equilíbrio entre imobilizações e receitas, sob pena de a empresa ir à falência tendo excelentes e valiosos prédios e terrenos.

Assim, deve ser dada atenção constante quanto à oportunidade de trocar, alugar e vender ativos imobilizados. Tornar a empresa "mais leve" é essencial para seu sucesso financeiro e econômico.

Termos-Chave

bem corpóreo depreciação linear
bem de capital
bem de consumo não durável
bem defensor ou defendente
bem desafiante
bem intangível
bem semovente
controle do ativo fixo

correção monetária do ativo
depreciação linear
depreciação pelo método da soma dos dígitos
patrimônio da empresa
recursos patrimoniais
retorno sobre o imobilizado
vida econômica de um bem
vida útil de um bem

Questões para Discussão

1. O que são bens fungíveis? E infungíveis? Dê exemplos.
2. O que são bens de consumo durável? E de consumo não durável? Dê exemplos.
3. Que vantagens você vê na padronização de sistemas de codificação de bens patrimoniais? Por que você acha que na administração pública essa codificação é regida por legislação própria?
4. Como a aceleração da depreciação pode ajudar uma empresa na fase inicial de implantação? Por que a aceleração da depreciação pode ser um incentivo para os projetos de interesse social?
5. Além do desgaste decorrente do uso, o que mais pode justificar a depreciação de um bem?

6.   Qual a diferença entre a vida útil e a vida econômica de um bem?

7.   Por que é importante saber a vida econômica de um bem? Que vantagens a empresa pode extrair desse conhecimento?

8.   Quem é o desafiante em um estudo de substituição de equipamentos? E o defendente?

9.   Para que servem os *softwares* de gestão de ativos?

Exercícios Propostos

1.   Um equipamento tem seu custo inicial fixado em $ 8.000 e custos operacionais e valor de mercado conforme a tabela a seguir. Determinar sua vida econômica supondo uma taxa de 8% ao ano.

Ano	Custo Operacional	Valor de Mercado
1	3.000	4.700
2	3.000	3.200
3	3.500	2.200
4	4.000	1.450
5	4.500	950
6	5.520	600
7	6.250	300
8	7.750	0

2.   Um equipamento com vida útil estimada em 6 anos pode ser comprado por $ 5.000. Os valores de revenda do equipamento, assim como seus custos operacionais durante sua vida, são dados na tabela a seguir.

Ano	Custo Operacional	Valor de Mercado
1	1.500	3.000
2	1.600	2.300
3	1.900	1.700
4	2.300	1.300
5	2.800	1.100
6	3.400	900

Determinar a vida econômica do equipamento, considerando:

a) custo do capital desprezível;

b) custo do capital a 25% ao ano.

3. Um equipamento tem vida útil de 7 anos e preço de venda de $ 8.000. Os custos operacionais e valores de mercado do equipamento são dados a seguir[13]:

Ano	Custo Operacional	Valor de Mercado
1	3.500	6.000
2	3.800	5.000
3	4.200	4.300
4	4.600	3.900
5	5.100	3.500
6	5.800	3.200
7	6.700	3.000

Determine a vida econômica do bem, considerando:

a) custo do capital negligível;

b) custo do capital a 15% ao ano.

4. Um caminhão com custo inicial de $ 8.000 tem a seguinte tabela de custos operacionais e de manutenção:

Ano	Custo Operacional	Valor de Mercado
1	1.800	2.800
2	2.100	2.000
3	2.500	1.400
4	2.900	500
5	3.400	400
6	4.000	400

Considerando o custo do capital de 15% ao ano, determinar por quantos anos deve o caminhão ser mantido em serviço. Agora assuma que a empresa já possua o

---

[13] RIGGS, James L. *Engineering economics*. New York: McGraw-Hill, 1982.

caminhão por 2 anos e que ele será necessário por somente mais 6 anos. Quando deve ser comprado um outro caminhão, com os mesmos históricos de custos, a fim de minimizar os custos durante esses 6 anos?

5. Um equipamento novo é comprado por $15.000,00. Os seus custos operacionais e valor de revenda são dados a seguir:

Ano	Custo Operacional ($/ano)	Valor de Mercado ($)	CAE ($/ano) i = 5% a.a.	CAE ($/ano) i = 20% a.a.
1	1.500	11.000		
2	1.700	9.000		
3	1.900	7.000		
4	2.200	5.500		
5	2.500	4.000		
6	2.900	3.000		

Completar as duas colunas do CAE na tabela acima.

6. A empresa ABC, que efetua entregas de encomendas, está analisando a possibilidade de estabelecer uma metodologia para substituição de sua frota de caminhões de pequeno porte. O preço de um caminhão novo é de $ 45.000,00 e a empresa estima o seguinte quadro de despesas de manutenção da frota, como também do valor de revenda no mercado, em função do número de anos de uso.

Anos de Uso	Custo de Manutenção ($)	Valor de Mercado ($)
1	3.500	40.500
2	3.800	36.500
3	4.200	32.800
4	4.600	29.500
5	5.100	26.500
6	5.800	23.900
7	6.700	21.500
8	7.500	19.400

Completar a seguinte tabela:

Anos de Uso	i = 5% a. a. CAE*	i = 8% a. a. CAE*
1		
2		
3		
4		
5		
6		
7		
8		

Elaborar os fluxos de caixa para cada uma das hipóteses de uso:

a) Para a taxa de 5% ao ano, o bem atinge a sua vida econômica no período considerado? Se sim, em que ano?

b) Para a taxa de 8% ao ano, o bem atinge a sua vida econômica no período considerado? Se sim, em que ano?

7. Uma empresa utiliza-se de um equipamento de alta tecnologia e, como tal, sujeito a rápida obsolescência. Esse equipamento tem alto custo anual de manutenção e pode ser substituído por uma de duas versões, de fornecedores diferentes, atualmente disponíveis. A versão A pode ser instalada a um custo inicial de $ 155.000, com vida esperada de 5 anos, custos anuais de operação e manutenção de $ 10.000 e valor residual de $ 17.500. A versão B pode ser instalada a um custo inicial de $ 100.000, também com vida útil de 5 anos, custos anuais de operação e manutenção de $ 13.000 e valor residual de $ 7.000. Se o equipamento em uso for trocado por A, valerá $ 31.000, e se for trocado pela versão B, valerá $ 28.000. O equipamento em uso poderá ser mantido por mais 5 anos, a um custo anual de operação e manutenção de $ 34.000. Ao final dos 5 anos, o equipamento não só não terá valor algum, como a empresa irá incorrer em um custo de $ 2.000 para removê-lo. Considerando uma taxa anual de 16%, que opção escolher: manter o equipamento, trocá-lo por A ou trocá-lo por B?

Capítulo 13

Manutenção de ativos imobilizados

13.1 Introdução

A manutenção de instalações fabris, edifícios industriais, comerciais e mesmo residenciais assume papel cada dia mais importante para os administradores. Como vimos no Capítulo 1, a vida útil de uma instalação, isto é, o tempo em que mantém sua capacidade produtiva ou exerce as funções que dela se espera, depende essencialmente de como é operada e mantida. Uma boa manutenção prolonga a vida útil de um bem.

Administrar a manutenção de ativos é uma das formas de gerenciar recursos patrimoniais. Uma vez projetada, comprada e implantada a instalação, toda a atenção deve voltar-se a sua operação e manutenção. Os aspectos operacionais das instalações são peculiares a cada uma delas em particular, porém a manutenção é guiada por princípios e métodos praticamente universais, aplicados em qualquer instalação.

Com o advento dos sistemas de produção *just-in-time*, em que os estoques intermediários devem ser reduzidos ao máximo ou mesmo eliminados, a quebra de um equipamento traz transtorno irreparável em termos de objetivos de produção. Complementarmente, com o grau crescente de automatização dos processos industriais, sejam manufatureiros, de supervisão, de transporte ou de qualquer outra natureza, e com a utilização de equipamentos cada vez mais sofisticados e caros, a atenção com a manutenção deve ser redobrada, exigindo pessoal altamente especializado e treinado.

Dessa forma, muitas empresas já trabalham com políticas de manutenção denominadas *zero quebra*, isto é, não se concebe que a produção possa parar em decorrência da quebra de um equipamento ou instalação. Para a implantação dessa política, elas têm estabelecido programas específicos direcionados à melhoria da operacionalidade e confiabilidade de suas instalações, como a *total productive maintenance* (TPM), ou **Manutenção Produtiva Total**, um abrangente conjunto de atividades de manutenção que visam melhorar a produtividade e o desempenho dos equipamentos de uma fábrica.

13.2 Políticas de Manutenção

A empresa pode definir políticas de manutenção com ênfase em vários aspectos, entre eles postura preventiva, mais máquinas com menor utilização, treinamento de operadores e projetos robustos[1].

O estabelecimento e a implantação de um programa de manutenção preventiva em todos os níveis podem ser feitos, por exemplo, por meio de um software dedicado. É necessário administrar com precisão todos os eventos, como trocar peças após certo número de horas de uso e manter histórico das causas das quebras, tempo médio entre paradas e custos das interrupções. Um maior número de máquinas com utilização menos intensiva diminuirá a sobrecarga de equipamentos, aumentando a confiabilidade e reduzindo quebras. Além disso, deve-se trabalhar com equipamentos robustos, isto é, capazes de suportar eventuais sobrecargas de trabalho sem apresentar defeitos.

Os operadores devem ser treinados para efetuar pequenas manutenções de rotina, conforme filosofia da TPM. Em 1991, a fábrica da Pirelli, em Izmit, Turquia, foi escolhida como piloto para a implantação da TPM. Em menos de um ano, efeitos tangíveis começavam a surgir no resultado final e na eficiência da fábrica, com um ambiente muito mais limpo, redução nas paradas das máquinas, melhora dos processos produtivos e maior eficiência. Assim, hoje a Pirelli inclui praticamente todas as suas fábricas no programa TPM[2].

Outras opções são a manutenibilidade — optar pela compra de equipamentos de fácil manutenção; tamanho das equipes de manutenção — trabalhar com folga de equipe de manutenção de mão-de-obra para que eventuais ocorrências simultâneas possam ser prontamente atendidas; maior estoque de

---

[1]   MARTINS, P.; LAUGENI, F. *Administração da produção*. São Paulo: Saraiva, 1999.

[2]   Extraído de http://www.pirelli.com.br/html/body-tpm.htm.

peças sobressalentes, fornecendo mais segurança no atendimento e redundância de equipamentos — dispor de reserva, principalmente para os processos críticos, que possam ser prontamente utilizadas.

Evidentemente, a escolha de uma política de manutenção tem seus custos associados. Quanto mais se gasta ou investe em manutenção preventiva, menores serão os custos decorrentes das quebras de máquinas. Por outro lado, quanto mais se quebram os equipamentos, sinal de uma fraca manutenção preventiva, mais se gasta na manutenção corretiva. Cabe à administração encontrar o ponto ótimo.

13.3 Gestão da Manutenção de Instalações Fabris

O moderno conceito de manutenção está centrado em uma palavra: **disponibilidade**. A atividade básica de um setor de manutenção é zelar para que seu cliente, externo ou interno, tenha um recurso à sua disposição, dentro das condições normais de uso, no momento em que for necessário. Pouco importa ter um recurso disponível 99% do tempo se, no momento em que é necessário, ele não funciona, como um sistema de combate a incêndio ligado a uma torre de água que "estava vazia justo na hora em que o fogo começou!".

A manutenção representa para o administrador uma importante fonte de otimização do uso e de redução de custo de utilização de ativos. O custo total da empresa deve ser associado ao nível de seu serviço de manutenção. Pela Figura 13.1 verifica-se que quanto maior o nível de manutenção providenciado, maiores os custos a ela associados e menores os custos da empresa gerados pela falta de disponibilidade de um recurso quando requerido seu uso. O somatório dos dois custos representará o custo total da empresa em cada nível de manutenção considerado. Essa curva passa por um mínimo, que corresponde ao nível ideal de serviço de manutenção.

Figura 13.1   Custos Associados à Manutenção

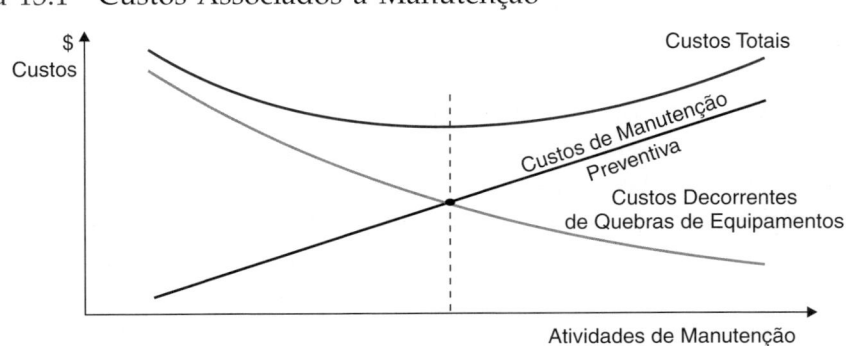

Nossa tarefa é determinar esse nível ideal, ou seja, qual a faixa de níveis de manutenção que leva ao menor custo, já que as curvas não podem ser perfeitamente levantadas e o ponto mínimo deve ser associado a uma faixa de variação.

Os principais custos ligados à manutenção são os de prevenção (planejamento da manutenção) e os de operação (custo de mão-de-obra interna, de materiais utilizados, do sistema de informação, de serviço de terceiros e de manutenção de almoxarifados de materiais de reposição). Os custos ligados à falta de manutenção apropriada são, por exemplo, os custos da perda de produção em função de manutenções não programadas ou com devoluções resultantes de máquinas ou processos defeituosos não detectados internamente. Há ainda custos de mercadorias paradas na fábrica, decorrentes da não-disponibilidade de máquinas, ou mercadorias avariadas, em virtude da deficiência de instalações prediais.

O nível de manutenção necessário é função do sistema produtivo, da qualidade do equipamento instalado, da qualidade da mão-de-obra que opera esse equipamento e da forma de gestão da manutenção.

Até alguns anos atrás, a postura da manutenção era apenas reativa, isto é, havia uma intervenção apenas quando surgia uma quebra; era a chamada manutenção corretiva. Atualmente, o sistema de manutenção é proativo, buscando evitar a ocorrência de uma quebra. Para isso, foi necessário que se introduzissem alguns conceitos novos, como a manutenção preventiva e a monitorada.

Na manutenção **preventiva ou periódica**, os equipamentos e instalações sofrem intervenções da manutenção, com reparos ou trocas, em função do intervalo médio entre falhas, levantado para cada equipamento, componente ou peça de acordo com indicações do fabricante ou registros históricos da empresa. Esse esquema é controlado por softwares dedicados e deve ser perfeitamente articulado com o planejamento e o controle da produção (PCP) da fábrica, pois os equipamentos devem ser postos à disposição da manutenção nas datas definidas no início do período de planejamento. A grande vantagem desse esquema é evitar paradas não programadas decorrentes de falhas de equipamento ou instalações, porém ele carrega consigo duas grandes desvantagens: causa conflitos com a produção, que sempre hesita em dispor dos equipamentos por causa das pressões de entrega e faturamento, e leva à troca de alguns componentes que ainda não atingiram o fim de sua vida útil, já que a troca é feita levando em conta a vida média útil, e não as dispersões, para mais ou menos, dos componentes individuais. Por isso, apesar de representar um grande avanço em relação à manutenção corretiva clássica, esse esquema vem sendo complementado pela manutenção preditiva ou monitorada.

Na manutenção **preditiva ou monitorada**, os equipamentos, seus componentes ou instalações são monitorados por meio de sensores ligados a computadores que usam softwares dedicados, os quais emitem sinais de alerta quando o item monitorado se aproxima de um colapso. Sendo o alerta programado para ser acionado dando tempo a que se pare o equipamento para reparo, o esquema permite um aproveitamento maior dos componentes e evita paradas não programadas. O esquema tem, porém, o inconveniente de ter um custo elevado, estando limitado a equipamentos críticos, como gargalos de produção e equipamentos que levam riscos de danos pessoais e materiais à empresa.

Como vimos, uma das causas de falhas e quebras de recursos de produção ou bens patrimoniais é seu uso indevido pelos colaboradores. A criação da manutenção produtiva total (TPM), foi uma forma de evitar isso e ao mesmo tempo diminuir os custos de manutenção e de produção e incentivar a polivalência e multifuncionalidade dentro da empresa. Com a TPM, a motivação é elevada, pois os próprios operadores são treinados para executar as tarefas mais simples de manutenção dos equipamentos e instalações por eles utilizados, criando um sentido de co-propriedade com a empresa. Com o advento da manufatura enxuta (*lean manufacturing*), a tendência mundial tem sido a adoção da TPM como padrão de manutenção em todos os processos não robotizados.

Exemplo 13.1   Medeiros, novo gerente da fábrica de Móveis Condor, constatou que a empresa não tinha um programa de manutenção preventiva e fez um levantamento de custos decorrentes de quebras de equipamentos nos últimos 24 meses, apurando um valor de $ 5.250, englobando o custo das peças substituídas e uma estimativa do lucro cessante. A manutenção é feita por uma única pessoa, com dedicação exclusiva e que custa $ 900 por mês de salários mais encargos. Determinar:

a) o número médio mensal de quebras;

b) o custo médio mensal das quebras.

TABELA 13.1

Número de quebras	0	1	2	3	4	5
Número de meses de ocorrências	3	5	9	4	2	1

$$N = \frac{(0 \times 3) + (1 \times 5) + (2 \times 9) + (3 \times 4) + (4 \times 2) + (5 \times 1)}{24} = \frac{48}{24} = 2 \text{ quebras/mês}$$

$$\text{Custo médio mensal decorrente das quebras} = \frac{\$\,5.250}{24 \text{ meses}} = R\$\,218,75 \text{ /mês}$$

Exemplo 13.2 Medeiros acredita que, com a implantação de um programa adequado de manutenção preventiva, a um custo médio mensal de $ 100, ele possa reduzir em 50% o número médio de quebras. O que é mais vantajoso: a Móveis Condor implantar a manutenção preventiva ou continuar com a política de "quebrou consertou"?

Custo atual = $ 218,75/mês

Com manutenção preventiva:
quebras (0,5 × 218,75) ....$ 109,38
manutenção preventiva ....$ 100,00
Total: $ 209,38

Vale a pena, pois gera uma economia média mensal de 9,37 reais (218,75 − 209,38).

Exemplo 13.3 Um fabricante de peças técnicas dispõe de 12 injetoras de plásticos. Todas as máquinas operando em um turno de 8 horas podem gerar um lucro de $ 120/máquina.dia. As máquinas quebram de acordo com uma distribuição de Poisson[3], com média de 0,8 máquina por dia. Determinar:

a) a probabilidade de termos exatamente 2 máquinas quebradas em um dia;

b) Custo médio diário das perdas.

Solução Média ou razão de quebra $\Rightarrow \lambda = 0,8$ quebra/dia

$$P(X = 2) = \frac{(0,8)^2 \times e^{-0,8}}{2} \rightarrow P(X = 2) = 0,1438 \text{ ou } 14,38\%$$

O custo será a esperança matemática

$$E(x) = 0,8 \times \$ 120 \rightarrow E(x) = \$ 96/\text{dia}$$

---

[3] A distribuição de Poisson tem aplicação tanto na lei das quebras como na teoria das filas, ambas muito utilizadas nos modelos de análise de custos de manutenção.

13.4   Gestão das Instalações Prediais

Os prédios da empresa, destinados à administração e à operação comercial, industrial ou logística (armazéns e centros de distribuição), representam uma fonte constante de preocupação para o administrador no que tange à sua manutenção e segurança.

Prédios administrativos. A manutenção dos prédios administrativos deve se preocupar com itens como manutenção elétrica, mecânica e civil.

A lista de itens que necessitam manutenção elétrica e mecânica é enorme. Abrange, por exemplo, **equipamentos de emergência**, como geradores de energia, iluminação de emergência e *no-breaks* para computadores; **segurança**, como alarmes contra roubos, furtos e incêndio e sistemas de controle visual a distância (monitoramento por TV); **comunicação**, como central telefônica, sistemas de interfones e antenas de recepção e transmissão; **transporte**, como veículos de uso administrativo, elevadores e escadas rolantes; **combate ao fogo**, como hidrantes, mangueiras, bombas de recalque, escape rápido e **sprinklers**; e **conforto térmico**, como ventiladores, circuladores, exaustores e aparelhos centrais e individuais de ar-condicionado. Os desperdícios mais evidentes são muitas vezes ligados aos gastos com energia elétrica.

A manutenção civil abrange tarefas relacionadas à **estrutura** do edifício, como rachaduras e sobrecarga; à **estética**, como pintura, limpeza, vazamentos e umidade; ao **abastecimento de água**, como conservação e limpeza da caixa-d'água potável, bebedouros, encanamento, torneira e registros e detecção de vazamentos; e **esgotos**, como conservação dos encanamentos e instalações sanitárias.

Os itens abordados são não exaustivos, pois dependem do porte e da natureza de cada empresa. Entretanto, todas precisam levantar permanentemente os custos de manutenção gerados por cada unidade administrativa. Elas não devem encará-los como uma fonte de tomada de decisão, pois uma comparação com o orçamento da empresa permite descobrir fontes de despesas que poderiam ser evitadas ou diminuídas.

Prédios industriais e armazéns. Tanto os prédios industriais como os armazéns apresentam alguns pontos críticos comuns, sendo um dos principais o estado do piso, que raramente tem a atenção merecida. Na hora da instalação inicial, o piso, talvez por ser um dos últimos detalhes da obra, tende a ser negligenciado. Gasta-se o mínimo possível, pensando apenas no uso atual e sem nenhuma previsão de futuras ampliações e mudanças de processo. Com o correr do tempo, sucessivas mudanças de *layout* e o uso de equipamentos mais pesados, seja no processo, seja na movimentação e transporte, geram desgaste, trincas, buracos, quebras de empilhadeiras e carros de transporte, atrasos na produção e acidentes pessoais.

Entre os principais itens de manutenção — ou causadores de problemas — em prédios industriais e armazéns estão a substituição de vidraças e caixilhos em zonas de alta poluição ambiental; pintura e conservação de paredes internas e externas; sobrecargas em colunas e vigas por instalações adicionais inadequadas; desníveis provocados por ampliações mal planejadas; pé-direito baixo em relação às necessidades do processo atual; má ventilação e excesso de calor por causa de teto inadequado; mau funcionamento de iluminação de emergência; inexistência ou adequação de redes de incêndio; instalações sanitárias precárias e malconservadas; mistura de rede de esgoto e de águas pluviais; má conservação de caixa-d'água potável e de incêndio; inexistência ou má conservação de pátios e ruas internas, provocando contaminação ambiental dentro do prédio; falta de cobertura em áreas de trânsito de pessoas e materiais; saídas de emergência inexistentes, bloqueadas ou não sinalizadas, e rampas de acesso com inclinação maior que a normalizada.

Todos esses itens são passíveis de providências da manutenção, devendo ser apropriados aos centros de custo afetados, por meio do controle de ordens de manutenção. Essa apropriação pode ser feita ordem a ordem, com referência a cada pedido de manutenção, ou por meio de ordens permanentes, fechadas no fim de um período predeterminado. O importante é que essa documentação deverá servir de base para a decisão de reformas mais amplas ou de mudança de local de produção e armazenagem.

Prédios residenciais. Quando compramos um automóvel novo recebemos um manual de operação e manutenção. Por outro lado, quando compramos um novo apartamento, com valor muitas vezes superior ao do carro, recebemos, muitas vezes, somente as chaves. Como são os circuitos elétricos, como estão ligados no quadro de luz? E o sistema hidráulico, que registro isola qual dependência? Será que podemos remover uma parede para aumentarmos a sala? Enfim, um imóvel residencial é um bem, e deve ser encarado como um patrimônio. Devemos ter todas as informações sobre o imóvel, exatamente como ele foi construído, para que possamos "operá-lo", alterá-lo, se for o caso, e mantê-lo de forma adequada[4].

---

4   Ver Guia para Redação e Preparação do Manual de Operação, Uso e Manutenção de Imóveis. Sindicato da Indústria da Construção Civil do Estado de São Paulo – Sinduscon. Nesse trabalho podemos encontrar tópicos como ligações às redes de abastecimento, estrutura, uso da energia elétrica, gás e exaustão mecânica, conservação e manutenção do imóvel, azulejos, pisos cerâmicos e carpetes.

Assim como as fábricas têm um arquivo técnico dos projetos de estruturas e das instalações elétricas e hidráulicas, as residências devem ter um arquivo, embora simples, com todas as informações sobre as instalações do prédio, casa ou apartamento.

Conclusão

Com o crescimento contínuo do parque instalado de equipamentos cada vez mais sofisticados, com confiabilidade cada vez maior, nossa dependência de uma boa, para não dizer excelente, manutenção é cada vez maior. O número de técnicos envolvidos com a manutenção de sistemas é cada vez maior, e com necessidades de habilitações específicas.

Em vez da postura reativa, isto é, só consertar quando quebrar, a postura preventiva tende a ser cada vez mais dominante nas empresas, inclusive com a utilização de novos métodos e filosofias gerenciais, com a manutenção produtiva total (*total productive maintenance*, TPM) e a utilização da manutenção preditiva.

É importante lembrar que os edifícios e casas onde residimos são equipamentos valiosos e fundamentais para nosso dia-a-dia e, como tais, merecem atenção quanto à sua manutenção como se fossem uma máquina em uma instalação fabril. Por isso devemos conhecê-los em seus detalhes construtivos (*as built*), para que possamos mudá-los e adaptá-los a novas necessidades.

Termos-Chave

distribuição de Poisson

instalações prediais

manutenção corretiva

manutenção preditiva

manutenção preventiva

manutenção produtiva total

prédios administrativos

prédios industriais e armazéns

prédios residenciais

Questões para Discussão

1. O que significa manter uma postura preventiva no tocante à manutenção? E uma postura reativa?

2. Citar alguns pontos básicos da filosofia da manutenção produtiva total.

3. O que é manutenção preditiva? Onde é mais usada? Em que situações é recomendada?

4. O que são as facilidades (*facilities*) em uma instalação industrial? Por que assumem caráter tão importante no contexto da manutenção?

5. Quais os principais custos envolvidos na manutenção de uma fábrica?

6. Por que é crescente o número de pessoas que se dedicam à manutenção de sistemas, sejam eles manufatureiros ou administrativos?

7. Por que, a longo prazo, a postura de manutenção preventiva é mais econômica do que a de manutenção reativa?

8. Por que os prédios residenciais também devem receber atenção quanto a sua manutenção? É possível fazer a manutenção de um edifício e a de uma grande fábrica de modo semelhante?

9. Um grande edifício no Vale do Anhangabaú, em São Paulo, tem um orçamento operacional superior ao orçamento de mais de 90% dos municípios do Brasil. É isso possível?

10. Que são os chamados prédios inteligentes? Você conhece algum exemplo? Que cuidados de manutenção você veria em um prédio desse tipo? Pode ser comparado a um complexo sistema fabril? Explicar.

Exercícios Propostos

1. Válter Medeiros, recém-admitido como gerente de manutenção da Móveis Alvor, identificou como um de seus problemas a total inexistência de manutenção preventiva, como também de quaisquer registros de ocorrências de quebras e paradas de máquinas. Propôs ao sr. Hélio Gonçalves, sócio-gerente da fábrica, um plano de investimento em manutenção preventiva, que seria testado em 3 períodos consecutivos de 6 semanas cada. Decorridas as 18 semanas, os dados levantados por Válter mostraram o seguinte:

    Número de quebras de máquinas com interrupção na produção:

Período	Semana 1	Semana 2	Semana 3	Semana 4	Semana 5	Semana 6
1	0	3	2	4	2	2
2	1	2	3	1	1	2
3	1	2	2	1	0	1

Período	Semana 1	Semana 2	Semana 3	Semana 4	Semana 5	Semana 6
1	0	450	300	1.000	250	320
2	150	250	400	80	120	230
3	80	250	310	140	0	130

Os custos ($/período) de manutenção corretiva foram:

Os custos de manutenção preventiva foram de $ 120,00 no período 1, $ 150,00 no período 2 e $ 170,00 no período 3.

a) Você acha que o programa de trabalho de Válter surtiu efeito? Explicar sua resposta.

b) Se cada quebra com parada de máquina gera um prejuízo de $ 1.000, qual a relação custo-benefício do programa? É justificável?

2. Uma empresa de táxi aéreo necessita instalar em seus jatos 30 turbinas idênticas. Há turbinas de reserva para casos de panes, o que custa $ 500/unid.semana. Um avião parado por falta de turbina custa (lucro cessante) $ 2.000/unid.semana. Se, em média, duas turbinas apresentam falhas por semana, quantas turbinas de reserva deve a empresa manter[5]?

(Sugestão: utilizar a distribuição de Poisson.)

3. Uma empresa injetora de peças técnicas está tendo uma série de problemas de paradas de máquinas em decorrência do péssimo estado em que se encontra a instalação elétrica do prédio. Sempre que há interrupção do fornecimento de energia elétrica, todas as máquinas param até que seja restituído o fornecimento, gerando prejuízos avaliados em $ 5.000,00/interrupção. Um levantamento do número de interrupções nas últimas 52 semanas mostrou o seguinte quadro:

Número de interrupções na semana	0	1	2	3	4	5
Número de ocorrências	4	4	6	16	12	10

O gerente da fábrica está analisando duas propostas alternativas de subcontratação de serviços de manutenção. A empresa A propõe um plano de manutenção preventiva a um custo de $ 4.000,00/semana e garante a inversão do quadro de interrupções anterior, que passaria a:

---

[5] Adaptado de SCHONBERGER, Richard J.; KNOD JR., Edward. *Operations management: continuous improvement.* Blurr Ridge: Irwin, 1994.

Número de interrupções na semana	0	1	2	3	4	5
Número de ocorrências	10	12	16	6	4	4

A empresa B propõe um plano de manutenção preditiva e preventiva a um custo de $ 5.000,00 por semana e garante reduzir pela metade o número de interrupções atualmente constatado. Você contrataria a empresa A, B ou ficaria como está?

PARTE 5

Gestão da distribuição – logística

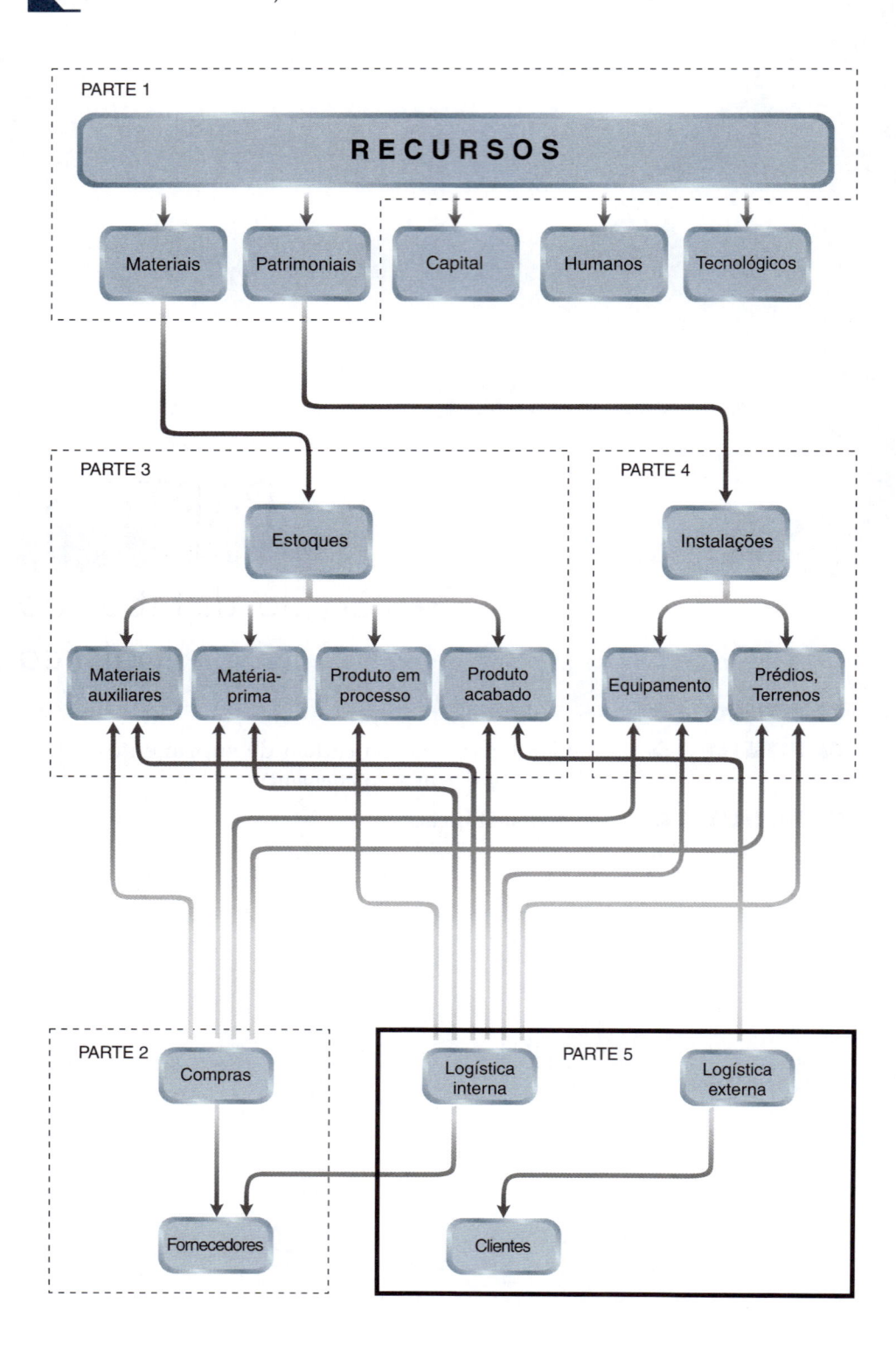

Capítulo 14

A abordagem logística

14.1 Introdução

A origem da logística é militar. Foi desenvolvida visando colocar os recursos certos no local certo, na hora certa, com um só objetivo: vencer batalhas. Para vencermos a batalha da globalização, na qual estamos todos direta ou indiretamente envolvidos, procuramos delinear os objetivos, ferramentas e componentes estratégicos, táticos e operacionais do jogo logístico. No Brasil, a logística apareceu nos anos 1970, por meio de um de seus aspectos: a distribuição física, tanto interna quanto externa, foco principal de nossa atenção.

Empresas industriais e comerciais brasileiras viram-se diante da necessidade de abandonar o empirismo para abastecer mercados emergentes em um país de dimensões continentais e com uma malha de transportes incipiente. Até poucos anos atrás, o termo logística continuava associado a transportes, depósitos regionais e atividades ligadas a vendas. Um alto executivo da Compaq previu inúmeras e espantosas vantagens decorrentes do uso da logística, classificando-a como "a próxima fonte de vantagem competitiva".

Hoje as empresas brasileiras já se deram conta do imenso potencial implícito nas atividades integradas de um sistema logístico, e, dentro de estruturas organizacionais ainda não tão bem definidas, começam a utilizá-lo em grande escala. Os sistemas mais bem estruturados e implantados são os ligados a setores como a indústria automobilística e grandes varejistas, tais como redes de supermercados.

14.2   A Logística

A **logística** é responsável pelo planejamento, operação e controle de todo o fluxo de mercadorias e informação, desde a fonte fornecedora até o consumidor, como mostrado na Figura 14.1. Assim, dentro do espírito da empresa moderna, o básico da atividade logística é o atendimento do cliente. De fato, ela começa no instante em que o cliente resolve transformar um desejo em realidade.

A Associação Européia de Logística levantou que 10,1% do preço final de um produto resulta do custo de logística, isso sem contar que a implantação das ferramentas de logística integrada já havia reduzido estes custos em 30% (em 1987 eles eram de 14,3%).

Figura 14.1   Fluxos na Logística Integrada

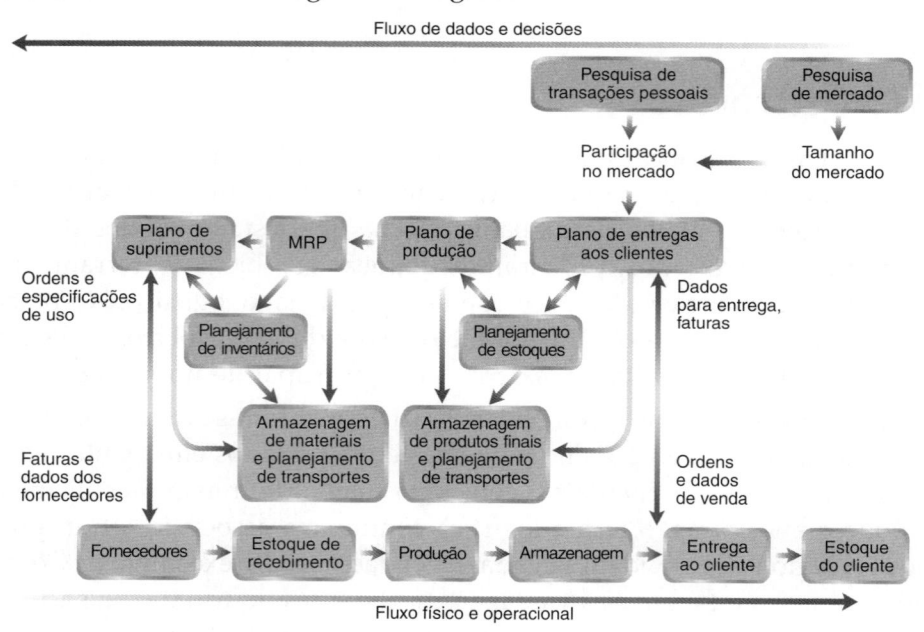

Imaginemos uma situação em que determinado consumidor acorde com a firme decisão de comprar o carro de seus sonhos. Ele se dirige a uma revendedora de automóveis e lá, surpreso, verifica que além de alguns modelos expostos não há estoque nos pátios. Encontra, porém, um vendedor que o atende perante um computador. Quando o consumidor expõe seu objetivo, o vendedor lhe mostra na tela as diferentes opções que a montadora pode lhe fornecer, naturalmente incluindo alguns modelos que vira na loja, incutindo-lhe confiança de que a realidade virtual não está tão distante assim. Uma vez que ele se mostre interessado em um modelo, o vendedor começa a apresentar as diferentes opções possíveis, como cor, número de portas, tipo e cores de estofamento, ou seja, constroem juntos o carro dos sonhos do consumidor. Naturalmente, informações em tempo real permitem que o preço final do carro esteja disponível assim que o modelo fique totalmente definido. O cartão magnético do consumidor, passado no terminal ligado ao agente financeiro, mostra que o negócio pode ser concluído. Pronto, já é dono do carro. Mas, é lógico, quer recebê-lo o mais breve possível, desejando saber naquele instante a data de entrega. O vendedor aciona a montadora via computador, colocando o pedido, que, dada a riqueza de detalhes, já pode ser processado como uma ordem de produção. O computador da montadora registra a ordem, aciona o *planejamento das necessidades de materiais*, o MRP II (*manufacturing resources planning*) e os *softwares* de roteirização da distribuição física e retorna à revendedora a informação de que o carro será entregue na terça-feira seguinte, no período da manhã, naquele local ou na residência do consumidor, já que ela fica no roteiro de entregas daquela região. Ficção científica? Não, realidade em vários países.

Nessa história, temos todos os pontos principais do sistema de logística integrada:

- o *cliente*;
- a *área comercial*: o vendedor, que atendeu o cliente na revendedora; o setor de marketing da montadora, que selecionou e treinou o pessoal da revendedora e que, por meio das ferramentas de marketing, despertou no consumidor o interesse pelo carro; o setor de informática, que desenvolveu sozinho ou com uma empresa de *software* o programa utilizado na venda e na comunicação a distância;
- a *fábrica*, que, ao receber a confirmação do pedido, aciona o planejamento de controle da produção (PCP), a rede de suprimentos, a produção e o setor de distribuição física, para poder dar uma confirmação de entrega;
- a *administração*, que pode iniciar o esquema de contabilização, acionar contas a pagar e contas a receber ou ainda a tesouraria para acertar o fluxo de caixa;

- o *mercado*, que incluirá o novo consumidor e seu carro nas estatísticas de vendas e colocará seu nome na relação do serviço de pós-venda;

- o *fornecedor*, ou melhor, o *parceiro comercial*, cujo computador recebe direta ou indiretamente a mensagem de confirmação e providencia *just-in-time* as peças para o carro;

- a *transportadora*, externa ou interna, que já verifica o roteiro de entrega na região e prepara a entrega definindo a data;

- o *cliente*, novamente, que, recebendo na data acertada o modelo escolhido, dentro das condições acertadas, tornar-se-á, possivelmente, fiel à marca. Ele poderá também induzir outros a comprar os produtos da montadora e utilizar os serviços da revendedora nas manutenções preventivas e corretivas durante a vida útil do modelo.

Tudo começou e terminou no cliente. Mas, no período, houve um grande número de transações entre setores envolvidos. Partes de um grande sistema interagiram. A Figura 14.2 apresenta alguns dos componentes desse sistema.

Figura 14.2   O Sistema Integrado de Logística

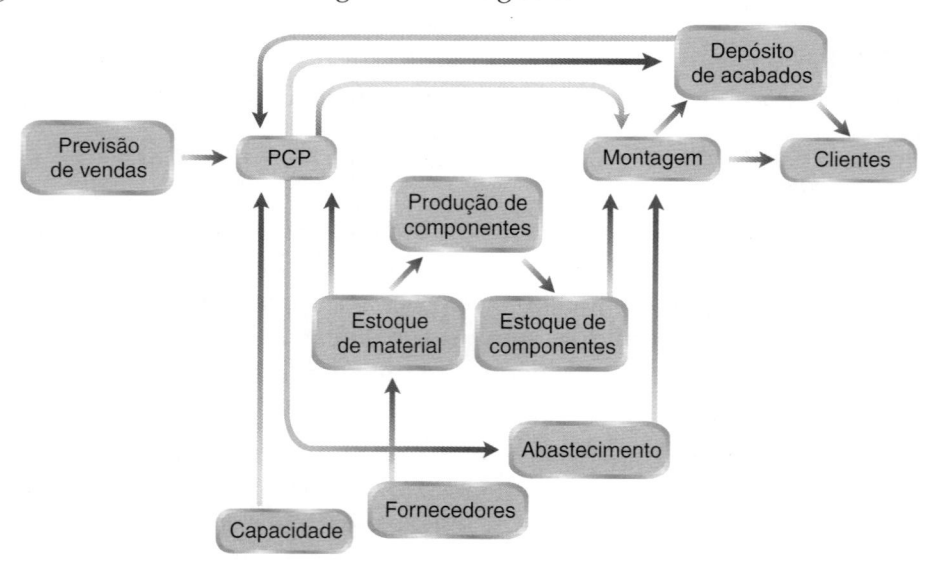

Para um melhor entendimento do sistema integrado de logística, devemos antes recordar três importantes conceitos. Primeiro, um *sistema* é uma série de grupos de atividades aparentemente independentes, mas que, agindo sinergeticamente[1], possibilitam a conclusão de um objetivo. O fato de todas estarem otimizadas não necessariamente significa a otimização do sistema. Segundo, *grupos de atividades* são áreas específicas de atuação dentro das diferentes empresas envolvidas no sistema, melhor ainda, subsistemas especialistas. Terceiro, *interfaces* são fronteiras, às vezes tênues, entre grupos de atividades que permitem o fluxo de informações e materiais de forma sincronizada.

Atravessando as interfaces, vimos que há um fluxo de informações e de materiais ou serviços fluindo. As Figuras 14.3 e 14.4 nos darão uma idéia do funcionamento do sistema.

Figura 14.3   O Fluxo das Informações na Logística

---

[1]   Quando a soma das partes é maior que o todo.

Figura 14.4   As Interfaces do Sistema Logístico[2]

O sistema logístico irá agora ser esmiuçado em cada um de seus componentes. O leitor perceberá que a ênfase deste capítulo está nos aspectos estratégicos e gerenciais dos subsistemas logísticos, e apenas um ou outro detalhe imprescindível para a compreensão será tratado.

14.3   As Três Dimensões da Logística

A logística tem três dimensões principais: uma **dimensão de fluxo** (suprimentos, transformação, distribuição e serviço ao cliente), uma **dimensão de atividades** (processo operacional, administrativo, de gerenciamento e de engenharia) e uma **dimensão de domínios** (gestão de fluxos, tomada de decisão, gestão de recursos, modelo organizacional)[3]. Estamos qualificando de domínio uma área de conhecimento.

O significado dessas dimensões pode ser entendido com um exemplo simples. Imaginemos um grão de milho que virá a ser pipoca. Ele crescerá em uma espiga no campo, será colhido e ensacado. O agricultor o venderá a um comerciante, que por sua vez o repassará ao pipoqueiro. Toda essa primeira fase, em termos da dimensão fluxo, corresponderá ao suprimento. A preparação da pipoca será a manufatura, e o percurso do carrinho até os fregueses será a distribuição, a atenção e o serviço ao consumidor. Porém, em todas essas etapas ocorreram *processos*: a espera do grão no comerciante até sua venda foi

---

2   BALLOU. Ronald H. *Logística empresarial*. São Paulo: Atlas, 1995.

3   MOELLER, Charles; HANSEN, Thomas; STENSBALLE, Brian. *Design for logistics* – methodology proposal and case study. International Conference on Industrial Engineering and Production Management. Marrakesh, 4 jul. 1995.

um processo operacional de armazenagem, a emissão de nota fiscal foi um processo administrativo, a previsão do comerciante de que alguém iria comprar o grão e portanto era importante tê-lo na ocasião oportuna foi um processo gerencial, a transformação do milho em pipoca foi um processo de engenharia, pelo qual um estado da natureza foi modificado gerando um produto novo. Em todos esses momentos, os agentes tiveram uma visão de fluxo, sabendo que teriam de lidar com entradas, saídas e controles; uma visão de decisão, pois tiveram de lidar com estratégias, princípios de planejamento e controle, decompuseram ordens, comunicaram-se uns com os outros; uma visão de recursos, pois lidaram com recursos físicos, recursos humanos, métodos de trabalho e ferramentas; uma visão organizacional, quando determinaram a estrutura de seus respectivos negócios gerenciaram-no, criaram ou se inseriram numa cultura de pequeno negócio e tiveram de aprender ou ensinar alguém para ter sucesso. Veja a aplicação de uma dimensão logística:

> A ampliação da capacidade de produção de celulose da Votorantim Celulose e Papel (VCP), em Jacareí, viabilizou a reativação do antigo ramal ferroviário da Rede Ferroviária Federal S. A., hoje concedida à MRS Logística, no trecho entre Jacareí e Mogi das Cruzes.
> Uma das vantagens citadas pela empresa no transporte por ferrovia está relacionada ao fluxo logístico. "Agora fazemos apenas dois carregamentos para escoar uma média de 2,5 mil toneladas diárias de celulose, o que representou uma redução de 25% do custo do frete operacional e a eliminação do problema ambiental que teria com os caminhões congestionando e poluindo as rodovias", explicou o diretor de Logística Integrada da VCP.[4]

A importância de introduzir o conceito de dimensões é fazer-nos lembrar, a cada passo dado na análise de um sistema logístico, que nunca podemos pensar de forma reducionista de causa e efeito: há muitas variáveis independentes que interagem para provocar um efeito, e devemos utilizar todas as ferramentas disponíveis para analisá-las. Consideremos a Figura 14.5.

---

[4] SILVEIRA, V. MRS Logística reativa ramal para Votorantim. *Gazeta Mercantil*, A13, Jacareí, 19 ago. 2003. Disponível em: <www.gazetamercantil.com.br>. Acessado em: 26 jan. 2004.

Figura 14.5   O Edifício Conceitual

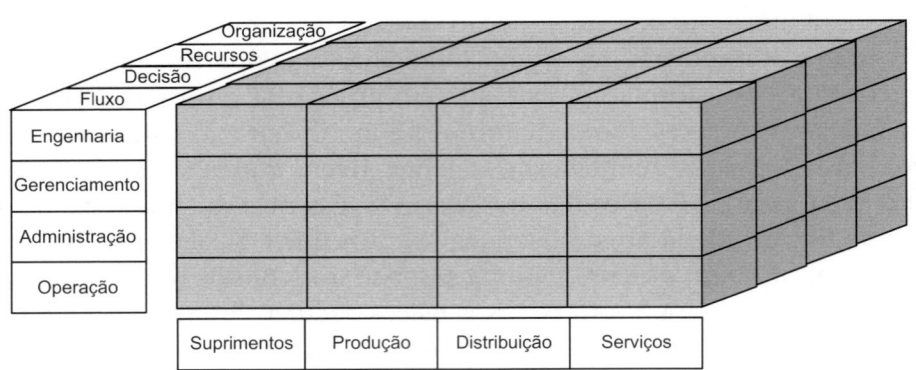

Verificamos que dentro do modelo conceitual proposto temos várias "caixas", volumes no espaço decorrentes da intersecção de planos correspondentes a cada uma das dimensões. É possível agora examinarmos cada segmento de determinada dimensão sob todos os enfoques das demais, já que cada volume corresponde a uma combinação de três enfoques diversos. Assim, por exemplo, ao examinarmos a produção na dimensão fluxo, podemos utilizar o conceito engenharia da dimensão atividade e o conceito gestão de recursos da dimensão domínios. Uma possível análise seria: a influência, na produção de um bem, do projeto de engenharia, tendo em vista os recursos humanos disponíveis.

Esse arcabouço é extremamente útil para a análise do sistema logístico, já que nos leva a uma enumeração exaustiva de possibilidades de interferências e ajustes no modelo, mostrando ainda, por analogia, que a falta de um elemento no conjunto (uma caixa não analisada) pode levar ao colapso da estrutura.

14.4   Pontos Básicos da Logística

Os principais pontos em que a logística se baseia são a *movimentação dos produtos*; a *movimentação das informações*, o *tempo*, o *custo* e o *nível de serviços*. Observemos a Figura 14.6, que representa um caso particular de cadeia logística — o comércio varejista.

Nesse exemplo, da aquisição e venda de um produto alimentar, a movimentação de produtos se faz do topo para a base. Ela pode ser classificada de *interna*, se considerarmos as movimentações dentro das fábricas, em função do processo produtivo, ou a movimentação nos armazéns, em função dos processos de estocagem, coleta e embarque; ou de *externa*, se considerarmos os translados entre as fábricas e depósitos e destes para atacadistas e lojistas. O fluxo de produtos é então sempre no sentido de produtores primários até o consumidor final.

Figura 14.6   Logística de Mercado

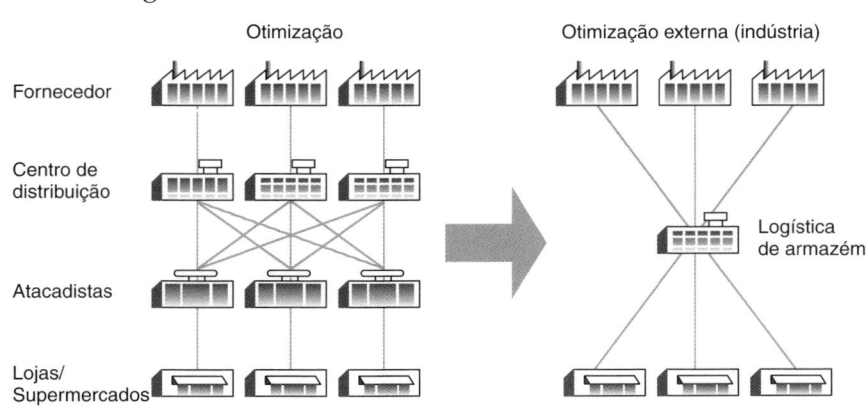

A informação por sua vez é bidirecional. Começa no sentido do lojista para o produtor final, sendo repassada até o primário. No decorrer do processamento, ela pode fluir nos dois sentidos, em função dos *feedbacks* e controles.

O tempo decorrido entre a manifestação do desejo de compra e a entrega efetiva de um pedido é um dos condicionantes principais da eficácia da cadeia logística. Juntamente com a qualidade e o custo, ele representará o diferencial competitivo da empresa perante o cliente. Mas se custo e qualidade dependem de outros fatores, como o processo produtivo, o projeto do produto, a qualificação de mão-de-obra, o tempo decorrido, o *lead time* é de responsabilidade total do sistema logístico. Ele depende de suprimentos, planejamento e controle da produção, sistema de distribuição, todos eles de responsabilidade da função logística.

Os custos não agregados ao custo da matéria-prima pela adição de valor, isto é, pela transformação física do material, devem ser controlados pela logística, evitando paradas no fluxo interno e externo, transportes desnecessários e controles da qualidade de recebimento que devem ser atribuição do fornecedor precedente na cadeia.

O serviço, por sua vez, é a percepção pelo cliente da qualidade de atendimento. Não existem equações matemáticas para medi-lo; o máximo que podemos fazer para isso é levantar objetivamente o que representa valor para o cliente, isto é, qual o nível de desempenho que ele espera em função do preço pago pelo bem.

A Figura 14.7 traz a cadeia estratégica do sistema logístico. Ela começa com o planejamento, tomando como base a oferta e a demanda. Logo em seguida há o gerenciamento das fontes de suprimento, para que se possam efetuar as compras. De posse dos materiais necessários, inicia-se o fazer, a produção. Depois de pronto, o produto precisa ser transportado e distribuído. A última fase não trata apenas da venda ao consumidor, mas sim de gerenciar o relacionamento da empresa com ele.

Figura 14.7   Cadeia Estratégica do Sistema Logístico

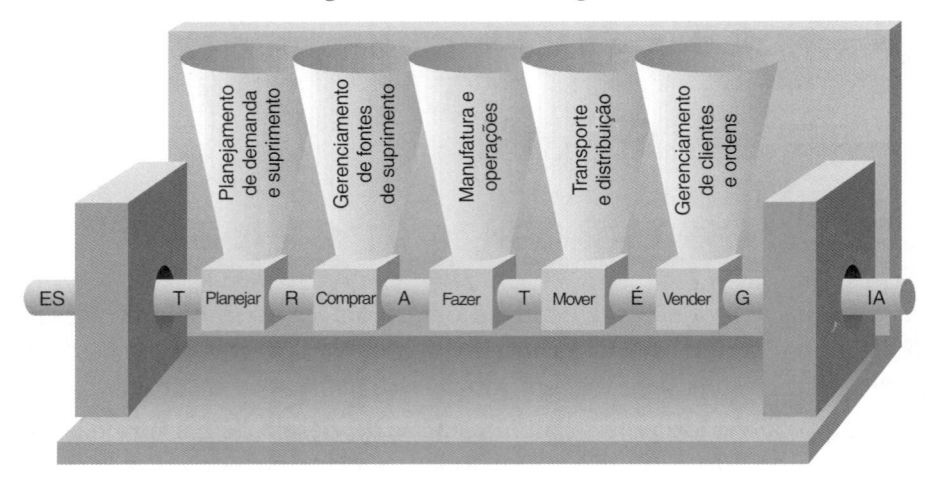

A Figura 14.8 mostra os *feedbacks* entre as duas pontas da cadeia logística: os fornecedores e os clientes. Há uma troca contínua de informação. Materiais, produtos, serviços, dinheiro e processos entram ora de um lado da cadeia, ora de outro.

Figura 14.8   Fluxos e *Feedbacks* Logísticos

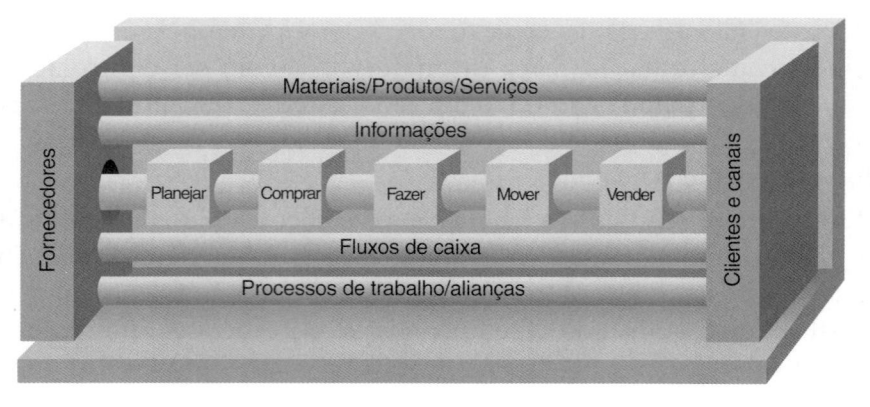

14.5   Componentes do Sistema Logístico

Teçamos alguns comentários sobre áreas funcionais e atividades que influem na cadeia logística, focalizando aspectos que interessam diretamente ao administrador. Destacamos para isso a área comercial, a operação industrial, os fornecedores, administração e finanças, e a distribuição física.

14.5.1   Área Comercial

O primeiro elo da cadeia logística é a **área comercial**. É ela, juntamente com a área de marketing, quem capta o desejo latente ou já explícito do consumidor e usa dos recursos de que dispõe para, ao torná-lo realidade, estabelecer uma relação biunívoca permanente com ele. Assim, não se trata de estabelecer uma transação eventual, mas um vínculo.

Os recursos de que a área comercial pode utilizar, sozinha ou com a colaboração de outras áreas da empresa, são vários. Alguns exemplos: pesquisa de mercado, promoção, propaganda, treinamento e administração da força de vendas. Ela também pode utilizar-se de recursos de interface, em conjunto com outras áreas do sistema logístico. Assim, ela poderá ainda padronizar o nível de serviços, formar preços, definir produto, embalagens e nível de qualidade, além da localização dos depósitos.

Um conceito muito utilizado pela área comercial e de *marketing* é o de valor: o quanto o cliente está disposto a pagar pelo desempenho do produto ou serviço.

$$\text{Valor} = \frac{\text{desempenho}}{\text{custo}}$$

Para determinarmos o numerador, devemos avaliar os conceitos que determinam o desempenho, como, qualidade, confiabilidade, manutenibilidade e valor de revenda. Novas áreas da empresa vão sendo envolvidas para medir e lapidar a riqueza de informações colhidas pela área de vendas com o cliente.

Vamos examinar *qualidade*. Para que estudar tantas técnicas, como ISO 9000, qualidade total, sistemas Crosby, Juran, Deming, Feingenbaun e Ishikawa[5], se não soubermos exatamente o que o cliente considera como "qualidade" de nosso produto? Qualidade em um carro para o comprador de modelo popular é uma coisa, para o consumidor de modelos de luxo é outra completamente diferente. O que quer nosso cliente? Dentro do que ele quer, quais as características que ele deseja? Um carro altamente confiável,

---

[5]   Crosby, Juran, Deming, Feingebaun e Ishikawa são os mais famosos gurus da qualidade.

mas sem conforto, ou ar-condicionado e som ambiente? Que exija pouca manutenção, que ele próprio a faça nos fins de semana, ou que tenha uma rede sofisticada de assistência técnica? Com base nas respostas a essas perguntas, a engenharia de projeto vai definir a qualidade do modelo e a engenharia de produção vai criar o sistema operacional da fábrica para conseguir a qualidade de conformação.

Confiabilidade está ligada à disponibilidade do bem adquirido — qual o tempo médio entre falhas, por exemplo. O tempo exigido para reparos, por sua vez, está ligado à *manutenibilidade*, que é tanto maior quanto este for menor, usando a mesma quantidade de recursos para o conserto.

Já no denominador da equação do valor, o custo envolve, por exemplo, alocação de recursos, eficácia do uso dos recursos, mensuração do realmente empregado e administração de fluxo de caixa.

Os custos gerados para aumentar o desempenho do produto devem ser controlados. Não se pode aumentar o desempenho do produto sem critérios. Um apontador de lápis não pode custar milhares de dólares, por melhor que ele seja, pois não terá comprador. Várias técnicas para controle de custos foram criadas; entre elas a da atividade e a da absorção. Não importa se são do início do século ou da era da automação, elas são básicas para o projeto do sistema logístico da empresa.

Se há um interesse que seja comum tanto ao cliente quanto à empresa, este é o *tempo de entrega* ou *lead time*. Estudaremos mais adiante todos os *lead times* considerados em logística. Satisfação rápida do desejo e giro rápido do capital: origem comum — clareza e transmissão adequada da informação. Passo inicial: projeto do sistema de informação. É onde entra maciçamente a informática. Sem os recursos de redes internas e externas de computadores e comunicação de dados a distância em tempo real, jamais o consumidor de nosso exemplo teria recebido seu carro tão depressa.

É condição necessária para o sistema logístico a utilização, nesse estágio, de dois pré-requisitos: a análise do processo de forma integrada e a montagem de um sistema de informações baseado em redes e na transmissão eletrônica de dados via EDI. A tendência é que desapareça do sistema a figura do *follow-up*, ou seguidor de pedidos, substituído pela consulta em tempo real.

Como o cliente é início e fim no sistema logístico, cabe ao setor comercial assegurar a ele o que de mais importante existe para o consumidor moderno: o serviço pós-venda, que não se resume apenas na garantia da qualidade, mas no uso do *feedback* espontâneo ou provocado, para ajuste do nível da qualidade do sistema empresa.

Segundo Ernesto Promenzio Rodrigues, diretor-geral da LPC, fabricante dos produtos Danone, e um dos primeiros homens de logística a chegar ao posto principal de uma empresa no Brasil, em 1991, "a logística permite que estratégias de *marketing* e produção sejam executadas de forma sincronizada"[6].

14.5.2 Operação Industrial

Em função dos desejos do cliente, é projetada a operação da **área industrial**. Ela envolve a escolha dos recursos tecnológicos mais indicados, incluindo conceitos que hoje são fundamentais para a competitividade, tais como: *just-in-time* (JIT), *flexible manufacturing system* (FMS), *computer integrated manufacturing* (CIM), *total quality control* (TQC), *total productive maintenance* (TPM) e ferramentas como *kanban*, robótica, *materials requirement planning* (MRP I), *manufacturing resources planning* (MRP II), *enterprise resource planning* (ERP) e simulação de sistemas. Vejamos as principais características dessa fábrica do futuro, globalizada ou não.

Todas usarão o conceito JIT: o material certo chega na hora certa, no lugar certo, na quantidade certa e com a qualidade certa. Conforme a linha de produtos e o grau de automação, serão do tipo:

- JIT automatizada flexível — multiprodutos, poucos processos manuais.
- JIT automatizada focalizada — linha única de produtos, poucos processos manuais.
- JIT manual focalizada — linha única de produtos, predominância de processos manuais.
- JIT manual flexível — multiprodutos, muitos processos manuais.

Note-se que por manuais consideramos a necessidade de uso de operadores em máquinas ou linhas de montagem, em vez de *softwares* e robôs.

14.5.3 Fornecedores

O papel dos **fornecedores** dentro da logística moderna é o de parceiros operacionais. Esse conceito exige um relacionamento aberto, que compreende desde o desenvolvimento conjunto do produto até contratos de fornecimento com preços, qualidade e prazos sujeitos a uma mútua administração, visando a conservação do mercado pela contínua satisfação do cliente (veja o Capítulo 5, Seção 5.7.2).

O conceito de fornecedor preferencial, comum na década de 1980, já limitava o número de fontes de aprovisionamento e era um primeiro passo em relação aos modelos JIT e TQC. A rede Le Postiche, por exemplo, especializada

---

[6] *Exame*, 30 ago. 1995.

em artigos de couro e acessórios, com cerca de 120 lojas, reduziu em 1998 o número de fornecedores — de 400 para 80 — e centralizou os fretes em três grandes transportadoras[7]. Entretanto, esse conceito está evoluindo ainda mais. São novas formas de associação, que chegam a lembrar o modelo japonês, com laços profundos entre pequenas empresas e grandes conglomerados (*keiretsus*). É o caso da Volkswagen, na fábrica de caminhões de Resende, no Rio de Janeiro, ao introduzir o consórcio modular, com a atividade física do fornecedor levada ao chão de fábrica do comprador (ou melhor, parceiro).

Figura 14.9   Ciclos de Informação

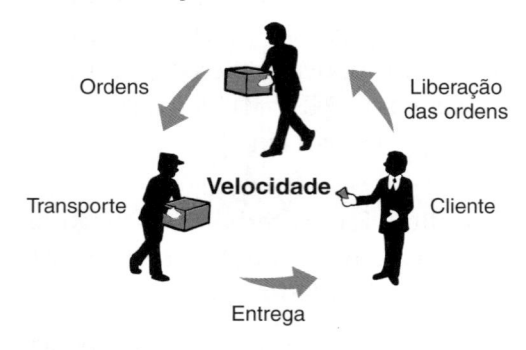

As grandes armas do novo conceito de relacionamento são:

- uso intensivo de informática para agilização de informações — quanto menores, mais rápidos e organizados em torno das atividades forem os ciclos de informação, mais valor serão gerados por eles (veja a Figura 14.9).

- introdução de esquemas de custeio por atividades, substituindo o ultrapassado custo por absorção, o que permite análises realistas de operações e reduções significativas de custos, mantendo o desempenho e evitando apenas o *downsizing*, recurso de administradores com visão imediatista e que cada vez mais se revela inadequado a longo prazo (sobrevivência) da empresa.

- normas ISO, que visam a qualidade total, e fluência de operações. Nessa linha é importante o uso das séries ISO 9000 e ISO 14000. (Um bom exemplo disso é a ênfase das montadoras automobilísticas na divulgação e a obrigatoriedade do uso de sua norma QS 9000 ou ISO TS 16949 e aplicação e particularização de ISO 9000, por parte de todos os fornecedores.)

---

[7]   Logística passa por revisão na Le Postiche. *O Estado de São Paulo*, 26 maio 1998.

- pressão dos blocos econômicos regionais, União Européia, Mercosul, Nafta e Alca, que estão redistribuindo e/ou concentrando especializações industriais, forçando a mudança do paradigma de negociação restrita entre fornecedor/comprador para um novo enfoque de mútua cooperação para ampliação geográfica de atuação.

Um exemplo significativo do poder da EDI na logística moderna é dado por Costa Moraes[8]. A Refinações de Milho Brasil desenvolveu um novo conceito de relacionamento comercial com um importante cliente seu, a Brahma. Esse conceito funciona da seguinte maneira: a Refinações é responsável pelo fornecimento da matéria-prima necessária para a Brahma produzir cerveja. Para isso, a Refinações instalou tanques de armazenagem do produto na Brahma e utilizou-se da tecnologia de informação para ganhar produtividade e vantagem competitiva. Ela instalou sensores nos tanques; assim, quando o nível do produto baixa e se aproxima do ponto de reposição, os sensores disparam um pedido de compras da Brahma para a Refinações via EDI. Quando a Brahma recebe a matéria-prima, o alarme é desativado. O sistema também registra a data e a hora em que o produto foi enviado para a Brahma, e a data e a hora em que ela o recebeu de fato.

Esse sistema utilizou-se de um dos fundamentos do *just-in-time*: a possibilidade de a empresa possuir estoques próximos do zero, mas ter o produto e a matéria-prima disponíveis em curtíssimo espaço de tempo. O gerenciamento dos estoques de matéria-prima do cliente, no caso a Brahma, é realizado pelo fornecedor, ou seja, a Refinações. Assim, o cliente tem menores custos de estocagem, aumenta sua produtividade, além de ter uma coisa a menos com que se preocupar, podendo se dedicar ao seu negócio de fato (*core business*).

A essa altura, vale perguntar: os almoxarifados pertencem a quem: suprimentos ou operação industrial? O problema sempre envolveu essa indagação. É necessário que um setor apenas seja o responsável final por sua administração.

Na empresa moderna, com o conceito JIT, espera-se que esse problema tenda a desaparecer, já que estoque é custo e deve ser evitado ao máximo. Todavia parece ser impossível sua eliminação total, por causa de problemas de flutuação de demanda por parte do cliente e de gargalos de produção nas fábricas.

Nossa sugestão é de que a operação industrial seja a responsável pelo nível de estoques dentro da fábrica, exercendo sua administração como uma ferramenta de aumento de produtividade e competitividade. Exercendo de fato o papel de interface entre suprimentos e comercialização, que lhe é proporcionado pelo uso do MRP I ou MRP II aliado ao *kanban*.

---

[8] *Economia & Empresa*, v. 3, n. 3, p. 105, jul.-set., 1996.

Os almoxarifados de produto acabado, por sua vez, devem ser responsabilidade do setor comercial que, cumpridos os compromissos de prazos e quantidades pela fabricação, deverá responder por quaisquer excessos de estoque do produto final, evitando assim as chamadas "promoções", às vezes tão danosas para a lucratividade da empresa.

Para efeito de reflexão sobre o problema que representa a estocagem, podemos lembrar que os custos de manutenção de estoques (veja o Capítulo 7, Seção 7.3.2) de um almoxarifado típico podem ser quebrados, como mostrado na Tabela 14.1[9].

TABELA 14.1
Custos Típicos de Manutenção de um Estoque

Custo ($/unid. ano) de Manutenção de Estoques, como % do investimento	
Seguros	0,25 %
Aluguel de Espaço	0,25 %
Impostos	0,50 %
Transportes	0,50 %
Manuseio	2,50 %
Depreciação	5,00 %
Juros	6,00 %
Obsolescência	10,00 %
Total	25,00 %

Seria interessante ainda considerar que a documentação usada na administração de estoques tradicionalmente consta de itens como requisições de materiais, relatórios de inventário permanente, registros de recebimento e registros de destinação de obsoletos para venda ou sucata.

Nas empresas modernas toda essa movimentação de papéis está sendo substituída por transações inseridas em computador por meio de etiquetas de código de barras e digitação de dados em telas dedicadas de um *software* de controle, o qual também substitui o uso anterior de *kardex* para controle do estoque.

---

[9]   Adaptado de JOHNSON; WOOD. *Contemporary logistics*, 1996.

14.5.4   Administração e Finanças

Há uma ênfase, cada vez maior, das empresas no fluxo de caixa. A agilização da atividade logística leva a uma rapidez da geração de caixa pelas empresas. Em uma estrutura Global em que os fluxos de capital são extremamente rápidos, via Internet, cada vez menos as empresas podem contar com os esquemas clássicos de financiamento bancário privado ou oficial, dependendo de sua própria geração de recursos e liquidez para agilizar as operações e manter ou criar uma estrutura acionária que lhes permita crescer ou mesmo sobreviver.

A rápida transformação de pedidos em faturamento, a redução do investimento em estoques em processos e inventários finais, a conexão via EDI com os bancos agilizando cobranças, a integração com fornecedores criando condições de um fluxo de caixa mais preciso, portanto mais confiável, são os instrumentos necessários para a implantação e o funcionamento de sistemas tipo ERP (planejamento de recursos da empresa), caminho necessário para as condições atuais de competição. Segundo o francês Arnaud Dupond, especialista em logística da A. T. Kerney, "conhecer os custos é o primeiro passo para uma logística eficiente".

A Figura 14.10 representa esquematicamente o fluxo de caixa de uma empresa.

Figura 14.10   Fluxo de Caixa em uma Empresa

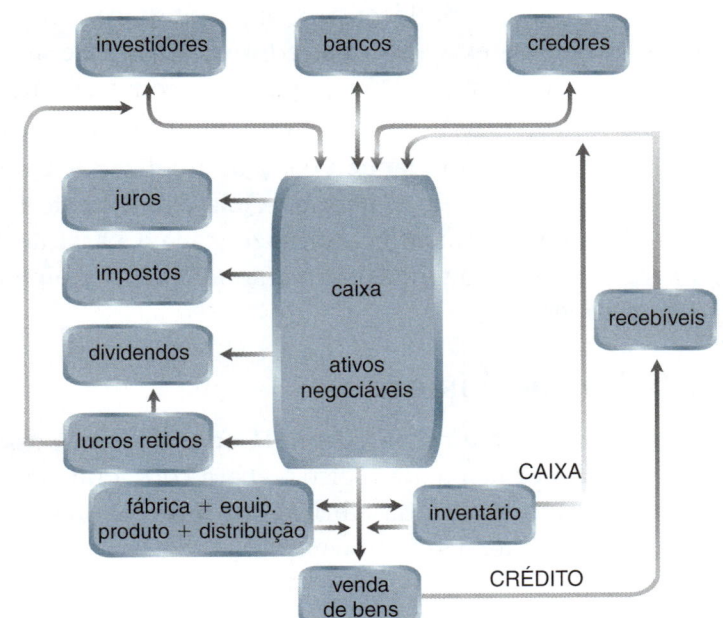

É evidente que alguns desses itens colocados são afetados de forma imediata pela melhoria da logística integrada na empresa.

Já vimos que a operação industrial é fundamental para a diminuição do *lead time* total do produto na empresa; logo, fábrica e equipamentos influem tanto na logística como no fluxo de caixa. O que pode ser feito em relação à operação é principalmente o controle do investimento total em ativos. Os itens levados em conta para o controle do plano de investimentos em manufatura são ligados a:

- Organização: Como a manufatura é organizada para efetivamente planejar, avaliar, medir e controlar o plano de investimentos? Quem é responsável em revisar as necessidades totais de investimentos e estabelecer prioridades em função da política de logística integrada? Como o pessoal encarregado pelo plano é nomeado, treinado e medido em base contínua?

- De ordem geral: A que nível da organização são os objetivos e compromissos estabelecidos? Como os orçamentos anuais de investimentos são controlados? Qual a consistência com planos a longo prazo? Que aprovações são requeridas? Ela é realista? Qual é o retorno sobre o investimento (ROI) dado como objetivo?

- Implementação de novos projetos: Quais são as análises de retorno (viabilidade) efetuadas? Quais interfaces entre engenharia e manufatura existem para assegurar que o investimento é o mais barato atendendo à necessidade técnica? Qual a interface com suprimentos para assegurar que existem fornecedores capazes de atender às necessidades do novo projeto? O equipamento comprado tem uma vida útil coerente com a duração do investimento total?

- Fábrica existente: Quem mantém o *layout* atualizado? Quem define a movimentação interna de materiais? Qual é o sistema de análise de capacidade de equipamentos para fazer face à variação de demanda? Existe um plano definido para disponibilizar equipamentos que se tornem supérfluos?

14.5.5 Distribuição Física

Como atingir rapidamente nosso cliente? Confiando em nosso produto, este passa a ser o desafio principal da logística. Para conseguirmos esse objetivo, devemos analisar a localização da fábrica, dos fornecedores e dos depósitos, e a estruturação dos sistemas de transporte.

A localização da fábrica é hoje função do mercado a ser atendido. Muito mais que considerações sobre incentivos fiscais, importa às empresas a agilidade de entrega de seus produtos, sejam eles dirigidos ao consumidor final ou a um transformador e/ou montador. Daí a proliferação por todo o mundo de fábricas de automóveis, mesmo com a permanência dos centros de excelência — como encarregados do desenvolvimento de produtos, projeto de ferramentas e equipamentos, especificações técnicas — e das sedes em países desenvolvidos, carregando consigo as fábricas de fornecedores (parceiros) e reservando a essas instalações regionais apenas o aspecto operacional de montagem.

Os *depósitos regionais* são localizados em função da estrutura de transportes existente. A principal ferramenta utilizada para sua localização é a pesquisa operacional, por meio de modelos simples de transporte, em que são levados em conta origens e destinos, ou por meio de modelos de baldeação, em que além destes, levamos em conta pontos de transferência intermediários. Por exemplo, em vez de remeter uma mercadoria de São Paulo para Salvador, pode ser mais barato incluir essa carga em remessas regulares de São Paulo para o Rio e depois do Rio para Salvador[10].

A palavra de ordem é reduzir estoques, a ponto de ser comum o conceito de que o próprio meio de transporte é um miniarmazém (o carro de entrega de sorvetes ou cigarros é uma substituição do espaço gasto em armazenagem, na medida em que pode carregar o estoque equivalente a um período de vendas: 1 dia, por exemplo).

No Brasil, temos o caso da Sadia, que, usando uma central de *telemarketing* e a automatização da gestão de estoques, racionalizou as entregas, permitindo aos clientes pedidos diários. Os produtos são estocados nos caminhões em vez de nos armazéns. De 1992 a 1994 a produção da Sadia cresceu 31%, e seu espaço físico de armazenagem não aumentou em nada.

Com o advento do *transporte intermodal*, isto é, o uso de vários meios de transporte utilizando um único manifesto de embarque, como transporte por navio, trem, caminhão, barcaça, sucessivamente, o principal problema da distribuição física passou a ser a roteirização, ou seja, a determinação do esquema de prioridades de entrega em função de rotas predeterminadas.

Para isso, mais uma vez temos de recorrer aos modelos de pesquisa operacional e aos *softwares* dedicados, que nos permitem chegar a soluções ótimas ou não, dependendo do algoritmo utilizado.

---

[10] Modelos de transporte e baldeação podem ser encontrados em literatura dedicada à pesquisa operacional, como HILLIER, F. S.; LIEBERMAN, G. *Introduction to operations research*. New York: McGraw-Hill, 1990; e WAGNER, H. M. Pesquisa operacional. São Paulo: Prentice Hall do Brasil, 1986.

O advento de *softwares* de simulação, que sem indicar a solução ótima nos permitem criar cenários e estabelecer a melhor opção possível dentro dos recursos disponíveis, bem como a possibilidade de sua utilização em microcomputadores, vem permitindo que até empresas de pequeno e médio porte entrem na administração científica da distribuição (por exemplo, os *softwares* para simulação de sistemas Promodel[11] e Arena[12]).

Os *meios físicos de transporte*, ou seja, as frotas, devem ser analisados sob o ponto de vista da engenharia econômica, para determinar se é mais rentável para cada empresa tê-las próprias ou recorrer à terceirização.

É importante lembrar que a mesma frota que executa a entrega ao consumidor pode ser usada no abastecimento das fábricas, maximizando sua utilização. No entanto, na maioria dos casos, deve ser levado em conta a tendência atual da focalização das atividades da empresa em seu negócio principal (*core business*), o que desaconselha o uso de frotas próprias.

Nas figuras 14.11 e 14.12 estão indicados os relacionamentos existentes na distribuição física.

Figura 14.11 O Caminho da Distribuição Física

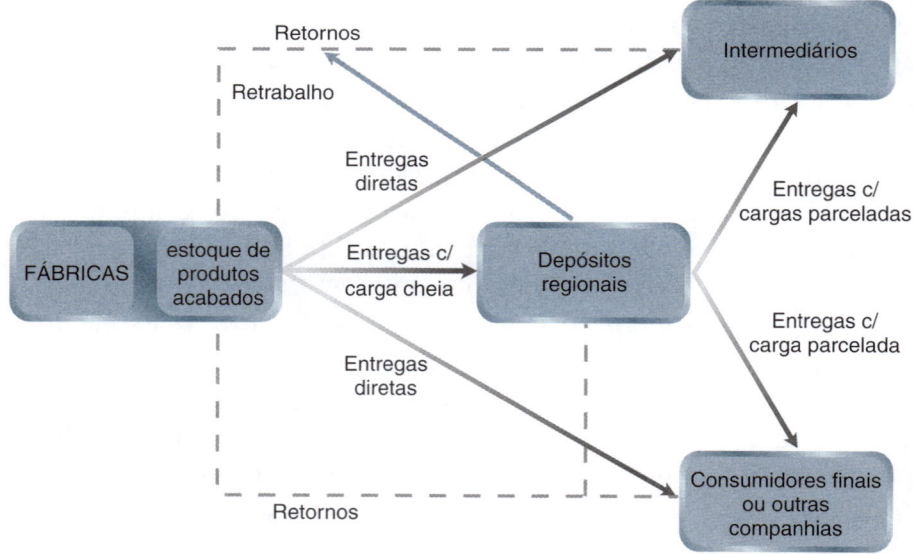

---

[11] Veja mais sobre a Promodel no endereço http://www.belge.com.br.
[12] Veja mais sobre a Arena no endereço http://www. Paragon.com.br.

Figura 14.12

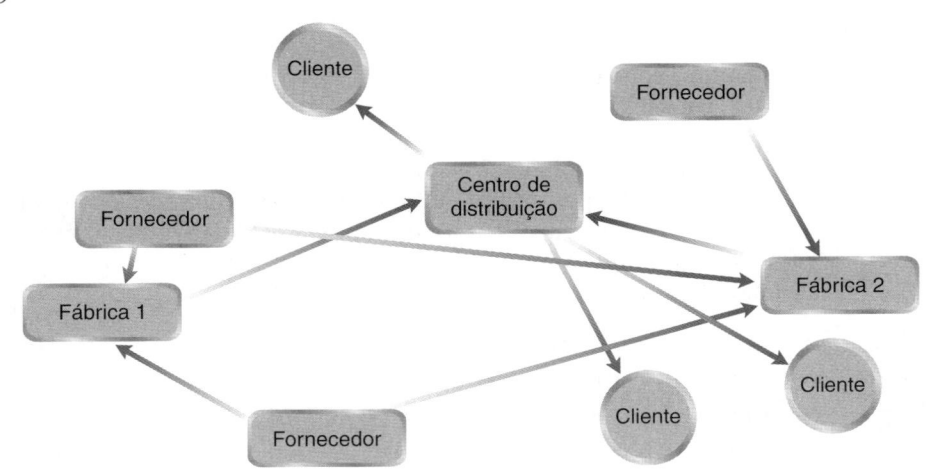

Automatizar processos comerciais ineficientes significa perda de tempo e dinheiro. Um dos maiores atacadistas brasileiros investiu um grande volume de recursos na informatização da sua equipe de vendas, mas não obteve a contrapartida em vendas. Os caminhões continuaram perdendo muito tempo no trânsito e na hora de carregar e descarregar as mercadorias. Para uma empresa cujo negócio é distribuir produtos, esse tempo perdido pode ser a diferença entre vender ou não, lucrar ou ter prejuízo.

Tentando resolver seus problemas, a empresa decidiu adquirir um *software* que racionalizasse suas rotas de entregas. Comprou, então, o Truck, que, com um mapa da cidade na memória, decide em segundos qual o melhor roteiro. O próprio diretor da empresa admitiu: "essa era uma tarefa feita no olhômetro". A empresa também resolveu instalar um *software* de armazenamento e separação de mercadorias. Com ele, o pedido de cada cliente é colocado num palete e acomodado de acordo com a ordem de entrega: o pedido do último cliente do roteiro será o primeiro a ser carregado. Com isso o tempo médio para descarregar na porta do cliente caiu de 25 minutos para a metade — antes os caminhões eram carregados sem obedecer à rota de entregas. Assim, o custo de logística do atacadista pode cair nessa primeira etapa de 9% para 7,5% do seu preço de venda. Ele ainda era alto se comparado com os atacadistas americanos (3%), mas razoável se comparado com a média brasileira do setor (10%)[13]. Veja outro caso na prática:

---

[13] Fonte: *Exame*, 30 ago. 1995.

Com investimentos de R$ 2,28 milhões na aquisição de duas empilhadeiras modelo sueco reach-stackers, o Tecon Salvador — Terminal de Contêineres do Porto de Salvador — amplia em 25% sua capacidade de armazenagem, passando de oito mil para dez mil TEUs. As novas máquinas aumentam de quatro para seis o número de contêineres empilhados. Segundo o diretor comercial são os primeiros equipamentos com esta capacidade a operar em terminais de contêineres no Brasil.

O Tecon Salvador passa a ter sete empilhadeiras destinadas à movimentação de cargas no terminal. Com o investimento, a companhia ultrapassa os R$ 75 milhões aplicados na operação desde março de 2000, quando o terminal foi assumido pelo Grupo Wilson, Sons.[14]

Como vimos, outro ponto básico para a distribuição física nos dias de hoje é o controle de frotas durante o roteiro preestabelecido. *Softwares* capazes de decidir em segundos qual a rota mais eficiente para o caminhão de entregas. Vendedores munidos de computadores portáteis que transmitem seus pedidos *on-line* para a fábrica, gerando menos estoques. Leitores ópticos de código de barras que eliminam erros de armazenagem[15]. Sistemas para administração e rastreamento de frotas. Serviços automatizados para atendimento de clientes[16]. Isso não é mais o futuro dos sistemas logísticos, é a realidade.

Os elementos básicos para essa aplicação da EDI são: terminal móvel e antena no caminhão, que transmite mensagens captadas por um satélite (no caso o Brasilsat II), que as retransmite imediatamente para uma central em Brasília (Autotrac), a qual armazena as informações passadas pelo motorista e as retransmite para a matriz da transportadora, a cada dez minutos. As mensagens da empresa para o motorista são transmitidas imediatamente. O computador da matriz armazena as informações recebidas, as quais são automaticamente passadas para os setores responsáveis pelas comunicações com clientes e motoristas que, assim, sempre trabalham com dados atualizados.

Como o motorista envia informações sobre a carga e a viagem a cada 600 quilômetros, podendo ainda receber ou emitir mensagens extraordinárias, qualquer mudança na programação é feita em tempo real. (Até sob o aspecto humano, o motorista se sente em permanente contato com a empresa e com sua família, por meio da comunicação fácil possibilitada pelo sistema.) Além da vantagem de ter um rastreamento do veículo e da carga, para efeitos de

---

[14] FILHO, J.P.M. Empilhadeiras ampliam em 25% a capacidade do Tecon Salvador. *Banco de Notícias Investnews*, Salvador, 17 nov. 2003. Disponível em: <www.investnews.com.br>. Acessado em: 26 jan. 2004.

[15] Exame, 30 ago. 1995.

[16] *Informática Exame*, p. 100, dez. 1995.

segurança, o mais importante para a empresa é diminuir o tempo de trânsito em vazio, ou quilometragem ociosa, que pode representar 10% do tráfego dos caminhões, representando gasto inútil de pneus, combustível e pessoal.

É possível, além disso, manter intercâmbio eletrônico de documentos com os clientes, agilizando cargas e descargas, aumentando a produtividade, permitindo ainda que pedidos, faturas e pagamentos sejam todos gerados eletronicamente (veja o Capítulo 4, Seção 4.3.1).

Nas figuras 14.13, 14.14, 14.15, 14.16 e 14.17 mostramos diversos tipos de veículos de transporte, disposição de carga e tipos de contêineres.

Figura 14.13   Navios e Transporte de Carga

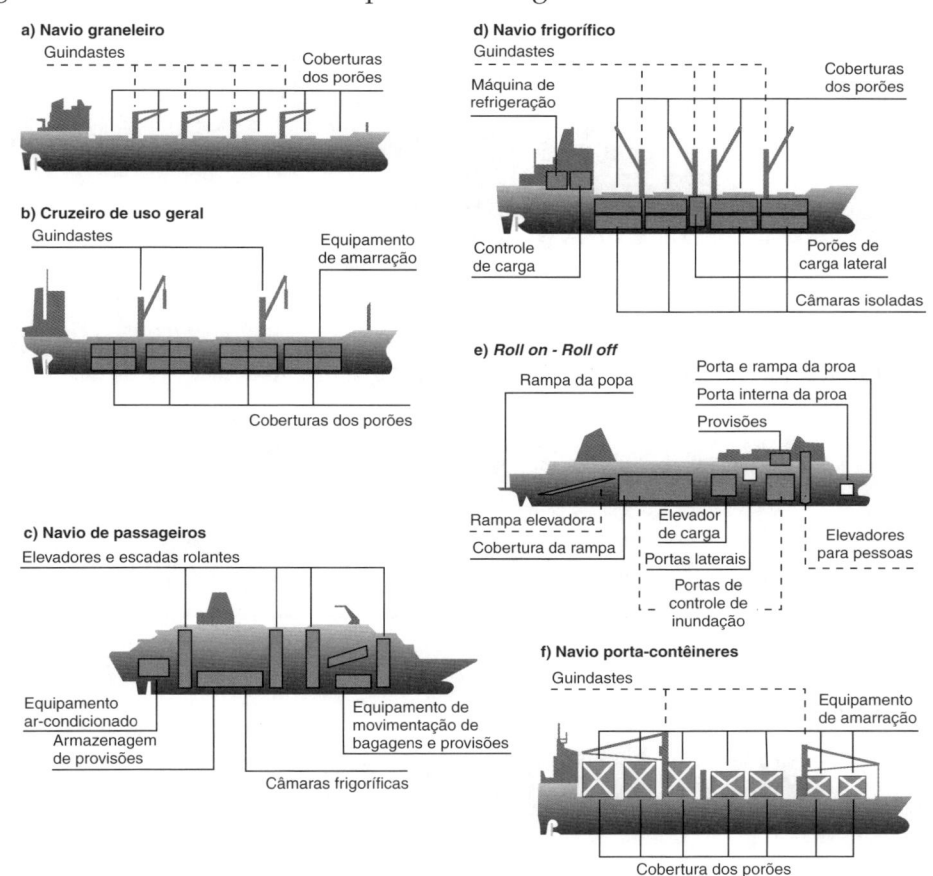

Figura 14.14   Vagões de Cargas Especiais

Figura 14.15   Disposição de Carga em um 747 Cargo

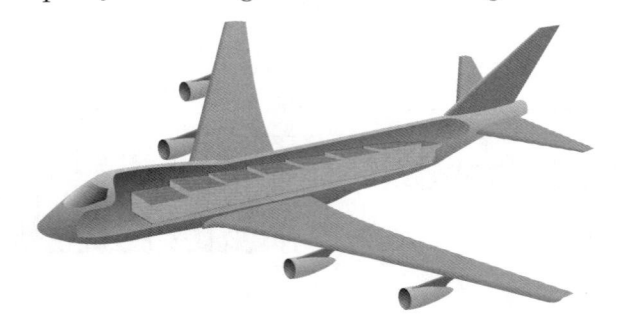

Figura 14.16   Disposição de Carga em um 747 Cargo

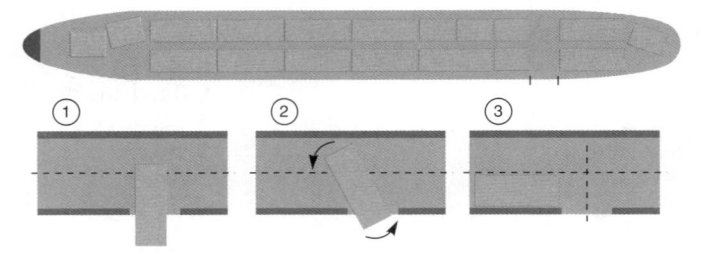

Figura 14.17   Contêineres para Aviões

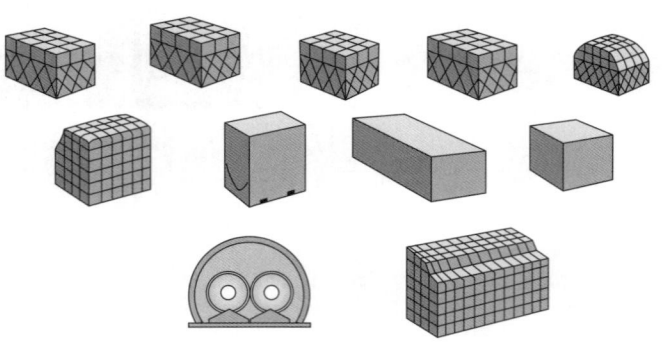

14.6 *Lead Times*

Na Figura 14.18 estão os principais tempos que devem ser reduzidos na estrutura integrada de logística: o **lead times** — o tempo decorrido desde o início até o fim de um processo. Ao analisar o diagrama, procure ter em mente que a grande perda de tempo nos sistemas devem-se sempre às esperas, inevitáveis ou não, e que quanto menor o *lead time*, mais eficiente o processo. Veja a importância disso:

> Uma pesquisa encomendada pela Câmara Americana de Comércio e FGV indica um dos maiores problemas do setor de exportação: o lead time. Ou seja, o tempo entre o recebimento do pedido de exportação e a entrega do bem, no Brasil, era de 86 dias em média, enquanto a média internacional era de 58 dias. A situação em 2003 não é muito diferente e, a partir disso, deve-se refletir sobre os principais pontos que provocam essa grande desvantagem em nosso lead time.
>
> O mercado importador cobra das empresas exportadoras a competência que elas têm em receber um pedido, uma encomenda, e transformá-la numa entrega. Para o cliente, depois que ele fez o pedido, só depende da empresa exportadora entregar o produto.
>
> As certificações ISO, por exemplo, estão entre as exigências na exportação, porém servem basicamente para documentar um processo que pode estar repleto de falhas.
>
> Tudo isso acontece não pela má vontade das pessoas, mas sim pela falta de sincronismo das ações. Para que as exportadoras diminuam seu "lead time" e se tornem mais competitivas, precisam alinhar os três fatores fundamentais para o sucesso, ou seja, estratégia, processos e pessoas.
>
> Esse alinhamento só é possível de ser obtido por meio da definição de indicadores de desempenho.[17]

A atuação dos profissionais dentro das organizações será sempre no sentido de tentar reduzir ou eliminar as esperas evitáveis, já que com as inevitáveis não há muito a ser feito. As ferramentas geralmente utilizadas são reengenharia de processos e qualidade total. O uso de conceitos como o de custos por atividades e *benchmarking* também traz bons resultados. No *benchmarking* toma-se como paradigma empresas líderes e conhecidas por sua eficácia em determinada atividade e, partindo da análise do que elas fazem, desenvolve-se um processo próprio por meio da associação de idéias, isto é, criando, não copiando!

---

[17] ROCHA, P. Demora na entrega das exportações: tempo de espera para atendimento do pedido é superior ao da concorrência. *Gazeta Mercantil*, A3, 29 set. 2003. Disponível em: <www.gazetamercantil.com.br>. Acessado em: 26 jan. 2004.

Figura 14.18   *Lead Times*

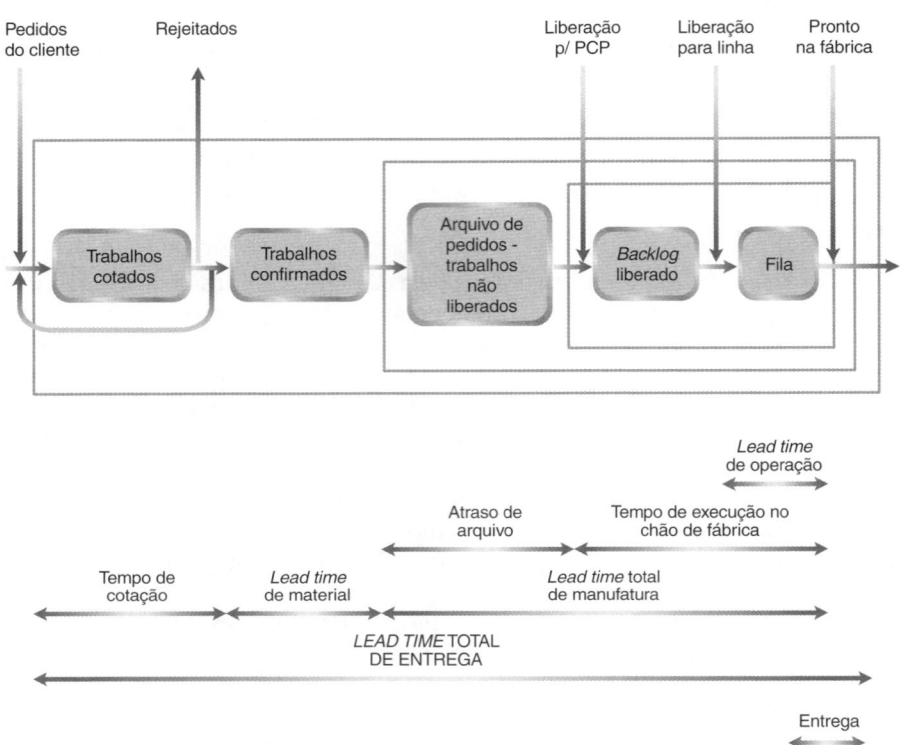

14.7   A Logística e a Globalização

A mudança mais marcante dos últimos tempos dentro da sociedade mundial foi mesmo a globalização. Nunca antes as transações comerciais e o fluxo de capitais estiveram tão intensos através de fronteiras nacionais, com blocos comerciais substituindo alianças militares, com a transmissão instantânea de informações, fazendo crises em um país influenciarem bolsas e cotações de moedas por todo o globo.

Este é um fenômeno de nosso tempo, sem precedentes na história da humanidade, que acabou gerando, ou foi gerado por, um chamado neoliberalismo, conceito ainda indefinido, mas reação evidente aos modelos econômicos capitalista e comunista (ou socialista, para alguns) já exauridos.

Algumas características do modelo atual afetaram de modo permanente a forma de operar das empresas, quer de bens de consumo, bens de produção, quer de serviços. A Figura 14.19 traz algumas dessas características.

Figura 14.19 Para Onde o Mundo Está Indo?

Extensão geográfica do mercado consumidor. Hoje é impossível adotar critérios de localização de fábricas e de centros de distribuição como no passado. O objetivo é levar o produto no tempo mais curto e com o custo mínimo a consumidores espalhados por todo o globo. O transporte deve ser o menor possível; assim, o desenvolvimento do produto pode estar localizado junto às sedes das empresas — desde que se lembre que é preciso um produto global com características regionais. As fábricas, entretanto, com processos adaptados às condições locais, em termos de recursos tecnológicos, de mão-de-obra disponível e de fornecimento de materiais, devem estar dispersas pelo mundo, junto aos mercados consumidores, restando aos depósitos a função de volantes de estoque, acumulando um mínimo para compensar problemas de entregas teoricamente *just-in-time*. A Caterpillar Tractor consegue em no máximo 48 horas deslocar peças e estoques para qualquer lugar do mundo, principalmente por causa de sua logística, controle e localização de estoques, além da utilização inteligente do horário dos vôos.

Rapidez de informações. Com o desenvolvimento dos recursos de sistemas de informação, criação de protocolos seguros de transmissão de dados e integração de redes, estamos chegando ao dia de 24 horas contínuas para as empresas. É o que ocorre nas empresas globais, que, por meio de suas sedes espalhadas por vários países e varrendo inúmeros fusos horários, e com a ajuda de modernos recursos tecnológicos, conseguem diminuir ao máximo interrupções das operações comerciais, econômicas e produtivas. A Gessy Lever consegue entregar nos supermercados os produtos de alto giro de estoque em até 24 horas.

Consumidor exige cada vez mais produtos e serviços personalizados. A produção em massa do século XX, o fordismo e mesmo o toyotismo[18], atual parâmetro de produção classe mundial ou enxuta, passa a ser substituída pela manufatura ágil, com um grau maior ou menor de automatização, mas única resposta possível a essa tendência irreversível de diversificação do consumo.

A mudança de paradigma de emprego e de estruturas de produção. Como conseqüência dos três primeiros itens, as estruturas organizacionais começam a mudar no mundo todo. As empresas multinacionais, com sede em um país e operando globalmente, estão se transformando em empresas globais em que a localização da sede e a administração dependem dos interesses do mercado. Essas empresas estão caminhando rapidamente na direção de empresas virtuais ou empresas estendidas (*extended enterprises*), em que as atividades operacionais, além de serem controladas a distância via computador, estão interligadas entre empresas diferentes, fazendo alianças temporárias para atender exigências específicas de mercado.

Há uma maior tendência ao uso de redes (*networks*) de empresas associadas por interesses comuns e não por participação acionária, como se fossem uma cadeia de produção ou distribuição. Com isso a característica do emprego muda, ficando cada vez menor o vínculo permanente profissional/empresa por longos períodos, avançando a presença do prestador de serviços especializados a diversas empresas, ou, como citado em um estudo do Massachusetts Institute of Technology (MIT), a volta de um tipo de corporação, dessa vez não de artesãos, mas de profissionais do conhecimento.

Como não poderia deixar de ser, a logística também foi tremendamente afetada. Criou-se o conceito de *supply chain*, que será abordado em detalhe no próximo item e, principalmente, o administrador foi forçado a pensar e agir de forma sistêmica, transformando a logística, de ferramenta operacional em ferramenta estratégica para as empresas. Considerando-se como questão básica para as organizações modernas a competitividade, e adotando-se a seqüência de estabelecimento de diferenciais competitivos como sendo relativos a custo, qualidade, confiabilidade, flexibilidade e inovação.

A *competição por custo* é a capacidade de fornecer o produto a um custo abaixo da concorrência. A *competição por qualidade* diz respeito ao fornecimento de um produto percebido pelo cliente como tendo uma relação custo/desempenho, isto é, valor maior do que o da concorrência. Na *competição por confiabilidade* a empresa deve ter a capacidade de cumprir os prazos e as quan-

---

[18] Para saber mais sobre o fordismo e o toyotismo, consultar MARX, Roberto. *Trabalho em grupo e autonomia como instrumentos da competição*. São Paulo: Atlas, 1998.

tidades prometidos nas entregas. Na *competição por flexibilidade* as organizações devem se esforçar para ter a agilidade de atender pedidos personalizados, tanto no que se refere ao tipo de produto como no que diz respeito às características individualizadas no tipo desejado, mesmo em quantidades extremamente reduzidas de pedido (no limite para pedidos unitários). Por último, na *competição por inovação* terá mais vantagem a empresa que chegar mais cedo ao mercado com produtos diferenciados que respondam a uma necessidade explícita ou implícita do consumidor (caso em que há uma antecipação de um desejo reprimido ou inconsciente do mercado).

Ora, a eficácia do sistema logístico da empresa é fundamental não só para o cumprimento como para o próprio estabelecimento do plano estratégico.

De acordo com Michael Porter[19], o negócio de uma empresa pode melhor ser descrito como uma *cadeia de valor* na qual receitas totais menos custos totais de todas as atividades necessárias para desenvolver e comercializar um produto ou serviço geram valor. Todas as firmas de uma mesma indústria têm cadeias de valores similares, que incluem atividades como obter matérias-primas, desenvolver produtos, construir fábricas, desenvolver acordos de cooperação e fornecer serviços ao consumidor. Uma firma será rentável quando as *receitas totais forem maiores do que os custos incorridos em criar e entregar o produto ou serviço*. As firmas devem se esforçar para entender não só suas operações na cadeia de valor, mas também as de seus concorrentes, fornecedores e distribuidores.

Isso torna claro que no âmbito global, com vastas extensões geográficas e diferentes fusos horários, só uma perfeita coordenação de atividades dentro da cadeia de valor produzirá o lucro desejado. A função da logística é promover essa coordenação.

A conquista do mercado americano pela indústria automobilística japonesa é um exemplo perfeito dessa tese. No início do processo, os japoneses se basearam em preço e qualidade, fase em que sistemas de produção e relacionamento com fornecedores eram fundamentais, e daí surgiram filosofias ligadas à logística de fábrica e logística de suprimentos, a mais característica delas é o sistema *just-in-time* (JIT), que integra a linha de montagem com o último dos fornecedores por meio do cartão *kanban*.

O próximo passo foi assegurar a entrega no mercado americano, gerando confiabilidade no produto. Aí a distribuição foi fundamental — desde os navios

---

[19] Michael Porter, professor de administração na Harvard Business School, é autor de 14 livros e mais de 50 artigos. É um dos mais respeitados teóricos sobre *competitividade estratégica* da atualidade.

roll on-roll off[20], que serviam até como oficinas de montagem de acessórios durante a viagem à costa oriental dos Estados Unidos, até a criação de um sistema de revendas e serviços de costa a costa.

O último passo foi a fabricação junto ao mercado consumidor, por meio de fábricas próprias ou *joint ventures*[21] com a concorrência local e do desenvolvimento de fornecedores locais que pudessem trabalhar em JIT como no Japão.

Os países emergentes são hoje um pólo duplo de atração: primeiro por propiciarem, em muitos casos, economias de custos, não necessariamente de mão-de-obra direta, já que a participação desta em indústrias de alta tecnologia como a automobilística é hoje menor do que 5%, mesmo com nível baixo de automação; segundo por serem consumidores potenciais de produtos cujo mercado no primeiro mundo já está saturado.

Isso significa a montagem de cadeias logísticas altamente eficientes, sob pena de perda de poder competitivo. Cadeias não apenas globais, mas também nesses países e nos mercados regionais que estão surgindo. A logística será o grande destaque das próximas décadas (veja a Figura 14.20).

Figura 14.20   Cadeias Logísticas

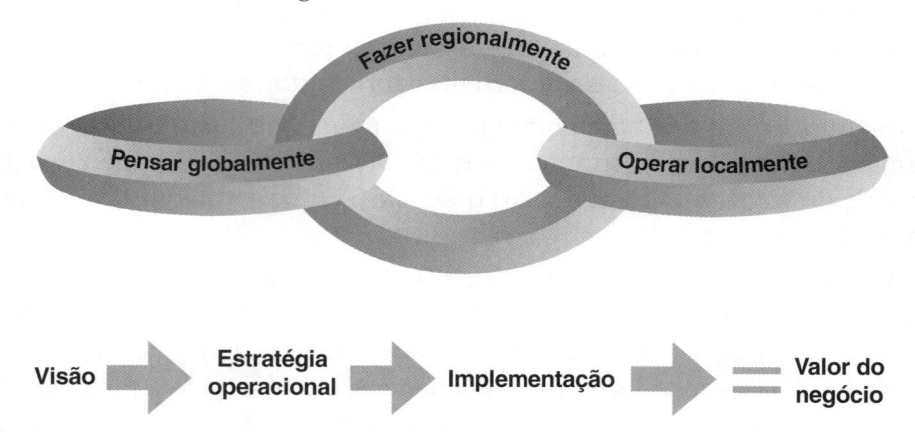

Primeiro, a criação de novas formas de relacionamento entre clientes e fornecedores, tais como o consórcio modular, em que o fornecedor trabalha com sua equipe e seu equipamento dentro da fábrica do cliente, do JIT II[22], em que o fornecedor mantém seus funcionários no setor de suprimentos do cliente, tem um estoque de peças no local a seu custo e controla esse estoque de acordo com a necessidade do cliente que ele mesmo levanta. Assim, o JIT II tem como principais premissas: a) o cliente e o fornecedor estabelecerem uma aliança a longo prazo; b) o fornecedor disponibilizar nas instalações físicas do cliente funcionários com nível de tomada de decisões gerenciais; c) o cliente permitir que esses profissionais conduzam e controlem as atividades ligadas a seu programa de suprimentos, como operações cotidianas, ordens de entrega, exigências de planejamento, melhoria de processos, enfim, tudo o que seja apropriado a dar corpo e maturidade à aliança; d) o cliente autorizar o representante "implantado" a trabalhar com e vender para as pessoas designadas por ele em sua organização; e) o fornecedor dar autonomia a seu funcionário "implantado" para que ele possa lutar pelos interesses do cliente quando em contato com seus colegas de empresa.

Segundo, a mudança da produção enxuta, que vem substituindo a produção em massa pela produção ágil, com alto grau de automação ou alto grau de autonomia de grupos de trabalho, o que constituirá uma mudança total de enfoque do planejamento e controle da produção e da movimentação interna e sistemas de armazenagem.

O sistema de vendas e distribuição também será grandemente alterado e repensado com o uso cada vez maior da Internet para compras e entrega domiciliar. E a desconcentração populacional em grandes regiões metropolitanas, com a criação de pólos industriais em regiões antes agrícolas, tornará o problema de distribuição muito mais sério e diferencial de lucro para a sobrevivência das empresas.

14.8   Novos Desafios no Século XXI

À medida que o país se integra com o mercado global, novos problemas ligados à operação logística começam a surgir.

Já são tradicionais alguns problemas como o do aço, comumente usado para demonstrar como os exportadores e os importadores brasileiros têm de arcar com altos custos por conta da deficiência da infra-estrutura portuária do país.

---

[22] Consulte http://www.innovativepurchasing.com/samplearticle7.html e veja como o esquema funciona na Honeywell.

No porto nacional tido como o mais eficiente, o da Praia Mole (ES), pertencente à Vale do Rio Doce, o custo por tonelada de aço é de US$ 13, enquanto em portos centrais de vários países gira em torno de US$ 5. No porto de Valparaíso, no Chile, é de US$ 4,7; no Rio é de US$ 23; e em Santos, US$ 28 — seis vezes maior.

Além dos elementos do já conhecido "Custo Brasil", isto é, perdas geradas por falta de infra-estrutura adequada para distribuição de produtos, tais como: péssimas condições da rede viária e portuária, falta de armazéns e silos, outras perdas decorrentes de "operações padrão" e prejuízos advindos da "indústria de boatos", surgem agora fatos novos gerados pela extensão e intensidade do nosso comércio internacional.[23]

Extensão no sentido da amplitude geográfica por onde se distribuem os nossos parceiros e intensidade em relação não só ao alto volume de transações, como quanto à defasagem entre importações e exportações.

Dentre esses problemas, dois se destacam e merecem reflexão pelos envolvidos na logística: o problema da escassez de contêineres e o terrorismo internacional.

14.8.1 Faltam contêineres

Em agosto de 2004, encontramos um artigo na revista *Exame*[24] mostrando um fato, para muitos inusitado, mas capaz de gerar prejuízos enormes aos exportadores.

Devido a uma série de circunstâncias: a principal delas a eficácia do nosso comércio exterior, já que há muito tempo as exportações sobrepujam amplamente as importações (no primeiro trimestre de 2004 saíram do país mercadorias em 420.000 contêineres, quase o dobro do que entrou), faltam contêineres no mercado.

Torna-se necessário importar contêineres vazios, o que envolve dois problemas: primeiro, ninguém quer assumir o custo; segundo, a oferta mundial do equipamento não consegue acompanhar o crescimento do comércio internacional, além da ocorrência de aumento do preço do aço, sua matéria-prima básica. Isso tem levado a um acréscimo brutal de fretes.

Segundo o artigo, para embarcar carga em um contêiner de 20 pés de Santos para a região do Golfo do México, paga-se hoje cerca de US$ 2.000

---

[23] Informações disponíveis em: <www.global21.com.br>. Acessado em: ago. 2004.

[24] JAGGI, Marlene. Falta contêiner. *Exame*, n. 823, p.36, São Paulo, ago. 2004.

contra US$ 1.500 em 2002. Merece, pois, este assunto de disponibilidade de contêineres uma breve discussão.

Há cerca de 12 milhões de contêineres de carga no mundo, em sua maioria sendo transportados em navios, mas muitos podem ser encontrados em portos, aguardando transporte para o interior e alguns sendo transportados por ar. Eles se tornaram fator essencial para o comércio internacional.

Mas as pesquisas mostram que eles são utilizados menos de 30% de sua vida útil. Muitos são transportados vazios ou ficam aguardando em terminais até serem preenchidos, enquanto muitos desaparecem sem rastro.[25]

É preciso então que as transportadoras marítimas e terrestres mantenham um sistema de informações do posicionamento dos contêineres confiável e facilmente atualizável, à medida que eles passam por depósitos e portos ao longo de sua rota, inclusive porque os clientes estão cada vez mais exigentes no controle do posicionamento de suas cargas e na obtenção de informações que lhes permitam um melhor planejamento do uso do equipamento no seu dia-a-dia.[26]

É bom lembrar que a nível mundial já se trabalha JIT e que há cargas sensíveis que exigem monitoramento diário, como alguns itens ligados à alimentação e produtos farmacêuticos.

Normalmente o equipamento se move do embarcador marítimo para o transportador e para o consignado, mas pouco controle se tem sobre ele. Os proprietários dos contêineres costumam cobrar por manter o equipamento fora de serviço por mais do que o tempo livre combinado para permitir ao consignado que carregue, descarregue e reposicione o equipamento.

---

[25] Ricardo Demasi, da empresa Transnacional sugere se pense em conjunto a solução para a questão dos contêineres. "Ultimamente tem se falado muito na falta desses equipamentos para o transporte de mercadorias, mas isso não é bem verdade". De acordo com Demasi, a falha não está na falta de contêineres, mas na sua distribuição logística.

Para reforçar sua afirmativa, ele cita o caso de mercadorias apreendidas. "As cargas interditadas ficam nos contêineres lacrados, ao invés de serem removidas para depósitos." Muitos produtos chegam a aguardar por solução da Justiça por mais de um ano. "Enquanto isso, esses contêineres ficam fora de circulação, ampliando o leque de problemas a serem enfrentados pelos empresários", destaca Demasi. Disponível em: <www.global21.com.br>. Acessado em: ago. 2004.

[26] O presidente da Associação Brasileira do Mobiliário (Abimóvel), Domingos Sávio Rigoni, afirmou que a meta é encerrar 2004 com um volume de US$ 950 milhões em exportação de móveis. No entanto, a falta de infra-estrutura de transporte pode comprometer essa expectativa. "Santa Catarina é o estado que mais exporta móveis no país e estão sem enviar os móveis para o exterior há 45 dias por causa da falta de contêineres. Os negócios com a exportação de móveis aumentaram com o estímulo do próprio governo federal e agora as empresas se deparam com a falta de condições de transporte", salientou. Disponível em: <http://cidadebiz.ig.com.br>. Acessado em: ago. 2004.

Devido aos sistemas atuais não monitorarem o equipamento em tempo real, há uma tendência dos prazos de aluguel nos depósitos não serem cumpridos e começarem a incorrer custos de DMR (*demurrage*)[27] e custos de (detention)[28].

A idéia é, então, usar tecnologias de ponta para baixar o custo total do sistema, quer se trabalhando em regiões como os Estados Unidos, onde a propriedade do equipamento é de grandes empresas nacionais e multinacionais, ou Europa, onde os proprietários são firmas embaladoras e transportadoras de menor porte. (Evidentemente essas últimas têm um incentivo muito maior em saber onde está seu equipamento e em mantê-lo em constante movimentação.)

Um sistema efetivo de rastreamento necessita:

1. Rastrear e monitorar a carga para o serviço ao cliente
2. Rastrear o equipamento para um eficiente uso operacional e do capital investido.

Três tecnologias existentes são código de barras, identificação por radiofreqüência (RFDI) e sistemas de posicionamento global (GPS).

Vejamos cada uma:

a) Código de barras.

É o método mais usado para coletar dados para rastreamento, das fábricas aos supermercados. Avanços nesta tecnologia levaram ao desenvolvimento de *scanners* holográficos que podem ler códigos de quase todas as orientações e *scanners* tipo caneta que permitem a leitura em qualquer lugar. No entanto, a tecnologia continua a requerer a intervenção humana, usualmente em muitos pontos da rota de distribuição, que é, além de cara, não muito eficaz. E o que é mais importante: não permite atualizações automáticas do sistema quando o equipamento se move.

---

[27] *Demurrage* ou sobreestadia: multa determinada em contrato, a ser paga pelo contratante de um navio quando este demora mais do que o acordado nos portos de embarque ou de descarga. Valor aplicado quando o importador descumpre os prazos acordados para a utilização de um contêiner, ou seja, quando o contêiner é utilizado por um tempo além do concedido pelo *free-time*.

[28] *Detention* (DTS): taxa cobrada dos clientes das transportadoras, etc. pela utilização de contêineres e equipamentos além dos dias livres combinados, ou seja, quando contêineres são devolvidos atrasados após carga e/ou descarga.

b) RFDI

Representa um salto gigantesco no campo da coleta automática de dados. Enquanto o código de barras exige um alinhamento das barras com o *scanner* para leitura, o RFDI usa ondas de rádio, que permitem ler até o código do que está dentro do contêiner sem abri-lo. Então nos tornamos capazes de acompanhar o contêiner e a sua carga desde a manufatura através da distribuição até o ponto de venda sem abri-lo.

O equipamento funciona através de neve, nevoeiro, gelo, tinta, madeira, concreto e em outras condições adversas visuais e ambientais, em que o código de barras seria não utilizável. Basicamente a tecnologia usa: uma antena, um transmissor (com decodificador) e um transponder (chamado RF *tag* ou etiqueta eletrônica, programado com a informação necessária).

O uso de RFDI permite que, após a leitura do cartão, a informação seja armazenada e organizada nos computadores dos usuários.

Mas falta uma característica importante: como os contêineres viajam pelo mundo, o sistema ainda não permite rastreá-los globalmente ou a longas distâncias, ou seja, sistema RFDI não tem capacidade de informar a posição onde se encontra o equipamento.

c) GPS

A resposta mais atual para o problema que vimos analisando aparece agora: é o GPS. Baseia-se no uso de satélites que podem estabelecer o posicionamento do equipamento em qualquer lugar sobre a Terra.

A tecnologia é relativamente simples. Um conjunto de 24 satélites, orbitando 11.000 milhas sobre a Terra emite sinais para receptores no solo. Medindo o tempo de percurso de um sinal transmitido de cada satélite, um receptor pode calcular a distância deste satélite. Estabelece-se pela posição dos satélites um ponto preciso que determine a posição do receptor. Por exemplo, recebendo sinais de no mínimo quatro satélites, um receptor GPS pode determinar latitude, longitude, altitude e tempo.

Uma combinação de RFDI e GPS leva a um meio simples e robusto de comunicação de dados, que permite um sistema simples, eficaz e implementável de rastreamento.

O uso do GPS sozinho é ótimo para localizar veículos, mas não é uma solução para rastrear contêineres, especialmente quando estiverem armazenados no pátio, onde estão empilhados e em grupos compactos.

Normalmente sistemas de rastreamento de contêineres envolvem um conjunto de receptor GPS e um dispositivo de transmissão dentro do contêiner, em geral constituído por um dispositivo de comunicação celular ligado à estação-base através de uma rede.

Esse sistema é extremamente útil quando o contêiner está em movimento em um navio, ferrovia ou caminhão, mas, freqüentemente não é possível de nenhuma forma o uso de GPS no pátio de armazenamento.

Qual será então a posição do administrador logístico neste problema levantado no artigo de *Exame*?

1. Dotar sua empresa de um sistema compatível de rastreamento?
2. Optar por operadores logísticos classe universal, que já contam com sistemas de rastreamento?
3. Investir na compra de contêineres ou fazer o aluguel antecipado contra previsão de exportações?

Para facilitarmos a análise do leitor, vamos usar uma tabela em que se vêem os benefícios decorrentes da visibilidade da carga proporcionada pelo uso de tecnologia de ponta.

Beneficiário	Benefício esperado
Embarcadores/Consignados	Notificação de Retirada/entrega
	Visibilidade em trânsito
	Aumento da confiabilidade e previsibilidade logísticas
	Redução de estoques por meio do aumento de eficiência
	Melhoria do serviço ao cliente
	Notificação de retirada/entrega
	Melhoria do serviço ao cliente
Linhas de navegação	Notificação de Retirada/entrega
	Visibilidade em trânsito
Operadores de frete/ despachantes	Notificação de Retirada/entrega
	Melhoria no planejamento e uso do equipamento

(continua)

(continuação)

Beneficiário	Benefício esperado
Operadores de terminais	Aumento da utilização de chassis e contêineres.
	Diminuição de perda de equipamento
	Redução no desencontro de equipamentos
	Diminuição de uso em vazio do equipamento
	Melhoria do reposicionamento em vazio
	Aumento do faturamento por contêiner por ano
	Redução de custos
Motoristas de caminhão	Notificação de Retirada/entrega
	Informação antecipada de disponibilidade de chassis
	Uso mais eficiente de equipamentos e mão-de-obra.
	Potencial futuro para melhor uso de chassis
Autoridade portuária	Operação mais coesa do terminal
	Redução de chassis vazios e não usados no porto
	Melhores informações sobre a carga partilhada pelos usuários do porto
	Notificação de Retirada/entrega
	Melhoria de condições de suporte à Logística JIT
Sistema ferroviário	Notificação de Retirada/entrega

Fonte: Wipro Technologies. Wireless track and trace: market needs and solution. Disponível em: <www.wipro.com>. Acessado em: ago. 2004.

14.8.2 Ameaça terrorista

Tudo mudou na manhã de 11 de setembro de 2001, quando o mundo percebeu que havia entrado em uma era em que atos terroristas em grande escala podiam ser esperados em qualquer lugar, e que contra inimigos desconhecidos há pouca ou nenhuma capacidade de reação.

De uma hora para outra, uma nação fecha todos os seus aeroportos. Como manter operando uma rede logística em tais condições?

É o que levou os gerentes de cadeias de suprimentos em todo o mundo a perceber que ajustes precisavam ser feitos no relacionamento entre clientes e fornecedores, ter planos de contingência para dificuldades de transportes e rever estratégias de estoques.

Instituições do porte do MIT, nos Estados Unidos chegaram a criar grupos de estudo para recomendar como minimizar os riscos.

O professor Yossi Sheffi, diretor do Center for Transportation and Logistics (CTL) levou à frente uma pesquisa sobre o impacto de interrupções nas cadeias de suprimentos (*supply chains*) em função do terrorismo internacional. O trabalho foi financiado pelo MIT Integrated Supply Chain Management (ISCM) Program e pelo University Transportation Center (UTC) Program. Atualmente o trabalho está sendo financiado pelo The Cambridge-MIT Institute.

Algumas das conclusões e recomendações da pesquisa, baseadas em artigos e relatórios dos pesquisadores, servirão para estabelecermos alguns parâmetros recomendados aos gerentes de cadeias de suprimento no trato com esta questão.

A situação afeta o Brasil, pois, de acordo com uma consultoria da Trevisan para o Ministério do Desenvolvimento, os "portos brasileiros ainda não se adaptaram às novas exigências de segurança norte-americanas" contra o terrorismo.

A partir de julho de 2004, será necessária a utilização de aparelhos de raio-X nos portos para os embarques direcionados aos Estados Unidos. Segundo a Trevisan, como a adequação às exigências do governo americano leva em média de 10 a 12 meses, os portos brasileiros correm grande risco de ficarem sem a certificação, o que prejudicaria as exportações do país.

Para SHEFFI (2001) todas as empresas envolvidas na movimentação de materiais passam a ter quatro desafios:

1. Estarem preparadas para um ataque: já que se trata de um evento de probabilidade reduzida, porém não nula, elas precisam saber *a priori* como proceder após a sua ocorrência. O ataque pode não ser especificamente contra suas instalações, mas afetar qualquer dos componentes da sua cadeia de suprimentos.

2. Gerenciar as cadeias sob maior incerteza: as medidas tomadas pelos países em autodefesa se refletem em custos mais altos e *lead times* maiores de operação logística, além do efeito que até pequenos atos de terror provocam na demanda.

3. Gerenciar relacionamentos com os governos: torna-se necessário uma nova forma de relacionamento entre capital e governo, à medida que estas políticas de prevenção se tornem mais rígidas.

4. Organizar-se para vencer o desafio: ações para defender patrimônio, empregados e ativos intelectuais irão consumir recursos. A gerência deve saber o que, quando e como, para conseguir, da forma mais eficiente, fazer um balanço entre custos e benefícios com a segurança, comparados com outros objetivos da corporação.

Para estar preparada para um ataque, a empresa deve imediatamente:

1. Rever o relacionamento com fornecedores:

   a) Reforçar a política de ter poucos fornecedores com relacionamento estreito, para ter certeza de ser privilegiado nas entregas em caso de emergências.

   b) Abandonar os chamados leilões de compra abertos (Internet) por leilões privados em que poucos e pré-selecionados fornecedores podem participar.

   c) Balancear a existência de fornecedores estrangeiros (com preço menor) e locais (com menos risco de interrupção de entregas).

2. Repensar a política de estoques:

   a) A política JIT é a primeira a ser alterada. Várias empresas estão mantendo estoques para poderem trabalhar *Just in Case*, ou seja, no caso de uma interrupção de entregas. Esses estoques tanto são de componentes como de produtos acabados.

   b) Para evitar perder as vantagens econômicas e de qualidade do JIT, propõe-se criar o conceito de *Strategic Emergency Stock* (estoque de emergência estratégico), que não deveria ser usado como volante para flutuações diárias, mas só tocado no caso de paradas graves. O custo de manter o estoque extra representaria o preço do prêmio para a segurança que ele compra.

3. *Backups* de processos e conhecimentos.

   a) Desenvolver *backups* de processos, como há muito fazem empresas que, percebendo dependência total na sua infra-estrutura de informações, mantêm locais de *backup* para seu *hardware* crítico, aplicações de *software* e bancos de dados.

   b) O mais precioso bem da empresa é o conhecimento dos seus empregados. Para não ter de manter uma força de trabalho muito numerosa em função da possibilidade de situações de emergência, os processo críticos devem ser documentados, a documentação ser facilmente accessível, e o treinamento cruzado de pessoal se torna imprescindível.

c) Além disso, a empresa deve ser capaz de preservar o registro de relações com fornecedores e clientes. Isso pode ser protegido se todas as interações estiverem documentadas em um sistema *Costumer Relationship Management* (CRM).

Para gerenciar as cadeias sob maior incerteza, a empresa deve imediatamente:

1. Aumentar a visibilidade dos embarques:

   Como vimos no início desta seção, há inúmeras vantagens normalmente associadas com o rastreamento eficiente de embarques que possibilita saber quase em tempo real o que está em transito, em estoque, o que não foi pedido, e quando os pedidos estarão disponíveis nos fornecedores. Esse esquema de rastreamento é fundamental em uma crise, pois permite decisões imediatas sobre a operação da empresa.

2. Aumento da colaboração:

   Desde a década de 1980, as empresas têm desenvolvido esquemas de cooperação para melhoria da coordenação da cadeia. Entre eles o *inventário administrado pelo fornecedor* (VMI) no varejo, a *resposta eficiente ao consumidor* (ECR) nos supermercados, Quick Response na indústria têxtil, JIT na manufatura e o JIT II na indústria de alta tecnologia. Ultimamente a *reposição, planejamento e previsão colaborativa* (CPFR)[29] está surgindo no segmento de bens embalados e o *gerenciamento colaborativo de transportes* (CTM) em desenvolvimento na indústria de transportes. Tudo isso foi criado para aumentar as comunicações na cadeia e evitar o efeito *bullwhip*, ou flutuações amplificadas de estoques ao longo da cadeia, e diminuir os *lead times* de reposição. Essas medidas devem ser incrementadas, pois são fundamentais no caso de interrupções provocadas por terrorismo.

---

[29] Segundo Arozo, "O CPFR pode ser definido como um conjunto de normas e procedimentos amparado pelo The Voluntary Interindustry Commerce Standarts (VICS), um comitê fundado em 1986 e formado por representantes de diversas empresas, com o objetivo de aumentar a eficiência das Cadeias de Suprimento, particularmente no setor de varejo, através do estabelecimento de padrões que facilitem os fluxos físico e de informações". Disponível em: <www.coppead.ufrj.br>. Acessado em: ago. 2004.

3. Compartilhamento do risco:

a) *Postponement* (ou retardamento de operações) — as empresas devem produzir de forma modular e deixar as operações que diferenciam o produto para quando existir o pedido do cliente ou a previsão seja extremante segura. Isso permite trabalhar com previsões agregadas, mais fáceis de obter do que as específicas. O exemplo clássico é da HP que exporta impressoras genéricas para centros de distribuição em todo o mundo e as completa nesses locais quando o cliente emite a ordem de compra.

b) *Build to order* — é o *postponement* levado ao extremo. Só produzir quando o cliente emite a ordem. O maior exemplo é o sistema produtivo da Dell Computer, que, trabalhando com módulos e integrando seus fornecedores neste esquema, primeiro recebe a configuração e o pedido do cliente, para após uma semana entregar a máquina solicitada.

c) Redução da gama de produtos — com uma linha menor de produtos, se diminui o risco de previsão, facilita a comunicação com fornecedores e diminui custos totais. Resta o perigo do desgaste com o cliente, ávido por diversificação.

d) Gerenciamento centralizado de estoques — esse recurso possibilita às empresas a transferência de excessos em algumas locações para uso em outras. Pode haver uma tendência de reduzir o número de armazéns à medida que os gerentes aprendem a operar em ambientes de incerteza cada vez maior.

Para intensificar a parceria com os governos, vejamos o exemplo dos Estados Unidos:

Uma das iniciativas é o Operation Safe Commerce (OSC), uma colaboração entre o governo federal, comunidade de negócios e a indústria marítima para desenvolver e partilhar técnicas avançadas para a movimentação rápida e segura de cargas contêinerizadas. Seu objetivo é proteger a cadeia de suprimentos global facilitando o fluxo comercial. Dezoito projetos selecionados visam estudar falhas de segurança em cadeias de suprimento usando contêineres (do ponto de origem ao ponto de destino). Eles estudam tecnologias e práticas e vão testando soluções inovativas em um ambiente operacional. Os projetos examinam a fundo a segurança na cadeia por meio da tecnologia de rastreamento de contêineres, estratégias de detecção não intrusiva, e conceitos melhorados de selagem.

Outros programas de segurança de contêineres, como o US Customs and Border Protection's Customs Trade Partnership Against Terrorism (C-TPAT), Container Security Initiative (CSI) e US Department of Transportation's Intelligent Transportation System, estão integrados em muitos projetos OSC.

O Transportation Security Administration (TSA) irá usar os resultados dos projetos para desenvolver "best practices" no desenvolvimento de cadeias de suprimentos por meio de contêineres e normas para a utilização de armadores comerciais marítimos.

Em janeiro de 2002, o United States Customs Service lançou o Container Security Initiative (CSI) para prevenir que cargas globais contêinerizadas fossem sabotadas por terroristas. Essa iniciativa irá aperfeiçoar a segurança da carga marítima, que é vital no comércio internacional. Mais de 200 milhões de contêineres de carga marítimos são movimentados anualmente entre os principais portos do mundo e 50% das importações americanas chegam por esta via.

O CSI consiste em quatro elementos básicos:

1. uso de informação automatizada para identificar e localizar contêineres de alto risco;
2. pré-exame de contêineres identificados como de alto risco antes de chegarem a portos americanos;
3. uso de novas tecnologias de detecção para realizar esse pré-exame;
4. uso de novos contêineres à prova de sabotagem.

CSI envolve colocar inspetores da alfândega americana nos principais portos internacionais para pré-examinar contêineres de carga antes de serem colocados a bordo do navio. Como 70% das cargas para os Estados Unidos passam por 20 portos através do mundo, estes são o primeiro foco. Até a data em que redigimos estas notas, 16 dos portos já haviam aceitado o esquema proposto.

A alfândega introduziu também uma outra iniciativa antiterrorismo chamada Customs Trade Partnerships Against Terrorism (C-TPAT), que convida toda a comunidade de comércio exterior a manter cooperação com a alfândega. É um fórum no qual os parceiros trocarão idéias sobre antiterrorismo, conceitos e informações levando ambos a aumentar a segurança de todo o processo comercial da manufatura, atravessando transporte e importação até a distribuição final.

Finalmente, para melhor gerenciar a segurança dos portos, foi promulgada em 2002 uma regulamentação que obriga a submissão do manifesto de declaração de carga à alfândega americana (United States Customs Service,

USCS) 24 horas antes do embarque no porto de origem. Ela afeta também a carga em trânsito por portos americanos a caminho de outros países, carregada em navios que passem por portos americanos.

Segundo Aguilar[30], no âmbito da OEA, foram realizadas conferências especializadas sobre terrorismo em Lima, em 1996, e em Mar Del Plata, em 1998. Na primeira, a Declaração de Lima originou o Plano de Ação de Cooperação Hemisférica para Prevenir, Combater e Eliminar o Terrorismo[31]. Na Segunda, foi firmado o compromisso que fortaleceria o plano de ação[32]. Em 1999, foi criado o Comitê Interamericano contra o Terrorismo, em conformidade com o Art. 53 da Carta da OEA, com o objetivo de desenvolver, coordenar e avaliar a implementação do plano de ação e do compromisso de Mar Del Plata. O Comitê tem a finalidade de facilitar a cooperação nas áreas jurídica, policial, legal e de serviços de inteligência.[33]

Tendo em conta as razões que levaram os EUA e demais países a adotarem essas medidas, torna-se necessário que os especialistas em Logística do mundo todo as conheçam, porque é evidente que se não forem totalmente obedecidas, a carga afetada terá sérios problemas, principalmente ao entrar no mercado americano, sendo quase certo que as autoridades não permitirão sua descarga, com enormes prejuízos para importadores e exportadores.

Para organizar as empresas, visando enfrentar desafios, recomenda-se:

Para começar, uma cuidadosa análise de algumas contradições que os novos cenários introduziram, considerando-se os *trade offs* (trocas de compensação), envolvidos. Veremos que existem algumas contradições entre eficiência operacional e segurança das operações. Isso levará, inevitavelmente, as empresas a reestudar alguns dos seus processos comparando custos: é preferível ser extremamente eficiente à custa de correr riscos? Só a analise individual de cada empresa nos dirá qual é a melhor resposta.

1. repetibilidade *versus* imprevisibilidade

    Aprendemos que para ter sucesso e reduzir o custo de operações, as empresas devem implantar processos repetitivos, criando rotinas de trabalho que facilitam treinamento e controle do serviço executado.

---

[30]   Sérgio Luiz Cruz Aguilar, Mestre em Integração Latino Americana (MILA) pela Universidade Federal de Santa Maria.

[31]   Disponível em: <http://www.oas.org/juridico/english/docu7.htm>. Acessado em: 22 nov. 2001.

[32]   Disponível em: <http://www.oas.org/juridico/english/docu1.htm>. Acessado em: 22 nov. 2001.

[33]   Disponível em: <http://www.oas.org/jurídico/english/docu2.htm>. Acessado em: 22 nov. 2001.

Mas quanto mais previsível é uma operação, mais fácil de ser alvo de um ataque. É preciso, então, considerar em alguns casos troca diária de rotas de entrega, troca freqüente de senhas de computador etc.

2. menor preço *versus* fornecedor conhecido

Para diminuir riscos, quanto menos fornecedores, melhor. Isso, no entanto, pode a longo prazo comprometer a eficiência, já que muitas vezes novos fornecedores trazem novas idéias, preços competitivos e processos melhorados. O mesmo raciocínio pode ser usado pensando em fornecedores locais comparados com fornecedores de outros países.

3. centralização *versus* dispersão

Muitas atividades tendem a ser centralizadas, como o gerenciamento de estoques para diminuir o risco de erros de previsão e a provisão de tecnologia de informação. No entanto medidas de segurança aconselham a dispersão de ativos e pessoas para minimizar as conseqüências de um ataque terrorista a uma locação.

4. gerenciar risco *versus* distribuir valor

Os custos ligados à segurança podem ser muito altos e prejudicarem a curto prazo os resultados da empresa. Discussões podem surgir, pois são custos de medidas que são eficazes se nunca usadas. Será sempre difícil se manter vigilante e continuar a investir em ativos, pessoas, inventários e processos que não geram valor a curto prazo.

5. colaboração *versus* segredo

O grande passo à frente nas relações de cadeias de suprimento tem sido a abertura de informações entre empresas. Contraditoriamente, uma das bases da segurança é o segredo.

6. redundância *versus* eficiência

Os primeiros passos de uma empresa para assegurar continuidade de operações em termos de compras, manutenção de estoques e *backup* de conhecimentos envolvem a criação de redundâncias, tais como a criação de estoques extras. Ora, isso é um conflito direto com os dogmas da produção enxuta e se aproxima da mentalidade *just in case* do passado.

7. cooperação com o governo *versus* independência

As empresas de todo o mundo se preocupam com o resultado a ser apresentado aos acionistas e procuram se livrar o mais possível de controles e regulamentações governamentais. O cenário criado pelo terrorismo é tal, que as empresas necessitam cooperar com o governo e outras empresas, incluindo competidores, mesmo à custa de lucro a curto prazo e dividendos aos acionistas.

Concluindo:

O terror é um fenômeno novo que afeta governos, pessoas e empresas. Ainda estamos aprendendo como vencer este desafio, mas sabemos que é imprescindível estabelecer um novo foco na logística local e internacional: colaborar com os governos e estabelecer medidas de segurança para prevenir ataques, criar redundâncias para que as empresas possam suportar um ataque bem-sucedido e modificar processos corporativos para lidar com a necessidade de aumentar segurança das operações.

As duas notícias a seguir mostram, respectivamente, como é precária a segurança, mesmo no Primeiro Mundo, e o que o governo brasileiro está fazendo a respeito.

Notícia 1

24/08/2004 – 11h52m

Grã-Bretanha determina investigação sobre segurança em aeroportos

Reuters

LONDRES – O governo da Grã-Bretanha determinou uma ampla investigação sobre a segurança em seus aeroportos depois que o repórter Anthony France, do jornal "The Sun", conseguiu colocar uma falsa bomba num Boeing 757 com 200 passageiros que seguia para Palma de Maiorca, na Espanha.

O repórter foi contratado pela empresa de remessas aéreas Aviance, apesar de ter fornecido falsas referências e de detalhes sobre seu trabalho como jornalista disfarçado poder ser facilmente encontrados na internet. A reportagem colocou na berlinda a falta de segurança nos aeroportos britânicos.

France escondeu em sua bota 200 gramas de explosivos sem despertar suspeitas e aproveitou a falta de supervisão no compartimento de bagagens do avião para instalar ali o material e fotografar sua façanha.

O jornalista do "Sun" contou que os malotes de carga eram colocados em máquinas "scanner". No caso dos funcionários, todos passavam por detectores de metais, mas não retiravam as botas com revestimento especial. Os calçados passavam pelos dois sistemas de segurança.

"Embora sempre um funcionário da segurança te apalpasse, nunca olhavam no interior dos sapatos", escreveu.

A falsa bomba era similar a usada pelo ex-agente de segurança líbio Abdel Baset al-Megrahi, em 21 de dezembro de 1988, para explodir um avião da extinta companhia aérea americana Pan Am. A bomba explodiu quando o avião sobrevoava a cidade de Lockerbie, na Escócia, matando 259 passageiros e 11 pessoas em terra.

Fonte: http://oglobo.globo.com/online/mundo/. Acessado em 24 ago. 2004

Notícia 2

Brasília, 14/12/2004 (MJ) – O Porto de Itajaí, em Santa Catarina, será o primeiro porto público da região Sul a receber oficialmente do governo federal a Declaração de Cumprimento do Código Internacional de Proteção de Embarcações e Instalações Portuárias (ISPS Code) – série de medidas de segurança contra atos terroristas, em razão de ter implementado totalmente seu plano de segurança pública portuária, em junho deste ano. A entrega será feita ao superintendente do porto, Antônio Ayres, nesta quarta-feira (15) às 10h, no auditório do porto, pelo secretário nacional de Segurança Pública e presidente da Comissão Nacional de Segurança Pública nos Portos, Terminais e Vias Navegáveis (Conportos), Luiz Fernando Corrêa.

A rubrica do governo federal quanto ao ISPS Code habilita as instalações portuárias a continuarem operando no comércio exterior, já que essa é uma exigência da Organização Marítima Internacional (IMO), tanto para portos e terminais como para navios. A certificação atesta, portanto, a total implementação do plano de segurança portuária da instalação como as medidas adotadas de acordo com o ISPS Code.

Para o secretário Luiz Fernando Corrêa, mais importante que a implantação dos planos é a mudança de cultura e de procedimentos de segurança nos portos. "O que o governo está fazendo é uma tomada de posição que depende da reestruturação dos portos e de todo um sistema de segurança que deve trabalhar em sintonia. A segurança é sistêmica e não pontual. Esse é um esforço conjunto da União, dos estados, dos municípios e da iniciativa privada".

Terrorismo – Após atentados à navegação marítima internacional e ao World Trade Center, em Nova Iorque, no dia 11 de setembro de 2001, a preocupação mundial voltou-se para a proteção contra atos terroristas. No ano seguinte, durante conferência diplomática sobre segurança, a Organização Marítima Internacional (IMO, sigla em inglês) instituiu uma série de medidas de segurança, denominada ISPS Code, a ser implementada nos 162 países que a compõem, incluído o Brasil que é um de seus países signatários.

O Brasil adotou, então, o ISPS Code como diretriz para a elaboração dos planos de segurança portuária de cada porto e terminal do país, público e privado, que opere no comércio internacional. Assim, todos terão de adotar sistemas de segurança com base em um estudo de avaliação de risco, para detectar a vulnerabilidade da instalação de acordo com os padrões descritos no ISPS Code. Cabe ao governo de cada país fiscalizar a implementação do ISPS Code, garantir e certificar a segurança das instalações portuárias em obediência ao código internacional.

Comportos[34] – A tarefa brasileira coube à Comportos. O colegiado é formado por representantes dos Ministérios da Justiça, Relações Exteriores, Marinha, Transportes e Fazenda. A Comportos foi criada há nove anos por decreto presidencial, para elaborar e implantar normas de proteção e repressão a atos ilícitos nos portos, tais como roubo, pirataria, tráfico de drogas e armas, imigração ilegal, contrabando, entre outros.

Fonte: http://www.justica.gov.br/noticias/2004/dezembro/. Acessado em: jan. 2005.

---

[34] Visite o endereço www.amcham.com.br/comex/destinousa/bioterrorismo2003-10-13c.ppt.

14.9 Indicadores de Desempenho

Vejamos como o sistema logístico atua e qual seu objetivo de melhoria. Todos os negócios precisam estabelecer para si mesmos alvos de melhoria realistas e maneiras de atingi-los. De acordo com o mercado em que a empresa compete, os objetivos podem variar. Para alguns, o importante é a confiabilidade, isto é, entregas nas quantidades e datas acertadas, para outros pode ser a velocidade de resposta a um pedido, ou ainda a flexibilidade de mudanças em um produto de linha.

Para uma empresa com um longo horizonte de planejamento e que movimenta grandes quantidades de mercadorias e informações com freqüência, o baixo custo de operação deve ser o objetivo principal, sendo aceitos sacrifícios na velocidade e na flexibilidade.

Outras empresas, contudo, consideram os defeitos e retrabalhos gerados por danos em transporte ou armazenamento que podem ser afetados pela forma de operação do canal logístico. De qualquer maneira, objetivos quantificáveis são necessários. Esse processo se torna fácil se considerarmos cada elo da cadeia logística o cliente do elo precedente na cadeia.

Três pontos devem ser estabelecidos claramente: a) o que os clientes querem (pergunte a eles); b) o nível de serviço que os clientes recebem da empresa comparado com o que recebem dos concorrentes; e c) como o serviço da empresa se compara (*benchmarking*) com os dos competidores diretos, indiretos e de outros mercados.

Em seguida, devem ser medidos os custos da cadeia logística. Os custos operacionais devem ser ponderados em relação aos custos e benefícios da empresa como um todo, antes que informações relevantes para decisão apareçam.

A grande maioria dos custos pode ser medida. Alguns dos custos que devem ser mensurados são (ver item 7.3.2):

- custos de suprimentos, como o custo de colocar uma ordem, descontos recebidos em função do tamanho das ordens e sua influência no fluxo de caixa;
- custos de manter estoques, instalações e custos operacionais;
- custo total de estoques, considerando o custo de manter estoques em excesso (obsolescência, refugos) e o custo de manter inventário insuficiente (perda de produção, vendas perdidas);
- custos de oportunidade de aplicação de capital não imobilizado;
- custos de transporte, no total e por operação/produto, incluindo a comparação entre transporte próprio e por terceiros;

- custos de produção;
- custos de documentação e das transações ao longo do sistema;
- custos de pessoal, comparando a produtividade deles em relação às médias do setor ou por meio de estudos de tempos e movimentos;
- retorno do investimento gerado por cada um deles.

A próxima fase é o estabelecimento de metas exeqüíveis. Metas que não podem ser alcançadas só servem para atrapalhar. Metas fáceis e que aceitam o baixo desempenho conduzem a empresa ao declínio rapidamente. É essencial não aceitar o que todos "sabem" que é possível ou não. Esse é um forte argumento para usar consultores externos ou contratar sangue novo — conseguir definir um objetivo atingível.

Medidas confiáveis são necessárias não só para ajudar a atingir o sistema ideal e começar a melhorar a maneira de fazer as coisas, mas darão uma dimensão da melhoria. Os números irão mudar à medida que a maneira de comprar, fabricar, vender e entregar mude.

Para coletar e analisar esses dados de forma confiável e a baixo custo, é necessário o uso de sistemas computadorizados e talvez de um especialista para guiar a empresa na compra e implementação do sistema. Dependendo do tamanho da empresa, já estão disponíveis programas individualizados e com baixo custo.

Para a melhora do desempenho logístico é necessário o uso de ferramentas que assegurem que os elementos da cadeia logística sejam eficientes. Elas focalizam as áreas que constituem gargalos ou que não contribuem para o nível de serviço almejado. Alguns indicadores úteis para começar um acompanhamento do desempenho logístico são:

Suprimentos

a) $\dfrac{\text{erros em ordens de compras}}{\text{ordens de compras auditadas}}$

b) $\dfrac{\text{número de pessoas em suprimentos}}{\text{número total de pessoas}}$

c) $\dfrac{\text{valor total de compras}}{\text{custo total de suprimentos}}$

d) $\dfrac{\text{número de entregas no prazo}}{\text{número de entregas}}$

Manufatura

a) $\dfrac{\text{(horas produtivas)} \left(\dfrac{\text{produtos entregues}}{\text{padrão por hora}} \right)}{\text{horas trabalhadas}}$

b) $\dfrac{\text{unidades programadas}}{\text{unidades produzidas}}$

c) $\dfrac{\text{gastos de produção até a data}}{\text{orçamento de produção até a data}}$

d) $\dfrac{\text{horas paradas}}{\text{horas pagas}}$

Distribuição

a) $\dfrac{\text{número de entregas no prazo}}{\text{número de entregas}}$

b) $\dfrac{\text{número de ordens entregues}}{\text{número total de ordens colocadas}}$

c) $\dfrac{\text{número de duplicatas prorrogadas}}{\text{número total de duplicatas}}$

d) $\dfrac{\text{número de reclamações de clientes}}{\text{número total de transações}}$

Conclusão

Comprar ou desenvolver sistemas de informação necessários para entender, controlar e otimizar a cadeia logística com base no negócio real da empresa aprimora o desempenho da logística e ajuda a empresa na localização de áreas nas quais melhorias trarão lucros adicionais.

Cada vez mais se ouve a expressão: *competitividade pelo tempo*, isto é, a rapidez de resposta aos desejos do consumidor torna-se fator decisivo de diferencial competitivo entre as empresas.

Conseguimos isso por meio do gerenciamento otimizado do *sistema logístico*, ou seja, temos de tratar este sistema considerando os relacionamentos nele existentes, e saber que rapidez aumentada sem melhoria do sistema significa aumento de custos.

Para tanto, nos é extremamente útil utilizar o conceito tridimensional descrito na Figura 14.3 que nos dá uma base de pensamento para analisar ponto a ponto as relações entre as variáveis independentes — fluxos, atividades e domínios — que são os constructos da variável dependente eficiência logística. Os conceitos contidos neste capítulo são fundamentais para o entendimento dos próximos e, principalmente, do *supply chain management*.

Termos-Chave

contêineres	interfaces
desempenho	JIT II
EDI	movimentação
fluxos/consumidor	sistemas de informação
fornecedor	terrorismo
globalização	vantagem competitiva

Questões para Discussão

1. Se alguém lhe afirmasse que distribuição física, transporte e logística são sinônimos, o que você diria?

2. Quais são as interfaces entre logística e finanças? Não se esqueça de levar em conta em sua resposta o fluxo de caixa das empresas.

3. Qual a diferença entre qualidade, flexibilidade e confiabilidade? Analise empresas prestadoras de serviços industriais e de serviços públicos de sua região ou cidade sob o ponto de vista de cada um desses conceitos. Como você procederia para melhorar a situação atual?

4. Analise o uso do sistema intermodal de transportes no Brasil e no Mercosul. Como ele é hoje e como poderia ser se os planos de integração porto marítimo-rodovia-ferrovia-hidrovia se viabilizassem? Faça a análise usando um mapa do Brasil e outro da América do Sul.

5. Como as ameaças de falta de contêineres e atrasos em entregas internacionais deveriam ser enfrentadas pela sua empresa se ela se envolvesse com comércio exterior? Pesquise na Internet e escreva uma sugestão dirigida ao seu diretor, justificando-a.

6. Qual a situação atual (no momento em que você está sendo questionado) da prevenção ao terrorismo (na sua empresa, no seu país, no mundo). O que mudou em relação ao estudado no item 14.9.2? Baseie sua resposta em pesquisa na Internet.

Estudo de Caso

A Philip Morris do Brasil foi uma das ganhadoras do IV Prêmio ABML de Logística na categoria sistemas de embalagem e unitização de cargas. A solução da empresa fabricante de cigarros compreendeu duas providências de reutilização de embalagens. A distribuição física de cigarros, muito pulverizada, reúne elevado número de entregas por veículo. A empresa prepara 3 mil pedidos por dia só na capital paulista. Isto gerava uma compra e consumo elevados de caixas de papelão ondulado para a consolidação dos pedidos (para 10 pacotes e 25 pacotes). Após vários estudos, desenvolveu-se um sistema para reutilização das próprias caixas de papelão ondulado provenientes da fábrica, que comportavam 50 pacotes de um mesmo produto e que eram descartadas no centro de distribuição. O reaproveitamento foi feito a partir de uma máquina de corte, que transforma caixas originárias da fábrica em caixas menores, adequadas à embalagem de pedidos com 10 e 25 pacotes. A empresa adotou também programa para estimular a devolução das caixas utilizadas pelo varejo. Destacam-se entre os resultados obtidos: "pay back" de 4 meses, redução anual de despesas na ordem de $ 150 mil e redução do descarte de papelão ondulado.

A concessionária Elektro Eletricidade e Serviços foi destaque na categoria terceirização em logística. A CSN levou o prêmio em projetos especiais.

Menos estoque

A solução da Elektro resultou da necessidade de melhorar o nível de serviço aos clientes internos e externos, então considerado muito baixo e que não ultrapassava o limite de 68% de eficiência. Os estoques eram elevados e muito descentralizados. A solução veio com a centralização dos estoques e a terceirização de várias atividades junto ao operador logístico. Alguns resultados obtidos: o nível de serviço aumentou para 96% e houve redução de 34% no capital investido em estoques (considerando um nível de disponibilidade de 98% de atendimento)

Projetos especiais

No caso da CSN, também premiada pela ABML, a solução passou pela reengenharia logística na região Sul do Brasil, cujos clientes consomem cerca de 20 mil toneladas de produtos siderúrgicos mensais. A distribuição física era feita por caminhão a partir do seu CD localizado em Volta Redonda (RJ) e resultava em "lead time" alto, custos elevados de transporte e incremento nas áreas para a armazenagem. Diante desse quadro, a ALL montou para a CSN uma operação just in time, que envolve a transferência de bobinas de aço de Volta Redonda a Porto Alegre por ferrovia, passando pelos trilhos das concessões MRS, Ferroban e da própria ALL. Na ponta, na capital gaúcha, foi criada uma área de armazenagem de onde parte a distribuição física a clientes, por caminhão, com frota dedicada de 15 veículos. Todo modelo está suportado por ferramentas que permitem o monitoramento "on line" da carga. A solução proporcionou: redução de estoques e áreas de armazenagem, redução de cycle time, abastecimento do cliente no prazo máximo de 24 horas a partir do pedido e redução de 15% nos custos logísticos.

Fonte: FELTRIN, A. A Philip Morris reutiliza embalagem. *Banco de Notícias Investnews*, 17 out. 2003. Disponível em: <www.investnews.com.br>. Acessado em: 26 jan. 2004.

Questões para Discussão

1. Discuta os projetos do Estudo de Caso sob a ótica das três dimensões da logística:
    a) Dimensão de Fluxo
    b) Dimensão de Atividades
    c) Dimensão de Domínios
2. Qual a influência e importância dos componentes dos sistemas logísticos apresentados neste capítulo, nas soluções das empresas?
3. Quais indicadores de desempenho você sugere para a gestão da solução logística apresentada pela CSN?

Capítulo 15

Gerenciamento da cadeia de suprimentos *(supply chain management)*

15.1 Introdução

O gerenciamento da cadeia de suprimentos ou *supply chain management*, como ele é mais conhecido, revolucionou completamente não somente a forma de comprar como também a produção e a distribuição de bens e serviços. Entretanto, em virtude dos sistemas cada vez mais complexos e do crescimento incessante da tecnologia de informação e de gerenciamento, a cadeia de suprimentos continuará revolucionando áreas como a administração de materiais, marketing, vendas e produção, sendo responsável, por exemplo, pela redução do tempo de estocagem e do número de fornecedores e pelo aumento da satisfação de clientes.

Apesar do uso de inúmeras ferramentas, como programação linear inteira, simulação por computador, engenharia simultânea e engenharia de processos, seus princípios básicos são facilmente compreensíveis, como veremos a seguir.

15.2 O Gerenciamento da Cadeia de Suprimentos

O *gerenciamento da cadeia de suprimentos*, ou *supply chain management*, nada mais é do que administrar o sistema de logística integrada da empresa, ou seja, o uso de tecnologias avançadas, entre elas gerenciamento de informações e pesquisa operacional, para planejar e controlar uma complexa rede de fatores visando produzir e distribuir produtos e serviços para satisfazer o cliente. A expressão *supply chain management* e sua sigla, SCM, muitas vezes não são traduzidas para o português, por já estarem incorporadas ao jargão empresarial.

Os componentes da cadeia de suprimentos devem ser preparados para juntos maximizarem seu desempenho, adaptando-se naturalmente a mudanças externas e em outros componentes. Para isso é necessário um alto grau de integração entre fornecedor e cliente, que, como parceiros, diminuem custos ao longo da cadeia (entre 10% e 30%) e tempo médio de estocagem (cerca de 50%).

Cadeias de suprimentos, assim como aconteceu com os seres vivos, só poderão continuar existindo se tiverem a capacidade de adaptação[1].

O objetivo do gerente da *supply chain* (SC) é: a) satisfazer rapidamente o cliente, criando um diferencial com a concorrência; e b) minimizar os custos financeiros, pelo uso de menos capital de giro, e os custos operacionais, diminuindo desperdícios e evitando ao máximo atividades que não agregam valor ao produto, tais como esperas, armazenamentos, transportes e controles.

Uma boa representação da SC é a que mostra a relação entre os níveis de planejamento e seus horizontes, o fluxo do produto e algumas ferramentas gerenciais envolvidas (veja a Figura 15.1).

Figura 15.1   A *Supply Chain* Representada

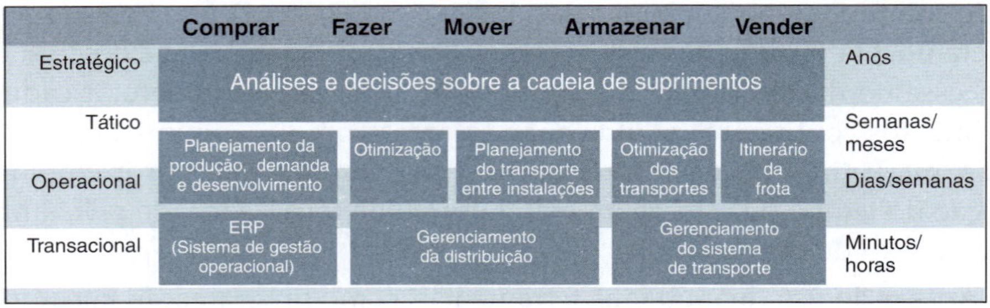

Podemos ver que, em nível estratégico, é feito um planejamento da SC ligado diretamente à estratégia da empresa, portanto a longo prazo.

Para um produtor de máquinas operatrizes sob encomenda, a atenção estará focada nos primeiros elos da cadeia. A minimização do *lead time* será

---

[1]   METZ, Peter J. *Demythfying supply chain management*, 1998.

função da eficácia da equipe de projeto, dos suprimentos na negociação com fornecedores e da velocidade de transição do projeto para a produção.

Para isso, usam-se ferramentas como a engenharia simultânea, equipes multifuncionais e fornecedores preferenciais, ficando o aspecto distribuição para um segundo plano. Já no caso de uma empresa de distribuição domiciliar de pizzas, o foco estará na distribuição, ou o consumidor irá comer pizza fria.

Qualquer que seja a empresa, no entanto, alguns fatores são chaves para o sucesso da cadeia de suprimentos, como o foco intenso no cliente, uso avançado de tecnologia de informação, índices quantitativos de desempenho, times interfuncionais e gerenciamento do fator humano.

Empresas como a Xerox estão utilizando um novo conceito em cadeia de suprimento: a *cadeia de suprimentos em circuito fechado*. Num sistema fechado, há uma grande quantidade de *feedback* e reaproveitamento. Assim, essas empresas recuperam, inventam um novo uso ou vendem seus equipamentos, peças e embalagens antigas. Além da reciclagem ser mais uma fonte de lucros para a empresa, ela ainda faz os administradores repensarem as atividades funcionais da empresa e suas saídas, tornando a cadeia de suprimentos mais eficiente e eficaz[2].

A cadeia de suprimentos ideal não deve ser totalmente estática — baseada apenas em técnicas como demanda projetada e custos atuais —, pois quando as condições iniciais mudam, a configuração da cadeia deve ser revisada. Quanto mais flexível a cadeia, menos sobressaltos, reinvestimentos ou deslocamentos de pessoal ela sofrerá. No Brasil, as constantes e bruscas mudanças de valor da moeda geraram uma cadeia de suprimentos configurada para adaptação rápida. Assim, as empresas, para garantir diferencial competitivo e sobrevivência, devem, cada vez mais, ter *cadeias de suprimentos projetadas para flexibilidade e eficiência de resposta*.

15.2.1 Exemplo: O SCM na Indústria Têxtil

Vejamos, então, um exemplo prático do uso do *supply chain management* baseado numa iniciativa da indústria têxtil e das universidades americanas, o projeto DAMA. Na Figura 15.2 vemos o fluxo simplificado de materiais usados para a fabricação de uma blusa[3]. No ramo superior, começamos com a preparação do fio, passando para seu embobinamento, texturização, tecelagem e tingimento, por meio de diferentes departamentos de uma fábrica ou, como no exemplo, em fábricas diferentes (representadas em tons diferentes).

---

[2] METZ, 1998.

[3] Pesquise mais na Internet sobre o projeto DAMA no endereço http://www.techexchange.com/thelibrary/dama.

Figura 15.2   DAMA 1

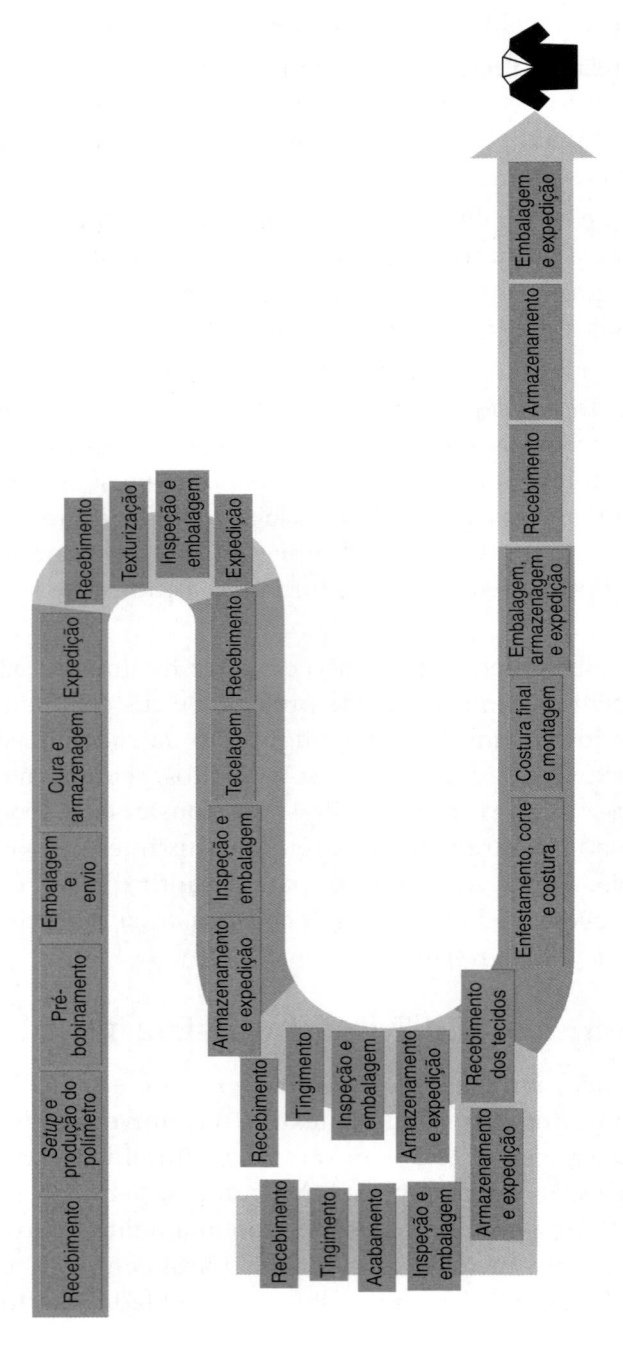

Em determinado ponto, o tecido já pronto chega na confecção simultaneamente com outro tecido, cuja cadeia foi representada de forma simplificada

(ramo horizontal). Dentro da confecção são executadas as operações da Figura 15.3, e a blusa é enviada para o varejo.

Figura 15.3 DAMA 2

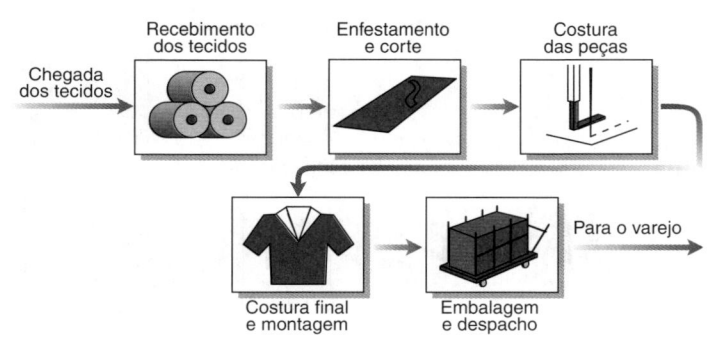

Em um esquema tradicional de cadeia de suprimentos, para repor seu estoque, o varejista emitiria um pedido para a confecção, que acionaria as fábricas de tecidos, que acionariam o fabricante de fios, o que levaria a um elevado tempo de provisão e espera do cliente final. Na Figura 15.4, vemos representados esse esquema e o acionamento simultâneo de toda a cadeia logística (traço mais escuro) a partir do lojista usando código de barras e leitura por *scanner*. Quando a blusa passa pelo caixa, é feita a leitura do código de barras, e toda a cadeia é simultaneamente acionada para mais rapidamente repor o artigo.

Figura 15.4 DAMA 3

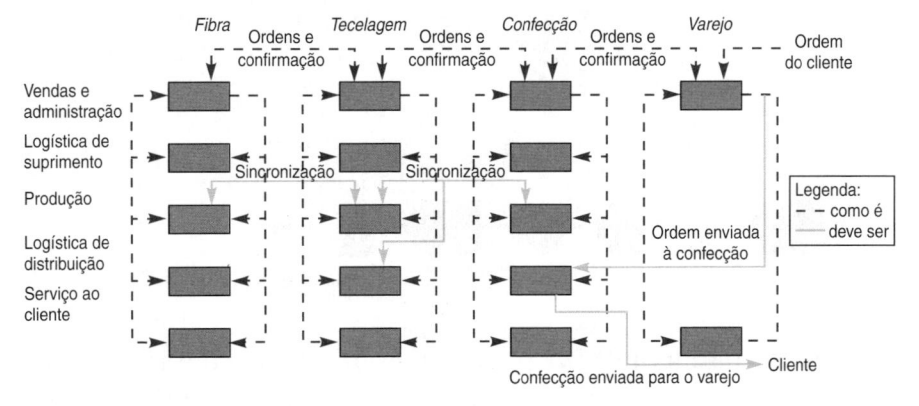

Isso pode ser representado na Figura 15.5, que mostra a coordenação de informações através da cadeia, o que é possível por meio do envio eletrônico de dados a distância, ou EDI, recurso de informática amplamente usado em nossos dias.

Figura 15.5   DAMA 4

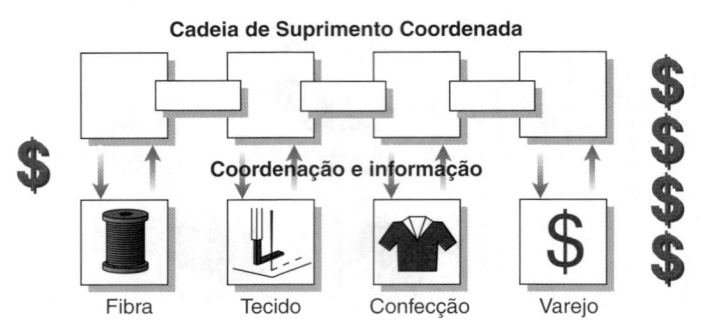

Um detalhamento de atividades em cada membro da cadeia pode ainda ser visto na Figura 15.6.

Figura 15.6   DAMA 5

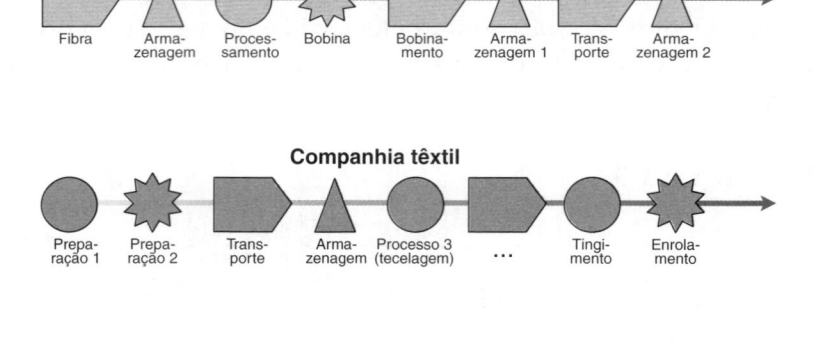

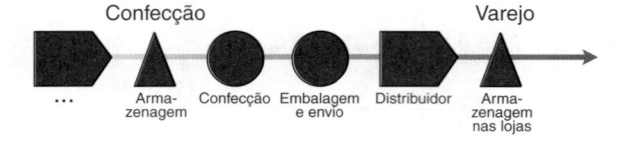

Finalmente, na Figura 15.7, podemos examinar as atividades funcionais dentro de cada componente da cadeia, as quais permitem seu funcionamento.

Figura 15.7 DAMA 6

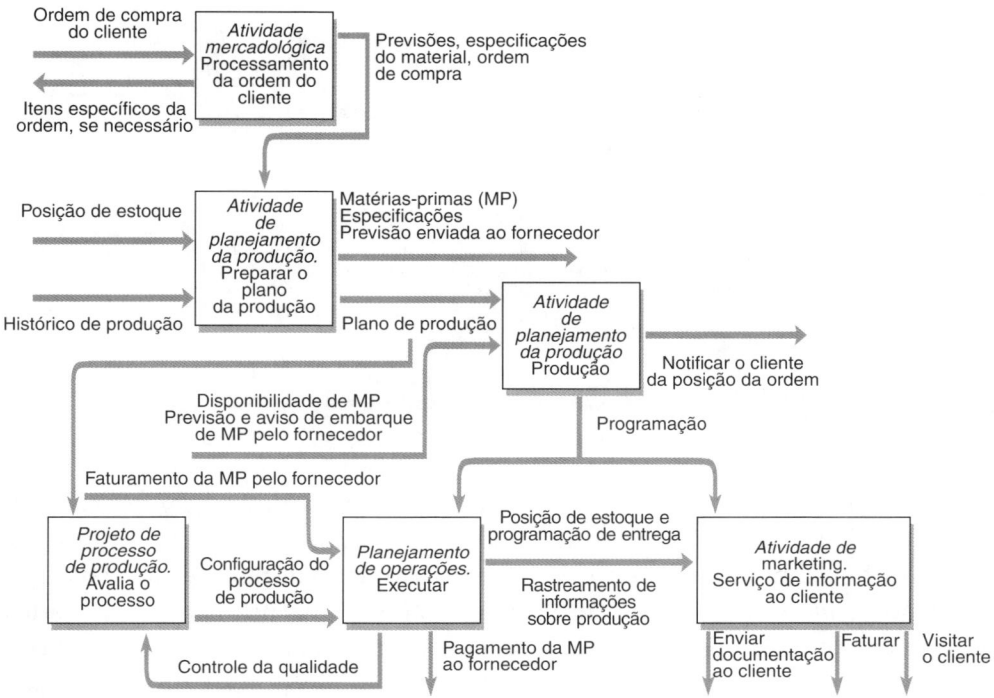

15.2.2 Gerenciamento Integrado da Cadeia de Suprimentos

O MIT (*Massachusetts Institute of Technology*), uma das mais tradicionais universidades americanas, define o *gerenciamento integrado da cadeia de suprimentos*, ou ISCM (*integrated supply chain management*), como também é conhecido, como um enfoque integrado, orientado para o processo, visando adquirir, produzir e entregar produtos e serviços aos clientes.

O gerenciamento integrado da cadeia de suprimentos tem um escopo amplo, incluindo subfornecedores, fornecedores, operações internas de transformação, estocagem e distribuição, atacadistas, varejistas e consumidores finais. O ISCM cobre o gerenciamento do fluxo de materiais, de informações e de fundos.

A Figura 15.8 mostra uma cadeia de fornecimento de um estágio.

Figura 15.8   Cadeia de Suprimentos em um Estágio Básico

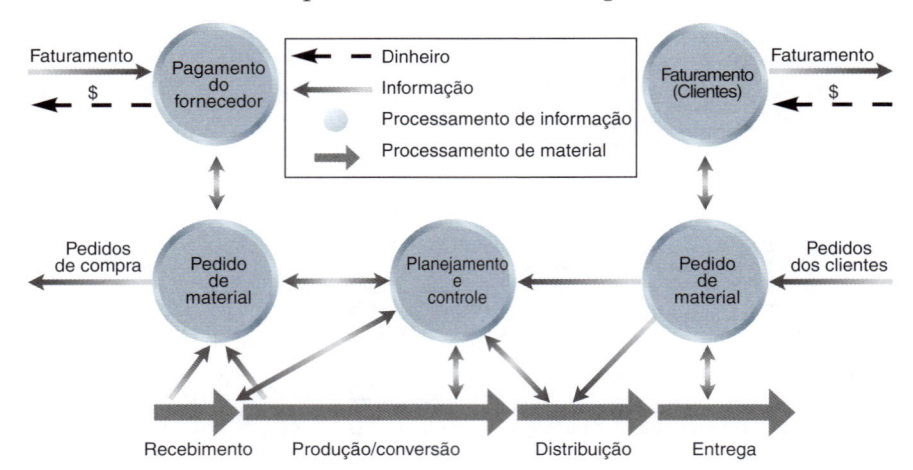

Por uma simples análise da Figura 15.8, podemos sentir o caráter eminente de processo do ISCM. Não se trata de uma *função*, mas de um *processo* que atravessa horizontalmente um organograma funcional. Sua gestão é caracteristicamente *matricial* (veja o Capítulo 6, Seção 6.3); há um gerente da cadeia de fornecimento que usa elementos funcionais para conseguir seu objetivo.

O fluxo de materiais é unidirecional; o de fundos também é unidirecional, mas em sentido contrário, o fluxo de informações é multidirecional. Assim, podemos perceber desde já que este é o grande problema do sistema logístico. Sem um sistema de informações sofisticado, eficaz e não burocrático, a cadeia emperra, e o tempo de fluxo (*lead time*) se alonga, afetando custos, qualidade, confiabilidade, flexibilidade e impedindo a rapidez da inovação.

Uma cadeia simples representa bem a atividade logística para uma unidade de transformação. A cadeia completa é uma combinação de cadeias simples, desde os subfornecedores, passando por transbordos entre unidades transformadoras diferentes, dentro da empresa ou entre empresas, até chegar ao consumidor final. Os subfornecedores são os fornecedores dos fornecedores, ou melhor, são as empresas que fazem parte do processo de fabricação do fornecedor, que são contratadas por ele. No caso da montadora, ele contrata um fornecedor para montar o painel, e este contrata um subfornecedor para fornecer os componentes do painel (veja a Figura 15.9).

Figura 15.9 Cadeia de Suprimentos de Múltiplos Estágios

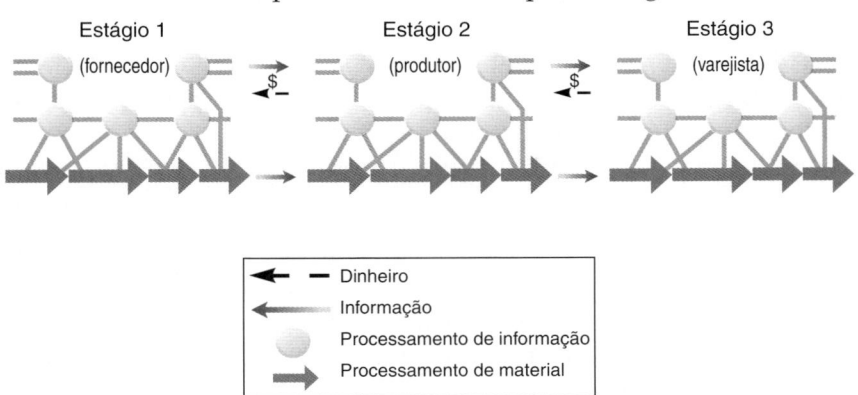

Um bom exemplo é a cadeia de suprimentos da indústria automobilística, na qual as montadoras estão cada vez mais horizontalizadas (item 4.4), isto é, dedicadas a seu negócio principal (*core business*) que é montar veículos, sendo abastecidas de componentes e subconjuntos pré-montados pela indústria de autopeças, que por sua vez é abastecida, entre outras, por indústrias mecânicas e de transformação de plásticos, que recebem materiais das siderúrgicas e petroquímicas, que recebem matérias-primas da natureza via mineração e extração de petróleo.

No outro lado da cadeia, uma montadora de caminhões envia um chassi para uma encarroçadora, que monta um ônibus, que será entregue a uma revendedora, que por sua vez abastecerá uma frota de transporte urbano.

Todo esse processo tem um tempo de fluxo (*lead time*) contado entre a colocação do pedido do cliente e a entrega do produto, pronto para o uso.

15.2.3 Suprimentos e Fornecedores

O modelo clássico de relacionamento entre comprador e fornecedor baseava-se em julgar preço, prazo e qualidade na hora de fazer uma licitação de compras e no recebimento do material encomendado, com uma inspeção qualitativa e quantitativa. Depois ele processava o pagamento e conservava uma ficha de referência do fornecedor, para eventuais compras futuras.

Segundo o conceito de *supply chain* isso está completamente superado (ver item 5.7). O importante é estabelecer um relacionamento permanente entre cliente e fornecedor, envolvendo não apenas compras eventuais ou programadas, mas o próprio desenvolvimento de produtos. De fato, um dos princípios da engenharia simultânea é a redução do tempo e do custo do desenvolvimento de um produto pelo envolvimento do fornecedor desde as primeiras fases de planejamento conceitual até a produção, quer por meio de seu envolvimento em equipes de trabalho no cliente, quer pela delegação do desenvolvimento total em sua casa, obedecendo às especificações desenvolvidas conjuntamente. Como vimos na Parte 2, a esse casamento entre cliente e fornecedor é dado o nome de *comakership*.

A Kolynos, por exemplo, utilizou-se de duas lojas do supermercado Cândia para aplicar uma técnica *Efficient Consumer Response* (ECR) chamada de *gerenciamento de categorias* — colocar o produto certo no lugar certo, baseando-se em informações fornecidas pelas caixas registradoras e pesquisas com consumidores. A Kolynos pôde descobrir que se separasse as escovas de dentes infantis das de adultos e mudasse a disposição dos produtos de higiene bucal, esses produtos poderiam ter suas vendas aumentadas em 12%. O Cândia também recebeu várias informações importantes. Uma delas era que os consumidores também queriam poder comprar no supermercado artigos para dentaduras, só encontrados em farmácias. Assim, o Cândia começou o desenvolvimento de novos fornecedores para essa nova seção de suas lojas[4].

Em países como o Japão existem verdadeiras redes de clientes/fornecedores, com exclusividade ou não, que se iniciam em escala industrial convencional e se estendem até o nível de empresas domiciliares.

Um gerenciamento excelente da cadeia logística requer um reconhecimento mais inteligente do fornecedor, como fazem os produtores progressistas que encaram os custos dos fornecedores como seus próprios custos. Para eles, forçar o fornecedor a dar 90 dias de prazo quando 30 dias seriam suficientes faz com que o custo deste estoque encontre uma maneira de se inserir no preço que eles irão pagar, pois afetará a estrutura de custos do fornecedor.

Enquanto os produtores puderem colocar pedidos de vulto nos fornecedores, eles deverão ter em mente que os parceiros deverão compartilhar o objetivo de reduzir custos por meio de toda a cadeia logística, para que eles mesmos possam reduzir o preço ao consumidor final ou aumentar suas margens. A extensão lógica dessa idéia é fazer acordos para partilhar ganhos recompensando cada um que contribui para o aumento da rentabilidade.

15.3 Abastecimento

O administrador pode pensar no **abastecimento** de sua empresa como a origem de seus problemas ou a solução deles. Seu correto dimensionamento e

---

[4] Ligação Direta, *Exame*, p. 136, 21 abr. 1999.

operação podem prevenir ou alavancar custos e demoras desnecessários nos estágios seguintes da cadeia logística. O abastecimento compreende a interação de vários setores da empresa. A Figura 15.10 mostra alguns deles. Entretanto, as áreas têm muito mais interações, tanto dentro como fora da empresa.

Figura 15.10   Abastecimento (Interação entre Setores)

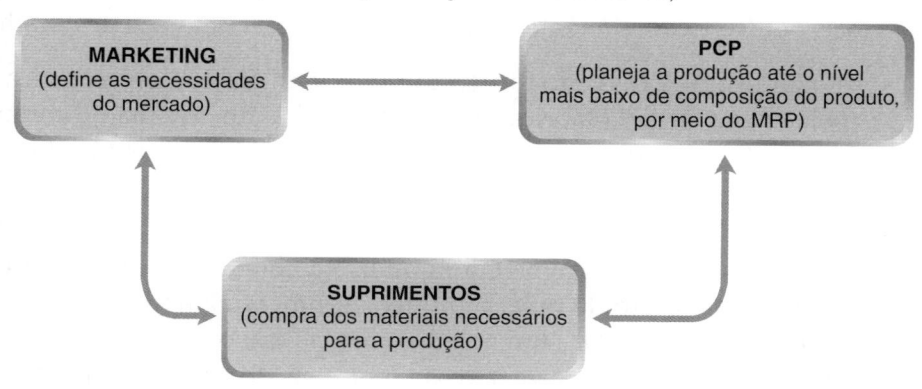

A área de suprimentos, por exemplo, além de se encarregar da função compras, também escolhe e negocia com a cadeia de fornecedores (veja o Capítulo 5, Seção 5.7.2). Só isso já envolve a seleção prévia do fornecedor, estabelecimento de parceria, sistema de comunicação, programação de entregas, meios de transporte e programação da descarga e armazenagem.

O sistema de abastecimento de cada empresa é função do sistema de produção empregado por ela. Esse sistema aumenta de complexidade à medida que aumenta o número de intermediários, e mais críticos se tornam os mecanismos de programação e controle das entregas, já que estoques funcionam como amortecedores de erros, mas custam caro para a empresa.

QUADRO 15.1
Sistemas de Abastecimento e Intermediários

---

a) Fornecedor — Estoque inicial — Produção — Estoque final — Cliente
b) Fornecedor — Produção — Estoque final — Cliente
c) Fornecedor — Produção — Cliente

A empresa tradicional funciona com o sistema *a* em sua totalidade. As demais usam combinações deles, em função da importância de cada produto ou componente, fabricado ou adquirido. A adoção de qualquer sistema *b* ou *c* puro deve ser cuidadosamente avaliada, pois pode levar a custos excessivos, visto que a inexistência de estoques seria compensada pelo alto custo de programação e controle.

Aos sistemas que prescindem de estoques iniciais, em parte ou no todo, dá-se o nome de *just-in-time*: os componentes comprados são levados diretamente às linhas de produção ou têm, no máximo, uma espera no recebimento antes de sua utilização, normalmente no mesmo dia da entrega. Nesse processo, há cinco pontos extremamente importantes que precisam ser destacados:

- a qualificação prévia do fornecedor (ver item 5.7.2.1), sua certificação pela engenharia da fábrica, o estabelecimento do sistema de comunicações interparceiros, preferivelmente por meio de recursos eletrônicos, como o EDI;

- o meio de transporte usado para as entregas tem grande importância no processo, já que envolve a rapidez e a confiabilidade da entrega, bem como o custo de frete. É muito comum, atualmente, a utilização do chamado *milk run*[5], um acordo entre o fornecedor, o produtor e o operador logístico encarregado das entregas do produto final do produtor, para que esse operador aproveite a volta em vazio da entrega para recolher os insumos na fábrica ou depósito do fornecedor. As vantagens do sistema são que o faturamento pode ser negociado FOB (*free on board*) com o fornecedor, e o custo do frete cai;

- quando componentes são adquiridos mediante contrato de JIT, cliente e fornecedor devem negociar o custo da embalagem de transporte. Como ela também é usada na movimentação interna na fábrica do cliente, seu custo pode ser compartilhado entre os dois;

- as entregas nos grandes centros urbanos estão cada vez mais limitadas pelo trânsito congestionado e pela falta de espaço para estacionamento dos veículos junto às fábricas. Isso leva à necessidade de estabelecer horários de entrada de mercadorias, confirmação eletrônica de recebimento e prazo máximo de descarga;

- deve-se analisar cuidadosamente quais componentes comprados serão objeto de JIT e quais terão tratamento convencional, ou seja, serão controlados por meio de estoque mínimo ou outros métodos de reposição estudados no PCP. Essa é uma análise puramente econômica, em que são críticas as avaliações do custo de JIT e de armazenagem, bem como as taxas de juros de mercado e a disponibilidade de área do fornecedor e do cliente.

---

[5] O termo *milk run* provém do recolhimento de galões de leite de pequenos produtores e que eram deixados nas portas das propriedades para serem levados para tratamento em cooperativas.

Quando o abastecimento apresenta características especiais, como nas redes comerciais, deve ser feita uma análise mais exaustiva, pois aí entram fatores específicos, como o uso ou não de depósitos intermediários, próprios ou de terceiros, para diferentes tipos de produtos. No caso de lojas de departamento, produtos com pequeno volume e alto preço, como relógios de luxo, podem ter um roteiro, como mostrado na Figura 15.11.

Figura 15.11 Abastecimento: um Exemplo

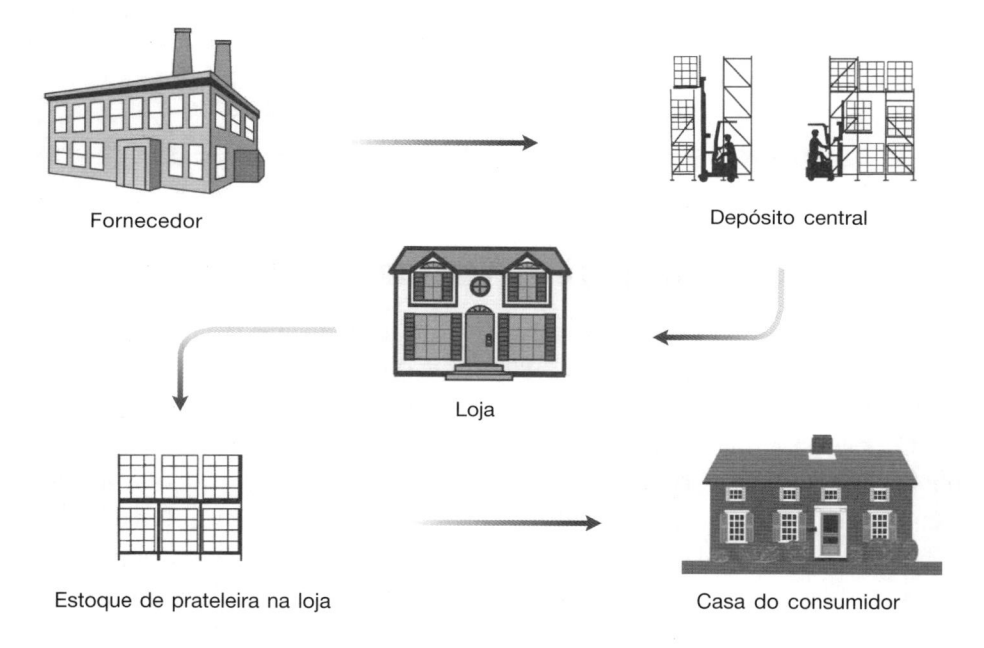

Mas um relógio de luxo tem estoques de nível bastante baixo. Já um produto como papel higiênico, de baixo custo, mas de altíssimo volume, normalmente terá sua entrega negociada para que seja feita diretamente na loja, com elevado número de entregas, pois o espaço ocupado é muito grande.

O modelo de otimização de abastecimento, representado na Figura 15.12, é mais bem compreendido como uma interação de tecnologia, estratégia e informática.

Figura 15.12   Fatores Envolvidos na Operação de Abastecimento

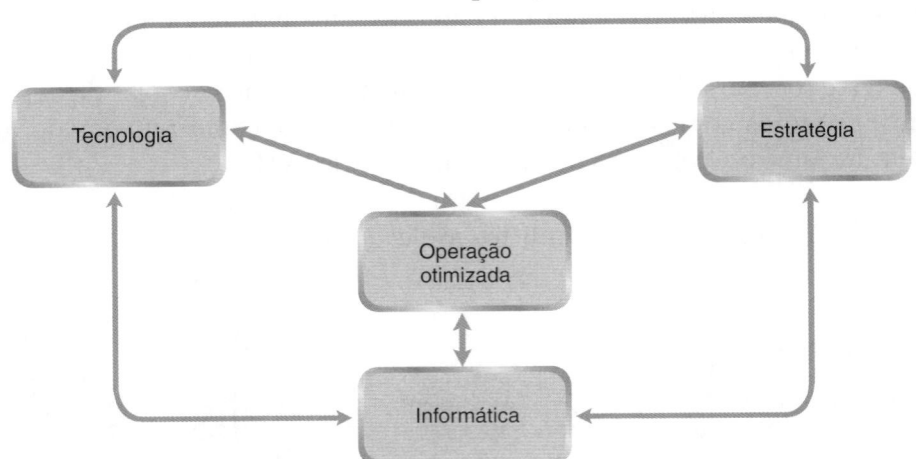

15.4   Recebimento e Armazenagem

O **recebimento** de uma empresa é mais bem compreendido com uma combinação de cinco elementos principais: espaço físico, recursos de informática, equipamento de carga e descarga, pessoas e procedimentos normalizados.

O correto dimensionamento do *espaço físico* envolve espaço para fila de veículos, plataformas compensadoras de altura, espaço para separação e conferência, acesso livre para o estoque inicial e para a fábrica (entregas JIT).

A disponibilidade de *recursos de informática* pede, por exemplo, terminal EDI e de leitura ótica de código de barras, programas de comunicação com fornecedores e planejamento, e controle da produção (PCP).

Para a *carga e descarga*, podem ser usados equipamentos apropriados, como paletes, empilhadeiras e esteiras de distribuição.

Pessoal qualificado é imprescindível; não se aceitam mais elementos que só exerçam uma função, e sim colaboradores polivalentes, com nível de instrução adequado e treinados. O homem que confere uma carga deve estar habilitado a inserir dados no sistema, determinar o destino da carga recebida e, em muitos casos, transportá-la para o local destinado.

Na *normalização de procedimentos*, dá-se ênfase ao que deve ser feito em caso de exceção, principalmente dispondo até que ponto o colaborador tem autonomia de decisão.

Nas empresas modernas, em que o conceito de *supply chain* está consolidado, não se espera que haja uma inspeção de qualidade no recebimento, já que os contratos de suprimento prevêem uma qualidade assegurada. É de bom alvitre, porém, lembrar que podem haver problemas ocasionais de erros de entrega, tanto qualitativos como quantitativos, sendo prudente reservar, no recebimento, uma área para materiais aguardando decisão, a qual deverá ser a menor possível e encarada como de curta permanência.

A estocagem inicial deve se limitar aos itens que a análise econômica prévia determinar, e os tipos de instalações variam de acordo com o tipo e escala da empresa. A forma mais comum de **armazenagem** é por meio de estruturas porta-paletes, simples ou de dupla profundidade, convenientemente dispostas a facilitar o acesso de equipamentos de elevação e transporte, a proteção do produto contra contaminantes internos ou externos, a fácil localização na hora da armazenagem e da coleta, segurança contra incêndios e iluminação conveniente.

As empresas de maior porte usam geralmente armazéns automatizados. Neles, o material entrante é identificado pelo código de barras. Depois, o material vai, por meio de esteiras e elevadores automáticos, para o local de estocagem designado pelo computador — que determina quais as áreas disponíveis onde a entrada e posterior retirada são fáceis. Os materiais são colocados nas estruturas porta-paletes e dali retirados sem a participação humana.

É essencial para o administrador de bens patrimoniais lembrar a importância de ponderar alguns fatores que intervêm na escolha de um esquema operacional de recebimento e armazenagem. O primeiro deles são os *equipamentos dedicados*, isto é, de uso específico para um produto ou linha de produtos. Eles só devem ser considerados quando o volume e permanência do produto permitirem o retorno do que foi investido de acordo com os parâmetros da empresa; por exemplo, acima da taxa interna de retorno. Na maioria das empresas é preferível optar por equipamentos que absorvam grandes variações de produtos.

O segundo são as economias resultantes de despesas com manutenção, prêmios de seguro, redução de pessoal e danificação de materiais. Essas economias podem, a longo prazo, justificar a adoção de armazéns automatizados.

O projeto de *layout* dos almoxarifados deve ser considerado tão ou mais importante que o projeto da própria fábrica. Há uma regra, não escrita, que mostra ser mais rápido o avanço tecnológico dos processos produtivos do que o da tecnologia de armazenagem. Isso leva à diminuição ou permanência dos espaços ocupados pela fábrica mesmo com aumentos de volumes de produção, o que normalmente não ocorre com a armazenagem[6].

---

[6] HARMON, Roy L.; PETERSON, Leroy D. *Reinventando a fábrica*. Rio de Janeiro: Campus, 1991.

15.5   A Operação Industrial

Não abordaremos os sistemas de produção, os de PCP, os de qualidade e os de informação, pois estamos interessados em discutir os aspectos do sistema produtivo que estão diretamente envolvidos com a logística. São eles: o estoque em processo, a movimentação física e os equipamentos e facilidades a eles ligados.

15.5.1   O Estoque em Processo

O **estoque em processo**, WIP (*work in process*), é constituído por peças, componentes ou subconjuntos que sofrem demoras ou armazenamentos durante o processo produtivo ou que estão sendo processados, transportados ou movimentados internamente. O estoque em processo pode então ser considerado o conjunto de materiais que, diariamente, está fora do almoxarifado de recebimento e não entrou no almoxarifado de produtos acabados. Seu volume depende fundamentalmente do sistema de produção, da eficiência e utilização dos setores operacionais, da qualidade do produto e da eficácia do PCP.

Lembre-se de que o sistema JIT foi desenvolvido para limitar ao máximo o estoque em processo, chegando no limite ao *estoque de uma peça* (*one piece flow*), em que, ao longo do fluxo dentro da fábrica, o ideal é ter uma peça em cada estação. É fundamental para o administrador acompanhar periodicamente a posição do estoque em processo, o que pode ser feito, por exemplo, por meio dos relatórios da contabilidade de custos.

O sistema de produção pode ser do tipo puxar ou empurrar. No **sistema tipo puxar** só serão fabricados os componentes necessários às montagens do dia, sendo feito o uso de cartões *kanban* e existindo no processo apenas as peças em processamento e as necessárias nos supermercados de produção. O número de cartões *kanban* e, por conseqüência, o número de peças por componente serão dados pela seguinte expressão:

$$N = D \times \frac{(t_{sm} + t_{kb})}{n_{ct}}$$

Onde:

N = número de cartões *kanban*

D = demanda diária

t_{sm} = tempo, em relação ao dia, para *setup e* movimentação

t_{kb} = tempo, em relação ao dia, para produção do lote *kanban*

n_{ct} = número de peças no contentor padrão

Vejamos agora um exemplo para melhor entender essa expressão.

Exemplo 15.1 Suponha que a demanda diária de um material seja, em média, de 2.000 componentes. Para preparar as máquinas, levam-se 10 minutos. São gastos ainda 10 minutos na movimentação entre um setor e outro. Em 20 minutos, 200 peças são produzidas, o mesmo número de peças que cabe no contentor. Se num dia de trabalho normal o tempo de produção for de 6 horas e 40 minutos, qual será a quantidade produzida de peças por componente?

Solução D = demanda diária = 2.000

T = tempo de produção por dia = 6h40min. = 400 min.

$$t_{sm} = \frac{\text{tempo de setup } + \text{ tempo de movimentação}}{T} =$$

$$= \frac{10 \text{ min. } + \text{ 10 min.}}{400 \text{ min.}} = \frac{20}{400} = 0,05$$

$$t_{kb} = \frac{\text{tempo de produção do lote kanban de 200 peças}}{T} =$$

$$= \frac{20 \text{ min.}}{400 \text{ min.}} = 0,05$$

$n_{ct} = 200$

N = número de cartões ou total de peças por componente = ?

$$N = \frac{2.000 \times (0,05 + 0,05)}{200} = 1 \text{ cartão}$$

No **sistema tipo empurrar**, os componentes são fabricados em lotes econômicos e transferidos para almoxarifados de semi-acabados, ou são armazenados temporariamente ao lado da próxima operação do fluxo produtivo (demora). Nesse sistema extremamente tradicional, dependendo do tamanho dos lotes econômicos de produção e da eficácia do PCP em sua programação sincronizada com as necessidades da linha de produtos finais, os materiais em processo terão um volume muito maior. Outro problema inerente ao processo de empurrar é o da qualidade. Muitas vezes os lotes já prontos são recusados por serem defeituosos. Também são necessários 100% de inspeção, retrabalho ou substituição das peças refugadas. Isso eleva os estoques em processo, pois cria gargalos e interrupções que se propagam ao longo de toda a cadeia produtiva.

As empresas de primeira linha trabalham com indicadores específicos para acompanhar o tempo de permanência de materiais dentro da fábrica. Um indicador muito usado é o *tempo entre docas, dock to dock time* (DTD): o tempo decorrido entre a descarga de matéria-prima e a liberação do produto final para despacho. A expressão a seguir traz sua fórmula:

$$\text{DTD} = \frac{N_{pc}}{S}$$

Onde:

N_{pc} = número total de unidades da peça controlada

S = saída da linha final (em unidade/unidade de tempo)

A gerência deve estabelecer um prazo máximo de permanência para cada componente, respeitando sua importância econômica para o resultado. Para isso, ela pode utilizar-se de uma análise de Pareto; histograma, em ordem decrescente, que mostra as proporções entre dados para que se determinem as prioridades.

Exemplo 15.2   A empresa X quer determinar o DTD de um produto. Inicia com a matéria-prima nele usada que existe em estoque: calcula seu equivalente em peças[7], chegando ao número 20.000,34 ou, arredondando, 20.000. O mesmo é feito para três setores produtivos da empresa.

No primeiro setor, o equivalente do produto final em peças no processo (contam-se as peças que serão o produto final) é 2.000, no segundo setor é 100, e no terceiro setor é 330. A jornada de trabalho é de 7 horas e 30 minutos. Sabendo que já estão produzidas 3.000 unidades de produto acabado, cujas saídas diárias correspondem a 4.000 produtos, calcular o número de dias de permanência total, na empresa, dos materiais (por meio de sua equivalência em produtos) e de produtos em processo e acabados somados.

---

[7] É um pouco difícil trabalhar com os cálculos de equivalência. Para o componente considerado, poderíamos ter feito, por exemplo, quilos de matéria-prima no estoque inicial = 46.000,79kg e uso por componente = 2,3kg; logo, o equivalente em peças seria = 20.000,34 peças, o que arredondamos para 20.000 peças.

Solução matéria-prima: 20.000
Setor 1: 2.000
Setor 2: 100 Equivalente em peças
Setor 3: 330
produto acabado: 3.000

S (saídas diárias do produto final): 4.000
J (jornada de trabalho): 7h30min. = 7,5 h

As horas equivalentes de permanência são função da saída diária do produto final:

$$\frac{S}{hora} = \frac{4.000}{7,5} = 533,3 \text{ unidades/hora}$$

TABELA 15.1

	Equivalente em unidades na área	S	Total de horas de permanência (E_q/S)
Matérias-primas	20.000	533,3	37,5
Setor 1	2.000	533,3	3,75
Setor 2	100	533,3	0,19
Setor 3	330	533,3	0,62
Produto acabado (dentro da fábrica)	3.000	533,3	5,63
Total			47,69

Calculemos, então, os dias de permanência:

$$\frac{47,69}{7,5} = 6,36$$

Isso significa que a permanência na fábrica, desde que a matéria-prima chega até que o último grama desta saia, transformado em produto final, é, no dia em que fizemos o cálculo, de quase 6,5 dias. Deve-se comparar o resultado atual com um parâmetro preestabelecido. Em se tratando de uma indústria de eletrodomésticos, por exemplo, pode-se fazer a comparação com um produto equivalente que seja o melhor do ramo (*best in class*). Se o tempo de permanência dele for 3 dias, estamos muito mal, imobilizando mais dinheiro do que ele em estoques em processo. É sempre bom, ao estabelecer o prazo de permanência ideal, fazer de conta que, se a produção fosse em lote unitário, uma só peça, e ela começasse a ser processada sem parar assim que sua matéria-prima chegasse, ela levaria um tempo x para sair como produto acabado. Quanto mais próximo desse x estivermos, mais dinheiro vamos ganhar. Na prática, o ideal seria, ao terminar o dia, termos uma peça em cada estágio de fabricação e nenhuma peça acabada.

15.5.2 A Movimentação Física

Outro ponto de interesse vital para o administrador de bens patrimoniais é a **movimentação física** de materiais dentro da fábrica ou armazém. Entre os princípios da reengenharia de processos — também conhecida como *business process reengineering* (BPR) —, um dos mais importantes é o que se refere ao transporte interno de materiais, que deve ser reduzido ao mínimo possível, tanto em relação às quantidades transportadas quanto às distâncias percorridas.

O chamado *momento de transporte* é instrumento básico para otimizar o *layout* dos locais de fluxo. Ele é o produto entre o volume (em massa, metros cúbicos, número de contentores) e a distância percorrida (em metros). Uma situação ideal é a que leva a uma soma mínima desses momentos[8]. O tempo e os custos despendidos no transporte não agregam valor ao produto e devem, portanto, ser minimizados até atingir o indispensável para garantir o trânsito entre o almoxarifado de entrada e o despacho. Note-se que quanto menor o tempo de transporte, menor será a permanência do material na fábrica, minimizando-se também o estoque em processo. A equação da movimentação física, mostrada na Figura 15.13, é fundamental para a análise do transporte interno.

A seqüência de análise deve ser respeitada da esquerda para a direita. A primeira pergunta do administrador deve ser o *porquê* da existência do transporte. Muitas vezes, uma análise mais acurada pode mostrar que uma simples modificação no processo ou uma redistribuição do *layout* torna a movimentação *não necessária*, podendo ser eliminada.

---

[8] MUTHER, Richard. *Planejamento do layout:* sistema SLP. São Paulo: Edgard Blücher, 1978.

Figura 15.13 Equação da Movimentação Física

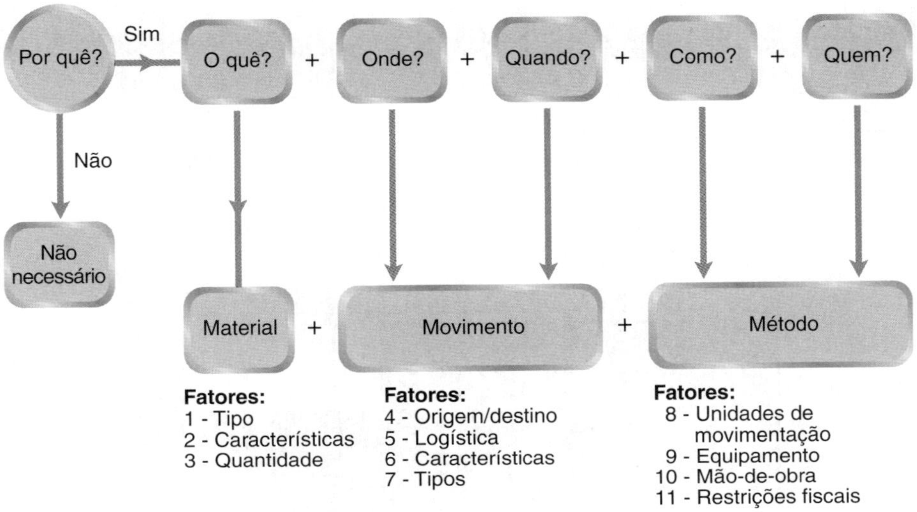

A próxima questão refere-se a *o que* está sendo transportado. Quando questionamos a natureza do material transportado, analisamos aspectos como o tipo, características físico-químicas e quantidades. Algumas questões que podem ser levantadas são se o equipamento de transporte usado é o mais indicado, se a armazenagem nos almoxarifados e os locais de demoras nas seções estão corretos, se não há riscos envolvidos no transporte que podem resultar em acidentes pessoais, incêndio ou prêmios elevados de seguro, se as quantidades são as ideais para o abastecimento a jusante[9], e se a freqüência de coleta não provoca problemas internos de trânsito.

Depois, deve-se examinar para *onde* e *quando* devem ser transportadas as mercadorias. A utilização de matrizes de/para e dos momentos de transporte será um indicativo precioso sobre o acerto do método atual.

Exemplo 15.3 Seja uma empresa com três produtos (A, B, C) e seis setores produtivos (1, 2, 3, 4, 5, 6) com as características expressas na Tabela 15.2 e na Figura 15.14.

---

[9] A jusante: mais para a frente na cadeia. As expressões "a montante" e "a jusante" significam, pois, antes e depois do ponto considerado na cadeia logística. Seus equivalentes em inglês são *up stream* e *down stream*.

TABELA 15.2

Produtos	Seqüência de processamento	Quantidades diárias
A	1- 3 - 4 - 6	300 t /dia
B	2 - 3 - 4 - 5 - 6	400 t /dia
C	1 - 5 - 3 - 6	600 t /dia

Figura 15.14 *Layout* da empresa

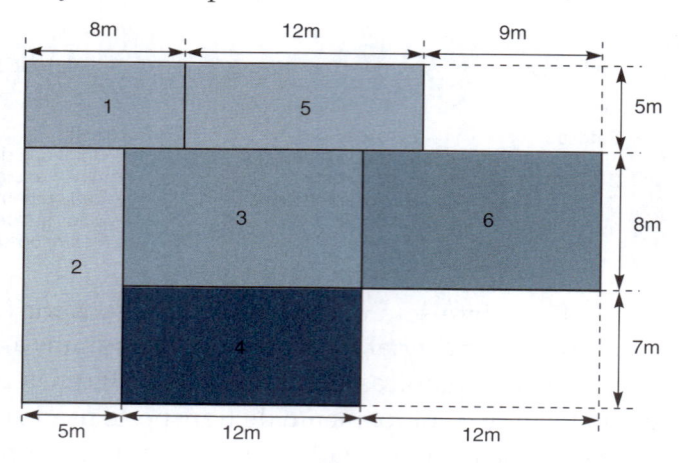

Solução   Se considerarmos, para efeito de cálculo, que os momentos tenham uma distância retangular (soma de catetos) entre os centros de gravidade dos setores, teremos os momentos que se seguem.

Para o produto A:

Transporte de 1 a 3 = 300 t × (6,5 + 7) m = 4.050 t × m/dia

3 a 4 = 300 t × (4 + 3,5) m = 2.250 t × m/dia

4 a 6 = 300 t × (3,5 + 4 + 6 + 6) = 5.850 t × m/dia

Para o produto B:

Transporte de 2 a 3 = 400 t × (3,5 + 8,5) m = 4.800 t × m/dia

3 a 4 = 400 t × (4 + 3,5) m = 3.000 t × m/dia

4 a 5 = 400 t × (3,5 + 8 + 2,5 + 3) m = 6.800 t × m/dia

5 a 6 = 400 t × (6 + 3 + 2,5 + 4) m = 6.200 t × 3 m/dia

Para o produto C:

Transporte de 1 a 5 = 600 t × (4 + 6) m = 6.000 t × m/dia

5 a 3 = 600 t × (3 + 2,5 + 4) m = 5.700 t × m/dia

3 a 6 = 600 t × (6 + 6) m = 7.200 t × m/dia

Chegando na matriz mostrada na Tabela 15.3

TABELA 15.3

De/para	1	2	3	4	5	6
1	–		4.050		6.000	
2		–	4.800			
3			–	2.250 + 3.000		7.200
4				–	6.800	5.850
5			5.700		–	6.200
6						–

e no esquema da Figura 15.15

Figura 15.15

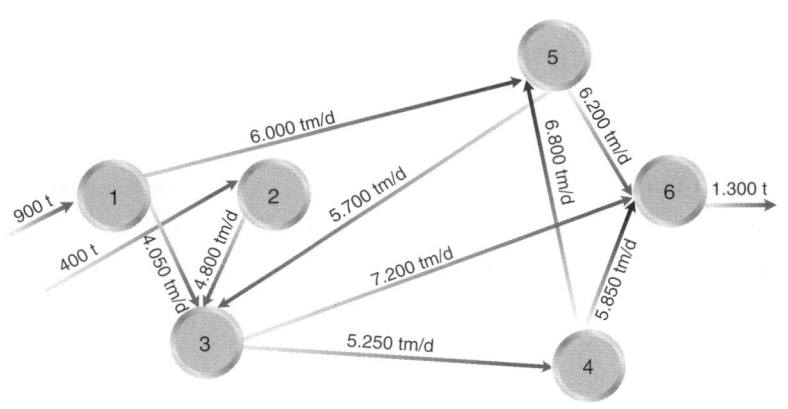

Examinando-se o caminho crítico, pode-se reposicionar os centros de processamento para diminuir os momentos, dimensionando a capacidade de equipamentos de transporte, estabelecendo freqüências de viagens e estudando o armazenamento interno. Esse estudo deve ser dirigido para os centros em que o fluxo é mais crítico, tanto em termos de entradas como de saídas.

As perguntas *como* e *quem* referem-se à determinação do método de trabalho, equipamentos e dimensionamento das equipes de transporte. Os equipamentos devem ser escolhidos de acordo com o estudo preliminar do processo e somente após termos certeza de que ele se encontra racionalizado, com o *layout* otimizado e os transportes desnecessários eliminados. O estudo de métodos é tão importante para as operações de transporte como o é para as operações de fabricação. Ambos seguem os mesmos princípios.

Com o uso do JIT, é imprescindível que os tempos determinados *a priori*, para reabastecimento, sejam respeitados, sob pena de paralisações e aumento do tempo de ciclo e dos estoques em processo.

Uma das formas de dimensionar equipes de transporte é usar a teoria das filas, o que exige tratamento matemático complicado e demorado. Atualmente *softwares* de simulação, como Promodel e Arena, são muito usados. Eles permitem o dimensionamento mais econômico e o teste tanto dos efeitos da demanda na movimentação interna como dos efeitos das mudanças no composto de produtos.

Conclusão

O grande potencial do *supply chain management* de gerar vantagem competitiva, estreitar o relacionamento entre cliente e fornecedor e reduzir custos na cadeia de distribuição fez com que ele ganhasse grande importância nas empresas, criando-se divisões ou diretorias de *supply chain*.

Termos-Chave

abastecimento	matricial	sentido de fluxo
empurrar	movimentação física	*supply chain management*
estoque de uma peça	processo	*work in process* (WIP)
função	puxar	

Questões para Discussão

1. Projetar e desenhar uma cadeia de suprimentos para:

a) uma fábrica de refrigerantes;

b) o abastecimento de um supermercado com hortaliças;

c) o abastecimento do varejo com calçados de couro;

d) o abastecimento de flores de diversas origens no mercado internacional (lembrar da seqüência de estações do ano nos diversos mercados consumidores e fornecedores).

2. Pegar uma dessas cadeias e estabelecer o tempo necessário para todas as atividades ao longo dela, considerando os lotes de produtos ou matérias-primas utilizados. Determinar o tempo necessário para repor um artigo no varejo, com base em um pedido, nos seguintes casos:

a) há estoques em todos os pontos de transferência;

b) toda a cadeia deve funcionar *just-in-time*;

c) parte deve ter estoques e parte deve ser JIT.

3. O que mudaria no exercício anterior se o esquema de informações por meio da cadeia fosse via EDI (Figura 15.5)?

4. Estabelecer agora valores para os materiais que transitam pela cadeia em todas as situações previstas no exercício anterior. Qual delas leva a um mínimo custo de estoques?

5. Inventários são custos ou investimento? Explicar.

Exercícios Propostos

1. O produto W108 é montado em quatro Estações de Trabalho (E1, E2, E3 e E4) por meio de 8 componentes, sendo o AJ3 o mais importante e, de longe, o de mais alto custo. O AJ3 é comprado externamente e entregue conforme programação enviada ao fornecedor. A empresa fornece o W108 a um único cliente a uma razão de 900 unidades/dia e trabalha em 2 turnos diários de 8h/turno. As quantidades de componentes em estoque, dos produtos em processo e estoques de produtos acabados são monitoradas em tempo real pelo sistema de PCP.

Em determinado instante de um certo dia de trabalho, a situação dos estoques era a seguinte:

Local	Quantidade em Estoque (unidades)
Recebimento	2.000
Produtos em processo	
E1	100
E2	250
E3	300
E4	1.500
Produtos acabados	950

a) Calcular o tempo de permanência (*dock to dock time*), em horas, do componente AJ3.

b) Chamando de R a quantidade de componentes AJ3 no estoque de recebimento, E1, E2, E3 e E4, respectivamente as quantidades do produto W108 em processo em cada uma das estações, S a cadência (velocidade) de entrega do produto acabado W108, e T o tempo disponível (horas por dia), determinar a expressão matemática que fornece o tempo de permanência (DTD) do componente AJ3.

2. Considerar a seguinte situação, ainda com referência ao exercício anterior: o cliente exige 3 entregas diárias do produto W108, com 300 unidades cada. A empresa exige que o fornecedor do componente AJ3 faça cinco entregas diárias de 180 unidades cada. Em cada uma das 4 estações, a empresa decidiu manter o estoque de 150 unidades do produto W108 em processo. Se a empresa trabalha em dois turnos de 8 h/turno, determinar o tempo médio de permanência (*dock to dock time*) do componente AJ3 na fábrica.

3. A empresa MontaBem constatou que tem, em média, 500kg de estoque de matéria-prima utilizada na fabricação do componente PKL2, que utiliza 250g da referida matéria-prima. O PKL2 é utilizado na fabricação do M16 que, em média, tem 400 unidades em processo. O estoque de produtos acabados tem, em média, 1.500 unidades.

Após a introdução do sistema *just-in-time* e de melhorias no processo, os estoques de matéria-prima foram reduzidos em 50%, os de produtos em processo em 60% e o de produtos acabados em 40%. Nessas condições, qual foi a redução percentual no tempo médio de permanência do componente PKL2? (As demais condições permaneceram inalteradas.)

4. A Companhia Veloz fabrica 3 produtos (P1, P2 e P3) em quatro departamentos (U, C, E e T), conforme *layout* abaixo.

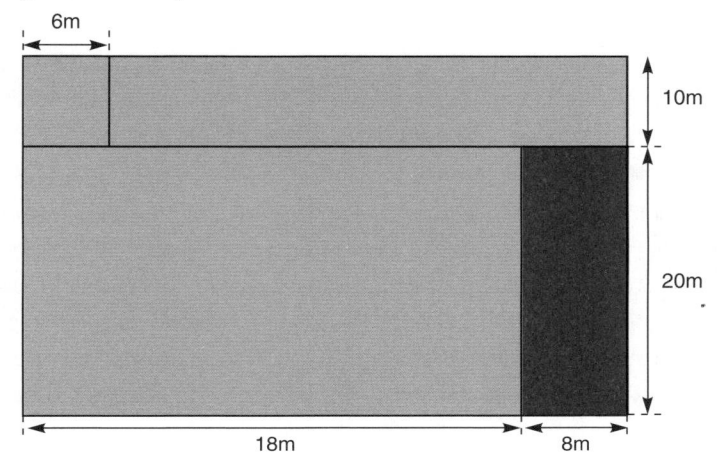

Os roteiros de fabricação são:

P1: C $\rightarrow$ E $\rightarrow$ U $\rightarrow$ T;

P2: E $\rightarrow$ U $\rightarrow$ T;

P3: C $\rightarrow$ T

As quantidades transferidas de um setor para outro são respectivamente 1000 kg de P1, 2000 kg de P2 e 5000 kg de P3.

Calcular os momentos de transpote e verificar se trocando a posição entre departamentos podemos melhorar a situação atual.

Estudo de Caso

Dados da indústria petroquímica mundial apontam que são gastos pelo setor, anualmente, cerca de US$ 160 bilhões com logística. Esses custos representam, em média, 12% das receitas das empresas que atuam no setor. Índice alto, comparado com outras áreas de atividades importantes. Na indústria farmacêutica, por exemplo, os gastos na cadeia de suprimentos representam 10%. Já na indústria automobilística, 9%.

Além disso, dentro da planilha de custo operacional de uma empresa petroquímica, a cadeia de suprimentos significa, em média, 55%. Entretanto, em algumas companhias esse índice pode chegar a assustadores 85%.

No Brasil, tais custos são agravados devido a uma série de problemas de infra-estrutura. Recente pesquisa da Confederação Nacional do Transporte (CNT) sobre o setor de carga no País apontou que as deficiências na área acarretam excesso de estoque ao longo da cadeia produtiva, no valor de R$ 118 bilhões. Dentre essas deficiências estão os constantes atrasos, acidentes e roubos de carga.

São por essas razões estruturais que, nos últimos anos, o gerenciamento da cadeia de suprimentos tem despertado enorme interesse das empresas brasileiras do setor petroquímico. Os executivos desse segmento estão cada vez mais conscientes da importância da logística para o bom desempenho operacional e financeiro.

Assim, o gerenciamento da cadeia de suprimentos passou a ser uma poderosa ferramenta para atingir bons resultados corporativos. Reduções de estoque e do tempo de atendimento ao cliente e uso otimizado dos ativos aumentam o capital de giro. Operações de manufatura mais flexíveis e mais confiáveis também impactam diretamente o custo total da produção.

Um outro potencial de bons resultados da logística encontra-se no aspecto colaborativo entre as empresas. Por conta disso, a indústria petroquímica está mudando sua logística no sentido de integrar o relacionamento com seus clientes e fornecedores, buscando melhorias nos fluxos financeiros e de materiais, informações e processos ao longo de toda a cadeia de suprimentos. Técnicas de gestão da logística, nesse caso, estão sendo utilizadas para criar alianças e habilitar empresas a competir externamente como se fossem uma única entidade.

A implementação adequada de processos colaborativos também atinge resultados como redução de estoques e custos e aumento do nível de serviço. Atualmente, apenas 15% do volume comprado ou vendido pelas empresas do setor são feitos com algum processo colaborativo. Muitas empresas têm manifestado interesse em ampliar a médio prazo o volume das transações de compra e venda por esse meio.

Fonte: MARTOS, A. A logística na petroquímica: gastos mundiais na cadeia de suprimentos sobem a 12% das receitas. *Gazeta Mercantil*, Caderno A3, 1 out. 2003. Disponível em: <www. gazetamercantil.com.br. Acessado em: 26 jan. 2004.

Questões para Discussão

1. Como você descreve a relação cliente–fornecedor no setor petroquímico, conforme as informações do Estudo de Caso? Esse tipo de relação é adequada no *supply chain*? Por quê?

2. Conforme a Figura 15.1 do livro, onde se encontram as principais ineficiências do *supply chain* da indústria petroquímica brasileira? Na sua opinião, o problema é transacional, ou estratégico?

Capítulo 16

A distribuição

16.1 Introdução

O marketing moderno considera a distribuição uma das fases mais críticas dos negócios. Dela depende parte importante da qualidade percebida pelo cliente, isto é, o que ele sente ao comparar sua satisfação com suas expectativas. A confiabilidade de entrega é fruto do recebimento da mercadoria no prazo correto, com a embalagem correta, sem danos causados pelo transporte e erros no faturamento, e com o suporte de um serviço de atendimento ao cliente que resolva seus problemas com presteza e urbanidade, estes são eficazes instrumentos no chamado marketing de relacionamentos.

16.2 Distribuição

A última fase da logística antes do começo da utilização do produto pelo cliente é a da **distribuição**, o conjunto de atividades entre o produto pronto para o despacho e sua chegada ao consumidor final.

A distribuição começa na fábrica do fornecedor e termina nas mãos do cliente final. Como os bens estão em constante movimento nesse ínterim, devemos identificar em cada estágio como eles se movimentam (o modal de transporte) e quem faz a movimentação (o operador de transportes). A distribuição física representa um custo significativo para a maioria dos negócios, impactando diretamente na competitividade, de acordo com sua velocidade, confiabilidade e controlabilidade (capacidade de rastreamento e ação), ao entregar bens aos consumidores dentro do prazo.

Todos estão se tornando mais exigentes. Os produtores de bens intermediários, por exemplo, estão cada vez mais pressionados para entregas programadas JIT, o mesmo acontecendo em relação aos que produzem para o varejo. Ainda que operadores logísticos de transporte tenham se adaptado para atender essas necessidades, muitas empresas têm sido vagarosas em sua adaptação.

Mas, qual o melhor modal? Transporte rodoviário, aéreo, marítimo, ferroviário? Para cada rota há uma possibilidade de escolha, que deve ser feita mediante uma análise profunda de custos, muito além de uma simples análise do custo baseada em peso por quilometragem (Kg/Km). Para cada ligação no canal logístico, cada modo apresenta vantagens particulares. A análise custo/benefício pode determinar que para itens de baixo volume e alto custo unitário o transporte aéreo pode ser, a longo prazo, muito mais econômico do que o transporte marítimo: caso dos computadores.

Um dos fatores determinantes é o custo do frete e do seguro, ligado ao custo de manipulação em terminais (aeroportos, portos) e de armazenamento durante o transporte. No material vendido FOB destino, transportado por navio, por exemplo, é como se o almoxarifado de produtos acabados estivesse sendo transportado até o cliente: o custo de manter estoque é da empresa, e não do cliente.

16.2.1 Transportes

Multimodal é todo transporte efetuado por mais de um modal (marítimo, terrestre ou aéreo).

O modal escolhido deve combinar com os sistemas de movimentação de materiais e de armazenagem, além de ser flexível. Se a empresa está preparada para trabalhar com contêineres enviados a distribuidores e o mercado muda, exigindo a entrega direta ao consumidor de lotes parciais, como proceder?

No Brasil, mais da metade do transporte de cargas se faz pelas rodovias. O transporte rodoviário é o menos produtivo dos modais em termos de carga por hora de operador, e seu custo de mão-de-obra é elevado. O total de rodovias e auto-estradas no Brasil é de aproximadamente 1,5 milhão de quilômetros, um crescimento de mais de 300% em duas décadas.

Figura 16.1   Transportes no Brasil

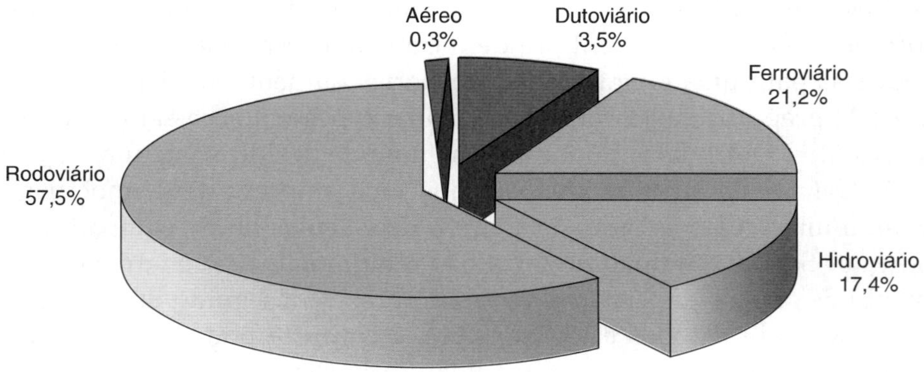

Aéreo 0,3% | Dutoviário 3,5% | Ferroviário 21,2% | Rodoviário 57,5% | Hidroviário 17,4%

Possuir os próprios meios de distribuição exige imobilização de recursos, grande investimento inicial e manutenção constante, o que vem levando as empresas a fazer cada vez mais uso de terceiros. Quando você for viajar, observe nas rodovias a quantidade de caminhões com os logotipos de operadores especializados. Há toda uma indústria de operadores altamente competitivos que operam desde a entrega de pacotes até a operação dedicada de grandes frotas de entrega para clientes particulares. É claro que há exceções: para uma empresa local que recolhe e entrega roupa lavada, é importantíssimo manter o contato com o cliente por meio de sua frota e empregados.

Algumas vezes, além do custo, outros fatores têm de ser considerados na hora de decidir por transporte próprio, como controle, serviço ao consumidor e flexibilidade.

O *controle* é muito importante, pois a facilidade de decidir o que fazer com sua própria frota pode ser crucial, principalmente em situações em que haja inflexibilidade por parte do operador ou incapacidade interna de programação adequada.

O *serviço ao consumidor* pode fazer com que se opte por frota própria nas situações em que o relacionamento direto com o cliente na entrega é imprescindível ao ramo da empresa, e os operadores não estão preparados para isto.

O uso de frota própria oferece maior *flexibilidade* por facilitar o uso de vários métodos que podem ser combinados formando um *mix* de transporte. Por exemplo, entregas por meios de transportes como peruas ou caminhões, o que não impede que as entregas em altas quantidades e volumes e menos variadas possam ser feitas por terceiros.

A menos que a empresa possua *especialistas* em transporte, é mais aconselhável usar terceiros. Grandes empresas transportadoras podem ter frotas que justifiquem o custo de gerentes e de ferramentas especialistas (computação) necessárias para uma operação de transporte competitiva. Além disso, a empresa está preparada para contratar e treinar o pessoal necessário para operar seus veículos. Outro fator importante na hora de decidir sobre uma frota própria é o *retorno do investimento*. Será que uma empresa deve imobilizar seu capital, muitas vezes escasso, na compra de veículos ou de equipamentos de produção? Será que o fluxo de caixa não estaria mais bem empregado no pagamento de serviço de terceiros dentro do prazo conseguido de faturamento? Depois de analisar todas essas questões, a empresa pode, para ajudá-la na decisão final, ver como as empresas líderes (do ramo ou não) atuam em relação à distribuição (*benchmarking*).

16.3 Os Armazéns

Apesar dos modernos sistemas de distribuição vigentes atualmente, como entregas programadas diretas das linhas de montagem ou contrapedidos atendidos em horas, os armazéns continuam a existir e continuarão por muito tempo. Seu alto custo decorre muitas vezes da má administração e da falta de organização.

Os estoques têm de estar nos lugares certos, ter o tamanho certo, proteger de forma adequada seu conteúdo e permitir entregas e colocação eficientes nas prateleiras. As empresas devem analisar o custo efetivo do uso do espaço, provendo um acesso adequado ao material estocado. É importante que elas cuidem de protegê-los contra a ação do tempo e de ladrões, e tenham flexibilidade para lidar com o menor ao maior dos itens estocados na quantidade que for necessária.

Entre o armazém e a gerência deve haver um sistema de informações que permita colocar produtos em locais conhecidos em uma ordem conhecida, retirá-los rapidamente e na quantidade necessária, e ter uma rotação correta (por exemplo, FIFO — *first in, first out*, ou primeiro a entrar, primeiro a sair). As empresas devem ter instalações com docas que permitam a carga e a descarga rápidas de veículos, e espaços para separação de cargas que permitam o *cross docking*, isto é, a separação de cargas recebidas em lotes menores, para serem despachados sem armazenamento local, ou a mistura de cargas de produtos diferentes em lotes consolidados para clientes específicos.

A localização de armazéns e centros de distribuição é função do tipo de empresa considerada. As principais modalidades de entrega são a descentralizada, a centralizada, a centralizada com *cross docking* simples no centro de distribuição, e a centralizada com *cross docking* avançado.

Na *entrega descentralizada*, o material é separado na fábrica no *mix* e em quantidades pedidas por cliente, é retirado pelo veículo escolhido e enviado diretamente ao cliente final, não passando por operações intermediárias de armazenagem (Figura 16.2).

Figura 16.2   Entrega Descentralizada

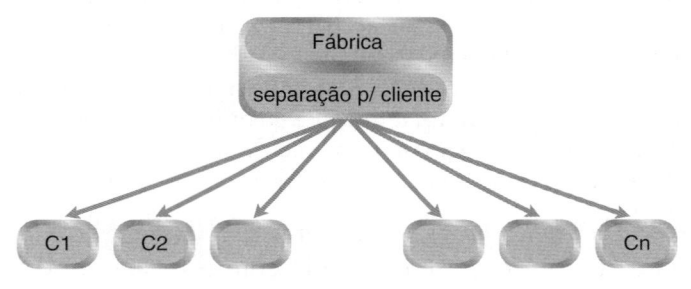

Figura 16.3   Entrega Centralizada com Estoque no Centro de Distribuição

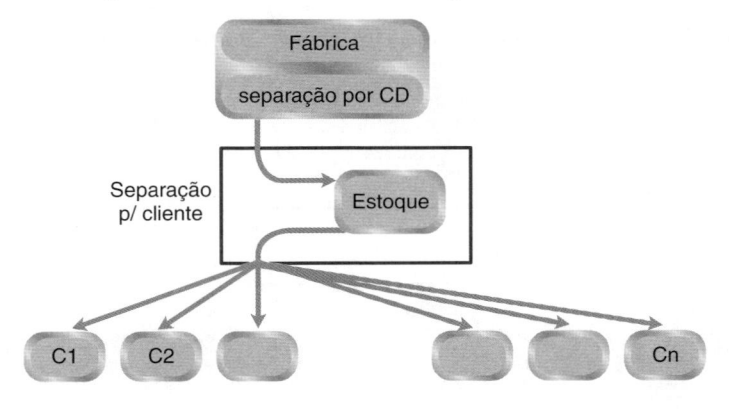

Na *entrega centralizada com estocagem no centro de distribuição* (CD), o material é separado na fábrica no *mix* e em quantidades necessárias no centro de distribuição. Lá é feita uma estocagem até a liberação dos pedidos dos clientes regionais, o material é separado, consolidado por cliente e enviado (Figura 16.3). Veja também na prática:

> Seis anos depois da construção de uma moderna fábrica, que consumiu recursos próprios de US$ 2,5 milhões, e depois de lançar, há dois anos, a tintura de cabelos Cor & Ton, atual carro-chefe de vendas, a Niely Cosméticos partiu para sua terceira ação estratégica: a construção de um centro de distribuição em Nova Iguaçu, com investimentos de R$ 12 milhões.

O objetivo foi melhorar sua logística e brigar por novas fatias no concorrido segmento de tintura e coloração de cabelos, que movimenta R$ 700 milhões por ano e no qual a Niely detém de 3% a 5% de participação, segundo a empresa. A unidade de distribuição será instalada em um terreno de 7,3 mil m², com área construída de 5 mil m².

No mesmo local funcionam a fábrica da Niely e a indústria de embalagens do grupo, a Maddox. No momento, a distribuição ocupa 3 mil m² dentro da fábrica. A transferência para a unidade própria de logística permitirá que a fábrica de embalagens passe a operar no mesmo parque industrial usado para a produção de cosméticos. "Essa integração permitirá coordenar melhor os processos de fabricação dos produtos e de embalagens, bem como ter maior agilidade na distribuição."

A receita da Niely foi de R$ 52 milhões em 2002, 20% maior que a de 2001. Em 2003, a intenção foi faturar R$ 60 milhões. Para isso, a Niely, fundada há 22 anos, apostou nos lançamentos. Em 2002, foram colocados no mercado 90 novos produtos e, nos primeiros meses de 2003, mais de dez.[1]

A *entrega centralizada com* cross docking *simples no centro de distribuição* é muito parecida com a entrega centralizada com estocagem no CD da fábrica (Figura 16.4). No CD, o material entrante já é separado e consolidado por cliente sem passar pelo estoque do CD.

Figura 16.4   Entrega Centralizada com *Cross Docking* Simples

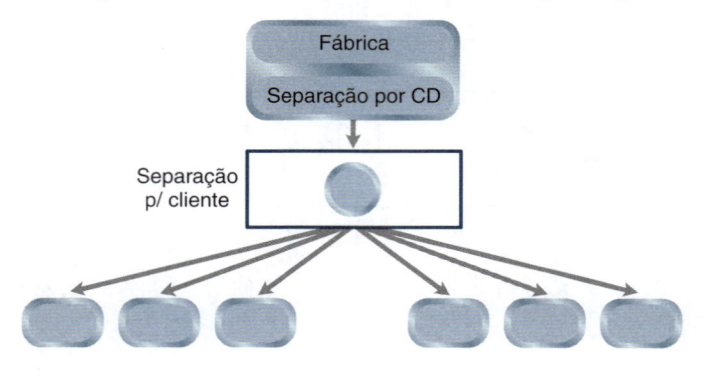

Já na *entrega centralizada com* cross docking *avançado*, o material já é separado e consolidado por cliente na fábrica (Figura 16.5). No centro de distribuição, a carga é apenas redistribuída por veículo e roteiro regional.

[1] Baseado em: V. Ricardo. Niely investe em novo centro de distribuição. Banco de Notícias Investnews, 17 mar. 2003. Disponível em: <www.investnews.com.br>. Acessado em: 26 jan. 2004.

Figura 16.5   Entregas Centralizadas com *Cross Docking* Avançado

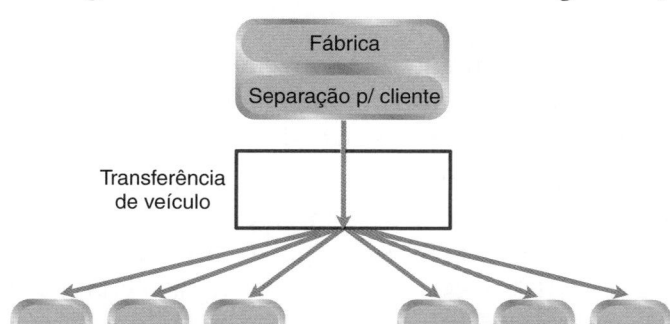

Para operacionalizar esses esquemas, as empresas contam com ferramentas como o *distribution resources planning* (DRP), que tem uma ação dupla.

Na primeira fase, ele consolida os pedidos dos diversos clientes por tipo de produto e datas de entrega, alimentando o MRP e o MRP II da fábrica.

Como saída principal estabelece o plano de entregas diárias a partir da fábrica ou dos centros de distribuição, para que o material seja entregue ao cliente no prazo e quantidades desejados. Nessa segunda fase são usados módulos de roteirização tão sofisticados que chegam a conter o mapa das cidades indicando aos motoristas quais os caminhos preferenciais para as entregas.

Todo o esquema de entregas está diretamente ligado a recursos eletrônicos, como o EDI, que permite avisar ao cliente a data e a hora de entrega, confirmar esses dados, notificar imprevistos e mesmo fazer o acompanhamento da posição do veículo de entrega via satélite, o que permite acompanhar o serviço do encarregado da entrega e evitar a perda de carga e veículos por roubo.

16.4   Pesquisa Operacional

Suponha que uma empresa de construção civil disponha de três usinas de asfalto e tenha contratos para asfaltar cinco estradas em diferentes pontos da região. Qual deveria ser a programação de sua frota de entregas para minimizar os custos de transporte?

Esse tipo de programação pode ser otimizado usando modelos de **pesquisa operacional**, como a **programação linear** e o *algoritmo dos transportes*.

Havia um receio do administrador em utilizar recursos de pesquisa operacional, em virtude de sua complexidade matemática. Hoje isso é injustificável, graças ao advento de programas de computador especializados que facilitam enormemente a vida do profissional. Indicaremos neste livro o uso de um deles, o Lindo[2].

Quaisquer que sejam os números de origem e os de destino considerados (no caso, três usinas e quatro estradas), a única coisa a fazer é dar um nome a cada um deles. Podemos chamá-los de origens O1, O2, O3 e destinos D1, D2, D3.

Usamos, então, uma medida ligada ao transporte, para tentar conseguir uma solução de mínimo custo. Essa medida pode ser a distância entre as origens e os destinos, e o custo de frete. Em nosso caso, vamos estabelecer o custo dos fretes. Na Tabela 16.1 estão colocados, em cada célula, os fretes por tonelada entre a origem e o respectivo destino:

TABELA 16.1
Fretes (por tonelada)

	D1	D2	D3	D4	D5
O1	$ 13	$ 20	$ 15	$ 16	$ 21
O2	$ 12	$ 17	$ 16	$ 18	$ 23
O3	$ 10	$ 14	$ 12	$ 13	$ 17

As capacidades de fornecimento de cada origem e as demandas dos destinos são mostradas nas tabelas 16.2 e 16.3:

TABELA 16.2
Capacidade de Fornecimento das Origens

O1	150 t
O2	200 t
O3	80 t

TABELA 16.3
Capacidade de Fornecimento dos Destinos

D1	30 t
D2	120 t
D3	150 t
D4	80 t
D5	50 t

[2] O Lindo, da Lindo Systems, pode ser obtido livremente na Internet (http://www.lindo.com/download.html).

Classifiquemos cada par OjDi como a variável que irá definir a quantidade a ser transportada da origem Oj ao destino Di. Com base nesses dados, a pesquisa operacional nos ensina a construir um modelo que levará em conta todas as opções de transporte possíveis. Ele começa com a multiplicação do custo do frete entre cada origem e destino pela distância percorrida. Assim, como o custo entre O1 e D1 é de \$ 13, tem-se 13 O1D1, depois, 20 O1D2 e assim por diante. No final, ele terá o seguinte formato:

$$\text{Min. Custo} = 13\ O1D1 + 20\ O1D2 + 15\ O1D3 + 16\ O1D4 + 21\ O1D5 +$$
$$+12\ O2D1 + 17\ O2D2 + 16\ O2D3 + 18\ O2D4 + 23\ O2D5 +$$
$$+10\ O3D1 + 14\ O3D2 + 12\ O3D3 + 13\ O3D4 + 17\ O3D5$$

Essa equação, chamada de *função objetivo*, enumera todas as possibilidades de gastos com fretes entre origens e destinos e deverá, portanto, ser minimizada. Agora consideremos as capacidades de produção de cada origem e as demandas de cada destino, construindo as chamadas restrições do modelo. Partindo de O1, podemos ir aos cinco destinos (D1 a D5), mas o total transportado tem de ser igual a 50 toneladas, ou seja, somadas as entregas originadas de O1, quaisquer que sejam os destinos atendidos, a oferta deverá ser igual à capacidade da fábrica de asfalto que estamos chamando de O1. Assim:

$$O1D1 + O1D2 + O1D3 + O1D4 + O1D5 = 150$$

Continuando, para O2 e O3:

$$O2D1 + O2D2 + O2D3 + O2D4 + O2D5 = 200$$
$$O3D1 + O3D2 + O3D3 + O3D4 + O3D5 = 80$$

Façamos a mesma análise para as demandas, começando com D1:

$$O1D1 + O2D1 + O3D1 = 30$$

Estamos contando ao modelo que, não importa de onde venha o asfalto, a demanda máxima em D1 deverá ser de 30 toneladas. Continuando, para D2 a D5:

$$O1D2 + O2D2 + O3D2 = 120$$
$$O1D3 + O2D3 + O3D3 = 150$$
$$O1D4 + O2D4 + O3D4 = 80$$
$$O1D5 + O2D5 + O3D5 = 50$$

A transferência de asfalto entre uma fábrica e uma estrada pode ser nula, porém nunca negativa. Portanto:

$$OjDi \geq 0\ (i = 1, 2, 3, 4, 5; j = 1,23)$$

Colocando esse modelo no Lindo e seguindo a sintaxe do programa:

Min. 13 O1D1 + 20 O1D2 + 15 O1D3 + 16 O1D4 + 21 O1D5 +

+ 12 O2D1 + 17 O2D2 + 16 O2D3 + 18 O2D4 + 23 O2D5 +

+ 10 O3D1 + 14 O3D2 + 12 O3D3 + 13 O3D4 + 17 O3D5

O1D1+O1D2+O1D3+O1D4+O1D5=150

O2D1+O2D2+O2D3+O2D4+O2D5=200

O3D1+O3D2+O3D3+O3D4+O3D5=80

O1D1+O2D1+O3D1=30

O1D2+O2D2+O3D2=120

O1D3+O2D3+O3D3=150

O1D4+O2D4+O3D4=80

O1D5+O2D5+O3D5=50

O Quadro 16.1 mostra a solução do problema[3]:

QUADRO 16.1
Solução pelo Lindo

LP Optimum Found at step 10
Objective Function Value
1) 6740.000
Variable Value   Reduce Cost

Variable	Value	Reduce Cost
O1D1	0.000000	2.000000
O1D2	0.000000	4.000000
O1D3	70.000000	0.000000
O1D4	80.000000	0.000000
O1D5	0.000000	1.000000
O2D1	30.000000	0.000000
O2D2	120.000000	0.000000
O2D3	50.000000	0.000000
O2D4	0.000000	1.000000
O2D5	0.000000	2.000000
O3D1	0.000000	2.000000
O3D2	0.000000	1.000000

(continua)

---

[3]   As instruções de uso acompanham o programa baixado da Internet.

(continuação)

QUADRO 16.1
Solução pelo Lindo

     O3D3 30.000000 0.000000
     O3D4 0.000000 0.000000
     O3D5 50.000000 0.000000
Row Slack or Surplus Dual Prices
2) 0.000000   1.000000
3) 0.000000   0.000000
4) 0.000000   4.000000
5) 0.000000 -12.000000
6) 0.000000 -17.000000
7) 0.000000 -16.000000
8) 0.000000 -17.000000
9) 0.000000 -21.000000
No. Iterations 5 10

Chegamos, então, às respostas a seguir. Na coluna *Value* estão as quantidades que devem ser transferidas entre origens e destinos para se ter custo mínimo:

O1D3 — (de O1 para D3) = 70 t

O1D4 — (de O1 para D4) = 80 t

O2D1 — (de O2 para D1) = 30 t

O2D2 — (de O2 para D2) = 120 t

O2D3 — (de O2 para D3) = 50 t

O3D3 — (de O3 para D3) = 30 t

O3D5 — (de O3 para D5) = 50 t

Colocando na Tabela 16.4:

TABELA 16.4

	D1	D2	D3	D4	D5	Ofertas
O1			70 t	80 t		150 t
O2	30 t	120 t	50 t			200 t
O3			30 t		50 t	80 t
Demandas	30 t	120 t	150 t	80 t	50 t	

Substituindo os valores de OjDi na equação dos custos, encontramos o custo mínimo, que é igual a \$ 6.740[4].

O *algoritmo dos transportes* parte de uma solução básica inicial determinada por métodos como canto noroeste, mínimo custo e Vogel, e prossegue usando os métodos chamados de *u x v*, para verificação se a solução encontrada é ótima, e o método da "amarelinha" (*stepping stone*)[5].

O *distribution resources planning* (DRP) permite às empresas, com base em informações de necessidades nos pontos-de-venda ou nos centros de distribuição, programar a fábrica. O DRP é uma espécie de *materials requirement planning* (MRP) ao contrário. No DRP, informações vindas de diversos pontos convergem na necessidade de um produto. No MRP, da necessidade de um produto são programadas as necessidades de seus componentes (veja a Figura 16.6).

Figura 16.6   DRP e MRP para o Produto A

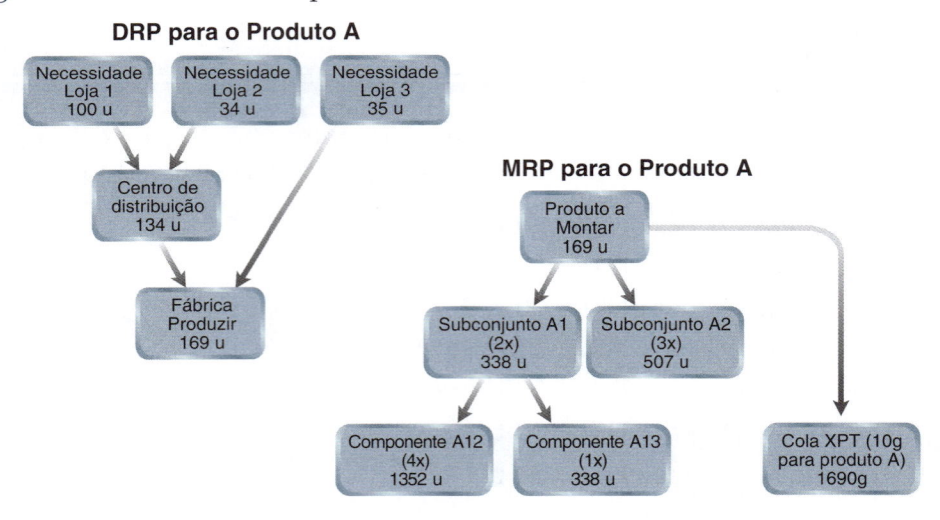

Vejamos um exemplo sobre o uso do DRP que leva em conta não só as quantidades, mas também os prazos de entrega necessários.

---

[4]   O programa também nos informa o valor do custo mínimo, em *OBJECTIVE FUNCTION VALUE*.

[5]   Não é objetivo deste livro analisá-los. Esse assunto pode ser encontrado em livros de pesquisa operacional, como RENDER, B.; STAIR JR., R. M. *Quantitative analysis for management*. New Jersey: Prentice Hall, 1997; SILVA, Élio M. et al. *Pesquisa operacional*. São Paulo: Atlas, 1995.

Exemplo 16.1 Com base nas necessidades do centro de distribuição A e da loja 1, calcular as necessidades da fábrica que gerarão um MRP.

O tempo necessário para enviar peças da fábrica para o *centro de distribuição A* é de 1 semana, o lote padrão de entrega é de 50 peças, e o estoque de segurança corresponde a 10 unidades.

TABELA 16.5						
Centro de Distribuição A	**Semanas**					
	0	1	2	3	4	5
Necessidade em produtos		30	40	30	40	40
Entregas já programadas		60				
Inventário final programado	60	80	40	10	20	30
Recebimentos planejados					50	50
Ordens a serem emitidas				50	50	

O tempo necessário para enviar peças da fábrica diretamente para a *loja 1* é de 2 semanas, o lote padrão de entrega é de 60 peças, e o estoque de segurança corresponde a 15 unidades.

TABELA 16.6						
Loja 1	**Semanas**					
	0	1	2	3	4	5
Necessidade em produtos		70	80	50	60	50
Entregas já programadas		60				
Inventário final programado	110	100	20	30	30	40
Recebimentos planejados				60	60	60
Ordens a serem emitidas		60	60	60		

O tempo de fabricação da *fábrica* é de 1 semana, o lote padrão de entrega é de 200 peças, e o estoque de segurança corresponde a 40 unidades.

TABELA 16.7

Fábrica	Semanas					
	0	1	2	3	4	5
Necessidades brutas de fabricação (ordens de CD e L1)		60	60	110	50	
Inventário final programado	110	50	190	80	230	230
Envios planejados			200		200	
Ordens de produção (início)		200		200		

Conclusão

A distribuição física é fundamental para o êxito das organizações, pois se trata do segmento logístico mais próximo do consumidor final. A entrega do produto nas quantidades pedidas e no tempo exato pode representar um diferencial competitivo ímpar perante o cliente.

A eficiência da distribuição, ligada a um *serviço ao consumidor*, dimensionado de acordo com os princípios do marketing de relacionamento, potencializa a ação dos vendedores e ajuda a criar e a manter a imagem institucional da empresa.

Termos-Chave

algoritmos

armazéns

centros de distribuição

entrega

modal de transporte

operador de transporte

pesquisa operacional

serviço ao consumidor

Questões para Discussão

1. Determinar qual das duas localizações de uma nova fábrica, para abastecer quatro mercados já existentes, representa a melhor opção para a empresa B, que já possui as fábricas A e B. Fretes, capacidades e demandas são mostrados a seguir.

	Mercado 1	**Mercado 2**	**Mercado 3**	**Mercado 4**	**Ofertas**
Fábrica A	$ 15	$ 34	$ 25	$ 23	250 t
Fábrica B	$ 21	$ 30	$ 18	$ 18	150 t
Demandas	160 t	140 t	120 t	130 t	

A nova fábrica pode estar nas cidades AX e GB, e terá capacidade de 150 toneladas, o que permitirá abastecer totalmente as demandas atuais. Os fretes unitários para cada uma das opções são:

	Mercado 1	**Mercado 2**	**Mercado 3**	**Mercado 4**
Cidade AX	$ 18	$ 23	$ 26	$ 14
Cidade BX	$ 21	$ 25	$ 15	$ 20

2. Caso a empresa B não consiga abrir a nova fábrica, quais mercados deixarão de ser atendidos totalmente, já que as demandas são maiores que as ofertas, para que o custo de transporte continue mínimo?

    Sugestão: Observando o modelo da empresa de construção, considere que neste as equações das ofertas continuam a ser equações, mas que as equações das demandas passam a ser inequações, com a direção <=.

3. Um administrador se basearia apenas no custo mínimo de transporte para determinar quanto receberia cada mercado?

4. Para o exemplo da empresa de construção, desenhar a cadeia logística desde a extração das matérias-primas básicas até a entrega nas obras.

5. Prepare um DRP para produtos enviados da expedição de uma fábrica para dois depósitos regionais. As tabelas de DRP a seguir indicam a demanda esperada, os recebimentos já programados e o inventário final do período anterior. As ordens a serem enviadas para a fábrica farão parte da programação de fabricação. No *depósito regional A* o tempo para entrega da fábrica é de 2 semanas, a quantidade padrão de entrega é de 250 unidades, e o estoque de segurança é de 150. Já no *depósito regional B* o tempo que a fábrica leva para fazer as entregas é de apenas 1 semana, a quantidade padrão de entrega é de 150 unidades, e o estoque de segurança é de 80. Na *fábrica,* a situação é a seguinte: com um lote de produção de 50 peças e estoque de segurança de 150, o tempo necessário para fabricar e colocar na expedição é de 1 semana. Complete os quadros a seguir e depois programe o início da produção da fábrica.

TABELA 16.8

Depósito Regional A	Semanas					
	0	1	2	3	4	5
Necessidade em produtos		130	190	280	150	310
Entregas já programadas		250				
Inventário final programado	230					
Recebimentos planejados						
Ordens a serem emitidas						

TABELA 16.9

Depósito Regional B	Semanas					
	0	1	2	3	4	5
Necessidade em produtos		210	140	180	150	140
Entregas já programadas		150				
Inventário final programado	180					
Recebimentos planejados						
Ordens a serem emitidas						

TABELA 16.10

Fábrica	Semanas					
	0	1	2	3	4	5
Necessidades brutas de fabricação (ordens de DRA e DRB)						
Inventário final programado		500				
Envios planejados	100					
Ordens de produção (início)						

Exercícios Propostos

1. Uma empresa manufatureira dispõe de três depósitos de distribuição de seus produtos. O depósito A na Região Sul, o B na Região Leste e o C junto à fábrica. Os

tempos de atendimento das necessidades de mercadorias de cada um dos depósitos, em semanas, é dado:

Depósito A	2 semanas
Depósito B	2 semanas
Depósito C	1 semana

A programação das necessidades dos três depósitos, em unidades, para as próximas semanas são:

	1	2	3	4	5	6	7	8	9	10	11	12
Depósito A			40	100	80	20	20	25	70	80	30	50
Depósito B		30	45	60	70	40	80	70	80	55		
Depósito C			30	40	10	70	40	10	30	60		

Determinar a programação — quantidades e semanas — de liberação dos pedidos de fabricação, sabendo-se que:

a)   As quantidades são transportadas para cada depósito em múltiplos de 100 unidades.

b)   A fábrica demora uma semana para produzir um pedido, independentemente da quantidade.

c)   Os estoques nos três depósitos, no início do planejamento, é zero.

2.   Resolver o exercício anterior, sabendo-se que:

a)   As quantidades são transportadas para cada depósito em múltiplos de 80 unidades.

b)   Os estoques no início do planejamento são:

Depósito A	260 unidades
Depósito B	220 unidades
Depósito C	60 unidades

c)   A fábrica demora duas semanas para produzir um pedido, independentemente da quantidade.

3.   Resolver o exercício 1, sabendo-se que:

a)   Um mesmo caminhão, que transporta carga múltipla de 100 unidades, atende aos três depósitos.

b)   Os estoques no início do planejamento são nulos.

c)   A fábrica demora uma semana para produzir um pedido, independentemente da quantidade.

Estudo de Caso

O Carrefour tem em Manaus, uma central de distribuição para prevenir o desabastecimento das três lojas que possui na cidade, que já ficaram sem alguns produtos devido a problemas de navegação nos rios da região, tanto pelo excesso quanto pela falta de chuva. Manaus importa e exporta mercadorias pelos rios amazônicos. "A central garante o abastecimento contínuo das nossas lojas e ainda exporta produtos regionais para as demais lojas do País", explica o novo diretor para o Norte e Nordeste do grupo.

Com capacidade para distribuir 600 toneladas/mês, a central custou R$ 500 mil e criou 100 empregos. Além de evitar a falta de produtos nas gôndolas, a central permitirá a redução dos preços aos consumidores entre 5% e 10%. 90% do transporte do grupo para Manaus é realizado por navios e pelo sistema rodofluvial. Entre as centrais do Sudeste e Manaus, as mercadorias viajam, em média, durante vinte dias. Com a central de Manaus, o grupo elimina o risco da falta de produtos e ainda, pretende conquistar novos consumidores. O principal concorrente do Carrefour em Manaus é o grupo DB, com uma rede de quatro hipermercados e lojas na periferia.

A central sinaliza que o Carrefour, com 80 hipermercados no Brasil e mais 200 lojas do Champion, aposta no crescimento do mercado de consumidores de Manaus. A implantação das centrais é uma tendência do Carrefour em todo o País. Atualmente, elas existem em São Paulo, Rio, Minas, Brasília e agora no Amazonas.

Além de resolver os problemas das lojas de Manaus, o Carrefour busca usar a central para exportar produtos da Amazônia para todas as lojas do grupo nas demais regiões do País. A central de Manaus compra produtos regionais reunindo os 200 fornecedores cadastrados, para verificar o potencial exportador de cada um. "Inicialmente, pretendemos vender para cidades do Nordeste". No ano passado, o Carrefour exportou 80 toneladas de peixe surubim (pintado) dos rios amazonenses, para lojas de São Paulo, Rio de Janeiro, Brasília e Goiânia. O Carrefour também exportou o peixe "dourado" e, neste ano, pretende dobrar a venda de surubim em outras praças. A proposta do grupo "é valorizar os produtos regionais" e torná-los comercializáveis em todo o País. Informou ainda que pelo menos 60% dos atuais fornecedores têm algum potencial para vender fora de Manaus. Eles estão distribuídos nas áreas de mercearia, bazar e hortifrutigranjeiros.

Fonte: Adaptado de NOGUEIRA, W. Carrefour inaugura centro de distribuição em Manaus. *Gazeta Mercantil*, C2, 6 fev. 2003. Disponível em: <www.gazetamercantil.com.br>. Acessado em: 26 jan. 2004.

Questões para Discussão

1. Como o Carrefour pretende reduzir seus preços, com a implantação do CD? Onde está o ganho?

2. Como este CD irá ajudar a reduzir a falta de produtos nas gôndolas? Explicar.

3. Utilizando o conceito de *supply chain*, quais os ganhos que podem ser esperados com este CD?

Glossário

Abastecimento: ato de suprir as necessidades materiais de uma empresa, comunidade ou indivíduo.

Acurácia de estoques: relação entre o número de itens que não apresentaram incorreções e o número total de itens contados após a realização de um inventário.

Algoritmos: forma simplificada (quase sempre automatizável) de resolver um problema; desenvolvidos para casos particulares de um problema; nem sempre são de uso geral.

Análise de valor: aplicação sistemática, consciente, de um conjunto de técnicas que identificam as funções necessárias, estabelecem valores para elas e desenvolvem alternativas para desempenhá-las ao mínimo custo; engenharia de valor.

Análise: processo que procura decompor um problema em problemas menores, gerar soluções para estes e combiná-los para a solução do problema original.

Armazéns: locais sob a guarda de um fiel depositário onde estão fisicamente localizados os estoques de uma ou várias empresas.

Arrendamento de venda e retorno: situação em que a empresa vende o seu bem para a companhia de *leasing* e imediatamente o aluga de volta.

Arrendamento mercantil: estratégia empresarial, também conhecida como *leasing*, que prevê a locação ou aluguel de um bem patrimonial em vez de sua compra. No arrendamento mercantil há, de um lado, a empresa de *leasing* ou arrendador, geralmente ligada a um banco e, de outro, o cliente ou arrendatário.

Atividades críticas: atividades nas quais não há folgas ou margens para erros e atrasos.

Backlog: Sistema de Gestão de Estoques onde cliente (ou usuário) concorda em receber posteriormente um item (ou produto/serviço) demandado.

Bem corpóreo: bem que tem corpo, massa, matéria.

Bem de capital: bens que produzem outros bens.

Bem semovente: bens constituídos por animais como bovinos, eqüinos, caprinos e suínos.

Bens intangíveis: bens não constituídos de matéria, massa, corpo ou substância, como patentes e direitos autorais; bens incorpóreos.

Bens tangíveis: bens que possuem substância, massa, matéria, como uma caneta e um automóvel.

Brainstorming: processo criativo, desenvolvido a partir de grupos de pessoas, normalmente de formações diferentes, em que idéias aleatórias são geradas sem preocupação de crítica, levando, por associação, a que uma idéia inovadora seja gerada e aplicada.

Cadeia logística: ver cadeia de suprimentos.

Cadeias de suprimentos: redes de empresas que se sucedem desde a extração de recursos naturais, sua transformação em materiais primários, fabricação de componentes, subconjuntos, conjuntos, montagens finais, armazenagem e distribuição até a chegada do produto nas mãos do consumidor final e que, após o seu ciclo de vida útil se ocupam da sua reciclagem; responsáveis pelo fluxo inverso de materiais e informações e pela redução dos custos de transação a um mínimo indispensável, representam o grande campo de atuação dos administradores e engenheiros de produção nesse milênio; *supply chains*.

Caixeiro-viajante: forma de identificação do sinal da demanda que consiste em um vendedor visitar clientes e verificar *in loco* se está faltando mercadoria no estoque para, então, em comum acordo com o cliente, tirar o pedido de reposição.

Carta-convite: situação em que um número limitado de proponentes é convidado a apresentar propostas nos termos de um edital que lhes será vendido, caso apresentem interesse em concorrer.

Centros de distribuição: instalações físicas por onde transitam os estoques de uma ou várias empresas localizadas entre os locais onde foram produzidos e os mercados consumidores, além de poderem estocar os produtos em trânsito por períodos curtos, transferilos de um meio de transporte para outro, consolidá-los ou desconsolidá-los, realizar pequenos beneficiamentos, reembalagem; podem pertencer a uma empresa, a uma cooperativa de empresas ou a um operador logístico autônomo.

Ciência das decisões: ver pesquisa operacional.

CIM: *computer integrated manufacturing*, ver manufatura integrada por computador.

Classe A: denominação dada pela classificação ABC de estoques aos itens mais importantes, segundo a ótica do valor ou da quantidade.

Classe B: denominação dada pela classificação ABC de estoques aos itens intermediários — mais importantes que os da classe C, mas menos importantes que os da classe A—, segundo a ótica do valor ou da quantidade.

Classe C: denominação dada pela classificação ABC de estoques aos itens menos importantes, segundo a ótica do valor ou da quantidade.

Classificação AA, BB, CC: ordenação decorrente da análise cruzada da criticidade dos itens de estoque e de sua situação de acordo com o critério ABC; classificação em que é criada uma matriz de dupla entrada, na qual de um lado estão os itens classificados quanto ao volume vezes o custo e, de outro lado, os itens classificados quanto à sua criticidade.

Classificação ABC de estoques: gráfico de porcentagem acumulada em função dos itens de estoques; para a sua construção apura-se, em um certo período de tempo, normalmente um ano (ou seis meses), qual foi o consumo em valor monetário ou em quantidade, dos itens de estoque, classificando-os em ordem decrescente de importância; curva ABC de estoques.

Cobertura de estoques: indica o número de dias (ou outra unidade de tempo) que o estoque médio será suficiente para atender a demanda média.

Código de Ética: conjunto de regras de conduta previamente estabelecidas, divulgadas, conhecidas e praticadas por todos os colaboradores de uma empresa, procurando fixar limites claros entre o legal e o moral.

Comakership: o mais alto nível de relacionamento entre cliente e fornecedor, representado por conceitos como os de confiança mútua, participação e fornecimento com qualidade assegurada.

Concorrência pública: forma de compra ou licitação em que o comprador publica em órgãos da imprensa, com penetração regional, nacional ou internacional, o objeto do fornecimento, como também condições gerais e específicas de qualificação dos proponentes fornecedores.

Consumidor: aquele a quem o bem ou serviço é destinado; pode ser um consumidor individual ou um comprador organizacional (empresa).

Contrato chave-na-mão: modalidade de contrato em que o contratado se compromete a entregar o empreendimento em regime de operação normal ao contratante; *turn key*.

Contrato em aberto: modalidade de contrato no qual é possível delinear com certa precisão o escopo dos trabalhos ou fornecimentos a efetuar e chegar a um acordo quanto aos preços unitários — as parcelas dos serviços ou fornecimentos são efetuadas no decorrer do tempo; contrato guarda-chuva.

Contrato guarda-chuva: ver contrato em aberto.

Contrato: documento formal assinado entre as partes que fixa as obrigações e deveres a serem cumpridos por elas.

Controle da qualidade total: processo de, por meio, por exemplo, de projeto, manufatura, compras, e *marketing*, criar e produzir todas as características do composto produto e serviços para que ele atinja as expectativas dos clientes, TQC (*total quality control*).

Costumização: anglicismo de uso geral que significa: ao gosto do consumidor (*costumer* em inglês); um produto ou serviço costumizado é aquele feito sob medida para o gosto individual ou de pequenos grupos; antítese da massificação Fordiana: "qualquer carro, desde que seja modelo T e de cor preta".

Custos de estoques: custos decorrentes da manutenção de estoques, como custos de armazenagem, do capital investido e de obtenção (compra).

Custos diretamente proporcionais: custos que aumentam à medida que o estoque médio aumenta, como, por exemplo, os custos de manuseio: quanto mais estoque, mais manuseio, mais custos.

Custos dos estoques: custos que uma empresa incorre para obter e manter os seus estoques, como: custo do capital investido, armazenagem, manuseio dos estoques e custo decorrente de perdas por deterioração e obsolescência.

Custos independentes: custos que independem da quantidade estocada, como, por exemplo, os custos do aluguel de galpões: o valor pago pelo local será o mesmo, independentemente do quanto de material está estocado.

Custos inversamente proporcionais: custos que diminuem à medida que o estoque médio aumenta, como, por exemplo, os custos de obtenção: quanto mais estoque, menos vezes se compra e em menos custos se incorre.

Demanda Perdida: Sistema de Gestão de Estoque onde o cliente (ou usuário) não concorda em receber posteriormente um item (ou produto/serviço) demandado.

Deming: Edward W. Deming desenvolveu o ciclo PDCA, modelo no qual cada fase depende da anterior: antes da ação (A) é necessário primeiro planejar (P), depois implantar (D) e depois controlar, corrigindo os desvios do que foi planejado.

Desempenho: é a relação entre as saídas (*output*) e as entradas (*input*) de um sistema; resultado da comparação de uma saída com um padrão previamente estabelecido. As saídas (*outputs*) podem ser diversas em natureza: monetárias, volume de produção, tempos efetivamente medidos, serviços prestados etc.

Distribuição de Poisson: tipo de distribuição estatística que descreve a probabilidade da ocorrência de um determinado número de eventos num intervalo específico de tempo, muito usada para descrever as chegadas de pessoas a uma caixa de banco ou a quebra de máquinas durante um período de trabalho; a média da distribuição de Poisson (igual a sua variância) descreve o número médio de eventos que ocorrem por unidade de tempo.

E-commerce: veículo de transação comercial, através de meios eletrônicos.

EDI (*electronic data interchange*): recurso de informática que capacita as empresas a manter contato direto a distância entre os seus computadores e os de clientes e parceiros, agilizando o fluxo de informações dentro de um nível compatível de sigilo; recurso da telemática (informação a distância).

Edital: publicação que traz os termos a serem atendidos pelos proponentes de uma concorrência pública, tomada de preço ou carta-convite.

Empreendimento: em seu sentido mais amplo pode ser definido como qualquer projeto que uma empresa ou pessoa se proponham a fazer, desde que tenham um objetivo definido, especificações claras, orçamento aprovado e datas de início e término prefixadas.

Empurrar: conceito de programar cada operação das peças (ou os componentes do produto final separadamente), o que leva à formação de lotes intermediários entre operações, elevando o WIP.

Entrada em operação: conjunto de operações e ações gerenciais que faz com que um empreendimento entre em operação até atingir o seu regime normal previsto; *start up*.

Era do conhecimento: nome proposto por vários autores para o momento atual das empresas, em que o grande diferencial competitivo passa a ser a inovação, dependente basicamente da descoberta e utilização de novas tecnologias, novos materiais e novos conceitos econômicos e gerenciais, bem como a sua disseminação interna e externa às empresas. Na era do conhecimento a educação e a informática são fatores preponderantes — "não se empregam mais braços e sim cérebros".

Estoque de uma peça: situação ideal em que um produto industrial seria processado operação após operação sem nenhuma parada entre elas; corresponde ao lote de produção de uma peça, objetivo final do JIT e o WIP seria a soma das peças em processo, não havendo estoques intermediários; *one piece inventory*.

Estoque em processo: ver WIP.

Estrutura analítica do produto: mostra a composição detalhada de um produto final em relação a todos os componentes materiais que o constituem; árvore ou explosão do produto.

Fatores extrínsecos: ver fatores higiênicos.

Fatores higiênicos: fatores que se localizam no ambiente de trabalho, como salários, benefícios sociais, chefias, condições físicas de trabalho, clima de trabalho; fatores extrínsecos.

Fatores intrínsecos: ver fatores motivacionais.

Fatores motivacionais: fatores relacionados com o conteúdo do cargo e a natureza das tarefas executadas; fatores intrínsecos.

Fayol: Henry Fayol (1841-1925) foi para a administração de empresas o que Taylor foi para a administração da produção. Definiu as funções principais da empresa: técnicas, comerciais, financeiras, de segurança, contábeis e administrativas, estas últimas englobando: prever, organizar, comandar, coordenar e controlar.

Ferramentas não-otimizantes: instrumentos da pesquisa operacional que conduzem a uma solução melhor do que a atual (simulação) — a solução melhor-do-que-a-atual pode ser melhor do que a solução ótima, pois esta é derivada de variáveis determinísticas, enquanto a simulação é construída a partir de variáveis estocásticas (que seguem distribuições estatísticas), portanto mais próximas da realidade.

Ferramentas otimizantes: instrumentos da pesquisa operacional que conduzem a uma solução chamada ótima, isto é, a melhor possível dentro da riqueza de informações contidas no modelo desenvolvido.

Fluxos a jusante: fluxo após o ponto considerado; *downstream*.

Fluxos a montante: fluxo antes do ponto considerado; *upstream*.

Fluxos: correntes de movimentação de elementos materiais ou intangíveis dentro de um sistema. Numa cadeia de suprimentos, por exemplo, há fluxo físico até o cliente — uma corrente de movimentação de materiais ou produtos — e um fluxo de volta até o primeiro elo da cadeia — uma corrente de informações que parte do cliente, tanto por meio de papéis (fluxo físico) como boca a boca (fluxo intangível).

FMS: *flexible manufacturing systems*; ver sistemas flexíveis de manufatura.

Fornecedor: aquele que gera o bem ou serviço destinado a satisfazer uma necessidade ou desejo do consumidor.

Função: característica que possibilita o uso de um produto ou serviço ou um conjunto de atividades que caracterizam uma área de atuação de uma empresa. No primeiro caso, a função principal de um isqueiro é produzir chama, a função principal de um médico é manter a vida (dentro dos limites do possível); no segundo caso, a função financeira em uma empresa pode ser cuidar dos fluxos de capital por meio de suas fronteiras e a função fiscal pode ser garantir o cumprimento da legislação tributária.

Gerenciamento de recursos: planejamento de quais recursos são necessários para uma atividade ou processo, para depois providenciar sua aquisição ou disponibilidade, utilizá-los, controlar o seu uso e decidir se esta utilização está correta ou não.

Gestão: ciência e arte de coordenar uma operação empresarial assegurando lucratividade a curto prazo e sobrevivência a longo prazo. Distingue-se da administração simples de ativos, pois não é apenas operacional, mas tem um grande conteúdo estratégico.

Giro de estoques: índice que mede quantas vezes, por unidade de tempo, o estoque se renovou ou girou.

Globalização: nome dado à internacionalização da economia, com a movimentação acelerada de ativos entre as fronteiras de nações e a criação de mercados independentes de barreiras culturais; caracteriza-se por uma predominância do poder das empresas sobre governos, cada vez mais reduzidos às questões de instrução, segurança e saúde. Grandemente combatida por uns e enaltecida por outros, coloca em foco a questão da força reguladora dos mercados em contraposição à regulação estatal.

Gráficos de estoques: representação gráfica da variação dos estoques em função do tempo; conhecido como gráficos dente-de-serra por sua semelhança com o formato dos dentes de uma serra.

Herzberg: Frederick Herzberg (n.1923) é o autor da teoria dos dois fatores para explicar o comportamento dos indivíduos no trabalho: fatores higiênicos, ou extrínsecos, pois se localizam no ambiente de trabalho, como salários, benefícios sociais, chefias, condições físicas de trabalho, clima de trabalho etc. e fatores motivacionais ou fatores intrínsecos, pois estão relacionados com o conteúdo do cargo e a natureza das tarefas executadas. Segundo Herzberg o oposto da satisfação profissional não seria a insatisfação profissional, mas sim nenhuma satisfação profissional e vice-versa, o que o leva a dizer que satisfação no cargo é função dos fatores motivacionais e insatisfação no cargo função dos fatores higiênicos.

Horizontalização: estratégia de produção adotada por uma empresa, no sentido de comprar de terceiros o máximo possível dos itens ou serviços que compõem o seu produto final.

Instalações prediais: todas as instalações físicas existentes em prédios da empresa, como utilidades (água, esgoto, eletricidade, ar-condicionado, aquecimento, vapor e ar comprimido), alvenaria e estruturas, vidros, janelas, portas, escadas, plataformas de embarque e desembarque, pintura e placas.

Integração de sistemas: todos os sistemas são constituídos de subsistemas e interagem com outros sistemas a eles externos. A integração de todos estes conjuntos consiste em adequá-los para que surja um efeito sinérgico, e para que os necessários *trade offs* ou trocas (realocação de custos) resultem em diminuição do custo total e aumento da eficiência do todo. Dentro de uma fábrica, por exemplo, deve haver uma integração entre o sistema de produção, o sistema de planejamento de produção e o sistema de informações por meio de computadores para que eles interajam eficazmente e não acabem colidindo entre si, provocando o caos; é um dos maiores desafios dos gerentes atuais.

Intercâmbio eletrônico de dados: ver EDI.

Interfaces de comunicação: atividades que representam a interseção de dois conjuntos e asseguram a comunicação entre cada subsistema com os seus adjacentes e com o todo, como, por exemplo, o *marketing*, que representa a interface entre o consumidor e a produção, proporcionando a comunicação bilateral entre os dois.

Interfaces: ver interfaces de comunicação.

Internet: rede mundial de comunicações via computador que possibilita o contato instantâneo entre todos os seus usuários; instrumento indispensável para o profissional se manter atualizado com o conhecimento disponível globalmente.

Item de demanda dependente: itens ou componentes cuja demanda depende da demanda de outros produtos.

Item de demanda independente: produtos acabados cuja demanda depende do consumidor externo.

Jidoka: mecanismos para evitar a propagação de erros nos processos.

Just-in-time: ver sistema *just-in-time*.

Lean manufacturing: ver sistema Toyota de produção.

Leaseback: ver arrendamento de venda e retorno.

Lote econômico com desconto: estudo do lote econômico quando o preço de compra do item ou do custo de fabricação (quando produzido internamente) varia com a quantidade comprada ou fabricada.

Lote econômico de compras: quantidade que deve ser comprada para que o custo total seja mínimo — quando se compra o lote econômico, os custos decorrentes de manter estoques são os mais baixos possíveis.

Lote econômico de fabricação: quantidade que deve ser fabricada para que o custo total seja mínimo — quando se fabrica lotes econômicos, os custos decorrentes de manter estoques são os mais baixos possíveis.

Manufatura enxuta: ver sistema Toyota de produção.

Manutenção corretiva: indica a realização de intervenções (manutenção) apenas quando o equipamento apresenta problemas de funcionamento; oposto da manutenção planejada preventiva ou preditiva.

Manufatura integrada por computador: integração total da organização manufatureira por meio de sistema de computadores e filosofias gerenciais que melhoram a eficácia da empresa; CIM (*computer integrated manufacturing*).

Manutenção periódica: ver manutenção preventiva.

Manutenção preditiva: manutenção pró-ativa e periódica, na qual os intervalos de tempo entre intervenções não são fixos como na preventiva, mas dependem de resultados de monitoração das máquinas por meio de sensores nelas instalados. Por exemplo, um dos indicadores da proximidade de quebra de um redutor é o nível de vibrações: se instalarmos no redutor um sensor de vibrações, podemos parar a máquina antes que ele quebre e efetuar a sua troca fora do horário normal de trabalho, sem paralisar a produção programada. É mais cara do que a preventiva devido aos sensores e programas de computação dedicados, mas a longo prazo compensa, pois evita paralisações fatais, tanto da manutenção corretiva como da preventiva (que parte de tempos estatísticos), além de evitar a troca de componentes ainda em boas condições de uso.

Manutenção preventiva: sistema de manutenção planejada de equipamentos de forma a levar em conta a probabilidade de falhas em função do tempo de operação; possibilita programar as intervenções dentro de intervalos de tempo pre- determinados, antes que a falha ocorra; forma de manutenção pró-ativa e não defensiva, como a manutenção corretiva; manutenção periódica.

Manutenção produtiva total: grande desenvolvimento conceitual da manutenção no fim do século e inspirada no sistema Toyota de produção, consiste no envolvimento direto do operador na manutenção do seu próprio equipamento; pretende a médio prazo que o operador se conscientize de que: "Da minha máquina cuido eu!"; esquema passo-a-passo, desde o uso dos 5 S's ou *housekeeping*, arrumação e limpeza do local de trabalho, até a manutenção autônoma, ponto no qual o operador está totalmente capacitado a cuidar sozinho da sua máquina e o setor tradicional de manutenção passa a agir como um órgão de assessoria e treinamento, restringindo suas intervenções a problemas críticos fora do alcance dos operadores.

Maslow: Abraham Maslow (1908-1970) desenvolveu uma teoria da motivação, segundo a qual as necessidades humanas estão organizadas em uma hierarquia de necessidades, formando uma pirâmide, necessidades fisiológicas (base da pirâmide), de segurança, sociais, de estima e de auto-realização (topo da pirâmide). A satisfação do indivíduo é a satisfação de uma necessidade não preenchida.

Matéria-prima: materiais que a empresa compra para usar no processo produtivo, geralmente incorporando-se ao produto final, como um componente de alta tecnologia — por exemplo, um computador de bordo para um fabricante de aviões —, ou um material de embalagem.

Materiais diretos: itens que se agregam ao produto final; materiais produtivos.

Materiais indiretos: materiais que não se agregam ao produto final; materiais não-produtivos ou auxiliares.

Materiais não-produtivos: itens que não se incorporam ao produto final; materiais indiretos ou auxiliares.

Materiais produtivos: materiais que se agregam ao produto final; materiais diretos.

Matricial: qualquer atividade que esteja ligada a mais do que uma dimensão de controle e possa ser representada por uma matriz. Por exemplo, quando um funcionário recebe instruções do que fazer de um superior, mas responde disciplinarmente a outra pessoa, ele está inserido num organograma matricial: ele se reporta a uma pessoa quando o assunto é controle da qualidade do serviço e a outra quando o assunto é comportamento no trabalho.

Mayo: Elton Mayo (1880-1949) pai da escola das Relações Humanas para a qual o ser humano é motivado basicamente por recompensas sociais e simbólicas — as necessidades psicológicas são mais importantes do que as financeiras, do que a necessidade de ganhar mais dinheiro; primeiro confronto com a administração científica de Taylor e a produção em massa de Henry Ford.

McGregor: Douglas McGregor (1906-1964) é autor da Teoria X e Y para caracterizar estilos de direção de empresas. Para a Teoria X os funcionários são indolentes, sem ambição, egocêntricos, resistentes à mudança e dependentes. Para a Teoria Y não há prazer nem desprazer no trabalho, as pessoas não são intrinsecamente passivas ou resistentes às necessidades da empresa, têm potencial de desenvolvimento, não fogem à responsabilidade e a potencialidade intelectual é só parcialmente utilizada. Cada empresa reage de acordo com o que a sua direção pensa. Os partidários da Teoria X gostam da Administração Científica; já os da Teoria Y preferem a Escola de Relações Humanas.

Método de Osborn: metodologia desenvolvida por Alex Osborn para a solução criativa de problemas e depois adaptada por vários autores, principalmente na literatura sobre análise de valor; os passos sugeridos por Osborn são: 1. identificação de um problema; 2. divisão em subproblemas; 3. levantamento de informações; 4. geração de idéias a partir de um *brainstorming*; 5. síntese e estudo de viabilidade; e 6. venda da solução para a direção.

Modal de transporte: meio de transporte usado para a movimentação física dos produtos, por exemplo, marítimos (navios oceânicos ou de cabotagem), fluviais (navios de pequeno porte ou barcaças), rodoviários (caminhões e carretas), ferroviários (trens de carga), aeroviários (aviões de carga) e dutoviários (oleodutos).

Modelo da reposição contínua: ver sistema de reposição contínua.

Modelo da reposição periódica: ver sistema de reposição periódica.

Modelo de estoque: conjunto de hipóteses sobre a demanda, o tempo de atendimento, a forma de entrega da mercadoria que permite definir um conjunto de regras de decisão.

Modelo do intervalo padrão: ver sistema do intervalo padrão.

Modelo do lote padrão: ver sistema do ponto de pedido.

Movimentação interna de materiais: conjunto de princípios, técnicas e equipamentos usados para a movimentação física de materiais dentro de instalações fabris ou de serviços, como aeroportos, ou comerciais, como supermercados. O projeto adequado de movimentação é fator determinante do bom arranjo físico (*layout*) e constitui campo privilegiado para os estudos de otimização de processo, já que o transporte interno dos materiais é uma atividade que só agrega custo ao produto; devendo ser minimizado ao máximo ou eliminado quando possível. Hoje é um campo fértil para terceirização por meio de operadores logísticos; *materials handling*.

Movimentação: mudança de posição espacial, como, por exemplo, uma movimentação física de materiais, uma mudança de posição de um equipamento, uma mudança geográfica de sede, uma mudança de instalação predial para outra no mesmo município e uma atualização de registros.

MRP: conjunto de técnicas que usa a lista de materiais, dados do estoque e plano- mestre de produção para calcular as necessidades de materiais; *materials requirement planning*.

MRP II: método para o planejamento eficaz de todos os recursos de manufatura da organização.

Multimodal: transporte que usa meios de transporte diferentes com um único conhecimento de embarque.

Negociação: processo de análise e discussão entre as partes, geralmente o contratante e o licitante que tenha apresentado a melhor proposta técnica, no sentido de se chegar a um acordo quanto às condições gerais e específicas de um fornecimento.

Networks: ver redes de empresas.

Nível de atendimento: indicador de quão eficaz foi o estoque para atender às solicitações dos usuários — quanto mais requisições forem atendidas, nas quantidades e especificações solicitadas, maior será o nível de atendimento; nível de serviço.

Nível de criticidade: avaliação dos itens de estoque quanto ao impacto que sua falta causará na operação da empresa, na imagem da empresa perante os clientes, na facilidade de substituição por um outro item e na velocidade de obsolescência.

Nível de serviço: ver nível de atendimento.

Operador de transporte: operador logístico dedicado somente à movimentação física de materiais entre pontos de origem e destino; transportadoras.

Padrão ANSI.X12: padrão americano de comunicação de dados.

Padrão EDIFACT: padrão europeu de comunicação de dados.

Parcerias: forma de relacionamento entre cliente e fornecedor caracterizada por alto grau de confiança mútua.

Patrimônio líquido: diferença entre o ativo e o passivo de uma empresa.

PERT/CPM: denominação que se dá às técnicas do caminho crítico. PERT é a abreviatura de *Program Evaluation and Review Technique* e CPM de *Critical Path Method.*

Pesquisa operacional: campo da matemática aplicada que se propõe a oferecer ferramentas para tomada de decisões; ciência das decisões.

Ponto de pedido: quantidade de estoque que, uma vez atingida, dispara um processo de compra ou de fabricação daquele item de estoque.

Prédios administrativos: instalações prediais destinadas exclusivamente a atividades não ligadas à transformação física, como produção, montagem, armazenagem e distribuição.

Prédios industriais e armazéns: instalações prediais destinadas às atividades de transformação, armazenagem ou distribuição, podendo ou não contar com áreas pequenas destinadas a atividades administrativas.

Prédios residenciais: instalações prediais destinadas exclusivamente à habitação, sem uso comercial ou de transformação, armazenagem ou distribuição.

Processo de compras: conjunto de todas as atividades necessárias para a aquisição de um bem, incluindo desde a identificação do fornecedor, licitação, emissão do pedido ou do contrato e transporte dos materiais comprados, até o recebimento e acondicionamento na empresa; *procurement.*

Processo: qualquer seqüência coordenada de atividades que levam à produção de um bem tangível ou à consecução de um serviço.

Produto: elemento tangível, retirado da natureza, que sofreu pelo menos uma transformação física que lhe agregou um valor de uso, de estima ou de troca — como, por exemplo, minério de ferro e automóvel.

Produtos acabados: bens que já estão prontos para ser entregues ao cliente, seja este um consumidor final ou não.

PRP: procedimento para coordenar todas as atividades envolvidas no desenvolvimento de um produto; *product realization process.*

Puxar: conceito JIT, em que a programação é apenas da última operação ou só do produto final, sendo a produção anterior puxada em função da montagem do produto final ou da necessidade de materiais para a última operação, por meio do uso de cartões *kanban.* Cada operação é suprida por meio da anterior e só se produz o que é necessário para a montagem ou para a última operação — quando a produção final acaba o estoque em processo é zero.

Recursos de capital: recursos utilizados na geração de novos produtos ou serviços, como máquinas, instalações e equipamentos.

Recursos humanos: recursos constituídos pelas pessoas, pelos funcionários e prestadores de serviços das organizações.

Recursos patrimoniais: recursos que a empresa utiliza na consecução de seu objetivo social, utilizados nas operações do dia-a-dia, mas que são adquiridos esporadicamente, como instalações, máquinas, equipamentos, terrenos, prédios e galpões.

Redes de empresas: associações horizontais (ramos empresariais diferentes) e verticais, cadeias de empresas dentro de um mesmo ramo, que estão substituindo as megaempresas verticais — são exemplos de redes de empresas os *keiretsus* do Japão, os aglomerados de pequenas e médias empresas na Alta Itália (*clusters* regionais) e as redes de suprimentos das grandes montadoras da indústria automobilística, com fornecedores sistemistas e de várias outras camadas (*tiers*). Neste conceito entram as chamadas empresas estendidas e as empresas virtuais.

Reengenharia de processos: termo cunhado por Hammer em seu livro *Reengenharia*: revolucionando a empresa do início da década de 1990 no qual pregava o enxugamento das empresas por meio de uma análise profunda de seus processos, tanto administrativos quanto produtivos. Tendo sido aplicada com excesso, transformou-se em um simples *downsizing* (eliminação de postos de trabalho), acabou esvaziada e foi muito criticada. O que se propõe hoje é que o aperfeiçoamento de processos seja constante, porém sem perder de vista a capacidade de inovação da empresa e a necessidade de criar e reter conhecimento.

Requisição de compras: documento formal no qual uma organização (comprador) comunica à outra (fornecedor) sua intenção de comprar um bem material ou patrimonial.

Sentido de fluxo: para onde se move o material ou a informação, se do início para o fim ou do fim para o início do processo.

Serviço: é um procedimento intangível que proporciona ao consumidor a satisfação de uma necessidade ou de um desejo; ele pode ou não vir acompanhado de um produto ou bem portador, por exemplo, corte de cabelo no cabeleireiro e refeição em um restaurante.

Sinal da demanda: forma sob a qual a informação chega à área de compras para desencadear o processo de aquisição de um bem material ou patrimonial.

Sistema de reposição contínua: método que consiste em emitir um pedido de compras, com quantidade geralmente igual ao lote econômico (pode ser diferente do lote econômico, a critério do Setor de Compras), sempre que o nível de estoques atingir o ponto de pedido; modelo do lote padrão, modelo do estoque mínimo ou modelo do ponto de reposição.

Sistema de reposição periódica: método que consiste em emitir pedidos de compras em lotes iguais ao estoque máximo menos o disponível, em intervalos de tempo fixos e iguais ao intervalo entre pedidos; modelo do intervalo padrão ou modelo do estoque máximo.

Sistema do ponto de pedido: ver sistema do lote padrão, sistema do estoque mínimo ou sistema do ponto de reposição.

Sistema *just-in-time*: método de produção que tem como objetivo disponibilizar os materiais requeridos pela manufatura apenas quando forem necessários.

Sistema Toyota de produção: sistema desenvolvido para eliminar todas as formas de desperdício que possam surgir na operação empresarial (e não apenas na fábrica); às vezes confundido com o JIT e o *kanban*, repousa na estabilidade a curto prazo da demanda e tem como pilares o JIT e o *Jidoka*, mecanismos para evitar a propagação de erros nos processos. Sua utilização integral depende de fatores culturais e econômicos, presentes nos *keiretsus* japoneses. A adaptação ocidental é descrita com detalhes por Womack no livro: *A máquina que mudou o mundo*; *lean manufacturing*; manufatura enxuta.

Sistema: conjunto de dois ou mais elementos inter-relacionados, respeitando as seguintes características: 1. propriedades ou comportamentos de cada elemento do conjunto têm algum efeito nas propriedades ou comportamentos do conjunto; 2. propriedades e comportamentos de cada elemento, e a maneira como eles afetam o todo, dependem das propriedades e comportamentos de pelo menos um outro elemento do conjunto; e 3. qualquer subgrupo de elementos do conjunto satisfaz as propriedades 1 e 2.

Sistemas de informação: instrumento para a circulação da informação, que contribui enormemente para a velocidade e precisão de sua propagação; ao contrário do que se pensa são independentes da informática. O sistema de informação em si é o planejamento estratégico de qual informação é necessária para quem deva tomar uma decisão que envolva algo prioritário para a competitividade da empresa.

Sistemas flexíveis de manufatura: grupo de máquinas de controle numérico interligadas por um sistema central de controle e por um sistema automático de transporte; FMS (*flexible manufacturing systems*).

Sistemas híbridos de estoque: sistemas de estoques em que mais de um modelo é utilizado.

***Sites* de busca:** *sites* que varrem a Internet para encontrar a informação desejada; como, por exemplo, Radaruol (http://radaruol.com.br), *Excite* (http://www.excite.com); Altavista (http://www.altavista.com); *Hotbot* (http://hotbot.com) e Goto.com (http://www.goto.com).

Solicitação de compras: forma sob a qual um funcionário/unidade organizacional manifesta a sua necessidade de comprar um item para uso em benefício da empresa.

Solução melhor-do-que-a-atual: solução que pode ser melhor do que a solução ótima, por ser construída a partir de variáveis estocásticas (que seguem distribuições estatísticas), portanto mais próximas da realidade.

Solução ótima: a melhor solução possível dentro da riqueza de informações contidas no modelo desenvolvido pela pesquisa operacional.

Supply chains: ver cadeia de suprimentos.

Taylor: Frederick W. Taylor (1856-1915) foi o pai da administração científica, da divisão do trabalho em elementos que podiam ser medidos e padronizados. A partir de sua obra desenvolveu-se todo o paradigma da produção industrial do século XX.

Técnica do caminho crítico: ferramenta de planejamento e controle de empreendimentos que permite a identificação e administração das atividades críticas.

Telemática: informação a distância; inclui, por exemplo, o sistema de localização da posição de veículos via satélite e o controle a distância do desempenho de um carro de F1 durante os Grandes Prêmios da categoria; intercâmbio eletrônico de dados.

Teoria dos dois fatores: teoria desenvolvida por Frederick Herzberg para explicar o comportamento dos indivíduos no trabalho: fatores higiênicos ou extrínsecos — os que se localizam no ambiente de trabalho, como salários, benefícios sociais, chefias, condições físicas de trabalho, clima de trabalho — e fatores motivacionais ou intrínsecos — os relacionados com o conteúdo do cargo e a natureza das tarefas executadas. Segundo Herzberg o oposto da satisfação profissional não seria a insatisfação profissional, mas sim nenhuma satisfação profissional, o que o leva a dizer que satisfação no cargo é função dos fatores motivacionais e insatisfação no cargo é função dos fatores higiênicos.

Teoria geral dos sistemas: enfoque teórico desenvolvido por Ludwig von Bertalanffy e apresentada no livro *General System Theory* de 1974 mostrando que existem leis gerais para os sistemas, seja qual for a sua natureza, seja o corpo humano ou uma corporação global.

Teoria X: teria desenvolvida por Douglas McGregor segundo a qual os funcionários são indolentes, sem ambição, egocêntricos, resistentes à mudança e dependentes.

Teoria Y: teria desenvolvida por Douglas McGregor segundo a qual não há prazer nem desprazer no trabalho, as pessoas não são intrinsecamente passivas ou resistentes às necessidades da empresa, têm potencial de desenvolvimento, não fogem à responsabilidade e a potencialidade intelectual é só parcialmente utilizada.

Tomada de ação: é uma medida efetiva para modificar uma situação existente. Só se considera que uma ação foi tomada quando há a possibilidade de verificar sua efetividade. Ciclo PDCA: modelo no qual cada fase depende da anterior: antes da ação (A) é necessário primeiro planejar (P), depois implantar (D) e depois controlar, corrigindo os desvios do que foi planejado.

Tomada de preço: processo semelhante a uma concorrência pública, porém de menor dimensão.

TPM: ver manutenção produtiva total.

TQC: *total quality control*, ver controle da qualidade total.

Transportadoras: ver operador de transporte.

Transporte multimodal: ver multimodal.

Vantagem competitiva: qualquer característica da empresa que, diferenciando-a da concorrência, possibilite ganhos de participação no mercado.

Variáveis estocásticas: variáveis que seguem distribuições estatísticas.

Verticalização: estratégia de produção adotada por uma empresa, no sentido de fabricar internamente o máximo possível dos itens ou serviços que compõem o seu produto final.

Weber: Max Weber (1864-1920) desenvolveu a teoria da burocracia, um modelo que pretendia prover de racionalidade e eficiência a organização formal e cujas dimensões principais eram: formalização, divisão do trabalho, princípio da hierarquia, impessoalidade, competência técnica, separação entre propriedade e administração, profissionalização do funcionário. Hoje o termo é visto de forma pejorativa.

WIP: o material retirado de um armazém e que está dentro de uma fábrica esperando para ser processado ou sofrendo um processamento. Corresponde a armazenagem local por um prazo curto (demora) mais o material que está nas máquinas. Deve ser reduzido ao mínimo, a não ser que seja necessário um estoque após um gargalo, para evitar a parada de todo o processo em caso de interrupções não programadas; estoque em processo; *work in process*.

Work in process: ver WIP. O mesmo que *work in progress*.

Work in progress: ver WIP. O mesmo que *work in process*.

Referências

ARNOLD, J. R. Tony. *Administração de materiais*. São Paulo: Atlas, 1999.

BALLOU, Ronald H. *Logística empresarial*. São Paulo: Atlas, 1995.

_____. *Business logistic management*. Upper Saddle River: Prentice Hall, 1998.

BERTAGLIA, P. R. *Logística e gerenciamento da cadeia de abastecimento*. 2. ed. São Paulo: Saraiva, 2009.

BLANK, Leland; TARQUIN, Anthony. *Engineering economy*. Nova York: McGraw-Hill, 1983.

CHOPRA, Sunil; MEINDL, Peter. *Supply chain management*: strategy, planning, and operation. Upper Saddle River: Prentice Hall, 2001.

CHRISTOPHER, M. *Logística e gerenciamento da cadeia de suprimentos*: estratégias para redução de custos e melhoria dos serviços. São Paulo: Pioneira, 1997.

DeGARMO, E. Paul, et al. *Engineering economy*. 10. Ed. Upper Saddle River: Prentice-Hall, 1997.

DIAS, Marco Aurélio P. *Administração de materiais*: uma abordagem logística. São Paulo: Atlas, 2005.

GAITHER, Norman; FRAZIER, Greg. *Production and operations management*. Cincinatti: South-Western College Publishing, 1999.

GREENE, James H. *Production & inventory handbook*. 3. ed. Nova York: McGraw-Hill, 1997.

HAIZER, J.; RENDER, B. *Production & operations management*. 4. ed. Nova York: Prentice-Hall, 1996.

HAMMER, Michel; CHAMPY, J. *Reengenharia:* revolucionando a empresa em função dos clientes, da concorrência e das grandes mudanças da gerência. Rio de Janeiro: Campus, 1994.

HARDING, Michael; HARDING, Mary L. *Purchasing.* Nova York: Barron's Educational Series, Inc. 1991.

HAYES, Bob E. *Measuring customer satisfaction.* Milwaukee: ASQC Press, 1992.

JOHNSON, James; WOOD, Donald F. *Contemporary Logistics.* 6. ed. Upper Saddle River: Prentice-Hall, 1996.

KHUN, Thomas, *A estrutura das revoluções científicas.* São Paulo: Perspectiva, 1978.

LAMBERT, Douglas M. et al. *Fundamentals of logistics management.* Nova York: Irwin/ McGraw-Hill. 1998.

MARTINS, Petrônio; LAUGENI, Fernando. *Administração da produção.* 2. ed. São Paulo: Saraiva, 2005.

MERLI, Giorgio. *Comakership:* a nova estratégia para o suprimento. Rio de Janeiro: Qualitymark, 1994.

METZ, Peter J. *Demythfying supply chain management.* Disponível em: http://www.econ. cbs.dk/logistik/myst.htm. Acesso em 1998.

MOELLER, Charles; STENSBALLE, Brian. Design for logistics – methodology proposal and case study. In: INTERNATIONAL CONFERENCE ON INDUSTRIAL ENGINEERING AND PRODUCTION MANAGEMENT. 1995, Marrakesh. 4 jul. 1995.

MUTHER, Richard. *Planejamento do layout:* sistema SLP. São Paulo: Edgard Blücher, 1978.

POZO, Hamilton. *Administração de recursos materiais e patrimoniais:* uma abordagem logística. São Paulo: Atlas, 2008.

RIGGS, James L. *Engineering economics.* Nova York: McGraw-Hill, 1982.

SANTOS, Gerson. *Administração patrimonial.* Florianópolis: Papa-Livro, 1997.

SNOW, C.; OTTENSMEYER, E. *Managing strategies and technologies.* Greenwich: JAI Press, 1990.

TORRES, Oswaldo F. F. Substituição de equipamento. In: *Gestão de operações.* São Paulo: Edgar Blücher, 1997.

VIANA, João José. *Administração de materiais:* um enfoque prático. São Paulo: Atlas, 2000.

VOLLMANN, Thomas et al. *Manufacturing planning & control.* Nova York: McGraw-Hill, 1997.